会计系列仿真实训教程

工业企业会计仿真实训教程

主　编：林春树
副主编：陈江忠　林炳森　蔡建华

中国财经出版传媒集团
中国财政经济出版社

图书在版编目（CIP）数据

工业企业会计仿真实训教程/林春树主编．—北京：中国财政经济出版社，2017.4
会计系列仿真实训教程
ISBN 978－7－5095－7373－0

Ⅰ．①工…　Ⅱ．①林…　Ⅲ．①工业会计－教材　Ⅳ．①F406.72

中国版本图书馆CIP数据核字（2017）第061531号

责任编辑：卢元孝　段　钢　　　　责任校对：李　丽
封面设计：孙俪铭

中国财政经济出版社 出版

URL：http：//www.cfeph.cn

E－mail：cfeph@cfeph.cn

社址：北京市海淀区阜成路甲28号　邮政编码：100142

营销中心电话：88190406　北京财经书店电话：64033436　84041336

北京财经印刷厂印刷　　各地新华书店经销

787×1092毫米　16开　26.25印张　546 000字

2017年5月第1版　2017年5月北京第1次印刷

定价：68.00元

ISBN 978－7－5095－7373－0

（图书出现印装问题，本社负责调换）

本社质量投诉电话：010－88190744

打击盗版举报热线：010－88190414　QQ：447268889

前　言

为贯彻《国务院关于大力发展职业教育的决定》精神，落实《教育部关于深化职业教育教学改革　全面提高人才培养质量的若干意见》中关于"推进专业教学紧贴技术进步和生产实际。对接最新职业标准、行业标准和岗位规范，紧贴岗位实际工作过程，调整课程结构，更新课程内容，深化多种模式的课程改革。要普及推广项目教学、案例教学、情景教学、工作过程导向教学，广泛运用启发式、探究式、讨论式、参与式教学，充分激发学生的学习兴趣和积极性"的要求，本书紧密围绕职业教育会计专业既定的人才培养目标，以职业定位为引领，以职业核心能力为关键，优化课程体系和课程内容的设计，以期实现为求职与正式工作做好充分的知识和能力准备，从而缩短学生从校园走向社会角色转换的过渡期。

会计手工模拟实验是会计实践教学的重要环节，尤其在职业教育的会计教学中，实践教学的重要性更为突出。通过工业企业案例实训，将分项实训与综合实训有机融合，逐步提高学生的思想觉悟和业务水平，尤其是提出问题、分析问题和解决问题的实际工作能力，把学生培养成为能够主动适应社会需要的、高素质的复合型人才。

本书实训预期目标是什么?

一是检验成果。将所学的会计基础理论知识尝试性地应用于实际企业案例管理工作，并从理论的高度对管理工作提出一些有针对性的建议和设想。

二是查找差距。检验教学成果，通过综合分析课堂教学与实际工作之间的差距，找出教学中存在的不足，以便为完善教学计划，改革教学内容与方法提供实践依据。

三是联通岗位。让学生通过亲身实践，了解企业会计核算程序和监督方法，熟悉企业管理的基本环节，亲身体会会计人员的基本素质要求，以培养学生适应能力、组织能力和分析解决实际问题的能力。

四是实现转型。通过实验与实践，可以让学生找出自身状况与社会实际需要的差距，以便在以后的学习期间及时补充相关知识，为求职与正式工作做好充分的知识和能力准备，从而缩短从校园走向社会的角色转型期。

本书的亮点有哪些?

一是贴近实战。本书通过改造真实工业企业会计核算案例，提供真实的会计核算所需凭证，让学生能够真实接触企业会计核算相关原始凭证、过程分析和解决方案，切实解决会计专业学生实训难、原始凭证提供不全等问题。通过专项实训和综合实训，能够让学生读懂原始凭证相关信息，掌握具体核算业务需要附哪些原始凭证，从而提升分析问题与解决问题能力。

二是职业导向。《教育部关于深化职业教育教学改革　全面提高人才培养质量的若干意见》文件指出“以职业核心能力为关键”。本书紧扣会计核算职业岗位所需的基础知识和能力，兼顾出纳岗位、审核岗位相关知识点，以会计职业岗位为导向，系统开发企业案例，实现“知识联通、导向清晰、结构合理、设计科学”的教材开发目标。

三是任务驱动。本书围绕企业会计核算的七大关键任务，科学设计每个任务常见的业务，达到“具体业务、分类任务、总体核算”即分离又相互融合的目标。有效克服学生中普遍存在的通病：只懂具体业务，不懂综合核算；只会处理“碎片化”业务，不会整体思考。

四是资源丰富。本书采用“一体化设计，结构化课程，系统化资源”的设计理念，拟出版《工业企业会计仿真实训教程》《商品企业会计仿真实训教程》等系列实训教材，采集相关行业企业真实业务的相关凭证，整理成一套完整的行业会计案例，让学生结合“理论基础”，读懂“会计凭证”，掌握“业务信息”，提升“技能培养”。同时，引入“一馆一库一中心”的教学资源库开发理念，利用现代信息化手段，使“线上线下”能教、辅、学相互补充，真正实现“立足一个企业，面向整个行业”教学效果。

由于编者水平有限，书中疏漏与不当之处敬请各界专家、同仁和使用者批评指正。

林春树

2016 年 12 月 24 日于福建商学院

目　录

绪　　论

一、实训意义与目的

本书围绕“任务驱动，岗位导向，理实一体，实战引领”的目标，基于最新的企业会计准则，选用最新的票据与单证，精准整理当前工业企业常见业务、票据类型、原始凭证、各类报表、知识点等相关内容，融入一个仿真企业案例。通过项目与任务的形式向学生提供系统化的教学实训资源，为学生今后工作打下坚实基础。同时，让学生学会运用所学的基本知识分析实习中遇到的问题，初步培养学生分析问题和处理问题的能力，实现“立足一个企业，面向一个行业”的实训目的。

二、实训要求

围绕“夯基础，明规则，重实操，促提升”的实训理念，系统性把握会计实训基本要求，切实把理论知识、会计准则与政策要求融入实训过程中，培养具有厚实基础、注重准则、把握政策的新时期会计专业人才。具体要求如下：

1. 夯基础

会计是一门实践性很强的社会科学，这就要求会计教学不仅要向学生全面系统地传授基本会计理论和会计方法，而且还要特别注重培养他们应用会计理论和方法、解决会计实践问题的能力，即协同处理好会计教学两个方面：一是理论教学；二是实践教学。面对实际工作中各种各样的会计凭证、账簿和报表，面对繁杂的经济业务、会计核算程序和方法，一般都需要一个比较长的适应和重新学习的过程。为了改变这种状况，应该加强实践教学。本书通过仿真工业企业生产经营过程的经济活动和业务事项，要求学生充当其中的会计角色，用所学会计理论知识对该单位的经济活动进行核算、分析，深入理解会计专业理论知识，将会计理论应用到会计实际工作中去，以期提高分析问题、解决问题的能力，增强会计实际操作技能。

2. 明规则

为适应市场经济发展，进一步完善我国企业会计准则体系，提高财务报表列报质量和会计信息透明度，保持我国企业会计准则与国际财务报告准则的持续趋同，2014 年财政部出台的一系列准则，修订或新增了 7 项会计准则、一项准则解释。这是继 2012 年会计准则修订后的又一次大规模修订，修订的内容包括《会计准则第 33 号合并财务报表》《企业会计准则第 9 号职工薪酬准则》《企业会计准则第 30 号财务报表列报会计准则》等，同时发布了《企业会计准则第 40 号合营安排》《企业会计准则第 39 号公允价值计量》。这些准则是指导会计工作者实务的“指挥棒”和“方向标”。在实训过程中必须贯穿其中，让学生真正学会准则、领会准则、用好准则。

3. 重实操

本书融合分项实训与综合实训内容，把分项实训贯穿到综合实训过程中，形成分项明确、结构合理、综合性强的实训特点。一是让学生分项掌握货币资金业务核算、往来款项业务核算、原材料与存货核算、销售与成本核算、固定资产与在建工程核算、利润形成、分配与结转核算以及报表编制等分项业务实操；二是让学生系统性掌握“产、供、销”、企业管理与内部控制相关内容，结合“理论基础”，读懂“会计凭证”，掌握“业务信息”，提升“技能培养”。通过实训，学生能掌握会计书写规则、凭证的填制与审核、凭证装订、建账、登账、错账更正、科目汇总表的编制、财务报表的编制、账务处理程序等技能和方法。通过实训，能更有效地培养学生的实际操作技能和动手解决问题的能力，为后续课程的学习和毕业后上岗工作奠定良好的基础。

4. 促提升

本书也引入“一馆一库一中心”（“馆”是专业馆；“库”是颗粒化教学资源库；“中心”是学习与培训中心）的教学资源库开发理念，利用现代信息化手段，运用“活字印刷”教学资源设计理念，使“线上线下”能教、辅、学相互补充，真正实现“立足一个企业，面向整个行业”教学效果。师生可以利用线上微课教学资源进行预习或备课，也可以实现“线上”手工账与电子账同步实训，切实提升师生“教”与“学”能力。同时，本书还提供相关业务知识点链接，使师生更好地理解、掌握相关专业知识。

三、实训计划安排

本教材共提供 123 条业务和 3 个报表编制，要求学生在 60 个课时内完成整个实训内容，实现预期目标与效果。具体安排如下：

序号	分项	实训内容	课时数
1	期初建账	了解实训目的与要求以及企业概况、业务流程与核算要求等内容	4
2		掌握总账、明细账、日记账建账与期初余额设置等内容，并做好试算平衡测试	4
3	货币资金业务核算	掌握所提供原始凭证信息，正确填制记账凭证、记账、审核等实训内容。完成 1 ~ 20 业务	4
4		掌握所提供原始凭证信息，正确填制记账凭证、记账、审核等实训内容。完成 21 ~ 36 业务	4
5	往来款项业务核算	掌握所提供原始凭证信息，正确填制记账凭证、记账、审核等实训内容。完成 37 ~ 44 业务	4
6	原材料与存货业务核算	掌握所提供原始凭证信息，正确填制记账凭证、记账、审核等实训内容。完成 45 ~ 63 业务	4
7	销售与成本业务核算	掌握所提供原始凭证信息，正确填制记账凭证、记账、审核等实训内容。完成 46 ~ 78 业务	6
8	固定资产与在建工程业务核算	掌握所提供原始凭证信息，正确填制记账凭证、记账、审核等实训内容。完成 79 ~ 93 业务	8
9	利润形成与分配业务核算	掌握所提供原始凭证信息，正确填制记账凭证、记账、审核等实训内容。完成 94 ~ 110 业务	6
10		掌握所提供原始凭证信息，正确填制记账凭证、记账、审核等实训内容。完成 110 ~ 117 业务	4
11		掌握所提供原始凭证信息，正确填制记账凭证、记账、审核等实训内容。完成 118 ~ 123 业务	4
12	报表与申报表编制	根据明细账、总账等相关信息，完成 124 ~ 128 报表与申报表编制业务	8
13		合　计	60

四、实训案例

（一）企业概况

（1）企业名称：威力电机有限公司。

（2）法定代表人：刘德伟。

（3）注册地址：广东省佛山市南海狮山新城工业区。

（4）注册资本：4 000 万元。

（5）公司类型：工业企业。

（6）经营范围及主要产品：设计研发、生产、销售、服务于一体的现代化专业电机制造企业。主要生产 YE3 －200L －4 型、YE3 －225M －4 型、YE2 －132S1 －2 型和 YE2 －3551 －4 －355K 型高效、超高效三相异步电动机等。

（7）企业组织：企业下设供应部、三个基本生产车间（定子生产车间、转子生产车间以及总装车间）、销售部、财务部、公司办公室。

（8）开户银行：中国建设银行佛山锦隆花园支行；账号：44050166889944330061；税务登记号：440100678060233。

（二）电动机生产工艺流程

威力电机有限公司产品生产流程如图 0 －1 所示，其电动机生产流程图如图 0 －2 所示。

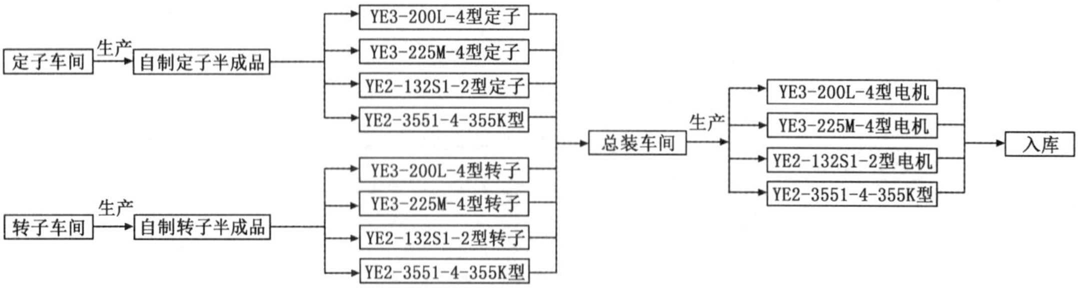

图 0 －1　威力电机有限公司产品生产流程

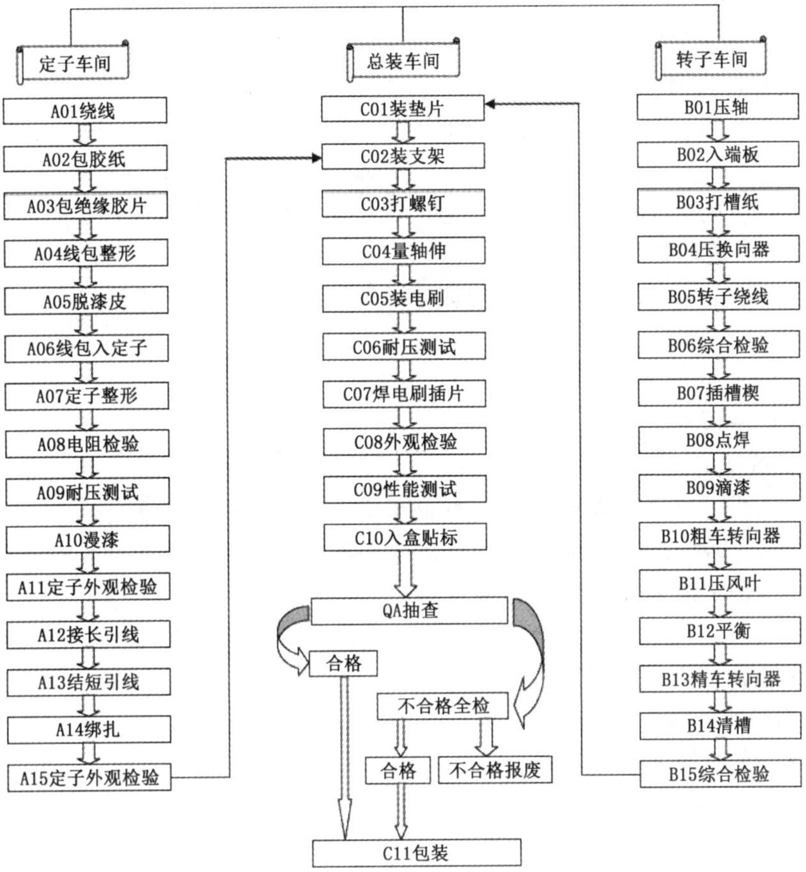

图 0－2　电机生产流程

（三）会计核算的基本要求

1. 流动资产核算要求

（1）现金限额要求：该企业库存现金限额为 10 000 元。

（2）材料收发核算：该企业材料收发按照“先进先出法”核算。

（3）低值易耗品核算：该企业对低值易耗品采用“一次摊销法”核算。

（4）包装物核算：该企业对包装物采用“一次摊销法”核算，即领用时摊销。随商品销售的包装物不单独计价。

（5）自制半成品核算：企业对自制半成品按照实际成本进行收发核算；实际成本根据“完工半成品成本汇总表”一次结转；本月领用的自制半成品的实际成本采用“先进先出法”核算。

（6）产成品成本核算：该企业对发出产品成本采用全月一次加权平均计算，月末一次结转。

（7）坏账准备计提比例：公司财务规定，坏账准备按账龄分析法，如 1 年以内按 5% 计提，1～2年按20%计提，2～3年按50%计提，3年以上按100%计提。

2. 固定资产核算要求

（1）固定资产折旧核算。

根据《企业所得税法实施条例》第六十条规定，除国务院财政、税务主管部门另有规定外，固定资产计算折旧的最低年限如下：房屋、建筑物，为20年；飞机、火车、轮船、机器、机械和其他生产设备，为10年；与生产经营活动有关的器具、工具、家具等，为5年；飞机、火车、轮船以外的运输工具，为4年；电子设备，为3年。该企业预计残值比例为原值的5%。固定资产折旧采用平均年限法计提。固定资产日常维修和维护费用直接计入当月相关费用。

（2）无形资产摊销核算。

该企业拥有一项专利技术，还有30个月摊销期。

3. 适用税费规定

税率：企业所得税税率25%；增值税税率17%；城市维护建设税（以下简称“城建税”）税率7%；教育费附加3%。其中城建税和教育费附加是以企业实际缴纳的增值税、营业税和消费税的税额为计税基数。

运输费用（包括发票上注明的运费、建设基金，但不包括随同运费支付的装卸费、保险费等其他杂费）按7%的扣除率计算的进项税额准予扣除。

4. 其他规定和要求

以企业核准的社保工资总额为基数，本案例以“应发工资”金额为基数。职工养老保险金、职工工伤保险金、职工失业保险金、职工住院医疗保险金和职工住房公积金（即“五险一金”）单位与个人承担比例如下：

（1）养老保险：单位承担20%，个人承担8%。

（2）医疗保险：单位承担8%，个人承担2%。

（3）失业保险：单位承担2%，个人承担1%。

（4）工伤保险和生育保险：完全由企业承担，各1%，个人不需要缴纳。

（5）公积金缴存比例：单位和职工个人缴纳的公积金缴存比例均为12%，基数为“应发工资”金额。

该企业按照应付工资总额的2%和1.5%分别计提职工工会经费和职工教育经费。不再按职工工资总额的14%计提职工福利费。

该企业盈余公积计提比例：法定盈余公积按10%计提，任意盈余公积按5%计提。

（四）会计核算基本流程

会计核算基本流程如图0－3所示。

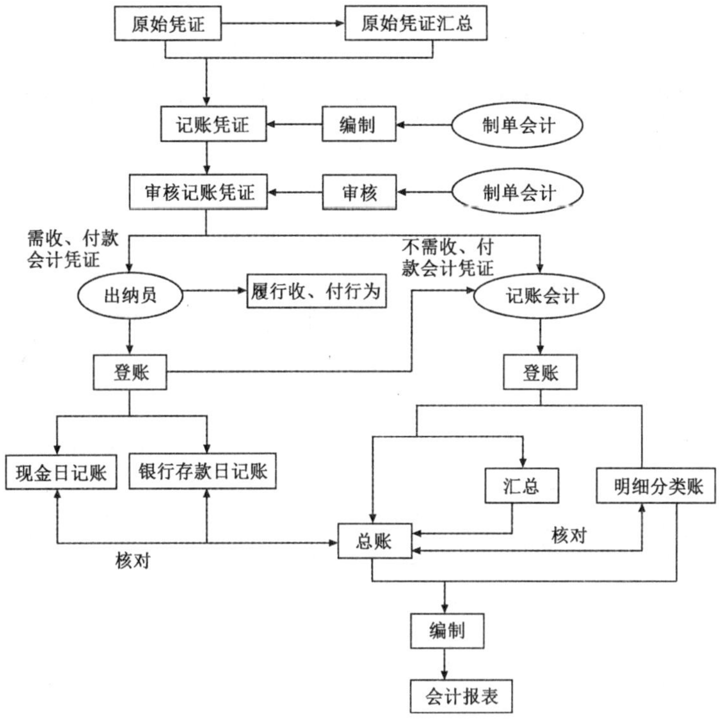

图 0－3　会计核算基本流程

（五）期初建账

1. 期初建账基础资料

2015 年 12 月初账户科目余额见表 0－1。

表 0－1　　2015 年 12 月初账户科目余额表

科目号	科目名	方向	期初余额
1001	库存现金	借	2 300.00
1002	银行存款	借	10 483 287.68
100201	工行	借	496 178.01
100202	建行	借	9 987 109.67
1121	应收票据	借	681 950.00
112101	温州市机床制造有限公司	借	248 450.00
112102	广州市机械制造有限公司	借	156 000.00
112103	贵州缝纫机制造有限公司	借	134 000.00
112104	珠海市东方机电有限公司	借	143 500.00
1122	应收账款	借	769 179.00

续表

科目号	科目名	方向	期初余额
112201	云南机床生产制造有限公司	借	124 500.00
112202	珠海市东方机电有限公司	借	
112203	惠州市利达机械有限公司	借	7 800.00
112204	云南机床制造有限公司	借	321 798.00
112205	贵州冲压机制造有限公司	借	216 321.00
112206	大连数控设备制造有限公司	借	98 760.00
1123	预付账款	借	775 500.00
112301	广州市电缆生产有限公司	借	135 000.00
112302	贵州钢材生产有限公司	借	234 500.00
112303	深圳轴承生产有限公司	借	186 000.00
112304	佛山电机配件有限公司	借	155 000.00
112305	其他	借	65 000.00
1221	其他应收款	借	8 900.00
1231	坏账准备	贷	13 400.00
123101	应收账款坏账准备	贷	13 400.00
1402	在途物资	借	
140201	原材料	借	
140202	低值易耗品	借	
1403	原材料	借	9 024 559.00
140301	主要材料	借	7 609 706.00
14030101	电工钢带	借	1 887 710.00
14030102	电机压轴	借	229 510.00
14030103	热保护器	借	23 670.00
14030104	漆包线	借	508 816.00
14030105	铝锭	借	4 960 000.00
140302	辅助材料	借	200 746.00
14030201	绝缘漆及其他绝缘材料	借	4 896.00
14030202	电源线	借	6 150.00
14030203	其他	借	189 700.00
140303	自制半成品	借	1 214 107.00
14030301	定子件	借	743 934.00

续表

科目号	科目名	方向	期初余额
1403030101	YE3－200L－4 型定子	借	230 048.00
1403030102	YE3－225M－4 型定子	借	132 664.00
1403030103	YE2－132S1－2 型定子	借	287 100.00
1403030104	YE2－3551－4－355K 型定子	借	94 122.00
14030302	转子件	借	470 173.00
1403030201	YE3－200L－4 型转子	借	128 480.00
1403030202	YE3－225M－4 型转子	借	158 120.00
1403030203	YE2－132S1－2 型转子	借	29 440.00
1403030204	YE2－3551－4－355K 型转子	借	154 133.00
1405	库存商品	借	2 737 500.00
140501	YE3－200L－4 型电机	借	722 260.00
140502	YE3－225M－4 型电机	借	1 169 595.00
140503	YE2－132S1－2 型电机	借	480 670.00
140504	YE2－3551－4－355K 型电机	借	364 975.00
1406	发出商品	借	
1408	委托加工物资	借	
140801	热保护器	借	
1411	周转材料	借	316 830.00
141101	低值易耗品	借	271 230.00
14110101	工具	借	123 000.00
14110102	配件	借	130 500.00
14110103	劳动用品	借	8 500.00
14110104	其他	借	9 230.00
141102	包装物	借	45 600.00
14110201	包装纸箱	借	45 600.00
1471	存货跌价准备	贷	65 900.00
147101	库存商品跌价准备	贷	42 340.00
147102	原材料跌价准备	贷	23 560.00
1501	持有至到期投资	借	302 750.40
150101	中海科技公司债券	借	302 750.40
15010101	成本	借	300 000.00

续表

科目号	科目名	方向	期初余额
15010102	利息调整	借	2 750.40
1511	长期股权投资	借	1 000 000.00
151101	股票投资	借	1 000 000.00
15110101	新能源公司	借	1 000 000.00
1512	长期股权投资减值准备	借	
151201	新能源公司	借	
1531	长期应收款	借	1 250 000.00
1541	未实现融资收益	贷	250 000.00
1601	固定资产	借	72 481 267.55
160101	房屋及建筑物	借	50 763 856.00
160102	机械设备	借	16 258 966.00
160103	运输工具	借	2 672 589.00
160104	办公设备	借	942 150.55
160105	融资租入	借	1 843 706.00
1602	累计折旧	贷	12 791 038.89
1603	固定资产减值准备	借	
160301	房屋及建筑减值准备	借	
160302	机器设备减值准备	借	
1604	在建工程	借	5 790 000.00
160401	安装设备	借	
160402	自建工程	借	3 250 000.00
16040201	机械设备工程	借	3 250 000.00
160403	建筑工程	借	2 540 000.00
16040301	3#钢结构厂房工程	借	2 540 000.00
1605	工程物资	借	
160501	专有设备	借	
1606	固定资产清理	借	
1607	在建工程减值准备	借	
1611	融资租赁资产	贷	1 000 000.00
1701	无形资产	借	266 000.00
170101	专利技术	借	128 000.00

续表

科目号	科目名	方向	期初余额
17010101	热保护器技术	借	128 000.00
170102	商标权	借	138 000.00
1702	累计摊销	贷	62 466.79
170201	商标权	贷	23 000.00
170202	专利技术	贷	39 466.79
1703	无形资产减值准备	借	
170301	非专利权减值准备	借	
170302	商标权减值准备	借	
1801	无形资产摊销	借	
1811	递延所得税资产	借	
2001	短期借款	贷	3 000 000.00
200101	建行	贷	3 000 000.00
2202	应付账款	贷	
2203	预收账款	贷	160 000.00
220301	山东机床制造有限公司	贷	160 000.00
220302	南京市电机压轴制造有限公司	贷	
220303	珠海市东方机电有限公司	贷	
2211	应付职工薪酬	贷	2 096 582.43
221101	工资	贷	
221102	职工福利	贷	650 000.00
221103	社会保险费	贷	835 615.46
221104	住房公积金	贷	476 066.97
221105	工会经费	贷	56 000.00
221106	职工教育经费	贷	78 900.00
2221	应交税费	贷	2 045 769.52
222101	应交增值税	贷	
22210101	进项税额	贷	
22210103	转出未交增值税	贷	
22210106	销项税额	贷	
22210108	进项税额转出	贷	
222102	应交营业税	贷	

续表

科目号	科目名	方向	期初余额
222105	应交所得税	贷	1 380 040. 00
222107	应交城市维护建设税	贷	124 569. 80
222111	代扣个人所得税	贷	208 851. 86
222112	未交增值税	贷	278 920. 80
222113	应交教育费附加	贷	53 387. 06
2231	应付利息	贷	
2701	长期应付款	贷	2 400 000. 00
270101	应付融资租赁款	贷	2 400 000. 00
2702	未确认融资费用	借	556 294. 00
4001	实收资本	贷	40 000 000. 00
4002	资本公积	贷	1 240 000. 00
400203	其他资本公积	贷	1 240 000. 00
4101	盈余公积	贷	13 187 532. 00
410101	法定盈余公积	贷	8 791 688. 00
410102	任意盈余公积	贷	4 395 844. 00
4103	本年利润	贷	23 568 866. 00
4104	利润分配	贷	13 448 833. 00
410401	提取法定盈余公积	贷	
410402	提取任意盈余公积	贷	
410403	应付现金股利	贷	
410406	未分配利润	贷	13 448 833. 00
5001	生产成本	借	8 305 115. 00
500101	基本生产成本	借	8 305 115. 00
50010101	定子车间	借	2 290 181. 00
5001010101	YE3 - 200L - 4 型定子	借	785 639. 00
500101010101	直接材料	借	361 879. 00
500101010102	直接动力	借	216 394. 00
500101010103	直接人工	借	187 920. 00
500101010104	制造费用	借	19 446. 00
5001010102	YE3 - 225M - 4 型定子	借	543 896. 00
500101010201	直接材料	借	239 800. 00

续表

科目号	科目名	方向	期初余额
500101010202	直接动力	借	156 408.00
500101010203	直接人工	借	89 634.00
500101010204	制造费用	借	58 054.00
5001010103	YE2－132S1－2 型定子	借	786 326.00
500101010301	直接材料	借	329 800.00
500101010302	直接动力	借	245 808.00
500101010303	直接人工	借	148 090.00
500101010304	制造费用	借	62 628.00
5001010104	YE2－3551－4－355K 型定子	借	174 320.00
500101010401	直接材料	借	65 600.00
500101010402	直接动力	借	52 108.00
500101010403	直接人工	借	43 200.00
500101010404	制造费用	借	13 412.00
50010102	转子生产车间	借	3 007 467.00
5001010201	YE3－200L－4 型转子	借	594 866.00
500101020101	直接材料	借	347 286.00
500101020102	直接动力	借	34 980.00
500101020103	直接人工	借	158 300.00
500101020104	制造费用	借	54 300.00
5001010202	YE3－225M－4 型转子	借	1 142 056.00
500101020201	直接材料	借	451 389.00
500101020202	直接动力	借	24 900.00
500101020203	直接人工	借	652 300.00
500101020204	制造费用	借	13 467.00
5001010203	YE2－132S1－2 型转子	借	746 250.00
500101020301	直接材料	借	432 680.00
500101020302	直接动力	借	135 120.00
500101020303	直接人工	借	138 650.00
500101020304	制造费用	借	39 800.00
5001010204	YE2－3551－4－355K 型转子	借	524 295.00
500101020401	直接材料	借	346 971.00

续表

科目号	科目名	方向	期初余额
500101020402	直接动力	借	21 300.00
500101020403	直接人工	借	123 856.00
500101020404	制造费用	借	32 168.00
50010103	总装车间	借	3 007 467.00
5001010301	YE3 - 200L - 4 型电机	借	594 866.00
500101030101	直接材料	借	347 286.00
500101030102	直接动力	借	34 980.00
500101030103	直接人工	借	158 300.00
500101030104	制造费用	借	54 300.00
5001010302	YE3 - 225M - 4 型电机	借	1 142 056.00
500101030201	直接材料	借	451 389.00
500101030202	直接动力	借	24 900.00
500101030203	直接人工	借	652 300.00
500101030204	制造费用	借	13 467.00
5001010303	YE2 - 132S1 - 2 型电机	借	746 250.00
500101030301	直接材料	借	432 680.00
500101030302	直接动力	借	135 120.00
500101030303	直接人工	借	138 650.00
500101030304	制造费用	借	39 800.00
5001010304	YE2 - 3551 - 4 - 355K 型电机	借	524 295.00
500101030401	直接材料	借	346 971.00
500101030402	直接动力	借	21 300.00
500101030403	直接人工	借	123 856.00
500101030404	制造费用	借	32 168.00
5101	制造费用	借	
510101	办公费	借	
510102	材料耗用	借	
510103	水电费	借	
510104	职工薪酬	借	
510105	折旧费	借	
510106	其他	借	

续表

科目号	科目名	方向	期初余额
5301	研发支出	借	578 956.00
6001	主营业务收入	贷	
600101	YE3－200L－4 型电机	贷	
600102	YE3－225M－4 型电机	贷	
600103	YE2－132S1－2 型电机	贷	
600104	YE2－3551－4－355K 型电机	贷	
6041	租赁收入	贷	
6051	其他业务收入	贷	
605101	代销商品手续费收入	贷	
605102	销售材料	贷	
605103	其他	贷	
6111	投资收益	贷	
6301	营业外收入	贷	
6401	主营业务成本	借	
640101	YE3－200L－4 型电机	借	
640102	YE3－225M－4 型电机	借	
640103	YE2－132S1－2 型电机	借	
640104	YE2－3551－4－355K 型电机	借	
6402	其他业务成本	借	
640201	销售材料	借	
6403	营业税金及附加	借	
640301	出口关税	借	
640302	营业税	借	
640303	城市维护建设税	借	
640304	教育费附加	借	
6601	销售费用	借	
660101	职工薪酬	借	
660102	接待费	借	
660103	广告费	借	
660104	代销费	借	
660105	包装费	借	

续表

科目号	科目名	方向	期初余额
660106	运输费	借	
660107	维修费	借	
660108	其他	借	
6602	管理费用	借	
660201	职工薪酬	借	
660202	折旧费	借	
660203	办公费	借	
660204	水电费	借	
660205	房屋租赁费	借	
660206	税金	借	
660207	无形资产摊销	借	
660208	差旅费	借	
660209	其他费用	借	
6603	财务费用	借	
660301	手续费	借	
660302	利息收入	借	
660303	利息支出	借	
6701	资产减值损失	借	
670101	坏账准备	借	
670103	存货跌价准备	借	
670104	长期股权投资减值准备	借	
670105	固定资产减值准备	借	
670106	在建工程减值准备	借	
670107	无形资产减值准备	借	
6711	营业外支出	借	
671101	处置固定资产净损失	借	
671102	债务重组损失	借	
671103	捐赠支出	借	
671104	固定资产盘亏	借	
671105	其他	借	
6801	所得税费用	借	
6901	以前年度损益调整	借	

2. 2015 年 12 月初库存盘点明细表

（1）2015 年 12 月初主要原材料与辅助材料明细见表 0－2。

表 0－2　　主要原材料与辅助材料明细

材料类别	名称	计量单位	数量	单价（元）	金额（元）	供应商
主要原材料	电工钢带	吨	131	14 410	1 887 710	义乌市电工钢带制造有限公司
	电机压轴	件	3 890	59	229 510	南京市电机压轴制造有限公司
	热保护器	件	7 890	3	23 670	无锡市热保护器制造有限公司
	漆包线	公斤	5 782	88	508 816	无锡市漆包线制造有限公司
	铝锭	吨	400	12 400	4 960 000	无锡铝锭生产制造有限公司
辅助材料	绝缘漆及其他绝缘材料	桶	72	68	4 896	合肥市绝缘漆生产有限公司
	电源线	公斤	30	205	6 150	上海市电线生产有限公司

（2）2015 年 12 月初自制半成品库存明细见表 0－3。

表 0－3　　自制半成品库存明细

材料类别	名称	计量单位	数量	单价（元）	金额（元）
定子半成品	YE3－200L－4 型定子	件	1 456	158	230 048
	YE3－225M－4 型定子	件	721	184	132 664
	YE2－132S1－2 型定子	件	1 450	198	287 100
	YE2－3551－4－355K 型定子	件	567	166	94 122
	小计				743 934
转子半成品	YE3－200L－4 型转子	件	1 460	88	128 480
	YE3－225M－4 型转子	件	1 340	118	158 120
	YE2－132S1－2 型转子	件	368	80	29 440
	YE2－3551－4－355K 型转子	件	1 589	97	154 133
	小计				470 173

（3）2015 年 12 月初产成品库存盘点明细见表 0－4。

表 0－4　　产成品库存盘点明细

产品名称	计量单位	数量	单价（元）	金额（元）
YE3－200L－4 型	台	1 876	385	722 260
YE3－225M－4 型	台	2 765	423	1 169 595
YE2－132S1－2 型	台	1 354	355	480 670
YE2－3551－4－355K 型	台	1 123	325	364 975
合计				2 737 500

（4）2015 年 12 月初在产品成本分析见表 0－5。

表 0－5　　在产品成本分析　　单位：元

车间	在产品名称	合计	直接材料	直接动力	直接人工	制造费用	件数（件）
定子车间在产品	YE3－200L－4 型定子	785 639.00	361 879.00	216 394.00	187 920.00	19 446.00	4 760
	YE3－225M－4 型定子	543 896.00	239 800.00	156 408.00	89 634.00	58 054.00	2 900
	YE2－132S1－2 型定子	786 326.00	329 800.00	245 808.00	148 090.00	62 628.00	3 850
	YE2－3551－4－355K 型定子	174 320.00	65 600.00	52 108.00	43 200.00	13 412.00	980
转子车间在产品	YE3－200L－4 型转子	594 866.00	347 286.00	34 980.00	158 300.00	54 300.00	6 530
	YE3－225M－4 型转子	1 142 056.00	451 389.00	24 900.00	652 300.00	13 467.00	9 450
	YE2－132S1－2 型转子	746 250.00	432 680.00	135 120.00	138 650.00	39 800.00	9 045
	YE2－3551－4－355K 型转子	524 295.00	346 971.00	21 300.00	123 856.00	32 168.00	5 350
总装车间在产品	YE3－200L－4 型电机	594 866.00	347 286.00	34 980.00	158 300.00	54 300.00	1 530
	YE3－225M－4 型电机	1 142 056.00	451 389.00	24 900.00	652 300.00	13 467.00	2 590
	YE2－132S1－2 型电机	746 250.00	432 680.00	135 120.00	138 650.00	39 800.00	2 100
	YE2－3551－4－355K 型电机	524 295.00	346 971.00	21 300.00	123 856.00	32 168.00	1 600

（5）2015 年 12 月初包装物库存明细见表 0－6。

表 0－6　　包装物库存明细

材料类别	名称	计量单位	数量	单价（元）	金额（元）
包装物	包装纸箱	个	3 040	15	45 600
	小计				45 600

实训一　货币资金核算

【1】**业务要求**：12 月 1 日，职工刘清玉借差旅费 2 000 元。

操作方式：该业务需要填写公司借款单，借款单填写方法如图 1－1 所示。

威力电机有限公司

借　　款　　单

申请日期：2015 年 12 月 1 日

借款人部门	供应部	借款人	刘清玉
借款金额	（大写）贰仟圆整		（小写）¥2 000 元
借款用途	差旅费		
借款方式	汇款（　　）　现金（√）　其他（　　）		
借款人开户银行			
借款人开户账号			
备注			
部门负责人： 郑乙明	总经理： 董德清		财务审核： 刘明远

图 1－1　威力电动机有限公司借款单

【2】**业务要求**：12 月 1 日，出纳提取备用金 2 000 元。

操作方式：出纳提取备用金后的银行现金支票存根如图 1－2 所示。

中国建设银行
现金支票存根
10501110
00369026

北京印钞厂证券分厂·2011年印制

附加信息

出票日期 2015 年 12 月 1 日

收款人：威力电机有限公司	
金　额：¥2 000.00	
用　途：备用金	

单位主管　刘明远　会计

图 1－2　银行现金支票存根

【3】业务要求：12 月 2 日，转账支付办公室购买办公用具 1 228.5 元。

操作方式：

（1）保留购买办公用品的转账支票存根，如图 1－3 所示。

中国工商银行
转账支票存根
10201130
02297951

北京印钞厂证券分厂·2011年印制

附加信息

出票日期 2015 年 12 月 3 日

收款人：广州市启明办公用品商店	
金　额：¥1 228.50	
用　途：购买办公用品	

单位主管　刘明远　会计

图 1－3　购买办公用品存根

（2）请卖方发出增值税普通发票，发票样式如图 1－4 所示。

3300083620　　广东增值税普通发票　　№ 0213654789

发票联

校验码 93484 56892 10548 44080　　　开票日期：2015 年 12 月 3 日

购货单位	名　　称：威力电机有限公司 纳税人识别号：440100678060233 地 址 、电 话： 开户行及账号：	密码区	044＋＊7－＊73＊>2170605570>2/>09－ 7/3/＋/86<9><>770498/72132＊7＋< >931329＊894＋＋897/8>＋570＊5－>> 6<769/47＊019>/206>26＋006<19

货物或应税劳务名称	规格型号	单位	数量	单价	金额	税率	税额
硒鼓	CC388A	套	5	210	1 050.00	17%	178.50
合　计					¥1 050.00	17%	¥178.50
价税合计（大写）	⊗壹仟贰佰贰拾捌圆伍角整				（小写）¥1 228.50		

销货单位	名　　称：广州市启明办公用品商店 纳税人识别号：44024580015571515 地 址 、电 话：广州市番禺石碁镇海涌路 889 号 开户行及账号：广州市建设银行番禺支行 4405 0133 3319 4413 0060	备注	

收款人：郑晓明　　复核：刘丹　　开票人：游明　　销货单位：（章）

税总函［2015］888 号某某某印刷厂有限公司

第二联：发票联　购货方记账凭证

图 1－4　购买办公用品开具的增值税普通发票

（3）填写公司入库单，如图 1－5 所示。

威力电机有限公司

入　库　单

入库部门：办公室　　　　2015 年 12 月 3 日

名　称	规格	数量		单位	单价	成本总额
		送　缴	实　收			
硒鼓	CC388A	5	5	套	210.00	1 050.00
备注：办公耗材（不含进项税）				合　计		1 050.00

负责人：董志明　　记账：卓兴胜　　验收：田一兵　　填单：李明

图 1－5　威力电动机有限公司入库单

（4）使用部门填写物品领用单，如图1－6所示。

威力电机有限公司领用单

领用单位：办公室　　　　2015年12月3日

编号	种类	产品名称	规格	型号	出库数量	单位	单价	金额
A008	办公耗材	硒鼓			5	支	210	1 050
备注：不含进项税						合计		¥1 050元
负责人：罗明		记账：刘明远				领用人：张强		

图1－6　威力电动机有限公司领用单

【相关知识】税法规定哪些项目进项税可以抵扣？哪些项目进项税不可以抵扣？

根据《中华人民共和国增值税暂行条例》（以下简称《增值税暂行条例》）第八条　纳税人购进货物或者接受应税劳务（以下简称购进货物或者应税劳务）支付或者负担的增值税额，为进项税额。

下列进项税额准予从销项税额中抵扣：

（一）从销售方取得的增值税专用发票上注明的增值税额。

（二）从海关取得的海关进口增值税专用缴款书上注明的增值税额。

（三）购进农产品，除取得增值税专用发票或者海关进口增值税专用缴款书外，按照农产品收购发票或者销售发票上注明的农产品买价和13%的扣除率计算的进项税额。进项税额计算公式：

$$进项税额=买价\times扣除率$$

（四）购进或者销售货物以及在生产经营过程中支付运输费用的，按照运输费用结算单据上注明的运输费用金额和7%的扣除率计算的进项税额。进项税额计算公式：

$$进项税额=运输费用金额\times扣除率$$

准予抵扣的项目和扣除率的调整，由国务院决定。

根据《增值税暂行条例》第十条规定，下列项目的进项税额不得从销项税额中抵扣：

（一）用于非增值税应税项目、免征增值税项目、集体福利或者个人消费的购进货物或者应税劳务；

（二）非正常损失的购进货物及相关的应税劳务；

（三）非正常损失的在产品、产成品所耗用的购进货物或者应税劳务；

（四）国务院财政、税务主管部门规定的纳税人自用消费品；

（五）本条第（一）项至第（四）项规定的货物的运输费用和销售免税货物的运输费用。

《中华人民共和国增值税暂行条例实施细则》（财政部令2008年第50号）对上述规定

进一步明确如下：

第二十一条　条例第十条第（一）项所称购进货物，不包括既用于增值税应税项目（不含免征增值税项目）也用于非增值税应税项目、免征增值税（以下简称免税）项目、集体福利或者个人消费的固定资产。

前款所称固定资产，是指使用期限超过12个月的机器、机械、运输工具以及其他与生产经营有关的设备、工具、器具等。

第二十二条　条例第十条第（一）项所称个人消费包括纳税人的交际应酬消费。

第二十三条　条例第十条第（一）项和本细则所称非增值税应税项目，是指提供非增值税应税劳务、转让无形资产、销售不动产和不动产在建工程。

前款所称不动产是指不能移动或者移动后会引起性质、形状改变的财产，包括建筑物、构筑物和其他土地附着物。

纳税人新建、改建、扩建、修缮、装饰不动产，均属于不动产在建工程。

第二十四条　条例第十条第（二）项所称非正常损失，是指因管理不善造成被盗、丢失、霉烂变质的损失。

第二十五条　纳税人自用的应征消费税的摩托车、汽车、游艇，其进项税额不得从销项税额中抵扣。

【4】业务要求：12月3日，供应部刘清玉报销差旅费。

操作方式：

（1）报销经办人需填写公司《差旅费报销单》，如图1－7所示。

差旅费报销单

报销日期：2015年12月3日　　　　附件：3张

<table>
<tr><td>申请人姓名</td><td>刘清玉</td><td>部门</td><td colspan="3">供应部</td><td>同行人</td><td colspan="2"></td></tr>
<tr><td>出差事由</td><td colspan="3">联系电工钢带采购事宜</td><td colspan="2">出差地点</td><td colspan="3">福建福州</td></tr>
<tr><td rowspan="2">起讫日期</td><td rowspan="2">起讫地点</td><td colspan="3">差旅费用项目</td><td colspan="3">补　助</td><td rowspan="2">合计</td></tr>
<tr><td>交通费</td><td>住宿费</td><td></td><td>补助方式</td><td>天数</td><td>金额</td></tr>
<tr><td>12月1日~2日</td><td>广州—福州</td><td>1 560.00</td><td>210.00</td><td></td><td>现金</td><td>1</td><td>100</td><td>100.00</td></tr>
<tr><td></td><td></td><td></td><td></td><td></td><td></td><td></td><td></td><td></td></tr>
<tr><td></td><td></td><td></td><td></td><td></td><td></td><td></td><td></td><td></td></tr>
<tr><td></td><td></td><td></td><td></td><td></td><td></td><td></td><td></td><td></td></tr>
<tr><td colspan="2">合　　计</td><td>1 560.00</td><td>210.00</td><td></td><td></td><td></td><td></td><td>100.00</td></tr>
<tr><td rowspan="2">报销总额
（大写）</td><td colspan="4" rowspan="2">零万壹仟捌佰柒拾零圆零角零分　　¥1 870.00</td><td>减往来</td><td>2 000.00</td><td rowspan="2">领/
退款人</td><td rowspan="2">刘清玉</td></tr>
<tr><td>实付款</td><td>－130.00</td></tr>
</table>

主管副总（总经理）：董德清　　财务经理：刘明远　　部门经理：郑乙明　　会计：卓兴胜　　报销人：刘清玉

图1－7　威力电动机有限公司差旅费报销单

（2）请航空公司出据电子行程单票据，航空公司电子行程单样式如图1－8、图1－9所示。

国家税务总局监制 PRINTED UNDER THE SUPERVISION OF SAT

航空运输电子客票行程单 ITINERARY/RECEIPT OF E-TICKET FOR AIR TRANSPORTATION

印刷序号：NO 7010248116 4 SERIAL NUMBER

旅客姓名 PASSENGER NAME	有效身份证件号码 ID.NO.	签注 ENDORSEMENTS/RESTRICTIONS(CARBON)
刘清玉	35032119880302****	

		承运人 CARRIER	航班号 FLIGHT	座位等级 CLASS	日期 DATE	时间 TIME	客票级别/客票类别 FARE BASIS	客票生效日期 NOT VALID BEFORE	有效截止日期 NOT VALID AFTER	免费行李 ALLOW
自 FROM	广州	MU	5565	Y	1 DEC	2015	Y			20K
至 TO	福州		VOID							
至 TO										
至 TO										
至 TO		票价 FARE CNY 660.00		机场建设费 AIRPORT TAX CNY CN 50.00		燃油附加费 FUEL SURCHARGE CNY YQ 70.00	其他税费 OTHER TAXES	合计 TOTAL CNY 780.00		

电子客票号码 E-TICKET NO	785592421690	验证码 CK		连续客票 CONJUNCTION TKT		保险费 INSURANCE	
销售单位代号 AGENT CODE	GZ 888	填开单位（盖章） ISSUED BY	厦门航空福州分公司			填开日期 ISSUED DATE	2015-12-1

查询网址：WWW.TRAVELSKY.COM

付款凭证 RECEIPT　手写无效 INVALID IN HAND WRITING

图 1－8　航空公司电子行程单

国家税务总局监制 PRINTED UNDER THE SUPERVISION OF SAT

航空运输电子客票行程单 ITINERARY/RECEIPT OF E-TICKET FOR AIR TRANSPORTATION

印刷序号：NO 1610248124 4 SERIAL NUMBER

旅客姓名 PASSENGER NAME	有效身份证件号码 ID.NO.	签注 ENDORSEMENTS/RESTRICTIONS(CARBON)
刘清玉	35032119880302****	

		承运人 CARRIER	航班号 FLIGHT	座位等级 CLASS	日期 DATE	时间 TIME	客票级别/客票类别 FARE BASIS	客票生效日期 NOT VALID BEFORE	有效截止日期 NOT VALID AFTER	免费行李 ALLOW
自 FROM	福州	MU	5565	Y	2 DEC	2015	Y			20K
至 TO	广州		VOID							
至 TO										
至 TO										
至 TO		票价 FARE CNY 660.00		机场建设费 AIRPORT TAX CNY CN 50.00		燃油附加费 FUEL SURCHARGE CNY YQ 70.00	其他税费 OTHER TAXES	合计 TOTAL CNY 780.00		

电子客票号码 E-TICKET NO	88965421690	验证码 CK		连续客票 CONJUNCTION TKT		保险费 INSURANCE	
销售单位代号 AGENT CODE	GZ 888	填开单位（盖章） ISSUED BY	厦门航空福州分公司			填开日期 ISSUED DATE	2015-12-2

查询网址：WWW.TRAVELSKY.COM

付款凭证 RECEIPT　手写无效 INVALID IN HAND WRITING

图 1－9　航空公司电子行程单

（3）酒店开具的住宿费发票，发票样式如图 1－10 所示。

（4）财务部门审核后予以报销，并进行相应账务处理。

【5】业务要求：12 月 4 日，预付义乌市电工钢带制造有限公司采购钢带原材料款 200 000 元。

操作方式：

（1）请款经办人需填写公司《付款申请单》，如图 1－11 所示。

5301081611　　福建增值税普通发票　　№ 9213054785

发票联

校验码 73464 36812 10647 43085　　开票日期：2015 年 12 月 2 日

购货单位	名　　称：威力电机有限公司 纳税人识别号：440100678060233 地 址 、电 话： 开户行及账号：				密码区	555 + * 7 - * 73 * > 137065570 > 2/ > 09 - 7/3/ + /86 < 9 > < > 770498/72132 * 7 + < > 931329 * 894 + + 897/8 > + 550 * 5 - > > 6 < 769/47 * 015 > /106 > 26 + 0066 < 18	
货物或应税劳务名称	规格型号	单位	数量	单价	金额	税率	税额
住宿服务		间	1	203. 8834951	203. 8834951	3%	6. 116504854
合　　计					¥203. 8834951	3%	¥6. 116504854
价税合计（大写）	⊗贰佰壹拾圆整				（小写）¥210. 00		
销货单位	名　　称：福州大酒店 纳税人识别号：84024570015571518 地 址 、电 话：福州市鼓楼区 889 号 开户行及账号：建设银行福州分行 5405 0133 3819 4413 4561				备注		

收款人：郑陈丹　　复核：刘明　　开票人：陈明　　销货单位：（章）

税总函［2015］888 号某某某印刷厂有限公司

第二联：发票联　购货方记账凭证

（印章：全国统一发票监制章 福建 国家税务局监制；福州大酒店 350114158954513 发票专用章 35158871888454772415）

图 1－10　住宿费发票

付款申请单

申请人：	刘清玉	填制日期：	2015 年 12 月 4 日	附件张数：	1
付款金额（大写）：	贰拾万圆整　　¥ 200 000. 00				
收款人全称：	义乌市电工钢带制造有限公司				
开户银行及账号：	中国建设银行义乌支行　　678999551238908				
其他要求说明：					
付款方式：	□ 现金	√ 电汇	□ 现金支票	□ 转账支付	□ 其他
付款说明：	采购钢带预付款				
部门批准：	郑乙明	财务核对：	刘明远	总经理审批：	董德清

图 1－11　付款申请单

（2）请款经办人需提供申请付款依据（即购销合同），购销合同样式如图 1－12 所示。

购 销 合 同

合同编号：20151203

甲方（需方）：威力电机有限公司

乙方（供方）：义乌市电工钢带制造有限公司

供需双方本着平等互利、协商一致原则签订本合同，以资双方信守执行。

一、材料名称、规格、厂家、数量、金额

双方协定甲方向乙方订购以下商品

产品名称	规格型号	生产厂家	计量单位	数量	单价	合价	备注
电工钢带	B50A400 冷轧	义乌市电工钢带制造有限公司	吨	40	16 000	640 000	不含增值税

合计人民币金额（大写）：陆拾肆万圆整

二、质量要求

1. 乙方应严格按照双方约定的质量和技术标准要求供应材料，且需符合现行的国家标准。

2. 乙方应随每批产品提供相应的《产品合格证明》《质量检验报告》《产品质量保证书》、材料发票和其他相关技术质量资料。

三、包装标准及包装方式

按出产标准进行包装。

四、交货时间、地点及交货方式

1. 产品的交（提）货期限：15 天

2. 产品的交货地点：甲方企业仓库

3. 交货方式：□ 供方送货　□ 需方自提　√ 乙方代运　□ 其他______（注明）

五、货款结算方式

合同签订之日起，5 日内支付预付款项贰拾万元；乙方将产品生产完毕送到甲方指定仓库后，验收合格后，甲方将余款支付给乙方。

六、合同期限：质保期结束

七、违约责任

乙方不能交货的，应向甲方偿付不能交货部分货款的 10 %的违约金。

乙方所交产品品种、型号、规格、花色、质量不符合合同规定的，如果甲方同意利用，应当按质论价；如果甲方不能利用的，应根据产品的具体情况，由乙方负责包换或包修，并承担调换或退货而支付的实际费用。乙方不能调换的，按不能交货处理。

甲、乙双方应严格履行合同规定的各项条款，如合同一方违约，由违约方承担责任，并参照合同法及双方商定的有关条款赔偿经济损失。

八、争议的解决

本合同发生纠纷，甲乙双方应当及时协商解决，协商不成时，任何一方均可向合同签订地人民法院提起诉讼。

九、补充条款

无

本合同自签订日期起生效，合同执行期内，供需双方均不得随意变更或解除合同。合同未尽事宜，须双方共同协商，作出补充规定，补充规定与合同具同等效力。本合同一式 肆 份，供需双方各执

贰 份。

购货单位（甲方）：威力电机有限公司　　　供货单位（乙方）：义乌市电工钢带制造有限公司

法定代表人：刘德伟　　　　　　　　　　　法定代表人：郑旺明

2015 年 12 月 3 日　　　　　　　　　　　　2015 年 12 月 3 日

（印章：威力电机有限公司）　　　　　　　（印章：义乌市电工钢带制造有限公司）

图 1－12　《购销合同》样式

（3）出纳需填写银行电汇凭证，银行电汇凭证样式如图 1－13 所示。

中国建设银行 China Construction Bank　　　电　汇　凭　证　　　№ 1038401

币别：人民币　　　　2015 年 12 月 4 日　　　流水号：776662223218

汇款方式	☑ 普通　　☐ 加急			
汇款人 全　称	威力电机有限公司	收款人	全　称	义乌市电工钢带制造有限公司
账　号	4405 0166 8899 4433 0061		账　号	5789 0788 6655 3312 7329
汇出行名称	中国建设银行佛山锦隆花园支行		汇入行名称	中国建设银行义乌支行
金额	（大写）⊗贰拾万圆整		亿千百十万千百十元角分	¥20000000
			支付密码	
			附加信息及用途：预付电工钢带采购款	
			此汇款支付给收款人。　客户签章	

（印章：中国建设银行佛山锦隆花园支行 2015.12.4 转讫；刘德伟印；威力电机有限公司财务专用章）

第一联　银行记账凭证

会计主管 刘明远　　授权　　复核 卓兴胜　　录入 刘鑫鑫

图 1－13　银行电汇作凭证

【提示】同城采用转账支付，异地采用电汇方式支付。

【6】业务要求：12 月 4 日，缴纳上月“五险一金”款项。

操作方式：

（1）单位“五险”缴纳方式：一般由财务部门通过税务网站申报后，由税务机关从其单位基本账户扣款；扣款成功后由银行提供客户专用回单，回单样式如图 1－14 所示：

中国建设银行 China Construction Bank

中国建设银行单位客户专用回单

转账日期：2015 年 12 月 4 日　　　　凭证字号：20151204009981

纳税人全称及纳税人识别号：威力电机有限公司
440100678060233

付款人全称：威力电机有限公司　　　　咨询（投诉）电话：12366
付款人账号：4405 0166 8899 4433 0061　　　　征收机关名称（委托方）：广东省佛山市地方税务局
付款人开户银行：中国建设银行佛山锦隆花园支行　　　　收款国库（银行）名称：国家金库佛山市支库
小写（合计）金额：￥835 615. 46　　　　缴款书交易流水号：99920085553201610008 88
大写（合计）金额：人民币捌拾叁万伍仟陆佰壹拾伍圆肆角陆分

税（费）种名称	所属时期	实缴金额
工伤保险基金收入	2015. 11. 1 - 2015. 11. 30	19 836. 12
生育保险基金收入	2015. 11. 1 - 2015. 11. 30	19 836. 12
养老保险基金收入	2015. 11. 1 - 2015. 11. 30	549 673. 55
医疗保险基金收入	2015. 11. 1 - 2015. 11. 30	198 361. 23
失业保险基金收入	2015. 11. 1 - 2015. 11. 30	47 908. 44

税票号码：420161888880008889 91

中国建设银行 电子回单 专用章

本回单可通过建行对公自助设备或建设网站校验真伪

图 1－14　中国建设银行单位客户专用回单

（2）单位公积金缴纳方式：由单位财务部门填写公积金缴款书后，提交给银行；银行支付成功后，向缴纳单位提供转账成功的客户专用回单，客户专用回单样式如图 1－15 所示：

中国建设银行 China Construction Bank

中国建设银行单位客户专用回单

No. 489211

2015 年 12 月 4 日　　　　流水号：3872887609

付款人	全　称	威力电机有限公司	收款人	全　称	佛山市住房公积金管理中心
	账　号	4405 0166 8899 4433 0061		账　号	4563 3444 4110 6655
	开户行	中国建设银行佛山锦隆花园支行		开户行	中国建设银行佛山支行
金　额		（大写）人民币肆拾柒万陆仟零陆拾陆圆玖角柒分　（小写）￥476 066. 97			
凭证种类		电子转账凭证	凭证号码		
结算方式		转账	用　途		缴纳 11 月份公积金款
汇款交易日期：20151204 支付清算业务类型：E187 汇款合约编号：387296655900 实际付款人账户：4405 0166 8899 4433 0061 汇入行行名：中国建设银行佛山支行 汇款备注：558B			打印柜员：34391823232 打印机构：中国建设银行佛山支行 打印卡号：349438334343 汇款附言：558B		

打印时间：2015－12－04　11：00　　交易柜员：393843434　　交易机构：9827332

中国建设银行 电子回单 专用章

图 1－15　中国建设银行单位客户专用回单

（3）财务部门根据上述凭证进行相应账务处理。

【7】业务要求：12 月 4 日，缴纳上月城市维护建设税、教育费附加款项。

操作方式：

（1）由单位财务部门在税务网站申报城市维护建设税和教育费附加缴纳金额，由税务机关从缴款单位基本账户（或指定账户）扣款；扣款成功后，银行向缴款单位提供客户专用回单。客户专用回单样式如图 1－16 所示：

中国建设银行
China Construction Bank

中国建设银行单位客户专用回单

转账日期：2015 年 12 月 4 日　　　　凭证字号：20151204009983

纳税人全称及纳税人识别号：威力电机有限公司
440100678060233

付款人全称：威力电机有限公司　　　　咨询（投诉）电话：12366

付款人账号：4405 0166 8899 4433 0061　　　　征收机关名称（委托方）：广东省佛山市地方税务局

付款人开户银行：中国建设银行佛山锦隆花园支行　　　　收款国库（银行）名称：国家金库佛山市支库

小写（合计）金额：￥177 956.86　　　　缴款书交易流水号：999200855320161000891

大写（合计）金额：人民币壹拾柒万柒仟玖佰伍拾陆圆捌角陆分

税（费）种名称	所属时期	实缴金额
城市维护建设税	2015.11.1－2015.11.30	124 569.80
教育费附加	2015.11.1－2015.11.30	53 387.06

税票号码：420161888880008889993

中国建设银行
电子回单
专用章

本回单可通过建行对公自助设备或建设网站校验真伪

图 1－16 中国建设银行单位客户专用回单

（2）财务部门根据上述回单进行相应账务处理。

【8】业务要求：12 月 4 日，缴纳上月增值税款项。

操作方式：

（1）由单位财务部门在税务网站申报增值税缴纳金额，由税务机关从纳税单位基本账户（或指定账户）扣款；扣款成功后，银行向纳税单位提供客户专用回单。客户专用回单样式如图 1－17 所示：

（2）财务部门根据上述回单进行相应账务处理。

【9】业务要求：12 月 4 日，缴纳上月代扣个人所得税款项。

操作方式：

（1）由单位财务部门在税务网站申报个税税缴纳金额，由税务机关从纳税单位基本账户（或指定账户）扣款；扣款成功后，银行向纳税单位提供客户专用回单。客户专用回单样式如图 1－18 所示：

中国建设银行 China Construction Bank

中国建设银行单位客户专用回单

转账日期：2015 年 12 月 4 日　　　　凭证字号：20151204009983

纳税人全称及纳税人识别号：威力电机有限公司
440100678060233

付款人全称：威力电机有限公司　　　　咨询（投诉）电话：12366

付款人账号：4405 0166 8899 4433 0061　　　　征收机关名称（委托方）：广东省佛山市地方税务局

付款人开户银行：中国建设银行佛山锦隆花园支行　　　　收款国库（银行）名称：国家金库佛山市支库

小写（合计）金额：¥278 920.80　　　　缴款书交易流水号：9992008555320161000895

大写（合计）金额：人民币贰拾柒万捌仟玖佰贰拾圆捌角整

税（费）种名称	所属时期	实缴金额	税票号码：42016188888000888995
增值税	2015.11.1－2015.11.30	278 920.80	

中国建设银行 电子回单专用章

本回单可通过建行对公自助设备或建设网站校验真伪

图 1－17　中国建设银行单位客户专用回单

中国建设银行 China Construction Bank

中国建设银行单位客户专用回单

转账日期：2015 年 12 月 4 日　　　　凭证字号：20151204009985

纳税人全称及纳税人识别号：威力电机有限公司
440100678060233

付款人全称：威力电机有限公司　　　　咨询（投诉）电话：12366

付款人账号：4405 0166 8899 4433 0061　　　　征收机关名称（委托方）：广东省佛山市地方税务局

付款人开户银行：中国建设银行佛山锦隆花园支行　　　　收款国库（银行）名称：国家金库佛山市支库

小写（合计）金额：¥208 851.86　　　　缴款书交易流水号：9992008555320161000896

大写（合计）金额：人民币贰拾万捌仟捌佰伍拾壹圆捌角陆分

税（费）种名称	所属时期	实缴金额	税票号码：42016188888000888996
个人所得税	2015.11.1－2015.11.30	208 851.86	

中国建设银行 电子回单专用章

本回单可通过建行对公自助设备或建设网站校验真伪

图 1－18　中国建设银行单位客户专用回单

（2）财务部门根据上述凭证进行相应账务处理。

【10】业务要求：12月5日，给员工王志恒发放职工困难补助款500元。

操作方式：

（1）申请部门需填写威力电机有限公司职工困难补助申请单，如图1－19所示：

威力电机有限公司职工困难补助申请单

2015年12月5日

姓名	王志恒	职务或工种	定子车间工人	月收入	¥1 850元	申请金额	¥500元
家庭人口		3人	其他收入	无	家属参加工作人数	无	
原　因	家属病重住院，生活困难，特申请困难补助						
部门意见	情况属实，望予以支持 王志鹏　5月12日	审批意见	同意 董德清　5月12日	申请人签字	王志恒		
备　注							

图1－19　威力机电有限公司职工困难补助申请单

（2）财务部门根据审批的申请表予以报销，并进行相应账务处理。

【11】业务要求：12月5日，收到南京市电机压轴制造有限公司包装物押金2000元。

操作方式：

（1）财务部门收到南京市电机压轴制造有限公司包装物押金后，需开具单位财务收据，如图1－20所示：

收　　据

C137163

入账日期：2015年12月5日

今收到　　南京市电机压轴制造有限公司

金额（大写）⊗佰⊗拾⊗万贰仟⊗佰⊗拾⊗圆⊗角⊗分

收款事由　　包装物押金

¥　2 000.00

收款单位（财务专用章）

财务专用章

第三联：记账联

核准　　会计 卓兴胜　　记账　　出纳 张晓霞　　经手人 刘清玉

图1－20　威力机电有限公司财务收据

（2）财务部门根据收据记账联进行相应账务处理。

【12】业务要求：12月6日，企业管理人员陈明强报空调修理费450元。

操作方式：财务部门根据空调修理服务单位提供的通用机打发票予以报销，通用机打发票如图1－21所示：

广东省国家税务局通用机打发票

机打号码：36485950382　　发票代码：45829283748495

机打编码：7635284903　　发票号码：6728394059832

开票日期：2015－12－6　　行业分类：服务类

（全国统一发票监制章 发票联 广东 国家税务局监制）

郑州智丰2011年6月印142000份（1×3）"号码起讫

付款单位名称：威力电机有限公司

货物名称或劳务	单位	单价	数量	金额
空调维护	台	90		450

（广东康美空调维护有限公司 210634896935399 发票专用章）

合计人民币（大写）：肆佰伍拾圆整　　合计　　¥450元

收款单位名称（盖章）：广东康美空调维护有限公司

收款单位税号：72383943059230323　　开票人：王一凡　　备注：无

第一联 发票联（购货单位付款凭证）（手开无效）

图1－21　空调维修费通用机打发票

【提示】因提供的是通用维修发票，不能进项扣抵；如果提供的是增值税专用发票，其进项税允许予以抵扣。

【13】业务要求：12月6日，付销售部孙霞报接待费350元。

操作方式：业务部门应写明接待事由，经审批后；财务部门根据正式发票予以报销。如图1－22所示：

广东省国家税务局通用机打发票

机打号码：8763240762　　发票代码：7432898766555

机打编码：4352790178　　发票号码：6542202098776

开票日期：2015－12－5　　行业分类：饮食业

（全国统一发票监制章 发票联 广东 国家税务局监制）

郑州智丰2011年6月印142000份（1×3）"号码起讫

付款单位名称：威力电机有限公司

货物名称或劳务	单位	单价	数量	金额
餐费				350

（广州多味小吃店 210634896935643 发票专用章）

合计人民币（大写）：叁佰伍拾圆整　　合计　　¥350元

收款单位名称（盖章）：广州多味小吃店

收款单位税号：7238394305334334　　开票人：王晓斌　　备注：无

第一联 发票联（购货单位付款凭证）（手开无效）

图1－22　餐费通用机打发票

【14】业务要求：12 月 7 日，付临时雇员王智绿化修剪劳务费 430 元。

操作方式：业务部门填写劳务费发放表，经审批后，由财务部门予以报销。劳务费发放表如图 1－23 所示：

绿化修剪劳务费 发放表　　2015 年 12 月 7 日

序号	姓　名	身份证号	应发金额（元）	税率	应纳个人所得税税额（元）	实发金额（元）	领款人签字
1	王智	3503211988 ********	430	0	0	430	王智
2							
3							
4							
7							
8							
9							
10							
合计金额			肆佰叁拾圆整（¥430.00）				

部门领导：董志明　　财务审批：郑明远　　制表人：郑冬冬

图 1－23　绿化修剪劳务费发放表

【15】业务要求：12 月 7 日，付陈明强报电话费 137 元。

操作方式：

（1）根据业务部门提交的电话费正式发票，经审批后，财务部门予以报销。如图 1－24 所示：

（2）财务部门根据上述凭证进行相应账务处理。

【16】业务要求：12 月 7 日，转账支付广告费 2 500 元。

操作方式：

（1）业务部门需填写付款申请单，经审批后，向财务部门申请付款。如图 1－25 所示：

广东省国家税务局通用机打发票　　百元版

发票联

发票代码 135021410148

开票日期：2015－12－5　　行业分类：邮政业　　发票号码 01722335

2015 年 5 月第 317 号批准安妮印 10000000 份

客户名称：个人					
货物及劳务名称	规格型号	单位	数量	单价	金额
话费				137.00	137.00
合　计				137.00	137.00
价税合计（大写）￥壹佰叁拾柒圆整				（小写）￥137.00	
销货单位	名　称：中国电信股份有限公司 纳税人识别号：10024580015571515 地 址 、电 话：广东省越秀区中山二路 18 号电信广场 34 楼 开户行及账号：中国建设银行广东省分行 88188888687888			备注	

第二联：发票联　购货方记账凭证

中国电信股份有限公司 350204158954517 发票专用章

收款人：陈东明　　复核：林明星　　开票人：陈星　　销货单位：（章）

图 1－24　电话费通用机打发票

付 款 申 请 单

申请人：	刘清玉	填制日期：	2015 年 12 月 7 日	附件张数：	1
付款金额（大写）：	贰仟伍佰圆整			￥ 2 500.00	
收款人全称：	广州星星广告制作有限公司				
开户银行及账号：	中国建设银行广东支行　746596023445				
其他要求说明：					
付款方式：	□ 现金	□ 电汇	□ 现金支票	√ 转账支付	□ 其他
付款说明：	支付广告制作费。				
部门批准	郑乙明	财务核对	刘明远	总经理审批	董德清

图 1－25　威力电机有限公司付款申请单

（2）财务部门根据付款申请单，填写转账单和进账单。如图 1－26、图 1－27 所示：

中国建设银行　进账单（回　　单）　　　　1

2015 年 12 月 7 日

出票人	全　　称	威力电机有限公司	收款人	全　　称	广州星星广告制作有限公司
	账　　号	4405 0166 8899 4433 0061		账　　号	746596023445
	开户银行	中国建设银行佛山锦隆花园支行		开户银行	中国建设银行广东支行

金额	人民币（大写）	贰仟伍佰圆整	亿	千	百	十	万	千	百	十	元	角	分
							¥	2	5	0	0	0	0

票据种类	转账支票	票据张数	1
票据号码	4859603048343443		

中国建设银行佛山锦隆花园支行 2015.12.7 转讫

复核　　　　记账　　　　开户银行签章

此联是开户银行交给持票人的回单

图 1－26　中国建设银行进账单

中国建设银行
转账支票存根
10501130
00621875

北京印钞厂证券分厂·2014 年印制

附加信息

支付广告费

出票日期 2015 年 12 月 7 日

收款人：广州星星广告制作有限公司
金　额：¥2 500.00
用　途：广告费

单位主管　刘明远　会计

图 1－27　中国建设银行转账支票存根联

（3）附上业务部门提供的广告业正式发票。如图 1－28 所示：

广东省国家税务局通用机打发票

发票联

机打号码：8754282939　　　　发票代码：7253494009282

机打编码：3894040398　　　　发票号码：3627192038372

开票日期：2015－12－6　　　　行业分类：广告业

付款单位名称：威力电机有限公司

货物名称或劳务	单位	单价	数量	金额
广告制作费				2 500

合计人民币（大写）：贰仟伍佰圆整　　　　合计　¥2 500 元

收款单位名称（盖章）：广州星星广告制作有限公司

收款单位税号：2738349498292222　　开票人：卢智　　备注：广告制作费

郑州智丰2014年6月印142000份（1×3）"号码起讫

第一联 发票联（购货单位付款凭证）（手开无效）

图 1－28　广告业发票

（4）财务部门根据上述凭证进行相应账务处理。

【17】业务要求： 12 月 7 日，支付销售部门报销运输费 3 500 元。

操作方式：

（1）业务部门需填写付款申请单，经审批后，向财务部门申请付款。如图 1－29 所示：

付 款 申 请 单

申请人：	刘清玉	填制日期：	2015 年 12 月 7 日	附件张数：	1
付款金额（大写）：	叁仟伍佰圆整　　¥ 3 500.00				
收款人全称：	广东快捷运输有限公司				
开户银行及账号：	中国建设银行广东支行　9992212123434				
其他要求说明：					
付款方式：	□ 现金	□ 电汇	□ 现金支票	√ 转账支付	□ 其他
付款说明：	支付运输费				
部门批准：	郑乙明	财务核对：	刘明远	总经理审批：	董德清

图 1－29　威力电机有限公司付款申请单

（2）财务部门根据付款申请单，填写转账单和进账单。如图 1－30、图 1－31 所示：

中国建设银行
转账支票存根
10501131
00621876

北京印钞厂证券分厂 • 2014 年印制

附加信息

支付运输费

出票日期 2015 年 12 月 7 日

收款人： 广东快捷运输有限公司	
金　额：¥3 500.00	
用　途：运输费	

单位主管　刘明远　会计

图 1－30　中国建设银行转账支票存根

中国建设银行　进账单（回　　单）　　1

2015 年 12 月 4 日

出票人	全　　称	威力电机有限公司	收款人	全　　称	广东快捷运输有限公司
出票人	账　　号	4405 0166 8899 4433 0061	收款人	账　　号	9992212123434
出票人	开户银行	中国建设银行佛山锦隆花园支行	收款人	开户银行	中国建设银行广东支行

金额	人民币（大写）	叁仟伍佰圆整	亿	千	百	十	万	千	百	十	元	角	分
							¥	3	5	0	0	0	0

票据种类	转账支票	票据张数	1
票据号码	3434354566		
复核　　记账			

中国建设银行佛山锦隆花园支行
2015.12.7
转讫

开户银行签章

此联是开户银行交给持票人的回单

图 1－31　中国建设银行进账单

（3）附上业务部门提供的运输业正式发票。如图 1－32 所示：

（4）财务部门根据上述凭证进行相应账务处理。

广东省地方税务局通用机打发票

发票联

发票代码：23300XX10344

开票日期：2015－12－7　　行业分类：特定交通运输业　　发票号码：23445454454

付款单位名称：威力电机有限公司

货物名称或劳务	单位	单价	数量	金额
运输费				3 500

合计人民币（大写）：叁仟伍佰圆整　　￥3 500

收款单位名称（盖章）：广东快捷运输有限公司

收款单位税号：45464656034343423　　开票人：陈东　　备注：运输费

广东快捷运输有限公司 210634493433643 发票专用章

税务机关批印文号×印制年月×印制数量×联次 ××印刷企业承印

第一联 发票联 付款方记账凭证 （手开无效）

图 1－32　运输业发票

【18】业务要求：12 月 7 日，支付管理部门陈明强报销快递费 36 元。

操作方式：

（1）业务部门提供快递公司开具的发票，经审批后，财务予以报销。如图 1－33 所示：

广东省国家税务局通用机打发票

发票联

机打号码：7283399400　　发票代码：8349305434434

机打编码：3849495005　　发票号码：3647546956565

开票日期：2015－12－6　　行业分类：物流业

付款单位名称：威力电机有限公司

货物名称或劳务	单位	单价	数量	金额
快递费				36

合计人民币（大写）：叁拾陆圆整　　合计　￥36.00

收款单位名称（盖章）：广东快捷物流有限公司

收款单位税号：343859545454545　　开票人：刘刚　　备注：快递费

广东快捷物流有限公司 210649485453643 发票专用章

郑州智丰 2014 年 6 月印 142000 份（1×3）"号码起讫

第一联 发票联（购货单位付款凭证）（手开无效）

图 1－33　快递费发票

（2）财务部门根据上述凭证进行相应账务处理。

【19】业务要求： 12 月 8 日，收到报废设备残值 1 345 元。

操作方式：

（1）固定资产报废需先进行鉴定后报批；财务部门根据报废单将账上的固定资产转入固定资产清理，同时，结转已计提的累计折旧。报废单如图 1－34 所示：

固定资产报废单

2015 年 12 月 8 日　　　　编号：0000234

编号	名称	单位	数量	预计使用年限	已使用年限	原始价值	已提折旧额	报废原因
10009	冲压机	台	1	4	3	28 000	21 000	无法维修

处理意见	使用部门	技术鉴定小组	固定资产管理部门	主管审批
	同意报废 王志鹏	建议报废 郑一山	同意报废 陈明灯	同意报废 董德清

图 1－34　固定资产报废单

（2）财务部门收到变卖报废固定资产款项，开具单位收据。如图 1－35 所示：

收　　据

入账日期：2015 年 12 月 8 日　　　　**C137163**

今收到　广州旧货收回有限公司

金额（大写）⊗佰⊗拾⊗万壹仟叁佰肆拾伍圆⊗角⊗分

收款事由　报废设备残值

¥　1 345.00

收款单位（财务专用章）　威力电机有限公司 财务专用章

第三联：记账联

核准　　会计 卓兴胜　　记账　　出纳 张晓霞　　经手人 刘清玉

图 1－35　威力电机有限公司收据

（3）财务部门根据固定资产清理科目的借方与贷方对抵后，记入“营业外收入”或“营业外支出”。

【20】**业务要求**：12 月 8 日，收到出售原材料款 61 600 元（不含增值税）。

操作方式：

（1）财务部门根据业务部门商定的出售价格和数量开具增值税专用发票。如图 1－36 所示：

3376583620　　广东增值税专用发票　　№ 0423175689

（印章：全国统一发票监制章 广东 国家税务局监制）发票联

校验码 93484 56892 10548 44544　　开票日期：2015 年 12 月 8 日

购货单位		密码区	
购货单位	名　　称：南京机床制造有限公司 纳税人识别号：34859204940559696 地 址 、电 话：南京市秦淮区光华路 X60 号 开户行及账号：中国建设银行南京分行 333372823924842	密码区	133 + ＊7 － ＊73＊ >2170608870>2/>09 － 7/3/ + /86<9> < >990498/72132＊7 + < >931329＊894 + +897/8> +570＊5 － > > 6<589/47＊019>/306>26 +116<89

货物或应税劳务名称	规格型号	单位	数量	单价	金额	税率	税额
电工钢带	35W250	吨	3.5	17 600	61 600.00	17%	10 472.00
合　　计					¥61 600.00	17%	¥10 472.00
价税合计（大写）	⊗柒万贰仟零柒拾贰圆整				（小写）¥72 072.00		

销货单位		备注
销货单位	名　　称：威力电机有限公司 纳税人识别号：440100678060233 地 址 、电 话：广东省佛山市南海狮山新城工业区 开户行及账号：中国建设银行佛山锦隆花园支行 4405 0166 8899 4433 0061	备注

（印章：威力电机有限公司 23734473-34445 发票专用章）

收款人：张晓霞　　复核：郑乙明　　开票人：卓兴胜　　销货单位：（章）

税总函［2015］888 号某某某印刷厂有限公司

第一联：记账联　销货方记账凭证

图 1－36　威力电机有限公司增值税专用发票

（2）财务部门根据银行到账回单和增值税专用发票确认销售收入。银行回单如图 1－37 所示：

中国建设银行
China Construction Bank

中国建设银行单位客户专用回单

No. 133008766

2015 年 12 月 8 日　　流水号：293840000887

付款人	全　称	南京机床制造有限公司	收款人	全　称	威力电机有限公司
	账　号	3333 7282 3924 842		账　号	4405 0166 8899 4433 0061
	开户行	建行南京分行		开户行	中国建设银行佛山锦隆花园支行
金　额		大写：人民币柒万贰仟零柒拾贰圆整			小写：¥72 072.00
凭证种类		电子转账凭证	凭证号码		
结算方式		电汇	用　途		购买电工钢带

汇款交易日期：20151208 支付清算业务类型：E314
汇款合约编号：88779304340001
实际付款人账户：3333 7282 3924 842
汇入行行名：中国建设银行南京分行
汇款备注：6281B

打印柜员：23877232323
打印机构：中国建设银行佛山锦隆花园支行
打印卡号：3934823232
汇款附言：6281B

中国建设银行 电子回单 专用章

打印时间：2015－12－08　15：35　　交易柜员：2832231　　交易机构：2328232

图 1－37　中国建设银行单位客户专用回单

（3）财务部门根据出库单确认销售成本。如图 1－38 所示：

威力电机有限公司出库单

领用单位：销售部门　　2015 年 12 月 8 日

编号	种类	产品名称	规格	型号	入库数量	单位	单价	成本总额
A012	主要原材料	电工钢带		Y7907	3.5	吨	14 410	50 435
备注：不含增值税额						合　计		50 435

负责人：郑乙明　　记账：刘明远　　领用人：刘远清

图 1－38　威力电机有限公司出库单

【21】业务要求：12 月 8 日，转账支付加油卡充值费用 20 000 元。

操作方式：

（1）业务部门需填写付款申请单。如图 1－39 所示：

付款申请单

申请人：	刘清玉	填制日期：	2015 年 12 月 8 日	附件张数：	1
付款金额（大写）：	贰万圆整				¥ 20 000.00
收款人全称：	中国石化销售有限公司广东分公司				
开户银行及账号：	中国建设银行广东支行　6677 1199 0099 1122 7755				
其他要求说明：					
付款方式：	□ 现金	□ 电汇	□ 现金支票	√ 转账支付	□ 其他
付款说明：	支付汽油费				
部门批准：	郑乙明	财务核对：	刘明远	总经理审批：	董德清

图 1－39　威力电机有限公司付款申请单

（2）财务部门根据业务部门提交的付款申请单，填写转账支票和进账单。如图 1－40、图 1－41 所示：

中国建设银行　进账单（回　　单）　　1

2015 年 12 月 8 日

出票人	全　称	威力电机有限公司	收款人	全　称	中国石化销售有限公司广东分公司
	账　号	4405 0166 8899 4433 0061		账　号	6677 1199 0099 1122 7755
	开户银行	中国建设银行佛山锦隆花园支行		开户银行	中国建设银行广东支行
金额	人民币（大写）	贰万圆整		亿千百十万千百十元角分	¥ 2 0 0 0 0 0 0
票据种类	转账支票	票据张数	1		
票据号码	3435657899				
复核	记账			开户银行签章	

中国建设银行佛山锦隆花园支行
2015. 12. 3
转讫

此联是开户银行交给持票人的回单

图 1－40　建设银行进账单

（3）业务部门负责向汽油销售公司索取税务发票，并交给财务部门。如图 1－42 所示：

中国建设银行
转账支票存根
10503520
03945330

上海金达证券印制有限公司 • 2013年印制

附加信息

支付购汽油费

出票日期 2015 年 12 月 8 日

收款人： 中国石化销售有限公司广东分公司
金 额：¥20 000.00
用 途：购汽油

单位主管 刘明远 会计

图 1-41 转账支票存根

中国石化销售有限公司广东分公司
通用机打发票
发 票 联

福建国税

[redacted]

发票代码 135011470148
发票号码 02471896
行业分类：成品油商业零售

发票号码：03484959955
开票日期：2015-12-08 07：30：00
机器编号：399484959502
客户名称：威力电机有限公司

品名	单价	数量	金额
93 号汽油（V）	5.54	3 448.28	20 000.00

金额合计：¥20 000.00 元
人民币大写：贰万圆整
收款单位：中国石化销售有限公司广东分公司
电话： 开票员 林程一
校验码：39939439434349493235

中国石化销售有限公司广东分公司
210634896934335
发票专用章

2015 年 7 月印 1100000 份（100×1）"01600001-02700000
鸿博股份有限公司

图 1-42 中国石化销售通用机打发票

（4）财务部门根据上述凭证进行相应账务处理。

【22】业务要求：12 月 9 日，支付单位排污费。

操作方式：

（1）业务部门根据环保局《排污费限期缴纳通知书》需填写付款申请单。如图 1－43、图 1－44 所示：

排污费限期缴纳通知书

2015－234 号

威力电机有限公司：

经查，你应当于 2015 年 12 月 31 日前缴纳（2015－234 号《排污费缴纳通知单》）2015 年 11 月排污费 12 034 元，至今已缴 0 元，欠缴 12 034 元，违反了《排污费征收使用管理条例》第十四条第二款的规定。根据《排污费征收使用管理条例》第二十一条的规定，责令你于 2015 年 12 月 31 日前到 中国建设 银行缴费专户账号缴纳欠缴排污费 12 034 元。

逾期拒不缴纳的，根据《排污费征收使用管理条例》第二十一条规定，将处应缴纳排污费额 1 倍以上 3 倍以下的罚款，并报经人民政府，责令停产停业整顿。

广东省佛山市环保局
（公章）

2015 年 12 月 1 日

图 1－43　环保局《排污费限期缴纳通知书》

付 款 申 请 单

申请人：	刘清玉	填制日期：	2015 年 12 月 9 日	附件张数：	1
付款金额（大写）：	壹万贰仟零叁拾肆圆整				¥ 12 034.00
收款人全称：	广东省佛山市财政局				
开户银行及账号：	中国建设银行佛山支行　38439059232023				
其他要求说明：					
付款方式：	□ 现金	□ 电汇	□ 现金支票	√ 转账支付	□ 其他
付款说明：	排污费				
部门批准：	郑乙明	财务核对：	刘明远	总经理审批：	董德清

图 1－44　威力电机有限公司付款申请单

（2）财务部门根据申请付款单填制转账支票和进账单，并向银行办理转账业务。如图 1－45、图 1－46 所示：

中国建设银行
转账支票存根
10503525
03945335

上海金达证券印制有限公司・2013 年印制

附加信息

支付排污费

出票日期 2015 年 12 月 9 日

收款人：	广东省佛山市财政专户
金　额：	¥12 034.00
用　途：	排污费

单位主管　刘明远　会计

图 1－45　中国建设银行转账支票存根

中国建设银行　进账单（回　　单）　　1

2015 年 12 月 9 日

出票人	全　　称	威力电机有限公司	收款人	全　　称	广东省佛山市财政专户
	账　　号	4405 0166 8899 4433 0061		账　　号	38439059232023
	开户银行	中国建设银行佛山锦隆花园支行		开户银行	中国建设银行佛山支行
金额	人民币（大写）	壹万贰仟零叁拾肆圆整			
票据种类	转账支票	票据张数	1		
票据号码	235476899				
复核　　记账			中国建设银行佛山锦隆花园支行 2015.12.9 转讫		开户银行签章

亿	千	百	十	万	千	百	十	元	角	分
			¥	1	2	0	3	4	0	0

此联是开户银行交给持票人的回单

图 1－46　中国建设银行进账单

（3）财务部门根据上述凭证进行相应账务处理。

【23】业务要求：12 月 9 日，转账支付销售部门汽车维修费 1 439.1 元。

操作方式：

（1）业务部门需填写付款申请单，付款申请单填写方法如图 1－47 所示：

付　款　申　请　单

申请人：	刘清玉	填制日期：	2015 年 12 月 9 日	附件张数：	1
付款金额（大写）：	壹仟肆佰叁拾玖圆壹角整			¥　1 439.10	
收款人全称：	广州华美汽车维修有限公司				
开户银行及账号：	中国建设银行番禺支行　　348384959593434				
其他要求说明：					
付款方式：	□ 现金	□ 电汇	□ 现金支票	√ 转账支付	□ 其他
付款说明：	支付汽车维修费				
部门批准：	郑乙明	财务核对：	刘明远	总经理审批：	董德清

图 1－47　威力电机有限公司付款申请单

（2）财务部门根据业务部门提交的付款申请单，填制转账支票和进账单，填制方法如图 1－48、图 1－49 所示：

中国建设银行
转账支票存根
10503520
03945330

上海金达证券印制有限公司·2013年印制

附加信息

支付汽车维修费

出票日期 2015 年 12 月 9 日

收款人：广州华美汽车维修有限公司	
金　额：	¥1 439.10
用　途：	汽车维修费

单位主管　刘明远　会计

图 1－48　中国建设银行转账支票存根

中国建设银行　进账单（回　　单）　　1

2015 年 12 月 9 日

出票人	全　称	威力电机有限公司	收款人	全　称	广州华美汽车维修有限公司
	账　号	4405 0166 8899 4433 0061		账　号	348384959593434
	开户银行	中国建设银行佛山锦隆花园支行		开户银行	中国建设银行番禺支行
金额	人民币（大写）	壹仟肆佰叁拾玖圆壹角整		亿千百十万千百十元角分	¥143910
票据种类	转账支票	票据张数	1		
票据号码	235476899				
复核　记账				开户银行签章	

中国建设银行佛山锦隆花园支行　2015.12.9　转讫

此联是开户银行交给持票人的回单

图 1－49　中国建设银行进账单

（3）业务部门还需附上汽车维修发票及维修清单，如图 1－50、图 1－51 所示：

3300083620　　广东增值税专用发票　　№ 0218653497

发 票 联

校验码 93484 56892 10548 44080　　开票日期：2015 年 12 月 9 日

税总函［2015］888 号某某某印刷厂有限公司

购货单位	名　　称：威力电机有限公司 纳税人识别号：440100678060233 地 址 、电 话： 开户行及账号：			密码区	044 + ＊7 − ＊73 ＊ ＞349595999 ＞2/ ＞09 − 7/3 + /86 ＜9 ＞ ＜ ＞837347/72132 ＊7 + ＜ ＞ 931329 ＊894 + + 897/8 ＞ + 570 ＊5 − ＞ ＞6 ＜769/47 ＊019 ＞/206 ＞34 + 006 ＜19		
货物或应税劳务名称	规格型号	单位	数量	单价	金额	税率	税额
汽车维修费					1 230. 00	17%	209. 10
合　计					¥1 230. 00	17%	¥209. 10
价税合计（大写）	⊗壹仟肆佰叁拾玖圆壹角整				（小写）¥1 439. 10		
销货单位	名　　称：广州华美汽车维修有限公司 纳税人识别号：43243454655768687 地 址 、电 话：广州市番禺石碁镇海涌路 777 号 开户行及账号：中国建设银行广州番禺支行 348384959593434				备注		

第二联：发票联　购货方记账凭证

收款人：郑昌明　　复核：林丹　　开票人：游东　　销货单位：（章）

（印章：全国统一发票监制章 广东 国家税务局监制；广州华美汽车维修有限公司 3502041534445170 发票专用章 35158871888454772415）

图 1 − 50　汽车维修增值税专用发票

广州市华美汽车维修有限公司

车 辆 维 修 单

编号：2015120078

报修单位	威力电机有限公司		车型	本田雅格	
车牌号码	粤 A − 9984 ＊＊	进厂时间	2015 − 12 − 7	出厂时间	2015 − 12 − 8
修 理 项 目		工价	配 件 项 目		料价
挡风玻璃更换		1 000			
更换机油		280			
工时费		159. 1			
小　计：		1 439. 1	小　计：		0
修理天数		1 天	总修理费	¥1 439. 1 元	

车主：陈亮

车辆维修评价栏

维修质量：	很好□	好√	一般□	差□	很差□
响应速度：	很好□	好√	一般□	差□	很差□
服务态度：	很好□	好√	一般□	差□	很差□
维修及时性：	很好□	好√	一般□	差□	很差□

图 1 − 51　汽车维修清单

（4）银行转账成功后，财务部门定期向开户银行取回银行回单，并作为记账附件。如图 1－52 所示：

中国建设银行 China Construction Bank

中国建设银行单位客户专用回单

No. 6399031

2015 年 12 月 9 日　　　　流水号：3938411123345

付款人	全　称	威力电机有限公司	收款人	全　称	广州华美汽车维修有限公司
	账　号	4405 0166 8899 4433 0061		账　号	348484959593434
	开户行	中国建设银行佛山锦隆花园支行		开户行	中国建设银行广州番禺支行
金　额		（大写）人民币壹仟肆佰叁拾玖圆壹角整			（小写）￥1 439. 10
凭证种类		转账凭证	凭证号码		
结算方式		转账	用　途		汽车维修费
汇款交易日期：20151209 支付清算业务类型：E224 汇款合约编号：2323488766 实际付款人账户：4405 0166 8899 4433 0061 汇入行行名：中国建设银行佛山锦隆花园支行 汇款备注：5211B			打印柜员：23877232123 打印机构：中国建设银行佛山锦隆花园支行 打印卡号：3934823232 汇款附言：5211B		

打印时间：2015－12－09　　14：10　　　　交易柜员：28322221　　　　交易机构：2328232

图 1－52　中国建设银行单位客户专用回单

（5）财务部门根据上述凭证进行相应的账务处理。

【相关知识点】 根据税法规定，单位支付维修费并取得增值税专用发票，其进项税允许抵扣。

【24】业务要求： 12 月 10 日，收到保管员王清勇因失职罚款 200 元的款项。

操作方式：

（1）财务部门收到罚款后，向缴款人出具财务收据。如图 1－53 所示：

收　　据　　　　C137184

入账日期：2015 年 12 月 10 日

今收到　　王清勇

金额（大写）⊗佰⊗拾⊗万⊗仟贰佰⊗拾⊗圆⊗角⊗分

收款事由　　保管员王清勇因失职罚款

￥　200.00

收款单位（财务专用章）

第三联：记账联

核准　　会计 卓兴胜　　记账　　出纳 张晓霞　　经手人 刘清玉

图 1－53　单位收据

（2）财务部门根据上述凭证进行相应账务处理。

【25】业务要求：12 月 10 日，支付交警罚款 200 元。

操作方式：财务部门根据违章停车单和经办人缴纳交通罚款代收单，经审批后予以报销，并进行相应账务处理。如图 1－54、图 1－55 所示：

违章停车单

编号：3467836085594

该车辆于 2015 年 12 月 01 号在广东违反了《道路交通安全法》第 56 条规定，请持本通知书到广东省惠州市惠城区文明一路 25 号交通大厦。

地址：广东省惠州市惠城区文明一路 25 号交通大厦

联系方式：6622135

民警：35243645

备注：机动车持有人登记的住所地址或联系电话发现变化的，请及时向登记地车管所申请变更。

2015 年 12 月 01 号

扫一扫　　交罚款

图 1－54　交警违章停车单

建设银行欢迎您的使用

交易种类：	交通罚款代收
银行账号：	62227527001 **** 1
决定书号：	3601111910595 ***
证件号码：	36012119730407 ***
车 牌 号：	粤 BT ***
违章代码：	602601000 ****
违章日期：	20151201
违章金额：	RMB200. 00
滞 纳 金：	RMB0. 00
总 金 额：	RMB200. 00
交易时间：	2015－12－09　08：31
设 备 号：	ST79118101
流 水 号：	511452

图 1－55　个人缴纳交通罚款代收单

【26】业务要求：12 月 10 日，购支票工本费 36 元。

操作方式：

（1）出纳向开户银行购买支票，工本费由银行从其单位银行账户扣款。扣款回单如图 1－56 所示：

中国建设银行 China Construction Bank　　中国建设银行单位客户专用回单

No. 182343

2015 年 12 月 10 日　　流水号：3243843355454656

单位名称	威力电机有限公司	账号	4405 0166 8899 4433 0061
项目名称	工本费/转账汇款手续费/手续费		金　额
购买支票	36.00		¥36.00
合计金额	（大写）人民币叁拾陆圆整		¥36.00

付款方式：转账
业务类型：凭证出售
摘要：转账支取
凭证种类：现金支票　　出售张数：30

打印柜员：34335545656
打印机构：中国建设银行广东分行营业部
打印卡号：34356566566
补打次数：1

（中国建设银行 电子回单专用章）

打印时间：2015－12－10　10：29　　交易柜员：24434343　交易机构：334354

图 1－56　工本费扣款回单

（2）财务部门根据上述凭证进行相应账务处理。

【27】业务要求：12 月 10 日，收到供应商捐款 80 000 元，存入银行。

操作方式：

（1）收到供应商捐赠款后，财务部门需开向对方开具单位收据。如图 1－57 所示：

收　　据

C137119

入账日期：2015 年 12 月 10 日

今收到　义乌市电工钢带制造有限公司

金额（大写）⊗佰⊗拾捌万⊗仟⊗佰⊗拾⊗圆⊗角⊗分

收款事由　捐赠款

¥　80 000.00

（收款单位财务专用章）

（威力电机有限公司 财务专用章）

第三联：记账联

核准　　会计 卓兴胜　　记账 张晓霞　　出纳　　经手人 刘清玉

图 1－57　收据

（2）财务部门收到银行回单，并将其作为记账附件。如图 1－58 所示：

中国建设银行 China Construction Bank

中国建设银行单位客户专用回单　　No. 182343

2015 年 12 月 10 日　　流水号：32438343454656

付款人	全　称	义乌市电工钢带制造有限公司	收款人	全　称	威力电机有限公司
	账　号	8823 2800 3434 3438		账　号	4405 0166 8899 4433 0061
	开户行	中国建设银行义乌支行		开户行	中国建设银行佛山锦隆花园支行
金　额		（大写）人民币捌万圆整			（小写）￥80 000.00
凭证种类		电子转账凭证	凭证号码		
结算方式		转账	用　途		捐赠款
汇款交易日期：20151210 支付清算业务类型：E102 汇款合约编号：38484759039393939 实际付款人账户：3223423424900088 汇入行行名：中国建设银行义乌支行 汇款备注：2187B			打印柜员：3848343482 打印机构：中国建设银行佛山锦隆花园支行 打印卡号：348399999998888 汇款附言：2187B （印章：中国建设银行 电子回单专用章）		

打印时间：2015－12－10　8：43　　交易柜员：394394　　交易机构：3434343

图 1－58　中国建设银行单位客户专用回单

（3）财务部门根据上述凭证进行相应账务处理。

【28】业务要求：12 月 11 日，支付设备租赁费 5 850 元。

操作方式：

（1）业务部门需填写付款申请单，经审批后，提交给财务部门。填写方法如图 1－59 所示：

付 款 申 请 单

申请人：	刘清玉	填制日期：	2015 年 12 月 11 日	附件张数：	1
付款金额（大写）：	伍仟捌佰伍拾圆整				￥ 5 850.00
收款人全称：	广东机械臂租赁有限公司				
开户银行及账号：	中国建设银行佛山支行　8473 8292 3094 8988				
其他要求说明：					
付款方式：	□ 现金	□ 电汇	□ 现金支票	√ 转账支付	□ 其他
付款说明：	机械臂租赁费				
部门批准：	郑乙明	财务核对：	刘明远	总经理审批：	董德清

图 1－59　付款申请单

(2) 财务部门根据批准的付款申请单，填写转账支票和进账单。如图 1－60、图 1－61 所示：

中国建设银行
转账支票存根
10503025
03945334

上海金达证券印制有限公司 · 2013 年印制

附加信息

支付租赁费

出票日期 2015 年 12 月 11 日

收款人：广东机械臂租赁有限公司	
金　额：	¥5 850.00
用　途：	设备租赁费

单位主管　刘明远　会计

图 1－60　转账支票存根

中国建设银行　进账单（回　　单）　　1

2015 年 12 月 11 日

出票人	全　称	威力电机有限公司	收款人	全　称	广东机械臂租赁有限公司
	账　号	4405 0166 8899 4433 0061		账　号	8473 8292 3094 8988 0067
	开户银行	中国建设银行佛山锦隆花园支行		开户银行	中国建设银行佛山支行
金额	人民币（大写）	伍仟捌佰伍拾圆整		亿千百十万千百十元角分	¥585000
票据种类	转账支票	票据张数	1		
票据号码	235476100				
复核	记账			开户银行签章	

（印章：中国建设银行佛山锦隆花园支行 2015.12.11 转讫）

此联是开户银行交给持票人的回单

图 1－61　银行进账单

(3) 付款时还要附上对方提供的租赁费发票。如图 1－62 所示：

广东省国家税务局通用机打发票

发票联

发票代码 00259774421

发票号码 00084349

开票日期：2015 年 12 月 11 日　　行业分类：租赁业　　验 证 码 00099740

粤国税征票函［2015］602号　深国瑞印刷服务中心制
代用名印刷中心承印

客户名称：威力电机有限公司　　税款码：012258112368872323

付款方编码：0122581123621258　　收款方编码：

付款方名称：威力电机有限公司　　收款方名称：广东机械臂租赁有限公司

收款项目　　收款金额

租赁费　　5 850.00

小写：5 850.00

开票人：陈生

金额大写：伍仟捌佰伍拾圆整

备注：租赁费

第一联　发票联（购物单位付款凭证）

（印章：广东机械臂租赁有限公司 0886669900891 发票专用章）

发票查询网址：www. fapiao. gor. cn

图 1－62　租赁通用机打发票（发票联）

（4）转账成功后，财务部门将收到开户银行回单，并其作为记账附件。如图 1－63 所示：

中国建设银行
China Construction Bank

中国建设银行单位客户专用回单　　No. 232923

2015 年 12 月 11 日　　流水号：3283290483232

付款人	全　称	威力电机有限公司	收款人	全　称	广东机械臂租赁有限公司
	账　号	4405 0166 8899 4433 0061		账　号	8473 8292 3094 8988 0067
	开户行	中国建设银行佛山锦隆花园支行		开户行	中国建设银行佛山支行
金　额		（大写）人民币伍仟捌佰伍拾圆整　（小写）¥5 850.00			
凭证种类		电子转账凭证	凭证号码		
结算方式		转账	用　途		设备租赁款
汇款交易日期：20151211 支付清算业务类型：E156 汇款合约编号：3438395874433 实际付款人账户：4405 0166 8899 4433 0061 汇入行行名：中国建设银行佛山支行 汇款备注：3439B			打印柜员：93483430232 打印机构：中国建设银行佛山锦隆花园支行 打印卡号：8374232323923 汇款附言：3439B		

（印章：中国建设银行 电子回单专用章）

打印时间：2015－12－11　11：43　　交易柜员：2323232　　交易机构：4349340

图 1－63　中国建设银行单位客户专用回单

（5）财务部门根据上述凭证进行相应账务处理。

【29】业务要求：12 月 11 日，支付 11 月份银行贷款利息 12 500 元。

操作方式：

（1）财务部门根据《借款合同》约定支付贷款利息。银行开具的利息发票如图 1－64 所示：

广东省国家税务局通用机打发票

发票联

发票代码　142594276144

发票号码　00035128

开票日期：2015 年 12 月 11 日　　行业分类：金融业　　验 证 码　00045128

客户名称：威力电机有限公司　　税款码：01225811236212582

付款方编码：0122581123621258　　收款方编码：0122581123621258

付款方名称：威力电机有限公司　　收款方名称：中国建设银行佛山支行

收款项目　　收款金额

利息　　12 500.00

金额大写：壹万贰仟伍佰圆整　　小写：12 500.00

备注：利息　　开票人：陈东

（中国建设银行佛山锦隆花园支行 01234578524128 发票专用章）

粤国税征票函［2015］602号　深圳瑞印刷服务中心制　代用名印刷中心承印

第一联　发票联（购物单位付款凭证）

发票查询网址：www. fapiao. gor. cn

图 1－64　银行利息发票

（2）利息支付成功后，财务部门将收到银行支付回单，并将期作为记账附件，如图 1－65 所示：

中国建设银行 China Construction Bank

中国建设银行单位客户专用回单

No. 3534545

2015 年 12 月 11 日　　流水号：349584545334

付款人	全　称	威力电机有限公司	收款人	全　称	中国建设银行佛山支行
	账　号	4405 0166 8899 4433 0061		账　号	3434 34345 3344 3333
	开户行	中国建设银行佛山锦隆花园支行		开户行	中国建设银行佛山锦隆花园支行
金　额		（大写）人民币壹万贰仟伍佰圆整			（小写）￥12 500.00
凭证种类		电子转账凭证	凭证号码		
结算方式		转账	用　途		利息
汇款交易日期：20151211 支付清算业务类型：E343 汇款合约编号：34988888889 实际付款人账户：4405 0166 8899 4433 0061 汇入行行名：中国建设银行佛山锦隆花园支行 汇款备注：444B			打印柜员：35545454545454 打印机构：中国建设银行佛山锦隆花园支行 打印卡号：3434343443433 汇款附言：444B		

（中国建设银行 电子回单专用章）

打印时间：2015－12－11　12：43　　交易柜员：345555534　　交易机构：3434345

图 1－65　中国建设银行单位客户专用回单

（3）财务部门根据上述凭证进行相应的账务处理。

【30】业务要求：12 月 11 日，归还银行贷款 500 000 元。

操作方式：

（1）银行根据《借款合同》还本约定，向借款单位银行账户扣回本金，并向借款方提供扣款回单；财务部门根据扣款回单记账，如图 1－66 所示：

中国建设银行 China Construction Bank

中国建设银行单位客户专用回单

No. 998747122

2015 年 12 月 11 日　　流水号：22183003

付款人	全　称	威力电机有限公司	收款人	全　称	中国建设银行广东分行
	账　号	4405 0166 8899 4433 0061		账　号	8899 0088 0077 9966 0001
	开户行	中国建设银行佛山锦隆花园支行		开户行	中国建设银行广东分行
金　额		大写：人民币伍拾万圆整		（小写）¥500 000.00	
凭证种类		扣款凭证	凭证号码		
结算方式		直接扣款	用　途		归还贷款
归还贷款			打印柜员：23877232323 打印机构：中国建设银行佛山锦隆花园支行 打印卡号：34335454455 汇款附言：2211B		中国建设银行 电子回单专用章

打印时间：2015－12－11　11：10　　交易柜员：28329232　　交易机构：2328232

图 1－66　中国建设银行单位客户专用回单

（2）财务部门根据上述凭证进行相应财务处理。

【31】业务要求：12 月 11 日，公司通过广东省红十字会捐赠 50 000 元。

操作方式：

（1）业务部门需要填写付款申请单，如图 1－67 所示：

付 款 申 请 单

申请人：	刘清玉	填制日期：	2015 年 12 月 11 日	附件张数：	1
付款金额（大写）：	伍万圆整			¥ 50 000.00	
收款人全称：	广东××市红十字基金会				
开户银行及账号：	中国建设银行佛山支行　3785 9809 7765 9999				
其他要求说明：					
付款方式：	□ 现金	□ 电汇	□ 现金支票	√ 转账支付	□ 其他
付款说明：	支付红十字会捐赠款				
部门批准：	郑乙明	财务核对：	刘明远	总经理审批：	董德清

图 1－67　威力电机有限公司付款申请单

（2）财务部门收到捐赠票据，并将其作为记账凭证。如图 1－68 所示：

公益事业捐赠统一票据

UNIFIED INVOICE OF DONATION FOR PUBLIC WELFARE

国 财 00201　　　　2015 年 12 月 11 日　　　　№1100139308

捐赠人 Donor：威力电机有限公司　　　　Y　M　D

捐赠项目 For purpose	实物（外币）种类 Material objects（Currency）	数量 Amount	金额 Total amount									
			千	百	十	万	千	百	十	元	角	分
救灾捐赠款					¥	5	0	0	0	0	0	0
金额合计（小写）In Figures					¥	5	0	0	0	0	0	0
金额合计（大写）In Words			零仟零佰伍拾零万零仟零佰零拾零圆零角零分									

第二联 收据

接受单位（盖章）：Receiver's Seal　　复核人：郑榕 Verified by　　开票人：单明 Handling Person

感谢您对公益事业的支持！Thank you for support of public welfare!

图 1－68　公益事业捐赠统一票据

（3）财务部门收到银行回单，并将其作为记账附件。如图 1－69 所示：

中国建设银行 China Construction Bank

中国建设银行单位客户专用回单

No. 489920

2015 年 12 月 11 日　　　　流水号：3872920444

付款人	全　称	威力电机有限公司	收款人	全　称	广东××市红十字基金会
	账　号	4405 0166 8899 4433 0061		账　号	3785 9809 7765 9999
	开户行	中国建设银行佛山锦隆花园支行		开户行	中国建设银行佛山支行
金　额		（大写）人民币伍万圆整　（小写）¥50 000.00			
凭证种类		电子转账凭证	凭证号码		
结算方式		转账	用　途		救灾捐赠款
汇款交易日期：20151211 支付清算业务类型：E987 汇款合约编号：38729999900 实际付款人账户：4405 0166 8899 4433 0061 汇入行行名：中国建设银行佛山支行 汇款备注：554B			打印柜员：34391823232 打印机构：中国建设银行佛山锦隆花园支行 打印卡号：349438334343 汇款附言：554B		

打印时间：2015－12－11　12：00　　交易柜员：393843434　　交易机构：9827332

图 1－69　中国建设银行单位客户专用回单

（4）财务部门根据上述凭证进行相应财务处理。

【32】业务要求：12 月 11 日，支付会议室用品款。

操作方式：

（1）业务部门需填写付款申请单，如图 1－70 所示：

付 款 申 请 单

申请人：	刘清玉	填制日期：	2015 年 12 月 11 日	附件张数：	1
付款金额（大写）：	贰仟肆佰壹拾圆贰角整			¥ 2 410.20	
收款人全称：	广东办公用品有限公司				
开户银行及账号：	中国建设银行佛山支行 3934392222438				
其他要求说明：					
付款方式：	☐ 现金	☐ 电汇	☐ 现金支票	√ 转账支付	☐ 其他
付款说明：	采购办公用品				
部门批准：	郑乙明	财务核对：	刘明远	总经理审批：	董德清

图 1－70　威力电机有限公司付款申请单

（2）财务部门根据批准的付款申请单，填制转账支票和进账单，如图 1－71、图 1－72 所示：

中国建设银行
转账支票存根
10500025
03945394

上海金达证券印制有限公司 • 2013 年印制

附加信息

支付购买办公用品款

出票日期 2015 年 12 月 11 日

收款人： 广东办公用品有限公司
金　额：¥2 410.20
用　途：购买办公用品款

单位主管　刘明远　会计

图 1－71　转账支票存根联

中国建设银行　进账单（回　　单）　　　1

2015 年 12 月 11 日

出票人	全　　称	威力电机有限公司	收款人	全　　称	广东办公用品有限公司
	账　　号	4405 0166 8899 4433 0061		账　　号	393439222243 - 8
	开户银行	中国建设银行佛山锦隆花园支行		开户银行	中国建设银行佛山支行
金额	人民币（大写）	贰仟肆佰壹拾圆贰角整		亿千百十万千百十元角分	¥ 2 4 1 0 2 0
票据种类	转账支票	票据张数	1		
票据号码	235476590				
复核　　记账				开户银行签章	

中国建设银行佛山锦隆花园支行 2015.12.11 转讫

此联是开户银行交给持票人的回单

图 1－72　银行进账单

（3）办公用品销售方提供增值税专用发票，如图 1－73 所示：

33988888770　　**广东增值税专用发票**　　№ 4023165789

发　票　联（全国统一发票监制章 广东 国家税务局监制）

校验码 99988 77789 77780 55660　　开票日期：2015 年 12 月 11 日

购货单位	名　　称：威力电机有限公司 纳税人识别号：440100678060233 地 址 、电 话：广东省佛山市南海狮山新城工业区 开户行及账号：建行 4405 0166 8899 4433 0061			密码区	033 + ＊7 － ＊73 ＊ ＞983837444 ＞2/＞09 － 7/3 +/86 ＜9＞ ＜ ＞876337/72132 ＊7 + ＜ ＞ 455566 ＊894 + +897/8 ＞ +570 ＊5 － ＞ ＞6 ＜123/47 ＊019 ＞/306 ＞26 +874 ＜89		
货物或应税劳务名称	规格型号	单位	数量	单价	金额	税率	税额
笔记本		本	60	10.00	600.00	17%	102.00
笔		支	100	5	500.00	17%	85.00
录音笔	DKSL	把	2	450	900.00	17%	153.00
电池	7 号	个	20	3.00	60.00	17%	10.20
合　　计					¥2 060.00	17%	¥350.20
价税合计（大写）	⊗贰仟肆佰壹拾圆贰角整				（小写）¥2 410.20		
销货单位	名　　称：广东办公用品有限公司 纳税人识别号：383943439283232 地 址 、电 话：广东佛山市南海狮路 888 号 开户行及账号：中国建设银行佛山支行 393439222243				备注		

广东办公用品有限公司 3839343005945 发票专用章 35158871888454772415

收款人：陈明霞　　复核：段志　　开票人：孙明　　销货单位：（章）

税总函［2015］888 号某某某印刷厂有限公司

第二联：发票联　购货方记账凭证

图 1－73　增值税专用发票

（4）购买的办公用品需要办理入库手续，入库单如图 1－74 所示：

威力电机有限公司入库单

单位：办公室　　　　2015 年 12 月 11 日

编号	种类	产品名称	规格	型号	入库数量	单位	单价	成本总额
A008	办公用品	笔记本			60	本	11.7	702
A008	办公用品	笔			100	支	5.85	585
A008	办公用品	录音笔	DKSL		2	把	526.5	1 053
A008	办公用品	电池	7 号		20	个	3.51	70.20
备注：含增值税						合计		2 410.20
负责人：郑乙明		记账：刘明远				领用人：刘清远		

图 1－74　威力电机有限公司入库单

（5）财务部门根据上述凭证进行相应财务处理。

【33】业务要求：12 月 11 日，三个生产车间领用会议用品。

操作方式：

（1）定子生产车间领用办公用品，需填写《威力电机有限公司领用单》，领用单填写要求如图 1－75 所示：

威力电机有限公司领用单

领用单位：定子生产车间　　　　2015 年 12 月 11 日

编号	种类	产品名称	规格	型号	入库数量	单位	单价	成本总额
A008	办公用品	笔记本			40	本	11.7	468
A008	办公用品	笔			60	支	5.85	351
A008	办公用品	录音笔	DKSL		2	把	526.5	1 053
A008	办公用品	电池	7 号		12	个	3.51	42.12
备注：含增值税						合计		1 914.12
负责人：郑乙明		记账：刘明远				领用人：刘清远		

图 1－75　威力电机有限公司领用单

（2）转子生产车间领用办公用品，需填写《威力电机有限公司领用单》，领用单填写要求如图 1－76 所示：

威力电机有限公司领用单

领用单位：转子生产车间　　　　2015 年 12 月 11 日

编 号	种 类	产 品 名 称	规 格	型号	入 库 数 量	单 位	单 价	成本总额
A008	办公用品	笔记本			40	本	11.7	468
A008	办公用品	笔			60	支	5.85	351
A008	办公用品	录音笔	DKSL		2	把	526.5	1 053
A008	办公用品	电池	7 号		12	个	3.51	42.12
备注：含增值税						合 计		1 914.12
负责人：郑乙明		记账：刘明远					领用人：陈霞	

图 1－76　威力电机有限公司领用单

（3）总装生产车间领用办公用品，需填写《威力电机有限公司领用单》，领用单填写要求如图 1－77 所示：

威力电机有限公司领用单

领用单位：总装车间　　　　2015 年 12 月 11 日

编 号	种 类	产 品 名 称	规 格	型号	入 库 数 量	单 位	单 价	成本总额
A008	办公用品	笔记本			40	本	11.7	468
A008	办公用品	笔			80	支	5.85	468
A008	办公用品	电池	7 号		16	个	3.51	56.16
备注：含增值税						合 计		992.16
负责人：郑乙明		记账：刘明远					领用人：卓明	

图 1－77　威力电机有限公司领用单

【34】**业务要求**：12 月 11 日，支付三个生产车间共用复印机耗材。

操作方式：

（1）业务部门需填写付款申请单，申请单填写要求如图 1－78 所示：

付 款 申 请 单

申请人：	刘清玉	填制日期：	2015 年 12 月 11 日	附件张数：	1
付款金额（大写）：	玖仟壹佰叁拾圆陆角捌分				¥ 9 130. 68
收款人全称：	广州现代办公耗材有限公司				
开户银行及账号：	中国建设银行广东支行　　8876 9966 2233 1112				
其他要求说明：					
付款方式：	□ 现金	□ 电汇	□ 现金支票	√ 转账支付	□ 其他
付款说明：	支付办公耗材费				
部门批准：	郑乙明	财务核对：	刘明远	总经理审批：	董德清

图 1－78　威力电机有限公司付款申请单

（2）财务部门根据审批的付款申请单填制转账支票及进账单，填制要求如图 1－79、图 1－80 所示：

中国建设银行
转账支票存根
10550025
53945394

上海金达证券印制有限公司·2013 年印制

附加信息

支付复印机耗材款

出票日期 2015 年 12 月 11 日

收款人：广东现代办公耗材有限公司	
金　额：¥9 130. 68	
用　途：购复印机耗材款	

单位主管　刘明远　会计

图 1－79　转账支票存根联

中国建设银行　进账单（回　　单）　　1

2015 年 12 月 11 日

出票人	全　　称	威力电机有限公司	收款人	全　　称	广东现代办公耗材有限公司
	账　　号	4405 0166 8899 4433 0061		账　　号	8876 9966 2233 118
	开户银行	中国建设银行佛山锦隆花园支行		开户银行	中国建设银行广东支行
金额	人民币（大写）	玖仟壹佰叁拾圆陆角捌分		亿千百十万千百十元角分	¥ 9 1 3 0 6 8
票据种类	转账支票	票据张数	1		
票据号码	235487591				
复核	记账			开户银行签章	

中国建设银行佛山锦隆花园支行　2015.12.11　转讫

此联是开户银行交给持票人的回单

图 1－80　中国建设银行进账单

（3）请销售方开具增值税发票，财务部门作为记账凭证。如图 1－81 所示：

5599993611　　广东增值税普通发票　　№ 6013425789

发票联　（国家税务局监制）

校验码 43322 31122 33355 11223　　　　开票日期：2015 年 12 月 11 日

购货单位	名　　称：威力电机有限公司 纳税人识别号：440100678060233 地 址 、电 话：广东省佛山市南海狮山新城工业区 开户行及账号：建行 4405 0166 8899 4433 0061			密码区	033 + ＊7 － ＊73 ＊ > 767994434 > 2/ > 09 － 7/3/ + /86 < 9 > < > 678999/72132 ＊7 + < > 931329 ＊894 + + 897/8 > + 570 ＊5 － > > 6 < 533/47 ＊019 > /346 > 26 + 116 < 69		
货物或应税劳务名称	规格型号	单位	数 量	单 价	金　额	税率	税　额
硒鼓		支	5	780.00	3 900.00	17%	663.00
复印纸	A4	袋	80	18.80	1 504.00	17%	255.68
复印纸	A3	袋	50	28.00	1 400.00	17%	238.00
硬纸板	1mm	袋	20	50.00	1 000.00	17%	170.00
合　　计					¥7 804.00	17%	¥1 326.68
价税合计（大写）	⊗玖仟壹佰叁拾圆陆角捌分				（小写）¥9 130.68		
销货单位	名　　称：广东现代办公耗材有限公司 纳税人识别号：667773493934055 地 址 、电 话：广东省佛山 83999 ** 开户行及账号：中国建设银行广东支行 8876 9966 2233 5118				备注		

广东现代办公耗材有限公司　883473437437434　发票专用章　351588718884547724l5

收款人：董清　　复核：陈明灯　　开票人：张少明　　销货单位：（章）

税总函［2015］888 号某某某印刷厂有限公司

第二联：发票联　购货方记账凭证

图 1－81　增值税普通发票

（4）业务部门办理入库手续，入库单填写要求如图 1－82 所示：

威力电机有限公司入库单

入库单位：办公室　　　　2015 年 12 月 11 日

编号	种类	产品名称	规格	型号	入库数量	单位	单价	成本总额
A008	办公耗材	硒鼓			5	支	912.60	4 563.00
A008	办公用品	复印纸	A4		80	袋	21.996	1 759.68
A008	办公用品	复印纸	A3		50	袋	32.76	1 638.00
A008	办公用品	硬纸板	1mm		80	袋	58.5	1 170.00
备注：含增值税						合计		9 130.68
负责人：郑乙明		记账：刘明远				领用人：刘清远		

图 1－82　威力电机有限公司入库单

（5）业务部门办理领用手续，领用单填写要求如图 1－83 所示：

威力电机有限公司领用单

领用单位：办公室　　　　2015 年 12 月 11 日

编号	种类	产品名称	规格	型号	出库数量	单位	单价	成本总额
A008	办公耗材	硒鼓			5	支	912.60	4 563.00
A008	办公用品	复印纸	A4		80	袋	21.996	1 759.68
A008	办公用品	复印纸	A3		50	袋	32.76	1 638.00
A008	办公用品	硬纸板	1mm		80	袋	58.5	1 170.00
备注：含增值税						合计		9 130.68
负责人：郑乙明		记账：刘明远				领用人：刘单凌		

图 1－83　威力电机有限公司领用单

（6）财务部门根据上述凭证进行相应财务处理。

【35】**业务要求**：12 月 11 日，支付三个生产车间共用设备更换零部件。
操作方式：
（1）业务部门需填写付款申请单，付款申请单填写要求如图 1－84 所示：

付 款 申 请 单

申请人：	刘清玉	填制日期：	2015 年 12 月 11 日	附件张数：	1
付款金额（大写）：	叁万玖仟柒佰捌拾圆整			¥ 39 780.00	
收款人全称：	广东机器人设备维修有限公司				
开户银行及账号：	建设银行广东支行　8877 1122 3333 8899				
其他要求说明：					
付款方式：	□ 现金	□ 电汇	□ 现金支票	√ 转账支付	□ 其他
付款说明：	支付机械臂维修费				
部门批准：	郑乙明	财务核对：	刘明远	总经理审批：	董德清

图 1－84　威力电机有限公司付款申请单

（2）财务部门根据审批的付款申请单，填制转账支票和进账单，如图 1－85、图 1－86 所示：

中国建设银行
转账支票存根
12550025
53955394

上海金达证券印制有限公司·2013 年印制

附加信息

支付机械臂维修费

出票日期 2015 年 12 月 11 日

收款人： 广东机器人设备维修有限公司	
金　额：	¥39 780.00
用　途：	支付机械臂维修款

单位主管　刘明远　会计

图 1－85　转账支票存根联

中国建设银行 进账单（回 单） 1

2015年12月11日

<table>
<tr><td rowspan="3">出票人</td><td>全　称</td><td>威力电机有限公司</td><td rowspan="3">收款人</td><td>全　称</td><td>广东机器人设备维修有限公司</td></tr>
<tr><td>账　号</td><td>4405 0166 8899 4433 0061</td><td>账　号</td><td>8877 1122 3333 8899</td></tr>
<tr><td>开户银行</td><td>中国建设银行佛山锦隆花园支行</td><td>开户银行</td><td>中国建设银行佛山支行</td></tr>
<tr><td>金额</td><td colspan="3">人民币（大写） 叁万玖仟柒佰捌拾圆整</td><td colspan="2">亿千百十万千百十元角分
¥ 3 9 7 8 0 0 0</td></tr>
<tr><td colspan="2">票据种类</td><td>转账支票　票据张数　1</td><td colspan="3" rowspan="3">中国建设银行佛山锦隆花园支行
2015.12.11
转讫

开户银行签章</td></tr>
<tr><td colspan="2">票据号码</td><td>235476151</td></tr>
<tr><td colspan="3">复核　　记账</td></tr>
</table>

此联是开户银行交给持票人的回单

图1-86 中国建设银行进账单

（3）请维修公司出具税务发票，如图1-87所示：

9988883611　　广东增值税专用发票　　№ 0134257896

（全国统一发票监制章 广东 国家税务局监制）

发票联

校验码 37789 98768 11877 11000　　开票日期：2015年12月11日

<table>
<tr><td>购货单位</td><td colspan="5">名　　称：威力电机有限公司
纳税人识别号：440100678060233
地 址 、电 话：广东省佛山市南海狮山新城工业区
开户行及账号：中国建设银行佛山锦隆花园支行 4405 0166 8899 4433 0061</td><td>密码区</td><td colspan="2">055 + *7 - *73 * >343423232 >2/ >09 -
7/3/ +/86 <9 > < >887777/72132 *7 + <
>931329 *894 + +897/8 > +570 *5 - > >
6 <533/47 *019 >/235 >26 +116 <69</td></tr>
<tr><td colspan="2">货物或应税劳务名称</td><td>规格型号</td><td>单位</td><td>数量</td><td>单价</td><td>金额</td><td>税率</td><td>税额</td></tr>
<tr><td colspan="2">机械臂维修费</td><td></td><td></td><td></td><td>34 000.00</td><td>34 000.00</td><td>17%</td><td>5 780.00</td></tr>
<tr><td colspan="2">合　计</td><td></td><td></td><td></td><td></td><td>¥34 000.00</td><td>17%</td><td>¥5 780.00</td></tr>
<tr><td colspan="2">价税合计（大写）</td><td colspan="7">⊗叁万玖仟柒佰捌拾圆整　（小写）¥39 780.00</td></tr>
<tr><td>销货单位</td><td colspan="6">名　　称：广东机器人设备维修有限公司
纳税人识别号：667773394888444
地 址 、电 话：广东省佛山 87766 **
开户行及账号：中国建设银行广东支行 8877 1122 3333 8899</td><td>备注</td><td></td></tr>
</table>

（广东机器人设备维修有限公司 8877666664343 发票专用章 35158871888454772415）

收款人：李明　　复核：陈柯　　开票人：张志东　　销货单位：（章）

税总函［2015］888号某某某印刷厂有限公司

第二联：发票联　购货方记账凭证

图1-87 增值税专用发票

（4）由业务部门负责机器设备维修验收，并出具验收单；财务部门作为记账凭证。填写要求如图 1－88 所示：

机器设备维修验收单

维修类别：固定资产 √　　其他 □

<table>
<tr><td>设备名称</td><td colspan="4">机械臂</td><td>维修机台号</td><td colspan="3">G99988－1</td></tr>
<tr><td>承包单位</td><td colspan="4">广东机器人设备维修有限公司</td><td>负责人</td><td colspan="3">林东明</td></tr>
<tr><td>维修开始日期</td><td colspan="4">2015－12－11</td><td>联系电话</td><td colspan="3">陈耿</td></tr>
<tr><td colspan="9">一、维修所含项目及要求（详细描述）</td></tr>
<tr><td colspan="9">1. 电机加工机械臂不能正常运行，可能存在程序或机械故障。
2. 机械臂固定部分有些松动。</td></tr>
<tr><td>维修完成日期</td><td colspan="5">2015－12－9</td><td colspan="2">经办人</td><td>陈耿</td></tr>
<tr><td colspan="9">二、验收内容</td></tr>
<tr><td>使用天数</td><td colspan="2">4 天</td><td>运行状况</td><td colspan="5">运行状况正常</td></tr>
<tr><td>验收内容</td><td colspan="8">电机加工机械臂运行状况正常，维护效果达到预期目标。
验收通过。</td></tr>
<tr><td>验收结果</td><td colspan="3">不合格原因</td><td colspan="3">承包单位验收</td><td colspan="2">签收日期</td></tr>
<tr><td>不 合 格</td><td colspan="3"></td><td colspan="3"></td><td colspan="2"></td></tr>
<tr><td>合　　格</td><td colspan="8">合格</td></tr>
<tr><td colspan="9">三、验收人签字</td></tr>
<tr><td rowspan="4">意见与建议</td><td>验收人</td><td colspan="7">陈进东</td></tr>
<tr><td>使用单位确认</td><td colspan="7">蔡建明</td></tr>
<tr><td>复　　核</td><td colspan="7">李辉</td></tr>
<tr><td>核　　准</td><td colspan="7">章明榕</td></tr>
</table>

图 1－88　机械设备维修验收单

（5）财务部门根据上述凭证进行相应财务处理。

【36】业务要求： 12 月 11 日，支付员工技能培训费。

操作方式：

（1）由业务部门填写付款申请单，填写要求如图 1－89 所示：

付 款 申 请 单

申请人：	刘清玉	填制日期：	2015 年 12 月 11 日	附件张数：	1
付款金额（大写）：	叁万陆仟圆整				¥ 36 000.00
收款人全称：	广东机器人技术培训有限公司				
开户银行及账号：	中国建设银行佛山支行　8877 3366 1133 9992				
其他要求说明：					
付款方式：	□ 现金	□ 电汇	□ 现金支票	√ 转账支付	□ 其他
付款说明：	支付技术培训费				
部门批准：	郑乙明	财务核对：	刘明远	总经理审批：	董德清

图 1－89　威力电机有限公司付款申请单

（2）财务部门根据审批的付款申请单，填制转账支票和进账单，并提交银行办理转账。填制要求如图 1－90、图 1－91 所示：

中国建设银行
转账支票存根
12550005
53955494

附加信息

支付技术培训费

出票日期 2015 年 12 月 11 日

收款人：
广东机器人技术培训有限公司

金　额：¥36 000.00

用　途：支付技术培训费

单位主管　刘明远　会计

上海金达证券印制有限公司 • 2013 年印制

图 1－90　转账支票存根联

中国建设银行　进账单（回　　单）　　1

2015 年 12 月 11 日

出票人	全　称	威力电机有限公司	收款人	全　称	广东机器人技术培训有限公司
	账　号	4405 0166 8899 4433 0061		账　号	8877 3366 1133 9992
	开户银行	中国建设银行佛山锦隆花园支行		开户银行	中国建设银行广东支行
金额	人民币（大写）	叁万陆仟圆整		亿千百十万千百十元角分	¥3600000
票据种类	转账支票	票据张数 1			
票据号码	235489870				
复核　　记账				开户银行签章	

中国建设银行佛山锦隆花园支行 2015.12.11 转讫

此联是开户银行交给持票人的回单

图 1－91　中国建设银行进账单

（3）请培训公司出具培训发票，如图 1－92 所示：

全国统一发票监制 广东省 国家税务局监制

广东省国家税务局通用机打发票

发　票　联

发票代码　142594276144

发票号码　00035128

验 证 码　00045128

开票日期：2015 年 12 月 11 日　　行业分类：培训类

客户名称：威力电机有限公司	税款码：440100678060233
付款方编码：0122581123621258	收款方编码：0122581123621258
付款方名称：威力电机有限公司	收款方名称：广东机器人技术培训有限公司
收款项目	收款金额
技术开发经费、服务费	36 000.00
金额大写：叁万陆仟圆整	小写：36 000.00
备注：	开票人：李健

广东机器人技术培训有限公司 01234578524128 发票专用章

粤国税征票函〔2015〕602号　深国瑞印刷服务中心制
代用名印刷中心承印

第一联　发票联（购物单位付款凭证）

发票查询网址：www. fapiao. gor. cn

图 1－92　培训费发票

（4）财务部门根据上述凭证进行相应财务处理。

实训二　往来款项核算

【37】业务要求： 12 月 11 日，收到云南机床生产制造有限公司欠货款 124 500 元。

操作方式：

（1）财务部门收到货款到账银行回单后，据此核销应收账款。银行回单如图 2－1 所示：

中国建设银行
China Construction Bank

中国建设银行单位客户专用回单

No. 393921344

2015 年 12 月 11 日　　　　流水号：2982839011239

付款人	全　称	云南机床生产制造有限公司	收款人	全　称	威力电机有限公司
	账　号	8883 9987 1133 9900 1161		账　号	4405 0166 8899 4433 0061
	开户行	中国建设银行云南曲靖支行		开户行	中国建设银行佛山锦隆花园支行
金　额	（大写）人民币壹拾贰万肆仟伍佰圆整　（小写）￥124 500. 00				
凭证种类	电子转账凭证		凭证号码		
结算方式	电汇		用　途	货款	
汇款交易日期：20151211 支付清算业务类型：E234 汇款合约编号：24343460188 实际付款人账户：8883 9987 1133 9900 1161 汇入行行名：中国建设银行云南曲靖支行 汇款备注：5523B			打印柜员：399887777889 打印机构：中国建设银行佛山支行 打印卡号：9928323998 汇款附言：5523B （中国建设银行 电子回单专用章）		

打印时间：2015－12－11　　10：25　　　交易柜员：33093800009　　　交易机构：393834

图 2－1　中国建设银行单位客户专用回单

（2）财务部门根据上述回单进行相应财务处理。

【38】业务要求： 12 月 12 日，接到通知，惠州市利达机械有限公司倒闭，所欠货款 7 800 元无法收回，作为坏账处理。

操作方式：

（1）业务部门提交的坏账核销审批表，经审批后，财务部门据此对应收账款予以核销。坏账核销审批表填写要求如图 2－2 所示：

威力电机有限公司坏账核销审批表

申报单位：销售部

欠款单位	金额	后经办人
惠州市利达机械有限公司	7 800 元	孙慧
损失形成原因	经核实，惠州市利达机械有限公司现已倒闭，原先所欠货款 7 800 元无法收回。根据《企业会计准则》《公司章程》和公司相关会计政策，按照依法合规、规范操作的原则，公司对经营过程中长期挂账追收无结果部分的应收账款进行清理，予以核销。 会计审核：刘明远　　2015 年 12 月 9 日	
申报单位	情况属实，特申请予以核销 主管：郑乙明　　2015 年 12 月 10 日	
总经理	同意予以核销 签字：董德清　　2015 年 12 月 12 日	

图 2－2　威力电机有限公司坏账核销审批表

（2）财务部门根据上述凭证进行相应财务处理。

【39】业务要求：12 月 12 日，收到温州市机床制造有限公司银行承兑汇票到期承兑通知，货款 248 450 元到账。

操作方式：

（1）财务部门收到银行承兑汇票到账回单后，据此进行账务处理。银行回单如图 2－3 所示：

中国建设银行 China Construction Bank

中国建设银行单位客户专用回单

No. 481760

2015 年 12 月 12 日　　流水号：3872928764

付款人	全　称	温州市机床制造有限公司	收款人	全　称	威力电机有限公司
	账　号	8887 2211 6688 9900 0031		账　号	4405 0166 8899 4433 0061
	开户行	中国建设银行温州支行		开户行	中国建设银行佛山锦隆花园支行
金　额		（大写）人民币贰拾肆万捌仟肆佰伍拾圆整　（小写）￥248 450.00			
凭证种类		电子转账凭证	凭证号码		
结算方式		银行承兑汇票	用　途		购货款
汇款交易日期：20151212 支付清算业务类型：E117 汇款合约编号：239823823 实际付款人账户：8887 2211 6688 9900 0031 汇入行行名：中国建设银行温州支行 汇款备注：3388B			打印柜员：23877232323 打印机构：中国建设银行佛山支行 打印卡号：3934823232 汇款附言：3388B		

（印章：中国建设银行 电子回单 专用章）

打印时间：2015－12－12　12：10　　交易柜员：28329232　　交易机构：2328232

图 2－3　中国建设银行单位客户专用回单

（2）财务部门根据上述凭证进行相应财务处理。

【40】业务要求：12 月 12 日，收到银行付款通知，支付银行承兑手续费 90 元。

操作方式：

（1）银行办理企业承兑业务发生的手续费从企业账户扣款，扣款成功后向企业出具扣款回单；财务部门据此进行账务处理。银行回单如图 2－4 所示：

（2）财务部门根据上述凭证进行相应财务处理。

中国建设银行
China Construction Bank

中国建设银行单位客户专用回单

No. 134343

2015 年 12 月 12 日　　　　流水号：46576768787999

单位名称	威力电机有限公司	账号	4405 0166 8899 4433 0061
项目名称	工本费/转账汇款手续费/手续费		金　额
银行承兑手续费	90.00		¥90.00
合计金额	（大写）人民币玖拾圆整		¥90.00
付款方式：转账 业务类型：手续费支出 摘要：转账支取 凭证种类：手续费		打印柜员：5767688787 打印机构：省支行营业部 打印卡号：23323232324 补打次数：1 （中国建设银行 电子回单专用章）	

打印时间：2015－12－12　11：45　　　　交易柜员：24434343　交易机构：334354

图 2－4　中国建设银行单位客户专用回单

【41】业务要求：12 月 12 日，将贵州缝纫机制造有限公司银行承兑汇票 134 000 元向银行申请贴现，月贴现利率 9‰。

操作方式：

（1）由持票人向银行提出《银行承兑汇票贴现申请书》，银行承兑汇票贴现申请书填写要求如图 2－5 所示：

银行承兑汇票贴现申请书

申请人全称	威力电机有限公司				
性质	工业企业	财务负责人	刘明远	电话	0757— ********
注册资本	肆仟万元	开户银行	中国建设银行佛山锦隆花园支行	账号	4405 0166 8899 4433 0061
经营范围	设计研发、生产、销售、服务于一体的现代化专业电机制造企业。主要生产 YE3 - 200L - 4 型、YE3 - 225M - 4 型、YE2 - 132S1 - 2 型和 YE2 - 3551 - 4 - 355K 型高效、超高效三相异步电动机等。			贷款证号	827326215212
地址	广东省佛山市南海狮山新城工业区			邮编	528200
出票人	全　　称	贵州缝纫机制造有限公司			
	开户银行	中国建设银行贵州支行		账号	8887 7722 2299 9888
经办人姓名	刘明远	性别	男	身份证号	456 *************
本次申请贴现票据清单：					
汇票签发日	汇票到期日	汇票号码	承兑银行		汇票金额（元）
2015 - 11 - 12	2016 - 2 - 11	6778999	中国建设银行佛山锦隆花园支行		134 000. 00
汇票　壹　张；票面合计金额（大写）：壹拾叁万肆仟圆整					
申请贴现票据为我单位严格依照《票据法》和有关法律法规善意取得，具有真实合法、有效完整的交易背景及相关资料。 申请人单位公章：　　　　法定代表人（签章）： 2015 年 12 月 12 日					

图 2 - 5　银行承兑汇票贴现申请书

（2）企业到银行办理贴现业务；财务部门依据《建设银行贴现凭证（第一联　代申请书）》进行账务处理。银行贴现凭证填写要求如图 2 - 6 所示。

（3）财务部门根据上述凭证进行相应财务处理。

【相关知识点】 票据贴现利息怎么算？

建设银行贴现凭证（第一联　代申请书）

填写日期：2015 年 12 月 12 日　　　　　　　　　　　　　　　　　　　　　　第 135 号

<table>
<tr><td rowspan="3">申请人</td><td>名　　称</td><td colspan="2">威力电机有限公司</td><td rowspan="3">贴现汇票</td><td>种　类</td><td colspan="3">银行承兑汇票</td><td>号码</td><td colspan="3">6778999</td></tr>
<tr><td>账　　号</td><td colspan="2">4405 0166 8899 4433 0061</td><td>发票日</td><td colspan="7">2015 年 11 月 12 日</td></tr>
<tr><td>开户银行</td><td colspan="2">中国建设银行佛山锦隆花园支行</td><td>到期日</td><td colspan="7">2016 年 2 月 11 日</td></tr>
<tr><td colspan="2">汇票承兑人（或银行）</td><td>名称</td><td>中国建设银行佛山支行</td><td>账号</td><td>*****</td><td colspan="3">*********</td><td>开户银行</td><td colspan="3">****</td></tr>
</table>

<table>
<tr><td rowspan="2">汇票金额（即贴现金额）</td><td rowspan="2">人民币（大写）</td><td rowspan="2">壹拾叁万肆仟圆整</td><td>千</td><td>百</td><td>十</td><td>万</td><td>千</td><td>百</td><td>十</td><td>元</td><td>角</td><td>分</td></tr>
<tr><td></td><td>¥</td><td>1</td><td>3</td><td>4</td><td>0</td><td>0</td><td>0</td><td>0</td><td>0</td></tr>
</table>

<table>
<tr><td rowspan="2">贴现率每月</td><td rowspan="2">9‰</td><td rowspan="2">贴现利率</td><td>千</td><td>百</td><td>十</td><td>元</td><td>角</td><td>分</td><td rowspan="2">实付贴现金额</td><td>十</td><td>万</td><td>千</td><td>百</td><td>十</td><td>元</td><td>角</td><td>分</td></tr>
<tr><td>2</td><td>4</td><td>9</td><td>2</td><td>4</td><td>0</td><td>1</td><td>3</td><td>1</td><td>5</td><td>0</td><td>7</td><td>6</td><td>0</td></tr>
</table>

<table>
<tr><td>刘德伟印
根据《支付结算办法》有关规定，附送承兑汇票申请贴现，请审核。
此致
贴现银行。
威力电机有限公司
申请人盖章</td><td>银行审批　负责人　信贷员
刘清东印　王德志印</td><td></td></tr>
</table>

图 2-6　建设银行贴现凭证（第一联　代申请书）

票据贴现利息的计算分两种情况：

（1）不带息票据贴现：

贴现利息 = 票据面值 × 贴现率 × 贴现期

（2）带息票据的贴现：

贴现利息 = 票据到期值 × 贴现率 × 贴现天数 ÷360

贴现天数 = 贴现日到票据到期日实际天数 -1

例：2000 年 3 月 23 日，企业销售商品收到一张面值为 10 000 元，票面利率为 6%，期限为 6 个月的商业汇票。5 月 2 日，企业将上述票据到银行贴现，银行贴现率为 8%。假定在同一票据交换区域，则票据贴现利息计算如下：

票据到期值 =10 000 ×（1 +6% /2） =10 300（元）

该应收票据到期日为 9 月 23 日，由其贴现天数应为 144 天（30 +30 +31 +31 +23 -1）

票据贴现利息 = 票据到期值 × 贴现率 × 贴现天数/360

=10 300 ×8% ×144/360 =329. 60（元）

【42】业务要求：12 月 13 日，山东机床生产制造有限公司倒闭，按合同约定，预收 160 000 元货款视为违约金，经批准予以核销。

操作方式：

（1）由业务部门提出预收账款核销意见，经审批后，由财务部门予以核销。核销审批表填写要求如图 2－7 所示：

威力电机有限公司预收账款核销审批表

申报单位：销售部

<table>
<tr><td colspan="2">欠款单位</td><td>金额</td><td>后经办人</td></tr>
<tr><td colspan="2">山东机床生产制造有限公司</td><td>160 000 元</td><td>孙慧</td></tr>
<tr><td>损失形成原因</td><td colspan="3">经核实，山东机床生产制造有限公司现已倒闭。根据合同约定，2015 年 12 月 12 日前进行提货，否则原先所预付货款 160 000 元（视为定金）予以没收。根据《企业会计准则》《公司章程》和公司相关会计政策，现予以核销。
会计审核：刘明远　　2015 年 12 月 12 日</td></tr>
<tr><td>申报单位</td><td colspan="3">情况属实，特申请予以核销
主管：郑乙明　　2015 年 12 月 13 日</td></tr>
<tr><td>总经理</td><td colspan="3">同意予以核销
签字：董德清　　2015 年 12 月 13 日</td></tr>
</table>

图 2－7　威力电机有限公司预收账款核销审批单

（2）财务部门根据上述审批表进行相应财务处理。

【43】业务要求：12 月 13 日，按合同约定，预付广东大华服装制衣有限公司员工工作服定金 34 000 元。

操作要求：

（1）业务部门根据《服装订购合同》有关条款支付预付款，并填写付款申请单。付款申请单及《服装订购合同》如图 2－8、图 2－9 所示：

付款申请单

申请人：	刘清玉	填制日期：	2015 年 12 月 13 日	附件张数：	4
付款金额（大写）：	叁万肆仟圆整　　¥ 34 000.00				
收款人全称：	广东大华服装制衣有限公司				
开户银行及账号：	中国建设银行广东支行　2789 9845 0045 3377				
其他要求说明：					
付款方式：	□ 现金	□ 电汇	□ 现金支票	√ 转账支付	□ 其他
付款说明：	预付员工工作服制作定金				
部门批准：	郑乙明	财务核对：	刘明远	总经理审批：	董德清

图 2－8　威力电机有限公司付款申请单

服装订购合同

甲方：　威力电机有限公司

乙方：　广东大华服装制衣有限公司

威力电机有限公司（以下简称甲方）与广东大华服装制衣有限公司（以下简称乙方）就工服制作业务签订以下合同，共同遵守。

第一条　产品名称、价格、数量。

产品名称	面料货号	规格	数量	包装	单价（元/件）	金额（元）
工作服	详见样品	详见样品	1 000 套	平装	340	340 000

第二条　款型描述：

乙方交付的产品，其面料、款式设计、型号尺寸、裁剪做工等要求按照样品的标准执行。

第三条　交货地点及时间

1. 地点：威力电机有限公司指定地点。

2. 时间：自本合同签订且乙方收到预付款后 30 日内。

第四条　加工形式

1. 乙方根据甲方要求提供服装款式及面料样品，经双方确认后，再进行批量生产。

2. 采取乙方包工包料并提供全部辅料的方式。

3. 货物到达甲方指定地点后，甲乙双方依据订货清单进行清点验收，并办理交接签字手续。

第五条　甲方责任

1. 甲方通过服装款式及面料后，在合同生效及执行过程中不得擅自更改。

2. 甲方定好量体时间，保证人员齐全。

3. 按此合同付款日期，按时付款。

第六条　乙方责任

1. 乙方须保证产品质量，如有制作问题，乙方须负责修改。

2. 按此合同交货日期，按时交货。如未按时交货，乙方需向甲方支付36 000元作为违约金。

第七条　结算方式

1. 支票结算。此合同签订后＿5＿日内，甲方须预付＿34 000元＿的货款给乙方。

2. 终结付款额，依据实际制衣件数，经双方认可后的款额支付。

3. 甲方收到乙方全部货物并验收合格后，须在＿7日＿内付清乙方全部货款。如有延误，每日须加付＿5%＿的滞纳金。

第八条　本合同有效期自签订之日起生效，到全部货款结算之日为止。

第九条　此合同经双方签字盖章后生效。如有一方在有效期内欲终止合同，需赔偿对方34 000元的货款作为违约金。本合同一式两份，双方各执一份。

甲方业务代表：刘德伟	乙方业务代表：陈
甲方盖章：	乙方盖章：
日期：2015年12月12日	日期：2015年12月12日

图2－9　服装订购合同

（2）财务部门根据审批的付款申请单，填制转账支票与进账单。填制要求如图2－10、图2－11所示：

中国建设银行
转账支票存根
12550005
953955434

上海金达证券印制有限公司·2013年印制

附加信息

预付工作服采购款

出票日期 2015年12月13日

收款人：	广东大华服装制衣有限公司
金　额：	¥34 000.00
用　途：	预付工作服采购款

单位主管　刘明远　会计

图2－10　转账支票存根联

中国建设银行　进账单（回　单）　　1

2015 年 12 月 13 日

出票人	全　称	威力电机有限公司	收款人	全　称	广东大华服装制衣有限公司
	账　号	4405 0166 8899 4433 0061		账　号	2789 9845 0045 3377
	开户银行	中国建设银行佛山锦隆花园支行		开户银行	中国建设银行广东支行
金额	人民币（大写）	叁万肆仟圆整	亿千百十万千百十元角分		¥ 3 4 0 0 0 0 0
票据种类	转账支票	票据张数	1		
票据号码	3837492222		中国建设银行佛山锦隆花园支行 2015.12.13 转讫		
复核	记账				开户银行签章

此联是开户银行交给持票人的回单

图 2－11　中国建设银行进账单

（3）预付款转账成功后，财务部门将收到银行回单；银行回单作为记账凭证。如图 2－12 所示：

中国建设银行 China Construction Bank

中国建设银行单位客户专用回单

No. 473833

2015 年 12 月 13 日　　流水号：9238232394

付款人	全　称	威力电机有限公司	收款人	全　称	广东大华服装制衣有限公司
	账　号	4405 0166 8899 4433 0061		账　号	2789 9845 0045 3377
	开户行	中国建设银行佛山锦隆花园支行		开户行	中国建设银行广东支行
金　额	（大写）人民币叁万肆仟圆整				（小写）¥34 000.00
凭证种类	电子转账凭证		凭证号码		
结算方式	银行转账		用　途		预付货款
汇款交易日期：20151213 支付清算业务类型：E227 汇款合约编号：888882323223 实际付款人账户：4405 0166 8899 4433 0061 汇入行行名：中国建设银行佛山锦隆花园支行 汇款备注：3311B			打印柜员：23877232323 打印机构：中国建设银行佛山支行 打印卡号：343434342222 汇款附言：3311B		中国建设银行 电子回单专用章

打印时间：2015－12－13　　14：10　　交易柜员：28329232　　交易机构：2328232

图 2－12　中国建设银行单位客户专用回单

（4）财务部门根据上述凭证进行相应财务处理。

【44】业务要求：12 月 13 日，收到向珠海市东方机电有限公司销售材料款所签发的三个月到期的商业承兑汇票。

操作方式：

（1）商业承兑汇票到期后，财务部门持票到银行办理承兑。商业承兑汇票填制如图 2－13 所示：

商业承兑汇票　　1　　　　汇票号码

签发日期 2015 年 12 月 13 日　　　　第 13 号

收款人	全称	威力电机有限公司		付款人	全称	珠海市东方机电有限公司	
	账号	4405 0166 8899 4433 0061			账号	8877 9999 5555 6678	
	开户银行	中国建设银行佛山支行	行号 8899		开户银行	中国建设银行珠海支行	行号 7777
汇票金额	人民币（大写）壹拾肆万叁仟伍佰圆整				千 百 十 万 千 百 十 元 角 分	¥ 1 4 3 5 0 0 0 0	
汇票到期日	2015 年 12 月 13 日			交易合同号码	2015110001		
本汇票请你单位承兑，并及时将承兑汇票寄交我单位。此致 承兑人 收款人盖章 负责 经办 陈东伟印				备注：			

此联承兑人（付款人）留存

10×17.5 厘米（白纸黑油墨）

图 2－13　商业承兑汇票

（2）承兑成功后，财务部门将收到款项到账回单。如图 2－14 所示：

中国建设银行 China Construction Bank

中国建设银行单位客户专用回单

No. 47222

2015 年 12 月 13 日　　　　流水号：22983883

付款人	全称	珠海市东方机电有限公司	收款人	全称	威力电机有限公司
	账号	8877 9999 5555 6678		账号	4405 0166 8899 4433 0061
	开户行	中国建设银行珠海支行		开户行	中国建设银行佛山锦隆花园支行
金额	（大写）人民币壹拾肆万叁仟伍佰圆整　（小写）¥143 500.00				
凭证种类	电子转账凭证		凭证号码		
结算方式	商业承兑汇票		用途	购货款	
汇款交易日期：20151213 支付清算业务类型：E217 汇款合约编号：837363744444 实际付款人账户：8877 9999 5555 6678 汇入行行名：中国建设银行珠海支行 汇款备注：2211B			打印柜员：23877232323 打印机构：中国建设银行佛山支行 打印卡号：34335454455 汇款附言：2211B		

打印时间：2015－12－13　14：10　　交易柜员：28329232　　交易机构：2328232

图 2－14　中国建设银行单位客户专用回单

实训三　原材料与存货核算

【45】业务要求： 12 月 14 日，向南京市电机压轴制造有限公司采购主材电机压轴 200 件，单价 68 元，款项尚未支付。

操作方式：

（1）供应部门向财务部门提供采购主材电机压轴发票和入库单，财务部门依据所提供的凭证进行账务处理。如图 3－1、图 3－2 所示：

11223888770　　江苏增值税专用发票　　№ 4523160789

发　票　联

校验码 00323 11189 77222 22260　　开票日期：2015 年 12 月 14 日

购货单位	名　　称：威力电机有限公司 纳税人识别号：440100678060233 地 址 、电 话：广东省佛山市南海狮山新城工业区 开户行及账号：建行 4405 0166 8899 4433 0061			密码区	077 + *7 - *73 * >990000000 >2/ >09 - 7/3 +/86 <9 > < >995555/72132 *7 + < > 455566 *894 + +897/8 > +570 *5 - > >6 <123/47 *055 >/306 >16 +874 <29		
货物或应税劳务名称	规格型号	单位	数量	单价	金　额	税率	税　额
电机压轴		件	200	68.00	13 600.00	17%	2 312.00
合　　计					¥13 600.00	17%	¥2 312.00
价税合计（大写）	⊗壹万伍仟玖佰壹拾贰圆整				（小写）¥15 912.00		
销货单位	名　　称：南京市电机压轴制造有限公司 纳税人识别号：8883430999913 地 址 、电 话：南京市 ******* 开户行及账号：中国建设银行南京支行 7238 2394 8489 4999				备注		

税总函［2015］888 号某某印刷厂有限公司

第二联：发票联　购货方记账凭证

收款人：陈坤　　复核：陈志　　开票人：林明　　销货单位：（章）

南京市电机压轴制造有限公司 210634896977777 发票专用章

全国统一发票监制章 江苏 国家税务局监制

图 3－1　增值税专用发票

威力电机有限公司

入　库　单

入库部门：供应部　　　　2015 年 12 月 14 日

名　称	规格	数　量		单位	单价	金　额
		送 缴	实 收			
电机压轴		200	200	件	68.00	13 600.00
备注：定子车间耗材，不含增值税。				合　计		13 600.00
负责人：董志明	记账：卓兴胜	验收：田一兵				填单：李明

图 3－2　威力电机有限公司入库单

（2）财务部门根据上述凭证进行相应财务处理。

【46】业务要求：12 月 14 日，向无锡市热保护器制造有限公司采购热保护器 1 000 件，单价 5 元。

操作方式：

（1）业务部门根据双方签订的产品销货合同书，向财务部门提交付款申请单。如图 3－3、图 3－4 所示：

付 款 申 请 单

申请人：	刘清玉	填制日期：	2015 年 12 月 14 日	附件张数：	1
付款金额（大写）：	伍仟捌佰伍拾圆整　　¥ 5 850.00				
收款人全称：	无锡市热保护器制造有限公司				
开户银行及账号：	中国建设银行无锡支行　8800 2233 3355 1199				
其他要求说明：					
付款方式：	□ 现金	√ 电汇	□ 现金支票	□ 转账支付	□ 其他
付款说明：	支付热保护器采购款				
部门批准：	郑乙明	财务核对：	刘明远	总经理审批：	董德清

图 3－3　威力电机有限公司付款申请单

产品销货合同书

供方：无锡市热保护器制造有限公司　　合同编号：201512003
需方：威力电机有限公司　　签订地点：无锡
第一条：需方订购以下货物　　（注：空格如不够用，可以另接）

货物名称	规格型号	计量单位	数量	价格		备注
				单价（元）	总价（元）	
热保护器	A010	件	1 000	5.00	¥5 000.00	不含增值税
合计	金额：（大写）伍仟圆整			（小写）¥5 000.00		

第二条：质量要求：符合国家行业标准

第三条：包装标准、包装物的提供与回收：供方提供，不回收

第四条：货物所有权交付时起转移，但需方未履行支付价款义务的，货物仍属于供方所有。

第五条：提取货物单证的方式：需方提取，费用由供方提供

第六条：运输方式及到达站（港）和费用负担：

1. 运输方式及费用：运输方式由供方指定，费用由供方承担
2. 交货时间：
3. 交货地点：按双方协商

第七条：验收标准、方法、地点及期限：依据国际行业标准进行验收：需方如有异议在收到货物15天内以书面方式提出，否则视为合格；

第八条：结算方式：电汇方式

第九条：本合同解除条件：任何一方不履行本合同义务时，同时追究不履行本合同责任方责任；

第十条：合同争议的解决方式：本合同项目下发生的争议，由双方当事人协商解决，协商不成的，依法向需方所在地法院起诉；

第十一条：本合同一式两份，双方各持一份。经双方签字和盖章之日起生效传真件有效；

第十二条：其他约定事项：

1. 本合同的技术要求是合同的组成部分，与本合同具有同等法律效力；
2. 双方在履行本合同过程中的传真、订单、往来信函均为本合同的补充，与本合同具有同等的法律效力。

（印章：无锡市热保护器制造有限公司）　　（印章：威力电机有限公司）

供方（章）：　　需方（章）：
地址：江苏无锡**********　　地址：广东省佛山市南海狮山新城工业区
法定代表人：陈明强　　法定代表人：刘德伟
委托代理人：　　委托代理人：
签订时间：2015年12月9日　　签订时间：2015年12月9日

图3-4　产品销货合同书

（2）财务部门根据审批的付款申请单，填制电汇凭证，填制要求如图 3－5 所示：

中国建设银行 China Construction Bank

电 汇 凭 证

币别： 2015 年 12 月 14 日 流水号：88998888701

汇款方式	☑ 普通 ☐ 加急				
汇款人	全 称	威力电机有限公司	收款人	全 称	无锡市热保护器制造有限公司
	账 号	4405 0166 8899 4433 0061		账 号	8800 2233 3355 1199
	汇出行名称	中国建设银行佛山锦隆花园支行		汇入行名称	中国建设银行无锡支行
金额	（大写）伍仟捌佰伍拾圆整			亿千百十万千百十元角分	¥585000
			支付密码		
			附加信息及用途：采购热保护器款		
			此汇款支付给收款人。		客户签章

中国建设银行佛山锦隆花园支行 2015.12.14 转讫

威力电机有限公司 财务专用章

刘德伟印

第二联 付款人记账凭证

会计主管 刘明远 授权 复核 陈琳 录入 王一明

图 3－5 电汇凭证

（3）业务部门还需提供销货方开具的增值税专用发票和仓库的入库单，如图 3－6、图 3－7 所示：

9887723212 **江苏增值税专用发票** № 6053124789

发 票 联 江苏 全国统一发票监制章 国家税务局监制

校验码 99881 99776 12223 11555 开票日期：2015 年 12 月 14 日

购货单位	名 称：威力电机有限公司 纳税人识别号：440100678060233 地 址 、电 话：广东省佛山市南海狮山新城工业区 开户行及账号：中国建设银行佛山锦隆花园支行 4405 0166 8899 4433 0061				密码区	055 + ＊7 － ＊73 ＊ ＞665552322＞2/＞09 － 7/3 + /86＜9＞＜＞000999/72132＊7 +＜＞ 554444＊894 + +897/8＞ +570＊5 －＞＞6 ＜511/47＊019＞/444＞26 +116＜69	
货物或应税劳务名称	规格型号	单位	数 量	单 价	金 额	税率	税 额
热保护器		件	1 000	5.00	5 000.00	17%	850.00
合 计					¥5 000.00	17%	¥850.00
价税合计（大写）	⊗伍仟捌佰伍拾圆整				（小写）¥5 850.00		
销货单位	名 称：无锡市热保护器制造有限公司 纳税人识别号：778232329999001 地 址 、电 话：江苏无锡＊＊＊路＊＊＊号 333066＊＊ 开户行及账号：中国建设银行无锡支行 8800 2233 3355 1199				备注		

无锡市热保护器制造有限公司 887766622999 发票专用章 351588718884547724l5

税总函［2015］888 号某某某印刷厂有限公司

第二联：发票联 购货方记账凭证

收款人：李东 复核：陈晓明 开票人：张志强 销货单位：（章）

图 3－6 增值税专用发票

威力电机有限公司入库单

单位：供应部　　　　　　　　　　　　　　　　　　　　　　2015 年 12 月 14 日

编 号	种 类	产品名称	规 格	型号	入库数量	单位	单 价	成本总额
A010	生产配件	热保护器	A1118		1 000	件	5	5 000. 00
备注：不含增值税						合　计		¥5 000. 00
负责人：郑乙明		记账：刘明远				领用人：刘清远		

图 3 -7　威力电机有限公司入库单

（4）财务部门根据上述凭证进行相应财务处理。

【47】业务要求：12 月 14 日，向南京电机压轴制造有限公司采购电机压轴 400 件。

操作方式：

（1）业务部门根据双方签订的产品销货合同书，向财务部门提交付款申请单。如图 3 -8、图 3 -9 所示：

付 款 申 请 单

申请人：	刘清玉	填制日期：	2015 年 12 月 14 日	附件张数：	2
付款金额（大写）：	叁万壹仟叁佰伍拾陆圆整			¥ 31 356. 00	
收款人全称：	南京电机压轴制造有限公司				
开户银行及账号：	中国建设银行南京支行　7766 9988 4455 6780 9967				
其他要求说明：					
付款方式：	□ 现金	√ 电汇	□ 现金支票	□ 转账支付	□ 其他
付款说明：	支付电机压轴采购款				
部门批准：	郑乙明	财务核对：	刘明远	总经理审批：	董德清

图 3 -8　付款申请单

产品销货合同书

供方：南京电机压轴制造有限公司　　　　　　合同编号：201512009

需方：威力电机有限公司　　　　　　　　　　签订地点：南京

第一条：需方订购以下货物　　　　　　　　（注：空格如不够用，可以另接）

货物名称	规格型号	计量单位	数量	价格		备注
				单价（元）	总价（元）	
电机压轴	A1113	件	400	67.00	¥26 800.00	不含增值税
合计	金额：（大写）贰万陆仟捌佰圆整			（小写）¥26 800.00		

第二条：质量要求：符合国家行业标准

第三条：包装标准、包装物的提供与回收：供方提供，不回收

第四条：货物所有权交付时起转移，但需方未履行支付价款义务的，货物仍属于供方所有。

第五条：提取货物单证的方式：需方提取，费用由供方提供

第六条：运输方式及到达站（港）和费用负担：

1. 运输方式及费用：运输方式由供方指定，费用由供方承担

2. 交货时间：2016 年 5 月

3. 交货地点：按双方协商

第七条：验收标准、方法、地点及期限：依据国际行业标准进行验收；需方如有异议在收到货物15天内以书面方式提出，否则视为合格；

第八条：结算方式：电汇方式

第九条：本合同解除条件：任何一方不履行本合同义务时，同时追究不履行本合同责任方责任；

第十条：合同争议的解决方式：本合同项目下发生的争议，由双方当事人协商解决，协商不成的，依法向需方所在地法院起诉；

第十一条：本合同一式两份，双方各持一份。经双方签字和盖章之日起生效传真件有效；

第十二条：其他约定事项：

1. 本合同的技术要求是合同的组成部分，与本合同具有同等法律效力；

2. 双方在履行本合同过程中的传真、订单、往来信函均为本合同的补充，与本合同具有同等的法律效力。

供方（章）：　　　　　　　　　　　　　　需方（章）：

地址：江苏南京 **********　　　　　　　地址：广东省佛山市南海狮山新城工业区

法定代表人：[illegible]明　　　　　　　　法定代表人：刘德伟

委托代理人：　　　　　　　　　　　　　　委托代理人：

签订时间：2015 年 12 月 10 日　　　　　签订时间：2015 年 12 月 10 日

图 3-9　产品销货合同书

（2）财务部门根据审批的付款申请单，填制电汇凭证，填制要求如图 3 – 10 所示：

中国建设银行 China Construction Bank

电　汇　凭　证

币别：　　　　2015 年 12 月 14 日　　　　流水号：88998888709

汇款方式	☑ 普通　□ 加急				
汇款人	全　称	威力电机有限公司	收款人	全　称	南京电机压轴制造有限公司
	账　号	4405 0166 8899 4433 0061		账　号	1113 4565 2334 4567
	汇出行名称	中国建设银行佛山锦隆花园支行		汇入行名称	中国建设银行南京支行
金额	（大写）叁万壹仟叁佰伍拾陆圆整			亿千百十万千百十元角分	¥3135600
			支付密码		
			附加信息及用途：采购电机压轴款		
			此汇款支付给收款人。		客户签章

中国建设银行佛山锦隆花园支行 2015.12.14 转讫

威力电机有限公司 财务专用章

刘德伟印

第二联　付款人记账凭证

会计主管 刘明远　　授权　　复核　陈琳　　录入 王一明

图 3 – 10　电汇凭证

（3）业务部门还需提供销货方开具的增值税专用发票和仓库的入库单，如图 3 – 11、图 3 – 12 所示：

9886543667　　江苏增值税专用发票　　№ 6853104729

发票联

校验码 11233 55677 00998 11234　　　　开票日期：2015 年 12 月 14 日

购货单位	名　　称：威力电机有限公司 纳税人识别号：440100678060233 地 址 、电 话：广东省佛山市南海狮山新城工业区 开户行及账号：建行 4405 0166 8899 4433 0061			密码区	055 + *7 - *73 * >887665544 >2/>09 - 7/3/+/86 <9 > < >022334/72132 *7 + < >554444 *894 + +897/8 > +986 *5 - > > 6 <509/47 *019 >/324 >26 +186 <69			
货物或应税劳务名称	规格型号	单位	数 量	单 价	金　额	税率	税　额	
电机压轴		件	400	67.00	26 800.00	17%	4 556.00	
合　计					¥26 800.00	17%	¥4 556.00	
价税合计（大写）	⊗叁万壹仟叁佰伍拾陆圆整				（小写）¥31 356.00			
销货单位	名　　称：南京电机压轴制造有限公司 纳税人识别号：773839492323234 地 址 、电 话：江苏南京 *** 路 *** 号 2323 ** 开户行及账号：中国建设银行南京支行 1113 4565 2334 4567				备注			

南京电机压轴制造有限公司 887766552299 发票专用章 35158871888454772415

税总函〔2015〕888 号某某印刷厂有限公司

第二联：发票联　购货方记账凭证

收款人：林刚　　复核：宁明　　开票人：张一强　　销货单位：（章）

图 3 – 11　增值税专用发票

威力电机有限公司入库单

单位：供应部　　　　2015 年 12 月 14 日

编 号	种 类	产 品 名 称	规 格	型号	入 库 数 量	单 位	单 价	金额
A010	生产配件	电机压轴	A1113		400	件	67	26 800.00
备注：单价不含增值税						合　计		26 800.00

负责人：郑乙明　　　　记账：刘明远　　　　领用人：刘清远

图 3－12　威力电机有限公司入库单

（4）财务部门根据上述凭证进行相应财务处理。

【48】业务要求：12 月 15 日，转子生产车间领用主材电工钢带 30 吨。

操作方式：转子生产车间需填写领用单，领用单填写要求如图 3－13 所示：

威力电机有限公司领用单

领用单位：转子生产车间　　　　2015 年 12 月 15 日

编 号	种 类	产品名称	规 格	型号	出库数量	单位	单 价	金额
A012	主要原材料	电工钢带		y7907	30	吨	14 410	432 300
备注：不含增值税						合　计		432 300

负责人：郑晓丹　　　　记账：刘明远　　　　领用人：陈明霞

图 3－13　威力电机有限公司领用单

【49】业务要求：12 月 15 日，总装车间领用包装物。

操作方式：

（1）总装车间需填写包装物领用单，填写要求如图 3－14 所示：

威力电机有限公司领用单

领用单位：总装车间　　　　　　　　　　　　　　　　　　　　　　　　2015 年 12 月 15 日

编 号	种 类	产品名称	规 格	型号	出库数量	单位	单 价	金额
A014	包装物	纸箱	15×24×36		150	个	15 元	2 250 元
备注：不含增值税						合 计		¥2 250 元
负责人：罗明		记账：刘明远					领用人：张强	

图 3-14　威力电机有限公司领用单

（2）财务部门根据保管部门反馈的领用单进行账务处理。

【50】业务要求： 12 月 15 日，向无锡市漆包线制造有限公司采购漆包线 600 公斤，单价 100 元。

操作方式：

（1）业务部门根据双方签订的产品购销合同，向财务部门提交付款申请单。如图 3-15、图 3-16 所示：

付 款 申 请 单

申请人：	刘清玉	填制日期：	2015 年 12 月 15 日	附件张数：	3
付款金额（大写）：	柒万零贰佰圆整			¥ 70 200.00	
收款人全称：	无锡市漆包线制造有限公司				
开户银行及账号：	中国建设银行无锡支行　7789 6653 2211 3366 8899				
其他要求说明：					
付款方式：	□ 现金	√ 电汇	□ 现金支票	□ 转账支付	□ 其他
付款说明：	支付采购漆包线款				
部门批准：	郑乙明	财务核对：	刘明远	总经理审批：	董德清

图 3-15　付款申请单

购 销 合 同

合同编号： 20151209

甲方（需方）： 威力电机有限公司

乙方（供方）：无锡市漆包线制造有限公司

供需双方本着平等互利、协商一致原则签订本合同，以资双方信守执行。

一、材料名称、规格、厂家、数量、金额

双方协定甲方向乙方订购以下商品

产品名称	规格型号	生产厂家	计量单位	数量	单价	合价	备注
漆包线	X3499	无锡市漆包线制造有限公司	公斤	600	100	60 000	不含增值税

合计人民币金额（大写）： 陆万圆整

二、质量要求

1. 乙方应严格按照双方约定的质量和技术标准要求供应材料，且需符合现行的国家标准。

2. 乙方应随每批产品提供相应的《产品合格证明》《质量检验报告》《产品质量保证书》、材料发票和其他相关技术质量资料。

三、包装标准及包装方式

按出产标准进行包装。

四、交货时间、地点及交货方式

1. 产品的交（提）货期限： 15 天 。

2. 产品的交货地点： 甲方企业仓库 。

3. 交货方式：□ 供方送货 □ 需方自提 √ 乙方代运 □ 其他______（注明）

五、货款结算方式

乙方将产品生产完毕送到甲方指定仓库后，甲方将全部货款支付给乙方。

六、合同期限：质保期结束

七、违约责任

乙方不能交货的，应向甲方偿付不能交货部分货款的 10 %的违约金。

乙方所交产品品种、型号、规格、花色、质量不符合合同规定的，如果甲方同意利用，应当按质论价；如果甲方不能利用的，应根据产品的具体情况，由乙方负责包换或包修，并承担调换或退货而支付的实际费用。乙方不能调换的，按不能交货处理。

甲、乙双方应严格履行合同规定的各项条款，如合同一方违约，由违约方承担责任，并参照合同法及双方商定的有关条款赔偿经济损失。

八、争议的解决

本合同发生纠纷，甲乙双方应当及时协商解决，协商不成时，任何一方均可向合同签订地人民法院提起诉讼。

九、补充条款

无

本合同自签订日期起生效，合同执行期内，供需双方均不得随意变更或解除合同。合同未尽事宜，须双方共同协商，作出补充规定，补充规定与合同具同等效力。本合同一式 肆 份，供需双方各执 贰 份。

购货单位（甲方）：威力电机有限公司　　　　供货单位（乙方）：无锡市漆包线制造有限公司

法定代表人：刘德伟　　　　法定代表人：郑若

2015 年 12 月 13 日　　　　2015 年 12 月 13 日

图 3－16　购销合同

（2）财务部门根据审批的付款申请单，填制电汇凭证，填制要求如图 3－17 所示：

中国建设银行 China Construction Bank

电　汇　凭　证

币别：人民币　　　　2015 年 12 月 15 日　　　　流水号：88998884356

汇款方式	☑ 普通　□ 加急				
汇款人	全称	威力电机有限公司	收款人	全称	无锡市漆包线制造有限公司
	账号	4405 0166 8899 4433 0061		账号	7789 6653 2211 3366 8899
	汇出行名称	中国建设银行佛山锦隆花园支行		汇入行名称	中国建设银行南京支行
金额	（大写）柒万零贰佰圆整			亿千百十万千百十元角分	￥7020000
				支付密码	
				附加信息及用途：采购电机压轴款	
				此汇款支付给收款人。	客户签章

第二联　付款人记账凭证

会计主管 刘明远　　授权　　复核　陈琳　　录入 王一明

图 3－17　电汇凭证

（3）业务部门还需提供销货方开具的增值税专用发票和仓库的入库单，如图 3－18、图 3－19 所示：

7771120101　　江苏增值税专用发票　　№ 0653184729

发　票　联

校验码 16669 54433 99998 11200　　开票日期：2015 年 12 月 15 日

购货单位	名　　称：威力电机有限公司 纳税人识别号：440100678060233 地 址 、电 话：广东省佛山市南海狮山新城工业区 开户行及账号：中国建设银行佛山锦隆花园支行 4405 0166 8899 4433 0061			密码区	155 + ＊7 － ＊72 ＊ ＞887222224 ＞2/ ＞09 － 7/3/ + /86 ＜9 ＞ ＜ ＞022111/73332 ＊7 + ＜ ＞554412 ＊812 + +897/8 ＞ +986 ＊5 － ＞ ＞ 6 ＜509/47 ＊019 ＞/324 ＞26 +112 ＜69		
货物或应税劳务名称	规格型号	单位	数 量	单 价	金　额	税率	税　额
漆包线		公斤	600	100.00	60 000.00	17%	10 200.00
合　　计					¥60 000.00	17%	¥10 200.00
价税合计（大写）	⊗柒万贰佰圆整				（小写）¥70 200.00		
销货单位	名　　称：无锡市漆包线制造有限公司 纳税人识别号：77668230243934 地 址 、电 话：无锡市观山路 *** 号 2355 ** 开户行及账号：中国建设银行南京支行 7789 6653 2211 3366 8899				备注		

收款人：林强　　复核：卢明　　开票人：章明　　销货单位：（章）

无锡市漆包线制造有限公司 222394034345554 发票专用章 3515887188845477 2415

税总函［2015］888 号某某某印刷厂有限公司

第二联：发票联　购货方记账凭证

图 3－18　增值税专用发票

威力电机有限公司入库单

单位：供应部　　2015 年 12 月 15 日

编 号	种 类	产 品 名 称	规 格	型号	入 库 数 量	单 位	单 价	成本总额
A012	生产耗材	漆包线	2cm		600	公斤	100	60 000.00
备注：不含增值税						合　计		60 000.00
负责人：郑乙明	记账：刘明远						领用人：刘清远	

图 3－19　威力电机有限公司入库单

（4）财务部门根据上述凭证进行相应财务处理。

【51】业务要求： 12 月 16 日，向上海市电线生产有限公司采购电源线 100 公斤，单价 230 元。

操作方式：

（1）业务部门根据《产品销货合同书》填制付款申请单，付款申请单填制要求如图 3－20、图 3－21 所示：

付 款 申 请 单

申请人：	刘清玉	填制日期：	2015 年 12 月 16 日	附件张数：	3
付款金额（大写）：	贰万陆仟玖佰壹拾圆整			¥ 26 910.00	
收款人全称：	上海市电线生产有限公司				
开户银行及账号：	中国建设银行上海分行　9987 1123 5000 8800 6655				
其他要求说明：					
付款方式：	□ 现金	√ 电汇	□ 现金支票	□ 转账支付	□ 其他
付款说明：	支付电源线款				
部门批准：	郑乙明	财务核对：	刘明远	总经理审批：	董德清

图 3－20　威力电机有限公司付款申请单

产品销货合同书

供方：上海市电线生产有限公司　　合同编号：201512020

需方：威力电机有限公司　　签订地点：上海

第一条：需方订购以下货物　　（注：空格如不够用，可以另接）

货物名称	规格型号	计量单位	数量	价格		备注
				单价（元）	总价（元）	
电源线	A016	公斤	100	230	¥23 000	不含增值税
合计	金额：（大写）贰万叁仟圆整				（小写）¥23 000.00	

第二条：质量要求：符合国家行业标准

第三条：包装标准、包装物的提供与回收：供方提供，不回收

第四条：货物所有权交付时起转移，但需方未履行支付价款义务的，货物仍属于供方所有。

第五条：提取货物单证的方式：需方提取，费用由供方提供

第六条：运输方式及到达站（港）和费用负担：

1. 运输方式及费用：运输方式由供方指定，费用由供方承担

2. 交货时间：

3. 交货地点：按双方协商

第七条：验收标准、方法、地点及期限：依据国际行业标准进行验收；需方如有异议在收到货物15天内以书面方式提出，否则视为合格；

第八条：结算方式：电汇方式

第九条：本合同解除条件：任何一方不履行本合同义务时，同时追究不履行本合同责任方责任；

第十条：合同争议的解决方式：本合同项目下发生的争议，由双方当事人协商解决，协商不成的，依法向需方所在地法院起诉；

第十一条：本合同一式两份，双方各持一份。经双方签字和盖章之日起生效传真件有效；

第十二条：其他约定事项：

1. 本合同的技术要求是合同的组成部分，与本合同具有同等法律效力；

2. 双方在履行本合同过程中的传真、订单、往来信函均为本合同的补充，与本合同具有同等的法律效力。

供方（章）：上海市电线生产有限公司	需方（章）：威力电机有限公司
地址：上海市南京路××号	地址：广东省佛山市南海狮山新城工业区
法定代表人：陈丽英	法定代表人：刘德伟
委托代理人：	委托代理人：
签订时间：2015年12月14日	签订时间：2015年12月14日

图3－21 产品销货合同书

（2）财务部门根据审批的付款申请单，填制电汇凭证，填制要求如图3－22所示：

中国建设银行 China Construction Bank

电 汇 凭 证

币别：人民币　　2015年12月16日　　流水号：889980067356

汇款方式	☑普通　☐加急				
汇款人	全称	威力电机有限公司	收款人	全称	上海市电线生产有限公司
	账号	4405 0166 8899 4433 0061		账号	0022 9993 8887 1126 8833
	汇出行名称	中国建设银行佛山锦隆花园支行		汇入行名称	中国建设银行上海分行
金额	（大写）⊗贰万陆仟玖佰壹拾圆整			亿千百十万千百十元角分	¥2 6 9 1 0 0 0
			支付密码		
			附加信息及用途：采购电源线款		
			此汇款支付给收款人。		客户签章

第二联 付款人记账凭证

中国建设银行佛山锦隆花园支行 2015.12.16 转讫

威力电机有限公司 财务专用章

刘德伟印

会计主管 刘明远　　授权　　复核 陈琳　　录入 王一明

图3－22 电汇凭证

（3）业务部门还需提供销货单位开具的增值税专用发票和入库凭证。如图 3－23、图 3－24 所示：

988762320　　**上海增值税专用发票**　　№ 4683105729

发票联

校验码 14441 00998 11234 19988　　　　开票日期：2015 年 12 月 15 日

购货单位	名　　称：威力电机有限公司 纳税人识别号：440100678060233 地 址 、电 话：广东省佛山市南海狮山新城工业区 开户行及账号：中国建设银行佛山锦隆花园支行 4405 0166 8899 4433 0061			密码区	122 + * 7 - * 72 * > 887333322 > 2/ > 09 - 7/3/ + /86 <9 > < > 34556/73332 * 7 + < > 554412 * 812 + + 112/8 > + 986 * 5 - > > 6 < 509/47 * 019 > /778 > 26 + 112 < 69		
货物或应税劳务名称	规格型号	单位	数量	单价	金　额	税率	税　额
电源线		公斤	100	230.00	23 000.00	17%	3 910.00
合　计					¥23 000.00	17%	¥3 910.00
价税合计（大写）	⊗贰万陆仟玖佰壹拾圆整				（小写）¥26 910.00		
销货单位	名　　称：上海市电线生产有限公司 纳税人识别号：887234034001 地 址 、电 话：上海市南京路 ** 号 2345 ** 开户行及账号：中国建设银行上海分行 0022 9993 8881 1126 8833				备注		

收款人：董刚　　复核：刘明　　开票人：章义　　销货单位：（章）

税总函［2015］888 号某某某印刷厂有限公司

第二联：发票联　购货方记账凭证

图 3－23　增值税专用发票

威力电机有限公司入库单

单位：供应部　　　　2015 年 12 月 15 日

编号	种类	产品名称	规格	型号	入库数量	单位	单价	成本总额
A012	生产耗材	电源线	2mm		100	公斤	230	23 000.00
备注：不含增值税					合　计			23 000.00

负责人：郑乙明　　记账：刘明远　　领用人：刘清远

图 3－24　威力电机有限公司入库单

（4）财务部门根据上述凭证进行相应财务处理。

【52】业务要求：12 月 17 日，向无锡市铝锭生产制造有限公司采购铝锭 50 吨。

操作方式：

（1）业务部门根据《产品销货合同书》填制付款申请单，付款申请单填制要求如图 3－25、图 3－26 所示：

付款申请单

申请人：	刘清玉	填制日期：	2015 年 12 月 17 日	附件张数：	3
付款金额（大写）：	捌拾肆万贰仟肆佰圆整			¥ 842 400.00	
收款人全称：	无锡市铝锭生产制造有限公司				
开户银行及账号：	中国建设银行无锡支行　8123 4466 1166 9913				
其他要求说明：					
付款方式：	□ 现金	√ 电汇	□ 现金支票	□ 转账支付	□ 其他
付款说明：	支付采购铝锭款				
部门批准：	郑乙明	财务核对：	刘明远	总经理审批：	董德清

图 3－25　威力电机有限公司付款申请单

产品销货合同书

供方：无锡市铝锭生产制造有限公司　　合同编号：201512024

需方：威力电机有限公司　　签订地点：无锡

第一条：需方订购以下货物　　（注：空格如不够用，可以另接）

货物名称	规格型号	计量单位	数量	价格		备注
				单价（元）	总价（元）	
铝锭	A010	吨	50	14 400	¥720 000	不含增值税
合计	金额：（大写）柒拾贰万圆整				（小写）¥720 000.00	

第二条：质量要求：符合国家行业标准

第三条：包装标准、包装物的提供与回收：供方提供，不回收

第四条：货物所有权交付时起转移，但需方未履行支付价款义务的，货物仍属于供方所有。

第五条：提取货物单证的方式：需方提取，费用由供方提供

第六条：运输方式及到达站（港）和费用负担：

1. 运输方式及费用：运输方式由供方指定，费用由供方承担

2. 交货时间：2016 年 5 月

3. 交货地点：按双方协商

第七条：验收标准、方法、地点及期限：依据国际行业标准进行验收；需方如有异议在收到货物15 天

内以书面方式提出，否则视为合格；

第八条：结算方式：　电汇方式

第九条：本合同解除条件：任何一方不履行本合同义务时，同时追究不履行本合同责任方责任；

第十条：合同争议的解决方式：本合同项目下发生的争议，由双方当事人协商解决，协商不成的，依法向需方所在地法院起诉；

第十一条：本合同一式两份，双方各持一份。经双方签字和盖章之日起生效传真件有效；

第十二条：其他约定事项：

1. 本合同的技术要求是合同的组成部分，与本合同具有同等法律效力；

2. 双方在履行本合同过程中的传真、订单、往来信函均为本合同的补充，与本合同具有同等的法律效力。

供方（章）：
地址：无锡市铝锭生产制造有限公司
法定代表人：[illegible]华
委托代理人：
签订时间：2015 年 12 月 14 日

需方（章）：
地址：江苏无锡*********
法定代表人：刘德伟
委托代理人：
签订时间：2015 年 12 月 14 日

图 3－26　产品购销合同书

（2）财务部门根据审批的付款申请单，填制电汇凭证，填制要求如图 3－27 所示：

中国建设银行 China Construction Bank

电　汇　凭　证

2015 年 12 月 17 日　　流水号：889989877622

币别：人民币

汇款方式	☑ 普通　☐ 加急			
汇款人 全称	威力电机有限公司	收款人 全称	无锡市铝锭生产制造有限公司	
账号	4405 0166 8899 4433 0061	账号	8123 4466 1166 9913	
汇出行名称	中国建设银行佛山锦隆花园支行	汇入行名称	中国建设银行无锡支行	
金额	（大写）⊗捌拾肆万贰仟肆佰圆整		亿千百十万千百十元角分	¥842400.00
中国建设银行佛山锦隆花园支行 2015.12.17 转讫	支付密码			
	附加信息及用途：采购铝锭款			
	此汇款支付给收款人。			
	威力电机有限公司 财务专用章　　客户签章 刘德伟印			

第二联 付款人记账凭证

会计主管 刘明远　　授权　　复核　陈琳　　录入 王一明

图 3－27　电汇凭证

（3）业务部门还需提供销货单位开具的增值税专用发票和入库凭证。如图 3－28、图 3－29 所示：

3356789970　　江苏增值税专用发票　　№ 4923165780

发 票 联

校验码 12233 10029 76652 22221　　开票日期：2015 年 12 月 16 日

购货单位	名　　称：威力电机有限公司 纳税人识别号：440100678060233 地 址 、电 话：广东省佛山市南海狮山新城工业区 开户行及账号：中国建设银行佛山锦隆花园支行 4405 0166 8899 4433 0061	密码区	077 + ＊7 － ＊73 ＊ ＞997652380＞2/＞09 － 7/3/ + /86＜9＞＜＞990009/33982 ＊ 7 + ＜ ＞990088 ＊ 894 + +897/8＞+570 ＊ 5 －＞＞ 6＜123/47 ＊ 055＞/112＞16 + 874＜12				
货物或应税劳务名称	规格型号	单位	数量	单价	金额	税率	税额
铝锭		吨	50	14 400.00	720 000.00	17%	122 400.00
合　计					¥720 000.00	17%	¥122 400.00
价税合计（大写）	⊗捌拾肆万贰仟肆佰圆整				（小写）¥842 400.00		
销货单位	名　　称：无锡市铝锭生产制造有限公司 纳税人识别号：009823234908 地 址 、电 话：无锡市 ******* 开户行及账号：中国建设银行无锡支行 0099 1393 1489 4888	备注					

收款人：陈严　　复核：陈玲　　开票人：林虹　　销货单位：（章）

税总函［2015］888 号某某某印刷厂有限公司

第二联：发票联　购货方记账凭证

（印章：全国统一发票监制章 江苏 国家税务局监制；无锡市铝锭生产制造有限公司 294835049544666 发票专用章）

图 3－28　增值税专用发票

威力电机有限公司入库单

单位：供应部　　2015 年 12 月 17 日

编号	种类	产品名称	规格	型号	入库数量	单位	单价	成本总额
A010	生产配件	铝锭	XB099		50	吨	14 400	720 000.00
备注：不含增值税额						合　计		720 000.00

负责人：郑乙明　　记账：刘明远　　仓管员：刘清远

图 3－29　威力电机有限公司入库单

【53】**业务要求：**12 月 17 日，定子车间领用铝锭 40 吨。

操作方式：

（1）定子车间填写领用单，经审批后，办理领用手续。领用单填写要求如图 3－30 所示：

威力电机有限公司领用单

领用单位：定子车间　　　　2015 年 12 月 17 日

编号	种类	产品名称	规格	型号	领用数量	单位	单价	成本总额
A010	生产配件	铝锭	XB099		40	吨	14 400	576 000.00
备注：不含增值税额						合计		¥576 000.00
负责人：郑乙明		记账：刘明远				领用人：刘远清		

图 3－30　威力电机有限公司领用单

（2）财务部门根据保管部门反馈的领用单进行账务处理。

【54】**业务要求：**12 月 17 日，支付南京市电机压轴制造有限公司采购电机压轴款项。

操作方式：

（1）该笔业务所购货物已于 12 月 14 日入库；财务部门也已入账；业务部门根据购销合同约定，填写付款申请单，填写要求如图 3－31 所示：

付 款 申 请 单

申请人：	刘清玉	填制日期：	2015 年 12 月 17 日	附件张数：	
付款金额（大写）：	壹万伍仟玖佰壹拾贰圆整			¥ 15 912.00	
收款人全称：	南京市电机压轴制造有限公司				
开户银行及账号：	中国建设银行南京支行　7238 2394 8489 4999				
其他要求说明：					
付款方式：	□ 现金	√ 电汇	□ 现金支票	□ 转账支付	□ 其他
付款说明：	支付采购电机压轴款。				
部门批准：	郑乙明	财务核对：	刘明远	总经理审批：	董德清

图 3－31　威力电机有限公司付款申请单

（2）财务部门根据审批的付款申请单，填制电汇凭证，填制要求如图 3－32 所示：

中国建设银行 China Construction Bank　　电　汇　凭　证

币别：人民币　　2015 年 12 月 17 日　　流水号：88998882101

汇款方式	☑ 普通　☐ 加急				
汇款人	全　称	威力电机有限公司	收款人	全　称	南京市电机压轴制造有限公司
	账　号	4405 0166 8899 4433 0061		账　号	7238239484894999
	汇出行名称	中国建设银行佛山锦隆花园支行		汇入行名称	中国建设银行南京支行
金额	（大写）⊗壹万伍仟玖佰壹拾贰圆整			亿千百十万千百十元角分	¥1591200
	中国建设银行佛山锦隆花园支行 2015.12.17 转讫			支付密码	
				附加信息及用途：采购电机压轴款	
				此汇款支付给收款人。威力电机有限公司 财务专用章　客户签章 刘德伟印	

会计主管 刘明远　　授权　　复核　陈琳　　录入 王一明

第二联　付款人记账凭证

图 3－32　电汇凭证

【55】业务要求：12 月 18 日，总装车间领用热保护器 1 500 件。

操作方式：总装车间需填写领用单，经审批后，办理领用手续。领用单填写要求如图 3－33 所示：

威力电机有限公司领用单

领用单位：总装车间　　2015 年 12 月 18 日

编 号	种 类	产 品 名 称	规 格	型号	领 用 数 量	单 位	单 价	成本总额
A010	生产配件	热保护器			1 500	件	3	4 500.00
备注：不含增值税额						合　计		4 500.00

负责人：郑乙明　　记账：刘明远　　领用人：张强

图 3－33　威力电机有限公司领用单

【56】业务要求： 12 月 18 日，总装车间领用电源线 50 公斤。

操作方式：

（1）总装车间需填写领用单，经审批后，办理领用手续。领用单填写要求如图 3 – 34 所示：

威力电机有限公司入库单

交库单位：总装车间　　　　2015 年 12 月 18 日

编号	种类	产品名称	规格	型号	入库数量	单位	单价	成本总额
A012	生产耗材	电源线	2mm		30	公斤	205	6 150.00
A012	生产耗材	电源线	2mm		20	公斤	230	4 600.00
备注：不含增值税						合计		10 750.00

负责人：郑乙明　　记账：刘明远　　领用人：刘清远

图 3 – 34　威力电机有限公司入库单

（2）财务部门根据保管部门反馈的领用单进行账务处理。

【57】业务要求： 12 月 18 日，总装车间领用自制 YE3 – 200L – 4 型定子半成品 800 件、YE2 – 132S1 – 2 型定子 1 200 件、YE2 – 3551 – 4 – 355K 型定子 900 件。

操作方式：

（1）总装车间需填写领用单，经审批后，办理领用手续。领用单填写要求如图 3 – 35 所示：

威力电机有限公司领用单

领用单位：总装车间　　　　2015 年 12 月 18 日

编号	种类	产品名称	规格	型号	领用数量	单位	单价	成本总额
A018	自制半成品	定子半成品	YE3 – 200L – 4 型		800	件	385	308 000
A018	自制半成品	定子半成品	YE2 – 132S1 – 2 型		1 200	件	355	426 000
A018	自制半成品	定子半成品	YE2 – 3551 – 4 – 355K 型		900	件	325	292 500
备注：不含增值税额						合计		1 026 500.00

负责人：郑乙明　　记账：刘明远　　领用人：张强

图 3 – 35　威力电机有限公司领用单

（2）财务部门根据保管部门反馈的领用单进行账务处理。

【58】业务要求：12 月 19 日，转子车间完工半成品入库。（提示：一般不做账，待月末一并计算。）

操作方式：

（1）转子车间需填写完工半成品入库单，经检验合格后入库，自制半成品入库单填写要求如图 3 – 36 所示：

威力电机有限公司产成品与自制半成品入库单

交库单位：转子车间　　　　2015 年 12 月 19 日

编号	种类	产品名称	规格	型号	检验结果		实收数量	金额
					合格	不合格		
A018	自制半成品	转子半成品	YE3 – 200L – 4 型		1 450	5	1 450	
A018	自制半成品	转子半成品	YE3 – 225M – 4 型		2 350	17	2 350	
A018	自制半成品	转子半成品	YE2 – 132S1 – 2 型		1 780	8	1 780	
A018	自制半成品	转子半成品	YE2 – 3551 – 4 – 355K 型		1 920	19	1 920	
备注：						合　计		

生产车间负责人：罗明康　　检验人签字：桌明新　　仓库管理员：刘清远

图 3 – 36　威力电机有限公司产成品与自制半成品入库单

（2）自制半成品入库业务，财务部门平时一般不入账，待月末一并计算并结转成本。

【59】业务要求：12 月 20 日，总装车间完工成品入库。（提示：一般不做账，待月末一并计算。）

操作方式：

（1）总装车间需填写完工产成品入库单，经检验合格后入库，产成品入库单填写要求如图 3 – 37 所示：

威力电机有限公司产成品与自制半成品入库单

交库单位：总装车间　　　　　　　　　　　　　　　　2015 年 12 月 20 日

编 号	种 类	产 品 名 称	规 格	型号	检验结果		实收数量	金额
					合格	不合格		
A018	产成品	电机	YE3 – 200L – 4 型		1 650	15	1 650	
A018	产成品	电机	YE3 – 225M – 4 型		2 850	17	2 850	
A018	产成品	电机	YE2 – 132S1 – 2 型		1 710	18	1 710	
A018	产成品	电机	YE2 – 3551 – 4 – 355K 型		1 020	9	1 020	
备注：						合　计		
生产车间负责人：鲁明		检验人签字：桌明新				仓库管理员：刘清远		

图 3 – 37　威力电机有限公司产成品与自制半成品入库单

（2）产成品入库业务，财务部门平时一般不入账，待月末一并计算并结转成本。

【60】业务要求：12 月 20 日，定子车间完工半成品入库。（提示：一般不做账，待月末一并计算。）

操作方式：

（1）定子车间需填写自制完工半成品入库单，经检验合格后入库，自制完工半成品入库单填写要求如图 3 – 38 所示：

威力电机有限公司产成品与自制半成品入库单

交库单位：定子车间　　　　　　　　　　　　　　　　2015 年 12 月 20 日

编 号	种 类	产 品 名 称	规 格	型号	检验结果		实收数量	金额
					合格	不合格		
A018	自制半成品	定子半成品	YE3 – 200L – 4 型		1 750	15	1 750	
A018	自制半成品	定子半成品	YE3 – 225M – 4 型		2 850	7	2 850	
A018	自制半成品	定子半成品	YE2 – 132S1 – 2 型		1 730	8	1 730	
A018	自制半成品	定子半成品	YE2 – 3551 – 4 – 355K 型		1 220	9	1 220	
备注：						合　计		
生产车间负责人：郑友明		检验人签字：桌明新				仓库管理员：刘清远		

图 3 – 38　威力电机有限公司产成品与自制半成品入库单

（2）自制半成品入库业务，财务部门平时一般不入账，待月末一并计算并结转成本。

【61】**业务要求：**12 月 20 日，定子车间领用漆包线和绝缘漆。

操作方式：

（1）定子车间需填写领用单，经审批后办理领用手续。领用单填写要求如图 3－39 所示：

威力电机有限公司领用单

领用单位：定子车间　　　　2015 年 12 月 20 日

编号	种类	产品名称	规格	型号	领用数量	单位	单价	成本总额
A012	生产耗材	漆包线	2cm		600	公斤	88	52 800
A014	生产耗材	绝缘漆及其他绝缘材料			5	桶	68	340
备注：不含增值税额						合计		53 140
负责人：郑乙明		记账：刘明远				领用人：刘远清		

图 3－39　威力电机有限公司领用单

（2）财务部门根据保管部门反馈的领用单进行账务处理。

【62】**业务要求：**12 月 20 日，转子车间领用绝缘漆和电机压轴配件。

操作方式：

（1）转子车间需填写领用单，经审批后办理领用手续。领用单填写要求如图 3－40 所示：

威力电机有限公司领用单

领用单位：转子生产车间　　　　2015 年 12 月 20 日

编号	种类	产品名称	规格	型号	领用数量	单位	单价	成本总额
A014	生产耗材	绝缘漆及其他绝缘材料			5	桶	68	340
A010	生产配件	电机压轴	A1113		740	件	59	43 660
备注：不含增值税						合计		44 000
负责人：郑乙明		记账：刘明远				领用人：陈霞		

图 3－40　威力电机有限公司领用单

（2）财务部门根据保管部门反馈的领用单进行账务处理。

【63】业务要求：12 月 20 日，总装车间领用热保护器配件。

操作方式：

（1）总装车间需填写领用单，经审批后办理领用手续。领用单填写要求如图 3－41 所示：

威力电机有限公司领用单

领用单位：总装车间　　　　2015 年 12 月 20 日

编号	种类	产品名称	规格	型号	领用数量	单位	单价	成本总额
A010	生产配件	热保护器			750	件	3	2 250.00
备注：不含增值税额						合计		2 250.00
负责人：郑乙明		记账：刘明远					领用人：张强	

图 3－41　威力电机有限公司领用单

（2）财务部门根据保管部门反馈的领用单进行账务处理。

实训四　销售与成本核算

【64】**业务要求：** 12 月 21 日，向云南机床生产制造有限公司销售 YE2 - 132S1 - 2 型电机 1 300 台。

操作方式：

（1）销售部门与客户签订产品销货合同书，合同格式如图 4 - 1 所示：

产品销货合同书

供方：威力电机有限公司　　　　合同编号：201512033

需方：云南机床生产制造有限公司　　　　签订地点：云南

第一条：需方订购以下货物　　　　（注：空格如不够用，可以另接）

货物名称	规格型号	计量单位	数量	价格		备注
				单价（元）	总价（元）	
电机	YE2 - 132S1 - 2 型	台	1 300	780.00	¥1 014 000.00	不含增值税
合计	金额：（大写）壹佰零壹万肆仟圆整				（小写）¥1 014 000.00	

第二条：质量要求：符合国家行业标准

第三条：包装标准、包装物的提供与回收：供方提供，不回收

第四条：货物所有权交付时起转移，但需方未履行支付价款义务的，货物仍属于供方所有。

第五条：提取货物单证的方式：需方提取，费用由供方提供

第六条：运输方式及到达站（港）和费用负担：

1. 运输方式及费用：运输方式由供方指定，费用由供方承担

2. 交货时间：2016 年 5 月

3. 交货地点：按双方协商

第七条：验收标准、方法、地点及期限：依据国际行业标准进行验收：需方如有异议在收到货物15天内以书面方式提出，否则视为合格；

第八条：结算方式：电汇方式

第九条：本合同解除条件：任何一方不履行本合同义务时，同时追究不履行本合同责任方责任；

第十条：合同争议的解决方式：本合同项目下发生的争议，由双方当事人协商解决，协商不成的，依法向需方所在地法院起诉；

第十一条：本合同一式两份，双方各持一份。经双方签字和盖章之日起生效传真件有效；

第十二条：其他约定事项：

1. 本合同的技术要求是合同的组成部分，与本合同具有同等法律效力；
2. 双方在履行本合同过程中的传真、订单、往来信函均为本合同的补充，与本合同具有同等的法律效力。

供方（章）：威力机电有限公司
地址：广东省佛山市南海狮山新城工业区
法定代表人：刘德伟
委托代理人：
签订时间：2015 年 12 月 19 日

需方（章）：
地址：云南曲靖*******
法定代表人：[illegible]智
委托代理人：
签订时间：2015 年 12 月 19 日

图 4－1　产品销货合同书

（2）购货方根据产品销货合同书办理付款手续；款项到账后，销货方开户银行将出具回单，如图 4－2 所示：

中国建设银行
China Construction Bank

中国建设银行单位客户专用回单　　No. 433450

2015 年 12 月 21 日　　流水号：56788900002

付款人	全　称	云南机床生产制造有限公司	收款人	全　称	威力电机有限公司
	账　号	29384 55677 88990 22341		账　号	4405 0166 8899 4433 0061
	开户行	中国建设银行云南曲靖支行		开户行	中国建设银行佛山锦隆花园支行
金　额	（大写）人民币壹佰壹拾捌万陆仟叁佰捌拾圆整			（小写）￥1 186 380.00	
凭证种类	电子转账凭证		凭证号码		
结算方式	电汇		用　途	购 YE2－132S1－2 型电机款	
汇款交易日期：20151221　支付清算业务类型：E344 汇款合约编号：22329882434345 实际付款人账户：29384 55677 88990 22341 汇入行行名：中国建设银行云南曲靖支行 汇款备注：3381B			打印柜员：23877232323 打印机构：中国建设银行佛山支行 打印卡号：3934823232 汇款附言：3381B		

打印时间：2015－12－21　12：30　　交易柜员：28322221　　交易机构：2328232

图 4－2　中国建设银行单位客户专用回单

（3）货款到账后，销售部门需填写出库单，经审批后，向购货方办理发货手续。出库单填写要求如图 4－3 所示：

威力电机有限公司出库单

领用单位：销售部　　2015 年 12 月 22 日

编号	种类	产品名称	规格	数量	单位成本	金额
A018	产成品	电机	YE2－132S1－2 型	1 300		
备注：				合计		
部门负责人：郑清友		领用人签字：刘玉清		仓库管理员：刘清远		

图 4－3　威力电机有限公司出库单

（4）财务部门根据产品销货合同书和货款到账情况，开具销货发票。发票填写要求如图4－4所示：

6675579002　　**广东增值税专用发票**　　№ 2153406789

发　票　联

（全国统一发票监制章　广东　国家税务局监制）

校验码 88777 00988 10522 44022　　开票日期：2015年12月21日

税总函〔2015〕888号某某某印刷厂有限公司

购货单位	名　称：云南机床生产制造有限公司 纳税人识别号：382948753434342 地址、电话：云南曲靖＊＊＊＊＊＊＊ 开户行及账号：中国建设银行云南曲靖支行 29384 55677 88990 55441				密码区	033＋＊7－＊73＊＞334567777＞2/＞09－7/3/＋/86＜9＞＜＞223445/32123＊7＋＜＞445666＊894＋＋897/8＞＋570＊5－＞＞6＜589/47＊019＞/326＞26＋006＜19	
货物或应税劳务名称	规格型号	单位	数量	单价	金　额	税率	税　额
电机	YE2－132S1－2型	台	1 300	780	1 014 000	17%	172 380.00
合　计					¥1 014 000.00	17%	¥172 380.00
价税合计（大写）	⊗壹佰壹拾捌万陆仟叁佰捌拾圆整				（小写）¥1 186 380.00		
销货单位	名　称：威力电机有限公司 纳税人识别号：440100678060233 地址、电话：广东省佛山市南海狮山新城工业区　8877588 开户行及账号：中国建设银行佛山锦隆花园支行 4405 0166 8899 4433 0061				备注		

（威力电机有限公司　887700000999123　发票专用章）

第一联：记账联　销货方记账凭证

收款人：陈义　　复核：陈琳　　开票人：刘明远　　销货单位：（章）

图4－4　增值税专用发票（记账联）

【提示】销售成本结转一般是在月末加权平均计算成本后结转。

【65】业务要求：12月22日，销售部门与南京机电销售公司签字委托销售协议，并向其发出YE2－3551－4－355K型机电1 800台。（提示：平时不做账，月底统一做）

操作方式：

（1）销售部门与受托公司签订委托销售协议，委托销售协议格式如图4－5所示：

电机委托销售协议

甲方（供货方）：威力电机有限公司

地址：广东省佛山市南海狮山新城工业区

电话：* * * * * * * * * * *

乙方（销售方）：南京机电销售公司

地址：* * * * * * * * * * * * * * * * * *

电话：* * * * * * * * * * * * *

甲、乙双方经友好协商，以自愿、平等互利为原则，就乙方经销甲方电机产品，根据《中华人民共和国合同法》，双方达成如下协议：

一、合作内容

1. 销售范围：乙方的电机产品。

2. 产品的型号由产品销售单确定，最终以收货单为准。

二、甲、乙双方的权利和义务

1. 甲方应向乙方提供外型完好无损坏的产品，在代销过程中甲方有权对乙方就商品保管等方面提出合理要求；乙方有责任为甲方的商品在代销过程中进行妥善保管，由于乙方保管不慎而导致的质量问题或在销售过程中由于乙方原因造成的损坏均由乙方负责，乙方应承担相应损失或修补费用。

2. 乙方作为甲方产品的销售者，应尽销售商的责任，最大努力将甲方产品销售，甲方也应保证供应足够的货源。

3. 货物验收：乙方在接收产品时应及时验收，发现产品有缺陷，导致影响销售，应立即于验收单上注明，如乙方没有注明的，甲方视乙方签收之产品为完好无缺陷。

4. 乙方代为销售商品的所有权属甲方所有。

三、销售价格及结算方式、期限

1. 产品最低售价为750 元/台。乙方不得擅自变动价格，在未经甲方同意的情况下乙方不得将甲方产品低于双方约定价格进行销售。

乙方支付所代销商品标准零售价的20%作为押金交给甲方，代销协议结束后，甲方检验商品无破损再退还给乙方。

2. 手续费收取与结算按下列办法：按销货款总额（不含增值税）的15%收取手续费；

3. 代销商品款项 每月 结算一次，双方各自对自己的销售税务负责，不再承担对方经营中发生的税务问题。

四、争议解决方式

本协议发生争议，双方以友好协商的方式解决，协商不成时，可申请仲裁或由甲方所在地人民法院进行诉讼。

五、附则

1. 本协议有效期为：2015 年 12 月 22 日至 2016 年 12 月 22 日。

2. 其他未尽事宜双方可友好协商。

3. 本协议一式两份，双方各执一份，签名盖章后即生效。

甲方：威力电机有限公司　　　　乙方：南京机电销售公司

签约日期：2015 年 12 月 22 日　　　　签约日期：2015 年 12 月 22 日

图 4－5　电机委托销售协议

（2）销售部门根据电机委托销售协议填写出库单，经审批后，向委托方办理发货手续。出库单填写要求如图 4－6 所示：

领用单位：销售部　　**威力电机有限公司出库单**　　2015 年 12 月 22 日

编号	种类	产品名称	规格	数量	单位成本	金额
A018	产成品	电机	YE3－200L－4 型	300		
A018	产成品	电机	YE3－225M－4 型	250		
A018	产成品	电机	YE2－132S1－2 型	350		
A018	产成品	电机	YE2－3551－4－355K 型	400		
备注：委托销售，委托单位为南京机电销售公司				合计		
部门负责人：郑清友		领用人签字：刘玉清		仓库管理员：刘清远		

图 4－6　威力电机有限公司出库单

（3）财务部门一般是在月末加权平均计算单位成本后结转。

【66】业务要求： 12 月 21 日，向温州市机床制造有限公司销售 YE3－225M－4 型电机 1 450台。

操作方式：

（1）销售部门与客户签订产品销货合同书，合同格式如图 4－7 所示：

产品销货合同书

供方：威力电机有限公司　　合同编号：20151201

需方：温州市机床制造有限公司　　签订地点：温州

第一条：需方订购以下货物　　（注：空格如不够用，可以另接）

货物名称	规格型号	计量单位	数量	价格		备注
				单价（元）	总价（元）	
电机	YE3－225M－4 型	台	1 450	705	¥1 022 250.00	不含增值税
合计	金额：（大写）壹佰零贰万贰仟贰佰伍拾圆整				（小写）¥1 022 250.00	

第二条：质量要求：符合国家行业标准

第三条：包装标准、包装物的提供与回收：供方提供，不回收

第四条：货物所有权交付时起转移，但需方未履行支付价款义务的，货物仍属于供方所有。

第五条：提取货物单证的方式：需方提取，费用由供方提供

第六条：运输方式及到达站（港）和费用负担：

1. 运输方式及费用：运输方式由供方指定，费用由供方承担

2. 交货时间：2016 年 5 月

3. 交货地点：按双方协商

第七条：验收标准、方法、地点及期限：依据国际行业标准进行验收；需方如有异议在收到货物15 天

内以书面方式提出，否则视为合格；

第八条：结算方式：　电汇方式

第九条：本合同解除条件：任何一方不履行本合同义务时，同时追究不履行本合同责任方责任；

第十条：合同争议的解决方式：本合同项目下发生的争议，由双方当事人协商解决，协商不成的，依法向需方所在地法院起诉；

第十一条：本合同一式两份，双方各持一份。经双方签字和盖章之日起生效传真件有效；

第十二条：其他约定事项：

1. 本合同的技术要求是合同的组成部分，与本合同具有同等法律效力；

2. 双方在履行本合同过程中的传真、订单、往来信函均为本合同的补充，与本合同具有同等的法律效力。

供方	需方
供方（章）	需方（章）
地址：广东省佛山市南海狮山新城工业区	地址：温州市瓯海区****
法定代表人：刘德伟	法定代表人：卢达
委托代理人：	委托代理人：
签订时间：2015 年 12 月 19 日	签订时间：2015 年 12 月 19 日

图 4-7　产品销货合同书

（2）购货方根据产品销货合同书办理付款手续；款项到账后，销货方开户银行将出具回单，如图 4-8 所示：

中国建设银行 China Construction Bank

中国建设银行单位客户专用回单　　　No. 433423

2015 年 12 月 21 日　　　流水号：99988880004

付款人	全　称	温州市机床制造有限公司	收款人	全　称	威力电机有限公司
	账　号	7788 9977 0090 5001		账　号	4405 0166 8899 4433 0061
	开户行	中国建设银行温州支行		开户行	中国建设银行佛山锦隆花园支行
金　额		（大写）人民币壹佰壹拾玖万陆仟零叁拾贰圆伍角整			（小写）¥1 196 032. 50
凭证种类		电子转账凭证	凭证号码		
结算方式		电汇	用　途		购 YE3-225M-4 型电机款
汇款交易日期：20151221　支付清算业务类型：E324 汇款合约编号：22999382430001 实际付款人账户：7788 9977 0090 5001 汇入行行名：中国建设银行温州支行 汇款备注：3181B			打印柜员：23877232323 打印机构：中国建设银行佛山支行 打印卡号：3934823232 汇款附言：3181B		中国建设银行 电子回单专用章

打印时间：2015-12-21　14：31　　　交易柜员：28322221　　　交易机构：2328232

图 4-8　中国建设银行单位客户专用回单

（3）货款到账后，销售部门需填写出库单，经审批后，向购货方办理发货手续。出库单填写要求如图 4－9 所示：

威力电机有限公司出库单

领用单位：销售部　　　　2015 年 12 月 21 日

编号	种类	产品名称	规格	数量	单位成本	金额
A018	产成品	电机	YE3－225M－4 型	1 450		
备注：				合计		
部门负责人：郑清友		领用人签字：刘玉清		仓库管理员：刘清远		

图 4－9　威力电机有限公司出库单

（4）财务部门根据产品销货合同书和货款到账情况，开具销货发票。发票填写要求如图 4－10 所示：

6675579112　　**广东增值税专用发票**　　№ 2153468709

发　票　联

全国统一发票监制章 广东 国家税务局监制

校验码 80099 11988 10512 44011　　开票日期：2015 年 12 月 21 日

购货单位	名　　称：温州市机床制造有限公司 纳税人识别号：92320400009999 地 址 、电 话：温州市瓯海区＊＊＊＊ 开户行及账号：中国建设银行温州支行 7788 9977 0090 5001				密码区	033＋＊7－＊73＊＞309999233＞2/＞09－ 7/3/＋/86＜9＞＜＞887662/32123＊7＋＜ ＞445666＊894＋＋110/8＞＋570＊5－＞ ＞6＜589/47＊011＞/326＞26＋116＜19	
货物或应税劳务名称	规格型号	单位	数量	单价	金　额	税率	税　额
电机	YE3－225M－4 型	台	1 450	705	1 022 250.00	17%	173 782.50
合　　计					¥1 022 250.00	17%	¥173 782.50
价税合计（大写）	⊗壹佰壹拾玖万陆仟零叁拾贰圆伍角整				（小写）¥1 196 032.50		
销货单位	名　　称：威力电机有限公司 纳税人识别号：440100678060233 地 址 、电 话：广东省佛山市南海狮山新城工业区　8877588 开户行及账号：中国建设银行佛山锦隆花园支行 4405 0166 8899 4433 0061				备注		

威力电机有限公司 887700000999123 发票专用章

收款人：陈义　　复核：陈琳　　开票人：刘明远　　销货单位：（章）

税总函［2015］888号某某印刷厂有限公司

第一联：记账联　销货方记账凭证

图 4－10　增值税专用发票（记账联）

【提示】销售业务成本结转一般是在月末加权平均计算成本后结转。

【67】业务要求：12 月 22 日，向珠海市东方机电有限公司销售 YE2 – 3551 – 4 – 355K 型电机 1 550 台。

操作方式：

（1）销售部门与客户签订产品销货合同书，合同格式如图 4 – 11 所示：

产品销货合同书

供方：威力电机有限公司　　　　　　　　　　　　合同编号：20151223

需方：珠海市东方机电有限公司　　　　　　　　　签订地点：珠海

第一条：需方订购以下货物　　　　　　　　　　（注：空格如不够用，可以另接）

货物名称	规格型号	计量单位	数量	价格		备注
				单价（元）	总价（元）	
电机	YE2 – 3551 – 4 – 355K 型	台	1 550	880	¥1 364 000.00	不含增值税
合计	金额：（大写）壹佰叁拾陆万肆仟圆整			（小写）	¥1 364 000.00	

第二条：质量要求：符合国家行业标准

第三条：包装标准、包装物的提供与回收：供方提供，不回收

第四条：货物所有权交付时起转移，但需方未履行支付价款义务的，货物仍属于供方所有。

第五条：提取货物单证的方式：需方提取，费用由供方提供

第六条：运输方式及到达站（港）和费用负担：

1. 运输方式及费用：运输方式由供方指定，费用由供方承担

2. 交货时间：2016 年 5 月

3. 交货地点：按双方协商

第七条：验收标准、方法、地点及期限：依据国际行业标准进行验收：需方如有异议在收到货物15天内以书面方式提出，否则视为合格；

第八条：结算方式：电汇方式

第九条：本合同解除条件：任何一方不履行本合同义务时，同时追究不履行本合同责任方责任；

第十条：合同争议的解决方式：本合同项目下发生的争议，由双方当事人协商解决，协商不成的，依法向需方所在地法院起诉；

第十一条：本合同一式两份，双方各持一份。经双方签字和盖章之日起生效传真件有效；

第十二条：其他约定事项：

1. 本合同的技术要求是合同的组成部分，与本合同具有同等法律效力；

2. 双方在履行本合同过程中的传真、订单、往来信函均为本合同的补充，与本合同具有同等的法律效力。

供　方　　　　　　　　　　　　　　　　　　需　方

供方（章）：　　　　　　　　　　　　　　　需方（章）：

地址：广东省佛山市南海狮山新城工业区　　　地址：珠海市香洲区东风路******

法定代表人：刘德伟　　　　　　　　　　　　法定代表人：李清

委托代理人：　　　　　　　　　　　　　　　委托代理人：

签订时间：2015 年 12 月 20 日　　　　　　　签订时间：2015 年 12 月 20 日

图 4 – 11　产品销货合同书

（2）购货方根据产品销货合同书办理付款手续；款项到账后，销货方开户银行将出具回单，如图 4－12 所示：

中国建设银行
China Construction Bank

中国建设银行单位客户专用回单

No. 4331234

2015 年 12 月 22 日　　流水号：293840002323

付款人	全　称	珠海市东方机电有限公司	收款人	全　称	威力电机有限公司
	账　号	8877 5543 8998 0099		账　号	4405 0166 8899 4433 0061
	开户行	中国建设银行珠海支行		开户行	中国建设银行佛山锦隆花园支行
金　额		（大写）人民币壹佰伍拾玖万伍仟捌佰捌拾圆整		（小写）¥1 595 880.00	
凭证种类		电子转账凭证	凭证号码		
结算方式		电汇	用　途		购 YE2－3551－4－355K 型电机款
汇款交易日期：20151222　支付清算业务类型：E224 汇款合约编号：2299938222009 实际付款人账户：8877 5543 8998 0099 汇入行行名：中国建设银行珠海支行 汇款备注：3281B			打印柜员：23877232323 打印机构：中国建设银行佛山支行 打印卡号：3934823232 汇款附言：3281B （印章：中国建设银行 电子回单专用章）		

打印时间：2015－12－22　15：35　　交易柜员：28322221　　交易机构：2328232

图 4－12　中国建设银行单位客户专用回单

（3）货款到账后，销售部门需填写出库单，经审批后，向购货方办理发货手续。出库单填写要求如图 4－13 所示：

威力电机有限公司出库单

领用单位：销售部　　2015 年 12 月 22 日

编号	种类	产品名称	规格	数量	单位成本	金额
A018	产成品	电机	YE2－3551－4－355K 型	1 550		
备注：				合计		
部门负责人：郑清友		领用人签字：刘玉清		仓库管理员：刘清远		

图 4－13　威力电机有限公司出库单

（4）财务部门根据产品销货合同书和货款到账情况，开具销货发票。发票填写要求如图 4－14 所示：

6675579123　　广东增值税专用发票　　№ 2150346789

（印章：全国统一发票监制 广东 国家税务局监制）

发 票 联

校验码 00099 01223 33345 55567　　开票日期：2015 年 12 月 22 日

购货单位	名　　称：珠海市东方机电有限公司 纳税人识别号：399888823221 地 址 、电 话：珠海市香洲区东风路＊＊＊＊＊＊＊ 开户行及账号：中国建设银行珠海支行 8877 5543 8998 0099				密码区	033＋＊7－＊73＊＞887623333＞2/＞09－ 7/3/＋/86＜9＞＜＞223445/32123＊7＋＜ ＞000998＊894＋＋897/8＞＋570＊5－＞ ＞6＜589/41＊019＞/326＞22＋006＜19	
货物或应税劳务名称	规格型号	单位	数量	单价	金　额	税率	税　额
电机	YE2－3551－4－355K 型	台	1 550	880	1 364 000.00	17%	231 880.00
合　计					¥1 364 000.00	17%	¥231 880.00
价税合计（大写）	⊗壹佰伍拾玖万伍仟捌佰捌拾圆整				（小写）¥1 595 880.00		
销货单位	名　　称：威力电机有限公司 纳税人识别号：440100678060233 地 址 、电 话：广东省佛山市南海狮山新城工业区　8877588 开户行及账号：中国建设银行佛山锦隆花园支行 4405 0166 8899 4433 0061				备注		

（印章：威力电机有限公司 8877000099123 发票专用章）

收款人：陈义　　复核：陈琳　　开票人：刘明远　　销货单位：（章）

税总函［2015］888号某某某印刷厂有限公司

第一联：记账联　销货方记账凭证

图 4－14　增值税专用发票（记账联）

【提示】销售业务成本结转一般是在月末加权平均计算成本后结转。

【68】业务要求：12 月 22 日，向广东快速运输有限责任公司支付运费 74 600 元。

操作方式：

（1）业务部门根据货物运输合同、货物运输费用结算确认单填写付款申请单，付款申请单填写要求如图 4－15 所示，货物运输合同格式如图 4－16 所示，货物运输费用结算确认单如图 4－17 所示：

付 款 申 请 单

申请人：	刘清玉	填制日期：	2015 年 12 月 22 日	附件张数：	1
付款金额（大写）：	柒万肆仟陆佰圆整　　¥ 74 600.00				
收款人全称：	广州快速运输有限责任公司				
开户银行及账号：	中国建设银行番禺支行　　9988 7766 9990 1235				
其他要求说明：					
付款方式：	☐ 现金	☐ 电汇	☐ 现金支票	☑ 转账支付	☐ 其他
付款说明：	支付运输费				
部门批准	郑乙明	财务核对	刘明远	总经理审批	董德清

图 4－15　付款申请单

货物运输合同

甲方（托运人）：威力电机有限公司

乙方（承运人）：广东快速运输有限责任公司

甲、乙双方经过协商，根据合同法有关规定，订立货物运输合同，条款如下：

一、合同期为一年，从 2015 年 8 月 1 日起到 2016 年 8 月 1 日为止。

二、上述合同期内，甲方委托乙方运输货物，运输方式为汽车公路运输，具体货物的名称、规格、型号、数量、价值、运费、到货地点、收货人、运输期限等事项，由甲、乙双方另签运单确定，所签运单作为本合同的附件与本合同具有同等的法律效力。

三、甲方的义务：1. 按照国家规定的标准对货物进行包装，没有统一规定包装标准的，应根据保证货物运输的原则进行包装，甲方货物包装不符合上述要求，乙方应向甲方提出，甲方不予更正的，乙方可拒绝起运。2. 按照双方约定的标准和时间向乙方支付运费。

四、乙方的义务：1. 按照运单的要求，在规定的期限内，将货物运到甲方指定的地点，交给甲方指定的收货人。2. 承运的货物要负责安全，保证货物无短缺、无损坏，如出现此类问题，应承担赔偿义务。

五、运输费用及结算方式：1. 运费按乙方实际承运货物的里程及重量计算，具体标准按照运单约定执行。2. 乙方在将货物交给收货人时，应向其索要收货凭证，作为完成运输义务的证明，持收货凭证与甲方结算。3. 甲方对乙方所提交的收货凭证进行审核，在确认该凭证真实有效且货物按期运达无缺失损坏问题后 10 日内付清当次运费。

六、甲方交付乙方承运的货物均系供应客户的重大生产资料，乙方对此应予以高度重视，确保货物按期运达。非因自然灾害等不可抗力造成货物逾期运达的，如客户追究甲方责任，乙方应全额赔偿甲方的经济损失。因发生自然灾害等不可抗力造成货物无法按期运达目的地时，乙方应将情况及时通知甲方并取得相关证明，以便甲方与客户协调。

七、运输过程中如发生货物灭失、短少、损坏、变质、污染等问题，乙方应按照以下标准赔偿甲方的经济损失。1. 货物灭失或无法正常使用的，按运单记载货物价格全额赔偿，如运单来记毅价格的，按甲方同类产品出厂价格赔偿。2. 货物修理后可以正常使用且客户无异议的，赔偿修理费（包括换件费用、人工费及修理人员的往返差旅费等）。

八、出现合同第七条情况导致货物逾期运达的，乙方除按该条规定承担责任外，还应当同时执行本合同第六条的规定。

九、本合同未尽事宜，由双方协商解决，协商不成，按照合同法规定办理。发生争议提交北京仲裁委员会按其仲裁规则进行仲裁。

十、本合同一式两份，双方各持一份，双方签字盖章后生效。

甲方（签章）刘德伟　　　　乙方（签章）陈志东

2015 年 8 月 1 日　　　　2015 年 8 月 1 日

图 4－16　货物运输合同

广东快速运输有限责任公司

货物运输（费用）结算确认单

日期：2015 年 12 月 22 日

运输公司	送货日期	货运地址	货物名称	里程（KM）	单价（元/吨）	货运数量（件）	货运数量（吨）	金额（元）	备注
李勇	2015. 12. 21	云南曲靖	电机	2 670	870	1 300	38	33 060	
陈明	2015. 12. 22	南京、温州	电机	2 189	640	800	40	25 600	
孙志勇	2015. 12. 22	珠海	电机	578	398. 5	2 600	40	15 940	
合计：	柒万肆仟陆佰圆整							74 600. 00	

红联：财务

（印章：广东快速运输有限责任公司）

部门负责人：刘伟　　物流部负责人：卢斌　　承运人：李勇　　车牌号：＊＊＊＊＊

图 4－17　货物运输（费用）结算确认单

（2）财务部门根据审批的付款申请单和货物运输结算确认单，填写转账支票和进账单，填写要求如图 4－18、图 4－19 所示：

中国建设银行
转账支票存根
20500025
93945334

上海金达证券印制有限公司·2013 年印制

附加信息

支付运输费

出票日期 2015 年 12 月 20 日

收款人：
广东快速运输有限责任公司

金　额：￥74 600. 00

用　途：运输费

单位主管　刘明远　会计

图 4－18　转账支票存根联

中国建设银行进账单（回单）　1

2015 年 12 月 22 日

出票人	全　称	威力电机有限公司	收款人	全　称	广东快速运输有限责任公司
	账　号	4405 0166 8899 4433 0061		账　号	9988 7766 9990 1235
	开户银行	中国建设银行佛山锦隆花园支行		开户银行	建设银行番禺支行
金额	人民币（大写）	柒万肆仟陆佰圆整			
票据种类	转账支票	票据张数	1		
票据号码	235487766				
复核　记账				开户银行签章	

亿	千	百	十	万	千	百	十	元	角	分
			¥	7	4	6	0	0	0	0

此联是开户银行交给持票人的回单

中国建设银行佛山锦隆花园支行
2015.12.22
转讫

图 4-19　中国建设银行进账单

（3）业务部门还需提供运输公司出具的发票；财务部门根据上述凭证进行账务处理。运输公司出具的发票如图 4-20 所示：

全国统一发票监制章
广东省
国家税务局监制

广东省国家税务局通用机打发票

发　票　联

发票代码　142597782390
发票号码　00087230
验 证 码　00099230

开票日期：2015 年 12 月 20 日　　行业分类：运输业

客户名称：威力电机有限公司　　税款码：012258112368872323

付款方编码：0122581123621258　　收款方编码：01225239099823
付款方名称：威力电机有限公司　　收款方名称：广东快速运输有限责任公司

收款项目　　收款金额
运输费　　74 600.00

广东快速运输有限责任公司
01888892323230
发票专用章

金额大写：柒万肆仟陆佰圆整　　小写：74 600.00
备注：运输费

开票人：林琳

粤国税征票函［2015］602号　深国瑞印刷服务中心制
代用名印刷中心承印

第一联　发票联（购物单位付款凭证）

发票查询网址：www. fapiao. gor. cn

图 4-20　运输通用机打发票（发票联）

【69】**业务要求：**12 月 22 日，支付搬运费 14 600 元。

操作方式：个人提供搬运服务后，向地方税务局代开通用机打发票；经审批后，财务部门予以报销并据此记账，代开发票如图 4－21 所示：

（全国统一发票监制章　广东省国家税务局监制）

广东省国家税务局通用机打发票

发　票　联

发票代码　142597788876
发票号码　10087346

开票日期：2015 年 12 月 20 日　　行业分类：运输业　　验 证 码　12099340

客户名称：威力电机有限公司	税款码：012258112368872323
付款方编码：0122581123621258	收款方编码：
付款方名称：威力电机有限公司	收款方名称：个人
收款项目	收款金额
搬运费	14 600. 00
金额大写：壹万肆仟陆佰圆整	小写：14 600. 00
备注：搬运费	开票人：林栋生

（广东地方税务局　0189877666630　发票专用章）

粤国税征票函 [2015] 602号　深国瑞印刷服务中心制
代用名印刷中心承印

第一联　发票联（购物单位付款凭证）

发票查询网址：www. fapiao. gor. cn

图 4－21　税务机关代开通用机打发票（发票联）

【70】**业务要求：**12 月 22 日，销售部门申请转账支付广告费 8 500 元。

操作方式：

（1）业务部门根据广告制作合同，填写付款申请单；付款申请单填写要求如图 4－22、图 4－23 所示：

付 款 申 请 单

申请人：	刘清玉	填制日期：	2015 年 12 月 22 日	附件张数：	1
付款金额（大写）：	捌仟伍佰圆整		¥ 8 500. 00		
收款人全称：	广东佛山广告制作有限公司				
开户银行及账号：	建设银行广东支行　　9992 8899 0001 7776				
其他要求说明：					
付款方式：	□ 现金	□ 电汇	□ 现金支票	√ 转账支付	□ 其他
付款说明：	支付广告制作费				
部门批准：	郑乙明	财务核对：	刘明远	总经理审批：	董德清

图 4－22　威力电机有限公司付款申请单

广告制作合同

甲方：威力电机有限公司

乙方：广东佛山广告制作有限公司（××网）

甲方申请使用××网，并已了解××网的操作和使用，就广告事宜，达成如下条款：

第一条：甲方为了推广其形象、产品或服务，根据本合同所规定的广告标准，决定委托乙方（下称发布方）在××网上发布问答式广告，同时用图片、视频广告（rm 文件）、Flash 等形式展示甲方的产品、服务、品牌。

第二条：广告文件

1. 甲方必须在广告开始发布前 5 日提供广告样稿，广告以 Gif 文件格式（分两种：banner 广告大小为 50K，尺寸为 468×60 像素；logo 广告大小为 20K 以内，尺寸为 150×60 像素）提供给乙方，视频广告（大小为 500K 以内，影片原始尺寸为 200×150 像素）以 rm 格式提供给乙方、FLASH（广告大小为 250K 以内，播放时间为 8 秒，8 秒后自动消失，宽度和高度分别为 778、467 像素）以 swf 格式提供给乙方。广告样稿和广告问答应该严格符合本合同及相关的法律法规的要求：

2. 甲方可以委托发布方为其设计广告样稿，如采用视频广告，甲方需提供 VCD 原稿给乙方，在甲方决定采纳发布方所设计的广告样稿，并交付设计费用后，该广告样稿的著作权归甲方所有。

3. banner 广告和 logo 广告可作超链接，链接到甲方的网站。

4. 只有××网的美名扬正式收费会员，才具有发布全部广告内容的权限。

第三条：广告发布

1. 甲方提供的广告样稿，未经甲方同意，发布方不得改动。但发布方为了整个版面的协调性、发布媒介的适应性等因素而作出的不改变广告样稿实质内容的改动可未经甲方同意。

2. 发布网络问答式广告，问答题由甲方提供（或委托发布方提出意见和设定），并可由甲方自助增删，但处于可见的（激活状态）不得少于 1 条。

3. 发布方有权审查广告内容和表现形式，对不符合法律、法规的广告内容和表现形式，发布方可要求甲方作出修改，甲方作出修改前，发布方有权拒绝发布。

4. 在广告发布期间，每次问答题的更换由甲方自助处理，如甲方需要更新 Gif 文件、Flash、电影文件，必须严格遵守相关法律、法规要求。如发现甲方有违反本合同本款及第五条第二款的行为，乙方不须通知甲方即删除其账号，并拒退广告余款。

5. 甲方应有专人负责管理甲方在××网上的广告事宜；保管好自己的用户名和密码并自助增减广告内容。

第四条：付款

甲方应于广告开始发布前 2 个工作日以银行转账方式将广告费用支付给乙方指定的银行账户（开户行：中国建设银行广东支行；银行账号：9992 8899 0001 7776；开户名：广东佛山广告制作有限公司）。

第五条：保证与责任

1. 甲乙双方依照中华人民共和国相关法律法规签订本合同；

2. 甲方向发布方保证：甲方的广告不违反国家相关的法律法规、公共道德准则，以及第三方的权益，甲方对广告的真实性、合法性负责；

3. 因甲方未履行前项的保证，致使发布方蒙受各类损失，甲方承担赔偿损失等法律责任；

4. 甲方必须管理好自己的用户名和密码，对用户名密码管理不当或遗失造成的损失由甲方负责。

5. 发布方必须在广告发布结束后向甲方提供广告投放统计报告，其中包括收阅广告人的年龄段、地域（省、市）比例、性别、行业、职业、教育程度、月收入情况等相关统计资料；

6. 为了网站的正常运行，发布方需要定期或不定期地对网站进行停机维护，因此类情况而造成的正常服务中断，甲方应该予以理解，发布方不承担任何责任，发布方则有义务尽力避免服务中断或将中断时间限制在最短时间内；

第六条：不可抗力：对于因不可抗力引起的失约或延误，各方不承担赔偿责任。

第七条：合同生效、中止与终止：

1. 甲方广告费到乙方指定账号后即日合同生效。

2. 当甲方广告费耗尽时，甲方的广告将只能部分显现。甲方如果需要继续使用××网，续交广告费即可。在中止期间，乙方不提供统计报告。

3. 因不可抗力，使合同无法履行，则合同终止。

第八条：法律适用与争议的解决

本合同的订立、执行和解释及争议的解决均适用中国法律。

凡因本合同引起的或与本合同有关的任何争议，甲乙双方应尽量协商解决。协商不成，双方同意提交中国国际经济贸易仲裁委员会上海分会，按照申请仲裁时该会现行有效的仲裁规则进行仲裁。

第九条：其他

如果本合同中的任何条款无论因何种原因完全或部分无效或不具有执行力，或违反任何适用的法律，则该条款被视为删除。但本合同的其余条款仍应有效并且有约束力。

第十条：广告费及广告设计制作费：

预付广告费：¥ 1 元；其他形式广告费：¥ 1 元；

图片、视频广告及 Flash 设计制作费：¥ 1 元；

总额：人民币捌仟伍佰圆整（请用大写）；¥8 500.00 元（请用数字）；

第十一条：本合同一式肆份，甲乙双方各执两份，具有同等法律效力（传真有效）。

甲方：　　　　　　　　　　　乙方：

代表：刘德清　　　　　　　　代表：陈文清

签约代表签字：　　　　　　　签约代表签字：

日期：2015 年 12 月 20 日　　日期：2015 年 12 月 20 日

图 4-23　广告制作合同

（2）财务部门根据业务部门的付款申请单和合同，填制转账支票和进账单，填制要求如图 4-24、图 4-25 所示：

中国建设银行
转账支票存根
10533523
93945333

上海金达证券印制有限公司 • 2013 年印制

附加信息

支付广告制作费

出票日期 2015 年 12 月 22 日

收款人： 广东佛山广告制作有限公司
金　额：¥8 500.00
用　途：广告制作费

单位主管　刘明远　会计

图 4-24　转账支票存根联

中国建设银行进账单（回单） 1

2015年12月22日

出票人	全称	威力电机有限公司	收款人	全称	广东佛山广告制作有限公司
	账号	4405 0166 8899 4433 0061		账号	9992 8899 0001 7776
	开户银行	中国建设银行佛山锦隆花园支行		开户银行	建行银行广东支行
金额	人民币（大写）	捌仟伍佰圆整		亿千百十万千百十元角分	¥ 8 5 0 0 0 0
票据种类	转账支票	票据张数	1		
票据号码	4859603048666555				
复核	记账			开户银行签章	

此联是开户银行交给持票人的回单

（印章：中国建设银行佛山锦隆花园支行 2015.12.22 转讫）

图4－25 中国建设银行进账单

（3）广告制作企业还需提供税务发票；财务部门据此予以账务处理。如图4－26所示：

广东省国家税务局通用机打发票

发票联

（印章：全国统一发票监制章 广东省国家税务局监制）

发票代码 142588998323
发票号码 00093232
验证码 000667729

开票日期：2015年12月22日　　行业分类：广告业

客户名称：威力电机有限公司　　税款码：440100678060233

付款方编码：0122581123621258　　收款方编码：0122581126723232

付款方名称：威力电机有限公司　　收款方名称：广东佛山广告制作有限公司

收款项目	收款金额
广告费	8 500.00

金额大写：捌仟伍佰圆整　　小写：¥8 500.00

备注：

开票人：李康

（印章：广东佛山广告制作有限公司 01234578577666 发票专用章）

粤国税征票函〔2015〕602号　深国瑞印刷服务中心制
代用名印制中心承印

第一联　发票联（购物单位付款凭证）

发票查询网址：www.fapiao.gor.cn

图4－26 广告费通用机打发票（发票联）

【71】业务要求：12 月 22 日，支付快递费 110 元。

操作方式：业务部门需提供快递发票，经审批后，财务部门予以报销并记账。如图4－27所示：

广东省国家税务局通用机打发票

发 票 联

发票代码 142588944788

发票号码 00211233

开票日期：2015 年 12 月 22 日　　行业分类：快递业　　验 证 码 009888222

粤国税征票函〔2015〕602号 深国瑞印刷服务中心制 代用名印刷中心承印

客户名称：威力电机有限公司

税款码：440100678060233

付款方编码：0122581123621258

付款方名称：威力电机有限公司

收款方编码：088773849000022

收款方名称：广东佛山恒顺快递有限公司

收款项目

快递费

收款金额

110

广东佛山恒顺快递有限公司 01234570008888 发票专用章

金额大写：壹佰壹拾圆整　　小写：¥110.00

备注：快递资料到珠海　　开票人：李康

第一联 发票联（购物单位付款凭证）

发票查询网址：www. fapiao. gor. cn

图 4－27　快递通用机打发票（发票联）

【72】业务要求：12 月 23 日，向温州市机床制造有限公司销售 YE3－225M－4 型电机 30 台无法正常运行，经协商予以退货。

操作方式：

（1）业务部门收到退货产品，检验符合退货条件后入库，并填写退货入库单，填写要求如图 4－28 所示：

威力电机有限公司退货入库单

领用单位：销售部　　2015 年 12 月 22 日

编号	种类	产品名称	规格	数量	单位成本	金额
A018	产成品	电机	YE3－225M－4 型	30		
备注：存在质量问题销款退回				合计		
部门负责人：郑清友		领用人签字：刘玉清		仓库管理员：刘清远		

图 4－28　威力电机有限公司退货入库单

（2）业务部门按照销货合同约定，填写付款申请单，退还购货款。填写要求如图 4－29 所示：

付款申请单

申请人：	刘清玉	填制日期：	2015 年 12 月 23 日	附件张数：	1
付款金额（大写）：	贰万肆仟柒佰肆拾伍圆伍角整　　¥ 24745.50				
收款人全称：	温州市机床制造有限公司				
开户银行及账号：	中国建设银行温州支行　　7788 9977 0090 5001				
其他要求说明：					
付款方式：	□ 现金	√ 电汇	□ 现金支票	□ 转账支付	□ 其他
付款说明：	支付退回 YE3－225M－4 型电机 30 台款项				
部门批准：	郑乙明	财务核对：	刘明远	总经理审批：	董德清

图 4－29　付款申请单

（3）财务部门根据经审批的付款申请单，填制电汇凭证，并向银行办理电汇手续。填制要求如图 4－30 所示：

中国建设银行 China Construction Bank

电　汇　凭　证

2015 年 12 月 23 日　　　　流水号：889989811870

币别：

汇款方式	☑ 普通　　□ 加急				
汇款人	全　　称	威力电机有限公司	收款人	全　　称	温州市机床制造有限公司
	账　　号	4405 0166 8899 4433 0061		账　　号	7788 9977 0090 5001
	汇出行名称	中国建设银行佛山锦隆花园支行		汇入行名称	建设银行温州支行
金额	（大写）贰万肆仟柒佰肆拾伍圆整				

亿	千	百	十	万	千	百	十	元	角	分
			¥	2	4	7	4	5	5	0

支付密码

附加信息及用途：支付退货款

此汇款支付给收款人。

中国建设银行佛山锦隆花园支行 2015.12.23 转讫

威力电机有限公司 财务专用章

刘德伟印

客户签章

第二联　付款人记账凭证

会计主管 刘明远　　授权　　复核　陈琳　　录入 王一明

图 4－30　电汇凭证

（4）财务部门向税务机关申请开具红字增值税专用发票，经批准后，将收到《开具红字增值税专用发票通知单》，如图 4－31 所示：

开具红字增值税专用发票通知单

填开日期：2015 年 12 月 23 日　　　　№ 6301020811000011

销售方	名称	威力电机有限公司	购买方	名称	温州市机床制造有限公司	
	税务登记代码	440100678060233		税务登记代码	630102226683304	
开具红字专用发票内容	货物（劳务）名称	数量	单价	金额	税率	税额
	YE3－225M－4 型电机	30.00	705.00	21 150.00	17%	3 595.50
	合计	—	—	21 150.00	—	3 595.50
说明	一、购买方申请 □ 对应篮字专用发票抵扣增值税销项税额情况： 1. 需要作进项税额转出 □ 2. 不需要作进项税额转出 □ （1）无法认证 □ （2）纳税人识别号认证不符 □ （3）增值税专用发票代码、号码认证不符 □ （4）所购货物不属于增值税扣税项目范围 □ 对应篮字专用发票密码区内打印的代码：________ 号码：________ 二、销售方申请 √ （1）因开票有误购买方拒收的 □ （2）因开票有误等原因尚未交付的 √ 对应篮字专用发票密码区内打印的代码：**************** 号码：************** 开具红字专用发票理由：因发生退货					

经办人：张桐　　负责人：李宁　　主管税务机关名称（印章）：广东佛山国家税务局

图 4－31　开具红字增值税专用发票通知单

（5）财务部门根据《开具红字增值税专用发票通知单》向购货方出具增值税红字发票，如图 4－32 所示：

667755622　　广东增值税专用发票　　№ 2150438769

校验码 81199 11911 10112 0091　　开票日期：2015 年 12 月 23 日

税总函 [2015] 888 号某某某印刷厂有限公司

购货单位	名　　称：温州市机床制造有限公司 纳税人识别号：92320400009999 地 址 、电 话：温州市瓯海区＊＊＊＊ 开户行及账号：建行温州支行 7788 9977 0090 5001	密码区	033 + ＊7 − ＊73 ＊ > 309999233 > 2/ > 09 − 7/3/ + /86 < 9 > < > 887662/32123 ＊ 7 + < > 445666 ＊ 894 + + 110/8 > + 570 ＊ 5 − > > 6 < 589/47 ＊ 011 > /326 > 26 + 116 < 19

货物或应税劳务名称	规格型号	单位	数量	单价	金额	税率	税额
电机	YE3 − 225M − 4 型	台	− 30	705	− 21 150.00	17%	− 3 595.50
合　计					¥ − 21 150.00	17%	¥ − 3 595.50
价税合计（大写）	⊗贰万肆仟柒佰肆拾伍圆伍角整				（小写）¥ − 24 745.50		

销货单位	名　　称：威力电机有限公司 纳税人识别号：440100678060233 地 址 、电 话：广东省佛山市南海狮山新城工业区 8877588 开户行及账号：中国建设银行佛山锦隆花园支行 4405 0166 8899 4433 0061	备注	

第一联：记账联　销货方记账凭证

收款人：陈义　　复核：陈琳　　开票人：刘明远　　销货单位：（章）

图 4 − 32　增值税红字发票

【73】业务要求： 12 月 24 日，收到南京机电销售公司委托代销 15 台货款，并按不含税销售收入的 10% 支出代销手续费。

操作方式：

（1）收到受托销售企业的代销清单和银行回单，财务部门确认收入。如图 4 − 33、图 4 − 34所示：

南京机电销售公司代销清单

委托单位：威力电机有限公司　　2015 年 12 月 24 日

编号	种类	产品名称	规格	数量	销售价格	金额
A018	产成品	电机	YE3 − 200L − 4 型	15	810	12 150.00
备注：不含增值税额				合计		12 150.00

图 4 − 33　南京机电销售公司代销清单

中国建设银行
China Construction Bank

中国建设银行单位客户专用回单 No. 13300888009

2015 年 12 月 24 日 流水号：2938400033987

付款人	全 称	南京机电销售公司	收款人	全 称	威力电机有限公司
	账 号	0099 3355 9980 9977		账 号	4405 0166 8899 4433 0061
	开 户 行	建设银行南京支行		开 户 行	中国建设银行佛山锦隆花园支行
金 额		大写：人民币壹万叁仟圆伍角整			¥13 000.50
凭证种类		电子转账凭证	凭证号码		
结算方式		电汇	用 途		代销货款
汇款交易日期：20151224 支付清算业务类型：E714 汇款合约编号：88779304340001 实际付款人账户：3333 7282 3924 842 汇入行行名：中国建设银行南京分行 汇款备注：7282B			打印柜员：23877232323 打印机构：中国建设银行佛山支行 打印卡号：3934823232 汇款附言：7282B		

打印时间：2015－12－24 10：35 交易柜员：2832231 交易机构：2328232

图 4－34 中国建设银行单位客户专用回单

（2）财务部门根据受托代销单位出具的代销清单，开具销售增值税发票，填写要求如图 4－35 所示：

6699883002 广东增值税专用发票 № 2143056798

此联不作报销、扣税凭证使用 / 发票联

校验码 44009001121999799980 开票日期：2015 年 12 月 24 日

购货单位	名 称：南京机电销售公司 纳税人识别号：10008899823999 地 址 、电 话：南京市＊＊＊＊＊＊＊ 开户行及账号：建行南京支行 0099 3355 9980 9977			密码区	033＋＊7－＊73＊＞334567555＞2/＞09－ 7/3/＋/86＜9＞＜＞223111/32123＊7＋＜ ＞445611＊894＋＋897/8＞＋570＊5－＞＞ 6＜589/47＊019＞/326＞26＋012＜11		
货物或应税劳务名称	规格型号	单位	数 量	单 价	金 额	税率	税 额
电机	YE3－200L－4 型	台	15	810	12 150.00	17%	2 065.50
合 计					¥12 150.00	17%	¥2 065.50
价税合计（大写）	⊗壹万肆仟贰佰壹拾伍圆伍角整					（小写）¥14 215.50	
销货单位	名 称：威力电机有限公司 纳税人识别号：440100678060233 地 址 、电 话：广东省佛山市南海狮山新城工业区 8877588 开户行及账号：中国建设银行佛山锦隆花园支行 4405 0166 8899 4433 0061				备注		

税总函［2015］888 号某某印刷厂有限公司

第一联：记账联 销货方记账凭证

收款人：陈义 复核：陈琳 开票人：刘明远 销货单位：（章）

图 4－35 增值税专用发票

（3）根据委托代销协议，收到受托方代销手续费发票；财务部门据此进行相关账务处理。如图 4－36 所示：

江苏省国家税务局通用机打发票

（全国统一发票监制章 江苏省国家税务局监制）

发 票 联

发票代码 542597782334
发票号码 50045678

开票日期：2015 年 12 月 24 日　　行业分类：商品流通业　　验 证 码 22098889

客户名称：威力电机有限公司　　税款码：01225819998887770

付款方编码：0122581123621258　　收款方编码：01225239099823
付款方名称：威力电机有限公司　　收款方名称：南京机电销售公司

收款项目　　收款金额
代销手续费　　1 215.00

（南京机电销售公司 0188882320404 发票专用章）

金额大写：壹仟贰佰壹拾伍圆整　　小写：1 215.00
备注：代销手续费　　开票人：王琳

发票查询网址：www. fapiao. gor. cn

粤国税征票函〔2015〕602号 深国瑞印刷服务中心制 代用名印刷中心承印

第一联 发票联（购物单位付款凭证）

图 4－36 代销手续费通用机打发票（发票联）

【提示】代销手续费往往是从销售收入中抵扣，抵扣后的款项汇给委托方。

【74】业务要求： 12 月 24 日，支付销售部门报接待费 2 306 元。

操作方式：业务部门发生的接待费，经审批后，财务部门予以列支。餐饮发票填写要求如图 4－37 所示：

广东省国家税务局通用机打发票

发　票　联

发票代码　14258877290
发票号码　000800998
验 证 码　000998772

开票日期：2015 年 12 月 24 日　　行业分类：餐饮业

客户名称：威力电机有限公司　　税款码：012258112368872323

付款方编码：0122581123621258　　收款方编码：01225239099823
付款方名称：威力电机有限公司　　收款方名称：多惠餐饮特色酒店

收款项目　　收款金额
餐饮费　　2 306.00

（印章：多惠餐饮特色酒店 018888665222-1 发票专用章）

金额大写：贰仟叁佰零陆圆整　　小写：￥2 306.00
备注：餐饮费　　开票人：林志坚

粤国税征票函［2015］602号　深国瑞印刷服务中心制
代用名印刷中心承印

第一联　发票联（购物单位付款凭证）

发票查询网址：www. fapiao. gor. cn

图 4－37　餐饮费通用机打发票（发票联）

【75】**业务要求：** 12 月 25 日，支付销售部门报高速通行费 435 元。

操作方式：业务部门发生的交通费（包括高速通行费），经审批后，财务部门予以列支。通行费票据如图 4－38 所示：

广东省高速公路车辆

通行费票据

注册号码：粤财（2015）票字第 03 号

出　　口：横 沙　　入口：三水西

妥善保管　　随车查验

车型/重量：1　　金额￥：435

超限比例：______　　工号：6075063

时　　间：2015－12－24　21:49:04

打 印 号：8239040323

（印章：广东省高速公路通行专用章 发票专用章）

№：30824353

图 4－38　通行费票据

【76】**业务要求**：12 月 25 日，销售部门领用包装物。

操作方式：销售部门需填写领用单，经审批后，办理领用手续。领用单填写要求如图4－39所示：

威力电机有限公司领用单

领用单位：销售部门　　　　　　　　　　　　2015 年 12 月 25 日

编号	种类	产品名称	规格	型号	领用数量	单位	单价	成本总额
A014	包装物	包装纸箱	15×24×36		350	个	15 元	5 250 元
备注：不含增值税					合计		¥5 250.00 元	
部门负责人：郑清友			领用人签字：刘玉清		仓库管理员：刘清远			

图 4－39　威力电机有限公司领用单

【提示】包装物采用“一次摊销法”核算，即领用时摊销。

【77】**业务要求**：12 月 26 日，收到珠海市东方机电有限公司预付定金 11 000 元。

操作方式：

（1）财务部门收到银行回单，确认珠海市东方机电有限公司预付定金到账。银行回单如图 4－40 所示：

中国建设银行
China Construction Bank

中国建设银行单位客户专用回单　　　　No.4399094

2015 年 12 月 26 日　　　　流水号：293840002323

付款人	全　称	珠海市东方机电有限公司	收款人	全　称	威力电机有限公司
	账　号	8877 9999 5555 6678		账　号	4405 0166 8899 4433 0061
	开 户 行	建设银行珠海支行		开 户 行	中国建设银行佛山锦隆花园支行
金　额		（大写）人民币壹万壹仟圆整			（小写）¥11 000.00
凭证种类		电子转账凭证	凭证号码		
结算方式		电汇	用　途		预付定金
汇款交易日期：20151226　支付清算业务类型：E124 汇款合约编号：232345666663 实际付款人账户：8877 9999 5555 6678 汇入行行名：中国建设银行珠海支行 汇款备注：3251B			打印柜员：23877232323 打印机构：中国建设银行佛山支行 打印卡号：3934823232 汇款附言：3251B		中国建设银行 电子回单 专用章

打印时间：2015－12－26　14：35　　交易柜员：28322221　　交易机构：2328232

图 4－40　中国建设银行单位客户专用回单

（2）财务部门根据银行回单，开具单位收据，并进行相关账务处理。收据填写如图4－41所示：

收　据

入账日期：2015年12月26日　　　　No：20151218

今收到　珠海市东方机电有限公司

金额（大写）⊗佰⊗拾壹万壹仟⊗佰⊗拾⊗圆⊗角⊗分

收款事由　预收款项

￥　11 000.00　　　　收款单位（财务专用章）

威力电机有限公司 88770000999123 财务专用章

第三联：记账联

核准　　会计　卓兴胜　　记账　　出纳　张晓霞　　经手人　刘清玉

图4－41　收据

【78】业务要求：12月26日，向深圳进出口贸易有限公司销售YE3－225M－4型电机2100台、YE3－200L－4型电机1 650台。

操作方式：

（1）财务部门收到销售货款到账的银行回单。如图4－42所示：

中国建设银行
China Construction Bank

中国建设银行单位客户专用回单　　No.12349095

2015年12月26日　　流水号：2938400768099

付款人	全　称	深圳进出口贸易有限公司	收款人	全　称	威力电机有限公司
	账　号	3348 1177 9980 5221		账　号	4405 0166 8899 4433 0061
	开户行	中国建设银行深圳支行		开户行	中国建设银行佛山锦隆花园支行
金　额	（大写）人民币贰佰玖拾柒万零壹佰陆拾贰圆整			（小写）￥2 970 162.00	
凭证种类	电子转账凭证		凭证号码		
结算方式	电汇		用　途	购买电机款	
汇款交易日期：20151226　支付清算业务类型：E144 汇款合约编号：2323456661255 实际付款人账户：3348 1177 9980 5221 汇入行行名：中国建设银行深圳支行 汇款备注：3231B			打印柜员：23877232323 打印机构：中国建设银行佛山支行 打印卡号：3934823232 汇款附言：3231B （中国建设银行 电子回单专用章）		

打印时间：2015－12－26　16：35　　交易柜员：28322221　　交易机构：2328232

图4－42　中国建设银行单位客户专用回单

（2）财务部门根据银行回单和产品销货合同书，开具销售增值税发票，发票填写要求如图4－43所示，产品销货合同书如图4－44所示：

6675579115　　**广东增值税专用发票**　　№ 9153468207

发票联

校验码 80099 11988 10512 44011　　开票日期：2015 年 12 月 26 日

购货单位	名　　称：深圳进出口贸易有限公司 纳税人识别号：88722300998882 地 址 、电 话：深圳市＊＊＊ 开户行及账号：建行深圳支行 3348 1177 9980 5221	密码区	033 + ＊7 − ＊73 ＊ > 309999233 > 2/ > 09 − 7/3/ + /86 < 9 > < > 878702/32123 ＊ 7 + < > 445666 ＊ 894 + + 110/8 > + 570 ＊ 5 − > > 6 < 589/47 ＊ 011 > /326 > 26 + 316 < 19

货物或应税劳务名称	规格型号	单位	数量	单价	金额	税率	税额
电机	YE3 − 225M − 4 型	台	2 100	695	1 459 500	17%	248 115.00
电机	YE3 − 200L − 4 型	台	1 650	654	1 079 100	17%	183 447.00
合　　计					¥2 538 600.00	17%	¥431 562.00
价税合计（大写）	⊗贰佰玖拾柒万零壹佰陆拾贰圆整				（小写）¥2 970 162.00		

销货单位	名　　称：威力电机有限公司 纳税人识别号：440100678060233 地 址 、电 话：广东省佛山市南海狮山新城工业区 8877588 开户行及账号：中国建设银行佛山锦隆花园支行 4405 0166 8899 4433 0061	备注	

威力电机有限公司　88770000999123　发票专用章

收款人：陈义　　复核：陈琳　　开票人：刘明远　　销货单位：（章）

税总函［2015］888 号某某某印刷厂有限公司

第一联：记账联　销货方记账凭证

图 4 − 43　销售增值税发票（记账联）

产品销货合同书

供方：威力电机有限公司　　合同编号：20151226

需方：深圳进出口贸易有限公司　　签订地点：深圳

第一条：需方订购以下货物　　（注：空格如不够用，可以另接）

货物名称	规格型号	计量单位	数量	价格		备注
				单价（元）	总价（元）	
电机	YE2 − 225M − 4 型	台	2 100	695	¥1 459 500.00	不含增值税
电机	YE2 − 200L − 4 型	台	1 650	654	¥1 079 100.00	不含增值税
合计	金额：（大写）贰佰伍拾叁万捌仟陆佰圆整				（小写）¥2 538 600.00	

第二条：质量要求：　符合国家行业标准

第三条：包装标准、包装物的提供与回收：　供方提供，不回收

第四条：货物所有权交付时起转移，但需方未履行支付价款义务的，货物仍属于供方所有。

第五条：提取货物单证的方式：　需方提取，费用由供方提供

第六条：运输方式及到达站（港）和费用负担：

会计系列仿真实训教程

1. 运输方式及费用：运输方式由供方指定，费用由供方承担

2. 交货时间：2016 年 5 月

3. 交货地点：按双方协商

第七条：验收标准、方法、地点及期限：依据国际行业标准进行验收：需方如有异议在收到货物15天内以书面方式提出，否则视为合格；

第八条：结算方式：电汇方式

第九条：本合同解除条件：任何一方不履行本合同义务时，同时追究不履行本合同责任方责任；

第十条：合同争议的解决方式：本合同项目下发生的争议，由双方当事人协商解决，协商不成的，依法向需方所在地法院起诉；

第十一条：本合同一式两份，双方各持一份。经双方签字和盖章之日起生效传真件有效；

第十二条：其他约定事项：

1. 本合同的技术要求是合同的组成部分，与本合同具有同等法律效力；

2. 双方在履行本合同过程中的传真、订单、往来信函均为本合同的补充，与本合同具有同等的法律效力。

供方	需方
供方（章）：威力机电有限公司	需方（章）
地址：广东省佛山市南海狮山新城工业区	地址：深圳市＊＊＊＊＊＊＊
法定代表人：刘德伟	法定代表人：李朋
委托代理人：	委托代理人：
签订时间：2015 年 12 月 20 日	签订时间：2015 年 12 月 25 日

图 4－44　产品销货合同书

（3）财务部门收到业务部门出具的出库单，一般不进行成本结转处理，待月末对产成品进行加权平均成本计算后，一并结转。出库单填写要求如图 4－45 所示：

威力电机有限公司出库单

领用单位：销售部　　　　2015 年 12 月 26 日

编号	种类	产品名称	规格	数量	单位成本	金额
A018	产成品	电机	YE3－200L－4 型	2 100		
A018	产成品	电机	YE3－225M－4 型	1 650		
备注：				合计		

部门负责人：郑清友　　领用人签字：刘玉清　　仓库管理员：刘清远

图 4－45　威力电机有限公司出库单

实训五　固定资产与在建工程核算

【79】业务要求：12 月 27 日，公司购买小车一部。

操作方式：

（1）业务部门根据汽车销售合同约定，填写付款申请单，填写要求如图 5－1 所示；汽车销售合同如图 5－2 所示：

付 款 申 请 单

申请人：	刘清玉	填制日期：	2015 年 12 月 27 日	附件张数：	3
付款金额（大写）：	壹拾叁万陆仟伍佰伍拾贰圆壹角肆分　　¥ 136 552.14				
收款人全称：	长春汇腾汽车销售服务有限公司广州分公司				
开户银行及账号：	中国建设银行佛山支行　　0088 9900 2222 6666 8809				
其他要求说明：					
付款方式：	□ 现金	□ 电汇	□ 现金支票	√ 转账支付	□ 其他
付款说明：	支付汽车购置款				
部门批准：	郑乙明	财务核对：	刘明远	总经理审批：	董德清

图 5－1　威力电机有限公司付款申请单

汽车销售合同

甲方：长春汇腾汽车销售服务有限公司广州分公司　　　　合同签订时间：2015年12月25日

乙方：威力电机有限公司　　　　合同签订地点：广州

经过甲、乙双方共同协商，为明确责任、恪守信用。在平等、自愿的基础上，签订本合同，并保证共同遵守执行。

品牌（车辆）名称	规格型号	颜色	车架号	数量	实际售车价	提车时间＼方式	
速腾	FV7166	黑色	LFV＊＊＊＊	壹	125 800.00元	12月27日	
金　　额（人民币大写）：			壹拾贰万伍仟捌佰圆整			金额小写	125 800.00

选择付款方式		付款方式	POS机刷卡金额	现金（人民币）	银行转账	实收金额	备注	款项归属
	全款	一次性付清			√	125 800.00		
	贷款	首付车价40%及其他费用						
实收小计金额（人民币大写）：				拾贰万伍仟捌佰圆整		备注		

第一条：甲乙双方约定由＿乙＿方负责本合同甲方所售车辆上户费用。

项目名称	车辆购置税	上户费	保险（险种）费用	装饰项目	应收金额（合计）	实收金额（合计）	款项归属
费用	10 752.14				10 752.14	10 752.14	
实收小计金额（人民币大写）：			壹万零柒佰伍拾贰圆壹角肆分				
车款及其他费用合计实收（人民币大写）：			人民币：壹拾叁万陆仟伍佰伍拾贰圆壹角肆分（￥136 552.14元）				

第二条：销售约定：

1. 甲方向乙方销售的车辆，其质量必须达到生产厂家执行的企业标准和国家标准。随车的必备品、配件、工具数量，按所购车型生产厂家相关标准随车携带。

2. 乙方提车时，有义务对所购车辆进行认真验收，对其功能，外观，随车工具等各方面进行认真检查、确认，有异议须当场提出，直到认为符合质量要求方可提车。乙方验车完毕提走车辆后，视为对所购车辆验收合格，不得再提出异议。

3. 乙方所购车辆的售后服务，按照所购车辆生产厂家售后标准，由所购车辆生产厂家各服务站负责解决，乙方不得以此为由拒付车款。售后服务站联系电话＿＊＊＊＊＊＊＊＊＿。

4. 乙方保证，在购车前已获相关部门批准，并符合相关法规所要求的资格。乙方必须在购车后按照交管部门规定时间内办理上牌手续。否则，因此造成的任何损失均由乙方承担。

5. 乙方保证按照“用户使用手册”和“车辆保养手册”的规定进行使用和保养。否则，产生一切后果自负。

6. 若在本合同履行期间，生产厂家无此款车型的生产计划而影响了交货时间或无法交货，甲、乙双方任何一方都可以解除合同，若遇自然灾害和不可抗力原因，甲、乙双方协商解决，甲方免除违约责任。

7. 选装汽车装饰和导航的车型，装饰品一个月之内有质量问题免费更换（非人为因素）导航质保三个月，一年内成本价维修，导航升级费用由乙方自行负责。

8. 贷款车辆：乙方必须在7个工作日之内，提供银行贷款所规定的一切贷款所需资料，若乙方未能按时、按规定提供，所产生的一切后果由乙方自行负责。贷款逾期两期未还款，甲方有权无条件收回所售车辆。

9. 在乙方未付清车款情况下，甲方有权扣留所售车辆一切手续。

10. 若甲方无过错，乙方所交定金不予退还。

第三条：争议的解决：

双方在执行本合同时发生争议时，应本着平等、友好、诚信的原则协商解决，协商不成，双方约定于甲方所在地人民法院解决。

第四条：其他：

1. 本合同未尽事宜，双方可订立补充合同，补充合同与本合同有同等的法律效力。

2. 本合同壹式二份，双方各执壹份，自双方签字（盖章）后生效。

甲方：长春汇腾汽车销售服务有限公司 广州分公司	乙方：威力电机有限公司
甲方法定代表人：王志强	乙方法定代表人：刘德伟
签订时间：2015年12月25日	签订时间：2015年12月25日

图5－2　汽车销售合同

（2）财务部门根据付款申请单填写转账支票和进账单，并办理转账业务。转账支票和进账单填写要求如图5－3、图5－4所示：

中国建设银行
转账支票存根
1350353
93945353

上海金达证券印制有限公司·2013年印制

附加信息

支付购置汽车款

出票日期 2015年12月27日

收款人：长春汇腾汽车销售服务有限公司广州分公司
金　额：￥136 552.14
用　途：汽车购置款

单位主管　刘明远　会计

图5－3　转账支票存根联

中国建设银行进账单（回单）　　1

2015 年 12 月 27 日

出票人	全　　称	威力电机有限公司	收款人	全　　称	长春汇腾汽车销售服务有限公司广州分公司
	账　　号	4405 0166 8899 4433 0061		账　　号	0088 9900 2222 6666 8809
	开户银行	中国建设银行佛山锦隆花园支行		开户银行	建设银行佛山支行

金额	人民币（大写）	壹拾叁万陆仟伍佰伍拾贰圆壹角肆分	亿	千	百	十	万	千	百	十	元	角	分
					¥	1	3	6	5	5	2	1	4

票据种类	转账支票	票据张数	1
票据号码	2354897001		
复核　　记账			开户银行签章

中国建设银行佛山锦隆花园支行 2015.12.27 转讫

此联是开户银行交给持票人的回单

图 5－4　中国建设银行进账单

（3）财务部门根据销售单位开具的销售发票、税收缴款书以及入库单，进行固定资产财务核算。相关票据如图 5－5～图 5－7 所示：

机动车销售统一发票
发票联

全国统一发票监制章 吉林省国家税务局监制

开票日期：2015－12－27　　发票代码 122010821706　　发票号码 00161815

机打代码 机打号码 机器编号	122010821706 00161815	税控码	033 + ＊7 － ＊73 ＊ ＞983837444 ＞2/ ＞09 －7/3/ +/86 ＜9 ＞ ＜ ＞876337/72132 ＊7 + ＜ ＞455566 ＊ 894 + +897/8 ＞ +570 ＊5 － ＞ ＞6 ＜123/47 ＊019 ＞/306 ＞26 +874 ＜89			
购货单位(人)	威力电机有限公司		身份证号码/组织机构代码	87230043943－001		
车辆类型	轿车	厂牌型号	速腾 FV7166	产地	长春	
合格证号	WAB050904051543	进口证明书号		商检单号		
发动机号码	218202		车辆识别代号/车架号码	LFV2A11K783051543		
费税合计	⊗壹拾贰万伍仟捌佰圆整			小写　¥125 800.00		
供货单位名称	长春汇腾汽车销售服务有限公司广州分公司		电话	0431－87988588		
纳税人识别号	220106785900972		账号	4200222509000113015		
地　　址	汽车产业开发区大路 3688 号		开户银行	工行连春路支行		
增值税税率或征收率	17%	增值税税额 ¥18 278.63	主管税务机关及代码	长春市汽车产业开发区国家税务局 122019500		
不含税价	小写　¥107 521.37	吨位		限来人数	5	

长春汇腾汽车销售服务有限公司广州分公司 220103678590097 发票专用章

销货单位盖章　　开票人：董彬彬

第一联　发票联（购货单位付款凭证）（手开无效）

图 5－5　机动车销售统一发票（发票联）

中华人民共和国
税收缴款书（税务收现专用）

国

（142）粤国税 01802103

登记注册类型： 填发日期：2015 年 12 月 27 日 税务机关 广东佛山国税局

纳税人识别号	440100678060233			纳税人名称	威力电机有限公司		
地　　址	广东省佛山市南海狮山新城工业区						
税种	品目名称	课税数量	计税金额或销售收入	税率或单位税额	税款所属时期	已　缴和扣除	实缴金额
车辆购置税	车辆购置税		107 521.37	10%	2015－12－27		¥10 752.14
金额合计	（大写）壹万零柒佰伍拾贰圆壹角肆分						
税务机关（盖章）	代征单位（盖章）	填票人 王露	备注 粤 A＊＊＊＊＊ LFV2A11K783051543				

第一联（收据）交纳税人作完税凭证

妥善保管

图 5－6 车辆购置税缴款书

威力电机有限公司固定资产入库单

2015 年 12 月 27 日 库单号：20151208

资产编号	资产名称	规格型号	资产类别	供应商	单位	数量	单价（元）	金额（元）	备注
A20151205	轿车	速腾 FV7166	交通工具		部	1	136 552.14	136 552.14	
合计							136 552.14	136 552.14	
验收意见：合格					验收人员（签字）：李一鸣				
资产管理员（签字）：池清					采购员（签字）：王驰				

第一联 财务部门

图 5－7 固定资产入库单

【80】业务要求： 12 月 27 日，支付 3#钢结构厂房工程进度款 650 000 元。

操作方式：

（1）业务部门根据施工单位申报的工程进度款，填写工程进度款申请表，并经监理单位确认后报批，填写要求如图 5－8 所示：

威力电机有限公司

工程进度款申请表

编号：2015120009

工程名称	3#钢结构厂房工程	合同编号	20150005
施工单位	广东佛山建筑工程有限公司		
工程进度内容	1. 形象进度达到 85%。 2. 施工队本次申报工程进度款 871 000 元，监理核定后为 650 000 元。 3. 已支付工程款 2 540 000 元，本次支付 650 000 元，累计支付工程款为 97.75%。		
专业监理工程师意见	同意本次工程进度款支付款 650 000 元 佛山工程监理有限公司 项目专用章 监理签字：李博 2015 年 12 月 27 日		
总监（项目经理）意见	已审核，同意支付 王乔 2015 年 12 月 27 日		
部门经理意见	同意支付 卓青 2015 年 12 月 27 日		
主管领导意见	同意支付 刘德伟 2015 年 12 月 27 日		
申报进度必备条件	1. 所申报进度与现场实际完成情况必须相符。 2. 所申报进度工程质量必须经监理验收合格。 3. 监理或政府部门发出整改通知单要求整改的项目已整改完毕并及时回复。 4. 各阶段的工程资料必须完整、有效。 5. 安全文明施工必须达标，如承包人违反合同的有关约定导致停工的（以政府有关部门的停工令为依据），每发生停工一次，承包人须向发包人支付 10 万元违约金。		

图 5－8　工程进度款申请表

（2）请建筑公司开具进度款发票，发票填写要求如图5－9所示：

全国统一发票监制
建筑业统一发票
广东省
发票联
国家税务局监制

开票日期：2015－12－27

发票代码 321401425541
发票号码 05149208

查询码 税控码 机器编号	000255448892 25488412 25858E25861125	密码区	9 >6/98 <256 >1 + > <86 <9255 < >9 > 928 －9 －/ +4 +557312 +2 >58 +1256 >1 + > < 51 > < 2152 － 2454 + 25 < > 5887312 +58 >232 < > － +24688 < >145 < <118 +1256 >1	加密版本：01 123458994 123458994

付款方名称	威力电机有限公司	身份证号/组织机构代码/纳税人识别号	BG25158E25861125	是否为总包人	是
收款方名称	广东佛山建筑工程有限公司	身份证号/组织机构代码/纳税人识别号	B251258D125	是否为分包人	否

工程项目名称	工程项目编号	结算项目	金额（元）	完税凭证号码（代扣代缴税款）
3#钢结构厂房工程	工程进度款	650 000.00		
合计金额（元）（大写）陆拾伍万圆整				

税额	税率5.3699%；税额34 904.35	完税凭证号码	3015541	主管税务机关及代码	广东省广州市白云区分局 02515558815581
备注：依据正常完税证开票					

广东佛山建筑工程有限公司
244440662－33339
发票专用章

广东盛隆票据2010年4月印0245581114份2255111313号码起讫

第一联 发票联（付款方付款凭证）

开票人：曾勇　　开票单位签章：　　收款方签章：　　（手写无效）

识别发票真伪请依次输入信息码，发票号码和密码，登陆广东地税局网站：（www. partal. gd－n－tax. gov. cn）或语言（010）16881688及广东地税服务热线（010）12366。

图5－9　工程进度款发票（发票联）

（3）财务部门根据工程进度款申请表和进度款发票，填制转账支票和进账单，并办理转账业务。填制要求如图5－10、图5－11所示：

中国建设银行
转账支票存根
2050352
53945335

上海金运证券印制有限公司·2013年印制

附加信息

支付工程进度款

出票日期 2015 年 12 月 27 日

收款人：广东佛山建筑工程有限公司	
金　额：	¥650 000.00
用　途：	工程进度款

单位主管　刘明远　会计

图 5-10　转账支票存根联

中国建设银行进账单（回单）　1

2015 年 12 月 27 日

出票人			收款人		
	全称	威力电机有限公司		全称	广东佛山建筑工程有限公司
	账号	4405 0166 8899 4433 0061		账号	8866 2233 0009 6661 8877
	开户银行	中国建设银行佛山锦隆花园支行		开户银行	建设银行佛山支行

金额	人民币（大写）	亿	千	百	十	万	千	百	十	元	角	分
	陆拾伍万圆整			¥	6	5	0	0	0	0	0	0

票据种类	转账支票	票据张数	1
票据号码	235489777601		

中国建设银行佛山锦隆花园支行
2015.12.27
转讫

复核　　记账　　开户银行签章

此联是开户银行交给持票人的回单

图 5-11　中国建设银行进账单

【提示】在实际工作中，建议拨付工程进度款时，要求建筑施工单位开具进度款发票，避免款项支付后工程施工单位为避税不开发票问题；当然对资质好的建筑施工单位也可以在工程竣工后一并开具发票。

【81】业务要求：12 月 27 日，支付房屋零星维修费 34 560 元。

操作方式：

（1）业务部门应对零星工程进行验收，并填写零星工程验收单，填写要求如图 5-12 所示：

佛山宏泰建筑工程有限公司

零星工程验收单

工程名称	房屋零星维修费		
工程地点	行政办公楼	设计单位	
开工日期	2015－12－21	竣工日期	2015－12－27
零星工程委托书号	2015120009	施工单位	佛山宏泰建筑工程有限公司
竣工工程内容	1. 行政办公楼屋顶补漏 2. 更换部门下水管道		
工程质量验收评定意见	符合相关要求，验收通过		
参加验收人员	马超　丁强　王刚　林强		
工程部负责人	余明	施工单位负责人	董刚
工程施工人员	王义	施工单位施工员	丁露

图 5－12　零星工程验收单

（2）业务部门根据合同和零星工程验收单，填写付款申请单，填写要求如图 5－13 所示；合同如图 5－14 所示：

付 款 申 请 单

申请人：	刘清玉	填制日期：	2015 年 12 月 27 日	附件张数：	3
付款金额（大写）：	叁万肆仟伍佰陆拾圆整　　¥ 34 560.00				
收款人全称：	佛山宏泰建筑工程有限公司				
开户银行及账号：	建设银行佛山支行　6633 7766 1243 7709 0099				
其他要求说明：					
付款方式：	□ 现金	□ 电汇	□ 现金支票	√ 转账支付	□ 其他
付款说明：	支付零星修缮款				
部门批准：	郑乙明	财务核对：	刘明远	总经理审批：	董德清

图 5－13　付款申请单

合　　同

甲方：威力电机有限公司

乙方：佛山宏泰建筑工程有限公司

经协商，甲乙双方就零星工程维修承揽施工事宜达成如下协议：

一、工程概况

1. 承包范围：甲方指定的各项零星工程。

2. 承包方式：包工包料

3. 使用材料：由乙方自行选定，但必须保证质量。

二、双方义务

（一）甲方

1. 做好施工前准备工作，确保乙方能按时进场施工。

2. 保证乙方施工用水、用电等条件。

3. 协助乙方维持现场秩序，及时处理各种问题。

4. 在施工过程中，施工若有变更，应提前合理时间通知乙方做好相应的准备，并负责随时检查督促工作进度和质量。

（二）乙方

1. 开工前应通知甲方，以便甲方派人进行监督。

2. 施工产生的垃圾乙方必须及时进行清扫处理，保证施工现场的卫生整洁、干净。

3. 乙方负责人要保证好施工人员的防火、防盗、防意外事故等安全保障工作，发生相关损害的，由乙方自主承担责任。

三、工程验收

施工完毕后，由甲方进行质量验收，乙方应予配合。

四、工程价格及结算方法

1. 总工程量：按实际签证工程量计算。

2. 工程定价：以签证协商价为准。

3. 总金额：34 560 元。

五、保修

发生质量问题时，乙方应当及时、有效、充分地履行维修义务。甲方不承担材料、工钱、交通、食宿等任何费用，但非乙方人为原因或不可抗力造成破坏的情形作外。

六、本合同未尽事宜由甲乙双方协商解决。

七、本合同一式两份，甲、乙双方各执一份，经甲、乙双方签字盖章后生效。

威力电机有限公司　　　　佛山宏泰建筑工程有限公司

甲方：刘德福　　　　乙方

委托人：　　　　委托人：陈强

2015 年 12 月 27 日　　　　2015 年 12 月 27 日

图 5－14　零星维修工程合同

（3）请工程施工单位开具建筑业统一发票，并提供给财务部门。建筑业统一发票填写要求如图 5－15 所示：

建筑业统一发票（代开）

全国统一发票监制章 广东省 国家税务局监制

发票联

开票日期：2015－12－27　　　　　　　　发票代码 321401488769
　　　　　　　　　　　　　　　　　　　　发票号码 051478007

查询码 税控码 机器编号	00087623009 652122001 25858E8765222	密码区	9 >6/98 <256 >1 + > <86 <12090 < >9 >928 －9 －/ +4 +0098812 +2 >58 +1256 >1 + > <51 > <2152 －2454 +25 < > 99871112 +58 >232 < > － +009988 < > 145 < <118 +1256 >1	加密版本：01 1234511114 123423330

付款方名称	威力电机有限公司	身份证号/组织机构代码/纳税人识别号	440100678060233	是否为总包人	是
收款方名称	佛山宏泰建筑工程有限公司	身份证号/组织机构代码/纳税人识别号	B25128D998	是否为分包人	否

工程项目名称	工程项目编号	结算项目	金额（元）	完税凭证号码（代扣代缴税款）
零星维修工程		结算款	34 560.00	
合计金额（元）（大写）叁万肆仟伍佰陆拾圆整				
税额	税率 5.3699%；税额 1 855.84	完税凭证号码	3015571	主管税务机关及代码　广东省广州市白云区分局 02575558815581
备注：依据正常完税证开票				

广州市地税白云分局 代开发票专用章 01558554758

广东盛隆票据 2010 年 4 月印 0245581114 份 2255111313 号码起讫

第一联　发票联（付款方付款凭证）

开票人：曾勇　　　　开票单位签章：　　　　收款方签章：　　　　（手写无效）

识别发票真伪请依次输入信息码，发票号码和密码，登陆广东地税局网站：（www. partal. gd－n－tax. gov. cn）或语言（010）16881688 及广东地税服务热线（010）12366。

图 5－15　建筑业统一发票

（4）财务部门依据上述资料填制转账支票和进账单，并办理转账业务。填制要求如图 5－16、图 5－17 所示：

中国建设银行
转账支票存根
2052352
53945395

上海金达证券印制有限公司 •2013 年印制

附加信息

支付零星工程维修款

出票日期 2015 年 12 月 27 日

收款人：佛山宏泰建筑工程有限公司	
金　额：¥34 560.00	
用　途：零星工程维修款	

单位主管　刘明远　会计

图 5－16　转账支票存根联

中国建设银行进账单（回单）　1

2015 年 12 月 27 日

出票人	全　称	威力电机有限公司	收款人	全　称	佛山宏泰建筑工程有限公司
	账　号	4405 0166 8899 4433 0061		账　号	0077 3334 8886 5559 2222
	开户银行	中国建设银行佛山锦隆花园支行		开户银行	建设银行佛山支行

金额	人民币（大写）	亿	千	百	十	万	千	百	十	元	角	分
	参万肆仟伍佰陆拾圆整				¥	3	4	5	6	0	0	0

票据种类	转账支票	票据张数	1
票据号码	235489722601		

复核　　记账

中国建设银行佛山锦隆花园支行 2015.12.27 转讫

开户银行签章

此联是开户银行交给持票人的回单

图 5－17　中国建设银行进账单

【提示】部分零星工程施工单位无法开具建筑业统一发票，可以向所在地税务机关申请代开。

【82】业务要求：12 月 27 日，支付定子生产部门设备维修费。

操作方式：

（1）业务部门负责对设备检修情况进行验收，并填写设备检修验收单，填写要求如图 5－18所示：

设备检修验收单

单位	威力电机有限公司	验收日期	2015－12－27
检修设备名称	定子生产设备	型号	xy2020－203
开工日期	2015. 12. 24	完工日期	2015. 12. 27
检修单位	佛山机械设备维修有限公司		
检修内容及更换零部件： 检修内容： 1. 更换2#料位计总控制器。 2. 将1#，2#传感器上移。 3. 更换1#料位计电机。 4. 设备管与线路加固焊接。 更换零部件：1. 料位计总控制器一套；2. 料位计电机一台			
验收意见： 检修后设备运行正常，验收通过			
验收单位	威力电机有限公司	验收人	王一航　王明　廖志强

图 5－18　设备检修验收单

（2）请设备检修单位出具税务发票，填写要求如图 5－19 所示：

5599922278　　广东增值税专用发票　　№ 6213405789

发票联

校验码 41233 44566 11134 33456　　开票日期：2015 年 12 月 27 日

购货单位	名　　称：威力电机有限公司 纳税人识别号：440100678060233 地 址 、电 话：广东省佛山市南海狮山新城工业区 开户行及账号：4405 0166 8899 4433 0061			密码区	033＋＊7－＊73＊ ＞889655444＞2/＞09－ 7/3/＋/86＜9＞＜ ＞009887/72132＊7＋＜ ＞931329＊894＋＋112/8＞＋570＊5－＞＞ 6＜533/47＊019＞/346＞26＋116＜69		
货物或应税劳务名称	规格型号	单位	数 量	单 价	金 额	税率	税 额
设备维修费				54 530. 00	54 530. 00	17%	9 270. 10
合　计					¥54 530. 00	17%	¥9 270. 10
价税合计（大写）	⊗陆万叁仟捌佰圆壹角整				（小写）¥63 800. 10		
销货单位	名　　称：佛山机械设备维修有限公司 纳税人识别号：667773498877923 地 址 、电 话：广东省佛山 67899＊＊ 开户行及账号：建设银行佛山支行 0089 9987 1131 2222				备注		

收款人：王清　　复核：陈志强　　开票人：张少东　　销货单位：（章）

税总函［2015］888 号某某某印刷厂有限公司

第二联：发票联　购货方记账凭证

图 5－19　增值税专用发票（发票联）

（3）业务部门填写付款申请单，填写要求如图 5－20 所示：

付款申请单

申请人：	刘清玉	填制日期：	2015 年 12 月 27 日	附件张数：	2
付款金额（大写）：	陆万叁仟捌佰圆壹角整　　¥ 63 800. 10				
收款人全称：	佛山机械设备维修有限公司				
开户银行及账号：	中国建设银行广东支行　　0089 9987 1131 2222				
其他要求说明：					
付款方式：	□ 现金	□ 电汇	□ 现金支票	√ 转账支付	□ 其他
付款说明：	支付设备修缮款				
部门批准：	郑乙明	财务核对：	刘明远	总经理审批：	董德清

图 5－20　威力电机有限公司付款申请单

（4）财务部门根据付款申请单，填写转账支票和进账单，填写要求如图 5－21、图 5－22所示：

中国建设银行
转账支票存根
5053352
53394533

上海金达证券印制有限公司·2013年印制

附加信息

支付设备检修款

出票日期 2015 年 12 月 27 日

收款人：佛山机械设备维修有限公司	
金　额：¥63 800. 10	
用　途：设备检修款	

单位主管　刘明远　会计

图 5－21　转账支票存根联

中国建设银行进账单（回单）　　1

2015 年 12 月 27 日

出票人	全　　称	威力电机有限公司	收款人	全　　称	佛山机械设备维修有限公司
	账　　号	4405 0166 8899 4433 0061		账　　号	0089 9987 1131 2222
	开户银行	中国建设银行佛山锦隆花园支行		开户银行	建设银行佛山支行

金额	人民币（大写）	亿	千	百	十	万	千	百	十	元	角	分
	陆万叁仟捌佰圆壹角整				¥	6	3	8	0	0	1	0

票据种类	转账支票	票据张数	1
票据号码	23548975551		
复核　　记账		开户银行签章	

中国建设银行佛山锦隆花园支行 2015.12.27 转讫

此联是开户银行交给持票人的回单

图 5－22　中国建设银行进账单

【83】**业务要求**：12 月 27 日，支付转子生产部门设备迁移费 14 671. 8 元。

操作方式：

（1）业务部门需填写设备检修验收单，填写要求如图 5－23 所示：

设备检修验收单

单位	威力电机有限公司	验收日期	2015－12－27
检修设备名称	转子生产设备	型号	xyee－213
开工日期	2015. 12. 24	完工日期	2015. 12. 27
检修单位	佛山市机电维修有限公司		
设备维修内容： 1. 转子生产设备整体搬迁到新地址。 2. 管线重新布置。 3. 日常保修。 4. 更换滚动轴一条。			
验收意见： 搬迁后设备运行正常，验收通过			
验收单位	威力电机有限公司	验收人	董德明　林明　廖伟

图 5－23　设备检修验收单

（2）请维修单位出具税务发票，填写要求如图 5－24 所示：

5599920009　　**广东增值税专用发票**　　№ 6213704589

发票联

校验码 00981 99788 11222 33515　　开票日期：2015 年 12 月 27 日

购货单位	名　　称：威力电机有限公司 纳税人识别号：440100678060233 地 址 、电 话：广东省佛山市南海狮山新城工业区 开户行及账号：4405 0166 8899 4433 0061	密码区	033 + ＊7 － ＊73 ＊ ＞800988877 ＞2/＞09 － 7/3/ + /86 ＜9 ＞ ＜ ＞001137/72132 ＊7 + ＜ ＞931329 ＊894 + +112/8 ＞ +570 ＊5 － ＞ ＞ 6 ＜533/47 ＊019 ＞/312 ＞26 +116 ＜69

货物或应税劳务名称	规格型号	单位	数量	单价	金额	税率	税额
设备维修费				12 540.00	12 540.00	17%	2 131.80
合　计					¥12 540.00	17%	¥2 131.80
价税合计（大写）	⊗壹万肆仟陆佰柒拾壹圆捌角整				（小写）¥14 671.80		

销货单位	名　　称：佛山市机电维修有限公司 纳税人识别号：888773090001 地 址 、电 话：广东省佛山 67812＊＊ 开户行及账号：建设银行佛山支行 1189 9911 2231 2277	备注	设备迁移费

收款人：王德志　　复核：陈志坚　　开票人：林栋　　销货单位：（章）

税总函［2015］888 号某某某印刷厂有限公司

第二联：发票联　购货方记账凭证

佛山市机电维修有限公司 883473499877 发票专用章 35158871888454772415

图 5－24　增值税专用发票

（3）业务部门根据商定价格、验收单及发票，填写付款申请单，填写要求如图 5－25 所示：

付款申请单

申请人：	刘清玉	填制日期：	2015 年 12 月 27 日	附件张数：	2
付款金额（大写）：	壹万肆仟陆佰柒拾壹圆捌角整　　¥ 14 671.80				
收款人全称：	佛山市机电维修有限公司				
开户银行及账号：	中国建设银行佛山支行　1189 9911 2231 2277				
其他要求说明：					
付款方式：	□ 现金	□ 电汇	□ 现金支票	√ 转账支付	□ 其他
付款说明：	支付设备迁移费				
部门批准：	郑乙明	财务核对：	刘明远	总经理审批：	董德清

图 5－25　付款申请单

（4）财务部门根据审批的付款申请单、发票、验收单等填写转账支票和进账单，填写要求如图 5－26、图 5－27 所示：

中国建设银行
转账支票存根
2052352
33394533

上海金达证券印制有限公司·2013 年印制

附加信息

支付设备迁移款

出票日期 2015 年 12 月 27 日

收款人： 佛山市机电维修有限公司
金　额：¥14 671.80
用　途：设备迁移款

单位主管　刘明远　会计

图 5－26　转账支票存根联

中国建设银行进账单（回单）　1

2015 年 12 月 27 日

<table>
<tr><td rowspan="3">出票人</td><td>全　称</td><td>威力电机有限公司</td><td rowspan="3">收款人</td><td>全　称</td><td colspan="11">佛山市机电设备维修有限公司</td></tr>
<tr><td>账　号</td><td>4405 0166 8899 4433 0061</td><td>账　号</td><td colspan="11">1189 9911 2231 2277</td></tr>
<tr><td>开户银行</td><td>中国建设银行佛山锦隆花园支行</td><td>开户银行</td><td colspan="11">建设银行佛山支行</td></tr>
<tr><td rowspan="2">金额</td><td rowspan="2">人民币（大写）</td><td colspan="3" rowspan="2">壹万肆仟陆佰柒拾壹圆捌角整</td><td>亿</td><td>千</td><td>百</td><td>十</td><td>万</td><td>千</td><td>百</td><td>十</td><td>元</td><td>角</td><td>分</td></tr>
<tr><td></td><td></td><td></td><td>¥</td><td>1</td><td>4</td><td>6</td><td>7</td><td>1</td><td>8</td><td>0</td></tr>
<tr><td>票据种类</td><td>转账支票</td><td>票据张数</td><td colspan="13" rowspan="3">中国建设银行佛山锦隆花园支行
2015.12.27
转讫

开户银行签章</td></tr>
<tr><td>票据号码</td><td colspan="2">23548976661</td></tr>
<tr><td colspan="3">复核　　记账</td></tr>
</table>

此联是开户银行交给持票人的回单

票据张数：1

图 5－27　中国建设银行进账单

【84】业务要求： 12 月 27 日，支付 3#钢结构厂房工程设计费 66 580 元。

操作方式：

（1）业务部门根据设计合同、设计单位开具的发票，填写付款申请单，填写要求如图 5－28所示；设计合同如图 5－29 所示；发票如图 5－30 所示。

付款申请单

申请人：	刘清玉	填制日期：	2015 年 12 月 27 日	附件张数：	2
付款金额（大写）：	陆万陆仟伍佰捌拾圆整 ￥ 66 580.00				
收款人全称：	广东建筑工程设计有限公司				
开户银行及账号：	建设银行广东支行 0088 0099 2378 9900				
其他要求说明：					
付款方式：	□ 现金	□ 电汇	□ 现金支票	√ 转账支付	□ 其他
付款说明：	支付工程设计费				
部门批准：	郑乙明	财务核对：	刘明远	总经理审批：	董德清

图 5－28 威力电机有限公司付款申请单

建筑工程设计合同

建设单位：威力电机有限公司，以下简称甲方：

设计单位：广东建筑工程设计有限公司，以下简称乙方。

根据建设工程勘察设计管理条例的规定，鉴于乙方具有符合国家规定的资质等级来承揽建设工程设计业务，经友好协商，特签订本合同，以便共同遵守。

一、工程名称

甲方委托乙方承担3#钢结构厂房工程的设计项目，建筑安装面积为1 900 平方米，建设地点在厂区内。

二、甲方义务

1. 在工程开工前，甲方应组织施工单位，与乙方进行设计技术交底：工程竣工后，甲方应通知乙方参加竣工验收。

2. 在设计人员进入施工现场进行工作时，甲方应提供必要的工作条件。

3. 甲方必须维护乙方的设计文件，不得擅自修改；未经乙方同意，甲方不得复制，重复使用或擅自扩大建设范围。甲方有义务保护乙方的设计版权，不得转让给第三方重复使用。

三、乙方义务

1. 乙方必须按照国家工程建设强制性标准和国家规定的建设工程设计深度要求进行设计，并在2015 年12 月27 日以前，向甲方交付设计文件；其中，设计文件一式肆份，技术设计文件一式肆份，施工图设计文件一式肆份。

2. 乙方编制的设计文件，应当满足编制施工招标文件、主要设备材料订货和编制施工图设计文件的需要：同时编制施工图设计文件，应当满足设备材料采购、非标准设备制作和施工的需要，并注明建设工程合理使用年限。

3. 乙方对所承担设计任务的建设项目应配合施工单位进行施工前技术交底，解决施工中的有关设计问题，负责设计变更，参加隐蔽工程验收和工程竣工验收。

四、设计费

甲方将乙方提供的设计文件交由3—5 家工程公司报价，若上述公司作出的报价均在甲方要求的基础造价范围内，甲方一次性付给乙方设计费人民66 580元。

五、违约责任

1. 甲方不按照合同规定向乙方支付设计费，应根据银行关于延期付款的规定，向乙方偿付违约金。

2. 由于乙方的原因，延误设计文件的交付时间，每延误 1 天，乙方应向甲方偿付相当于设计费的 1 %的违约金（甲方可在设计费中扣除）。

3. 因乙方设计质量低劣引起返工，应由乙方继续完善设计任务，并视造成的损失浪费大小退还设计费。对于因乙方设计错误造成工程质量事故者，乙方应承担赔偿金。

六、其他

本合同自2015年12月1日双方签章后生效。本合同如有未尽事宜，需经双方共同协商，作出补充协定，补充协定与本合同具有同等效力。

本合同未尽事项，按我国的法律，法规和规章的规定处理。

本合同正本一式二份，甲方双方各执一份。

建设单位（甲方）（盖章）：________	设计单位（乙方）（盖章）：________
代表人（签字）：刘德伟	代表人（签字）：垄志刚
2015年12月1日	2015年12月1日

图5－29 建筑工程设计合同

广东省国家税务局通用机打发票

发票联

发票代码 1425977881235

发票号码 10099873

验 证 码 12099876

开票日期：2015年12月27日　　行业分类：建筑类勘察设计行业

客户名称：威力电机有限公司	税款码：012258112368872323
付款方编码：0122581123621258	收款方编码：99888239009
付款方名称：威力电机有限公司	收款方名称：广东建筑工程设计有限公司
收款项目	收款金额
工程设计费	66 580.00
金额大写：陆万陆仟伍佰捌拾圆整	小写：66 580.00
备注：3#钢结构厂房工程设计费	开票人：郑友

粤国税征票函［2015］602号 深国瑞印刷服务中心制 代用名印刷中心承印

第一联 发票联（购物单位付款凭证）

发票查询网址：www. fapiao. gor. cn

图5－30 工程设计费通用机打发票（发票联）

（2）财务部门根据审批的付款申请单、合同以及发票，填写转账支票和进账单，并办理转账业务。转账支票和进账单填写要求如图 5－31、图 5－32 所示：

中国建设银行
转账支票存根
5055352
33394533

上海金达证券印制有限公司 •2013年印制

附加信息

支付工程设计费

出票日期 2015 年 12 月 27 日

收款人：广东建筑工程设计有限公司	
金　额：¥66 580.00	
用　途：工程设计费	

单位主管　刘明远　会计

图 5－31　转账支票存根联

中国建设银行进账单（回单）　1

2015 年 12 月 27 日

出票人	全　称	威力电机有限公司	收款人	全　称	广东建筑工程设计有限公司
	账　号	4405 0166 8899 4433 0061		账　号	0088 0099 2378 9900
	开户银行	中国建设银行佛山锦隆花园支行		开户银行	中国建设银行佛山支行
金额	人民币（大写）	陆万陆仟伍佰捌拾圆整	亿 千 百 十 万 千 百 十 元 角 分		¥ 6 6 5 8 0 0 0
票据种类	转账支票	票据张数 1			
票据号码	235489884661				
复核　记账			开户银行签章		

中国建设银行佛山锦隆花园支行
2015.12.27
转讫

此联是开户银行交给持票人的回单

图 5－32　中国建设银行进账单

【85】业务要求：12 月 28 日，3#钢结构厂房工程验收通过，工程总造价 400 万元，并交付使用。

操作方式：

（1）业务部门需填写工程交付使用确认单和工程移交记录，填写要求如图 5－33、图 5－34所示：

工程交付使用确认单

威力电机有限公司：

由贵方承建施工的3#钢结构厂房工程装饰工程，贵方已按我方要求将本工程于2015年12月28日交付使用，具体交接事项如附件《工程移交记录》。请贵方按照相关规定与要求，办理各种工程相关手续。

确认单位：广东佛山建筑工程有限公司
代表人：罗明
日期：2015年12月28日

附：《工程移交记录》

图5-33 工程交付使用确认单

工程移交记录

项目名称：3#钢结构厂房工程　　项目合同编号：20151078
发 包 人：威力电机有限公司　　监理单位：佛山工程监理有限公司
接收单位：公司室　　承包人：罗明
项目经理：李博

一、完工工程移交范围内容

序号	部位或者名称	数量	备注	接收代表	日期
1	工程招标文件	1		李鹤	12.27
2	施工合同	1		李鹤	12.27
3	工程施工签证	36份	隐蔽性工程签证23份	李鹤	12.27
4	工程验收单	1份		李鹤	12.27
5	工程量核对清单	2份		李鹤	12.27
6	……				

二、工程接管建议

1. 做好交付范围内的保护和保洁，不得用水、湿拖布清理地面。
2. 搬用家具等物品时，防止对木品、墙面、地面的污染、擦伤和损坏。
3. 交付范围应按规定配置和检查消防设施功能正常。
4. 使用期间检查有管道漏水，及时维修。对非上人天花，不得上人踩踏。
5. 请遵守《工程保修和使用说明书》的相关内容。

承包人（印章）：罗明　　发包人（印章）：刘德伟　　接受单位（印章）：李鹏

日期：2015年12月27日　　日期：2015年12月27日　　日期：2015年12月27日

图5-34 工程移交记录

（2）财务部门根据工程交付使用确认单和工程移交记录进行固定资产账务处理。

【86】业务要求： 12 月 28 日，支付总装车间融资租赁设备租赁费。

操作方式：

（1）业务部门根据设备融资租赁合同、发票、设备安装调试验收单以及固定资产入库单，填写付款申请单；付款申请单填写要求如图 5－35 所示；设备融资租赁合同如图 5－36 所示；设备租赁费发票如图 5－37 所示；固定资产入库单如图 5－38 所示；融资租赁设备安装调试后正式验收单如图 5－39 所示。

付款申请单

申请人：	刘清玉	填制日期：	2015 年 12 月 27 日	附件张数：	2
付款金额（大写）：	肆万圆整　　¥ 40 000.00				
收款人全称：	广东设备租赁有限公司				
开户银行及账号：	建设银行广东支行　9877 9900 6677 8811				
其他要求说明：					
付款方式：	□ 现金	□ 电汇	□ 现金支票	√ 转账支付	□ 其他
付款说明：	支付设备融资租赁费				
部门批准：	郑乙明	财务核对：	刘明远	总经理审批：	董德清

图 5－35　威力电机有限公司付款申请单

设备融资租赁合同

编号：2015120019

甲方（承租方）：威力电机有限公司

乙方（出租方）：广东设备租赁有限公司

广东设备租赁公司（以下简称出租人）与威力电机有限公司（以下简称承租人）签订本合同，其条款如下：

1. 出租人同意租出，承租人同意租进附件所列的设备；该附件是本合同不可分割的部分。

2. 租期为5 年，从承租人验收设备后下一个月开始支付租赁费；设备租赁约定年内含报酬率为12%；出租设备市场公允价值为220 万元；预计使用年限为5 年；残值为5 万元。安装费 17 982 元，由甲方支付。

3. 总租金为240 万元，从承租人接受所租设备之日开始计租。在租赁期内，月租为4 万元，应于每月30 号前交入中国建设银行的出租人账户。

双方同租赁期间任何一方不得要求加租或减租。如果承租人不准时交租，则应向出租人交付比该行长期贷款利率多5%的利息作为处罚。

签约后1 个月内承租人应向出租人提交中国银行出具的保函，担保承租人按合同规定交租。

4. 出租人必须合同签订之日起10 天内把所租设备运交承租人。

5. 在租赁期间，出租人必须办理必要的保险；保险应包括第三者责任险，使在事故中，遭受损失和伤亡的其他有关方也可受益。

6. 在租赁期间，出租人应免费提供租后服务，包括所租设备的安装、运转、修理和保养。承担人必须妥善爱护所租设备，保持经久耐用。如果由于承租人员的错误操作造成设备损坏，修理费应由承租人承担。

7. 出租人应按优惠价格向承租人提供原料和部件。

8. 在设备到达厂房 1 个月内，出租人要派出 1 名技术员到 现场 指导所租设备的安装，然后培训承租人的技术员和工人，使他们能达到掌握有关操作、修理和保养所租设备的技术。技术人员发生的相关费用则由出租人承担。

9. 为达到第八条所述的目的，有关安装、调试、检查、修理、操作和保养的技术资料应由出租人免费提供承租人。

10. 出租人的技术人员每季至少要对所租设备检验一次以确保设备正常开动。承租人则要给予他们必要的协助。

11. 如果承租人涉及第三者的专利权纠纷，出租人应对其后果负责。

12. 没有出租人书面同意，承租人不得将设备转租给第三方。

13. 当合同期满时，承租人可以采用 c 种方式处理：

a. 继续再租____年；b. 改签融资租赁合同租用更长的时间；c. 按照双方同意的优惠价格直接购买设备。

14. 如果一方受到不可抗力的阻挡而不能履行合同义务，执行合同的时限应作相应的延长。

15. 有关本合同的一切争议应该按照国际商会的调解和仲裁规则由一个或几个按该规则指定的仲裁员最终仲裁解决。

出租人（盖章）：____　　　　承租人（盖章）：____

法定代表人（签字）：林清　　　　法定代表人（签字）：刘德伟

2015 年 11 月 1 日　　　　2015 年 11 月 1 日

图 5-36　设备融资租赁合同

广东省国家税务局通用机打发票

发 票 联

发票代码　987223222201

发票号码　1007765444

验 证 码　1208888901

开票日期：2015 年 12 月 28 日　　行业分类：租赁业

客户名称：威力电机有限公司　　税款码：012258112368872323

付款方编码：0122581123621258　　收款方编码：9990091213232

付款方名称：威力电机有限公司　　收款方名称：广东设备租赁有限公司

收款项目　　收款金额

设备租赁费　　40 000.00

金额大写：肆万圆整　　小写：¥40 000.00

备注：设备租赁费　　开票人：林启

粤国税征票函［2015］602号 深国瑞印刷服务中心制
代用名印制中心承印

第一联 发票联（购物单位付款凭证）

发票查询网址：www. fapiao. gor. cn

图 5-37　设备租赁费发票（发票联）

威力电机有限公司固定资产入库单

2015 年 11 月 28 日　　　　库单号：20151109

资产编号	资产名称	规格型号	资产类别	供应商	单位	数量	单价（元）	金额（元）	备注
A20151206	机械臂	XY－SR130 码垛机器人	设备		部	1	1 843 706	1 843 706	融资租赁
合计							1 843 706	1 843 706	
验收意见：合格					验收人员（签字）：李一鸣				
资产管理员（签字）：池清					采购员（签字）：王驰				

第一联　财务部门

图 5－38　威力电机有限公司固定资产入库单（财务联）

融资租赁设备安装调试后正式验收单

验收依据	1. 合同编号：2015120019				2. 供货确认函编号：			
序号	货物名称	品牌/商标	规格	型号	生产厂家	单位	总计数量	备注
1	机械臂	欧姆龙	进口 PLC		德国	台	1	
验收内容	1. 安装运行时间：2015 年 11 月 28 日							
	2. 噪音：符合合同及规范√　不符合描述：________							
	3. 不存在实际使用缺陷或潜在不足√　存在描述：________							
	4. 安装质量：符合合同及规范√　不符合描述：________							
	5. 其他：无							
使用单位	陈鼎一　王明　游俊东　卓明新 日期：2015 年 12 月 28 日							
供货单位	张志强　吴一波　陈亮 日期：2015 年 12 月 28 日							

图 5－39　融资租赁设备安装调试后正式验收单

（2）财务部门根据付款申请单、合同、发票以及入库单，填制转账支票和进账单，填制要求如图5－40、图5－41所示：

中国建设银行
转账支票存根
5255352
34394533

上海金达证券印制有限公司·2013年印制

附加信息

支付设备融资租赁费

出票日期 2015 年 12 月 27 日

收款人： 广东设备租赁有限公司
金　额：¥40 000.00
用　途：设备融资租赁费

单位主管　刘明远　会计

图5－40　转账支票存根联

中国建设银行进账单（回单）　1

2015 年 12 月 27 日

出票人	全　称	威力电机有限公司	收款人	全　称	广东设备租赁有限公司
	账　号	4405 0166 8899 4433 0061		账　号	9877 9900 6677 8811
	开户银行	中国建设银行佛山锦隆花园支行		开户银行	中国建设银行广东支行

金额	人民币（大写）	亿	千	百	十	万	千	百	十	元	角	分
	肆万圆整				¥	4	0	0	0	0	0	0

票据种类	转账支票	票据张数	1
票据号码	235489994641		

中国建设银行佛山锦隆花园支行
2015.12.27
转讫

复核　记账　开户银行签章

此联是开户银行交给持票人的回单

图5－41　中国建设银行进账单

【相关知识点】

一、相关概念

1. 融资租赁概念：是指在约定的期间内，出租人将资产使用权让与承租人，以获取租金的协议。

2. 租赁期概念：是指租赁协议规定的不可撤销的租赁期间。

3. 租赁开始日概念：是指租赁协议日与租赁各方就主要条款作出承诺日中的较早者。在租赁开始日，承租人和出租人应当将租赁认定为融资租赁或经营租赁，并确定在租赁期开始日应确认的金额。

4. 租赁期开始日概念：是指承租人有权行使其使用租赁资产权利的日期，表明租赁行为的开始。在租赁期开始日，承租人应当对租入资产、最低租赁付款额和未确认融资费用进行初始确认；出租人应当对应收融资租赁款、未担保余值和未实现融资收益进行初始确认。

5. 最低租赁付款额概念：是指在租赁期内，承租人应支付或可能被要求支付的款项（不包括或有租金和履约成本），加上由承租人或与其有关的第三方担保的资产余值。承租人有购买租赁资产选择权，所订立的购买价款预计将远低于行使选择权时租赁资产的公允价值，因而在租赁开始日就可以合理确定承租人将会行使这种选择权的，购买价款应当计入最低租赁付款额。租赁合同没有规定优惠购买选择权时，最低租赁付款额＝各期租金之和＋承租人或与其有关的第三方担保的资产余值。租赁合同规定有优惠购买选择权时：最低租赁付款额＝各期租金之和＋承租人行使优惠购买选择权而支付的款项。或有租金，是指金额不固定、以时间长短以外的其他因素（如销售量、使用量、物价指数等）为依据计算的租金。履约成本，是指租赁期内为租赁资产支付的各种使用费用，如技术咨询和服务费、人员培训费、维修费、保险费等。

二、操作实务：承租人账务处理

1. 租赁期开始日的会计处理

在租赁期开始日，承租人应当将租赁开始日租赁资产公允价值与最低租赁付款额现值两者中较低者作为租入资产的入账价值，将最低租赁付款额作为长期应付款的入账价值，其差额作为未确认融资费用。承租人在租赁谈判和签订租赁合同过程中发生的，可归属于租赁项目的手续费、律师费、差旅费、印花税等初始直接费用，应当计入租入资产的价值。

会计分录为：

借：固定资产（或在建工程）（租赁资产公允价值与最低租赁付款额现值两者中较低者＋初始直接费用）

　　未确认融资费用

　　贷：长期应付款（最低租赁付款额）

　　　　银行存款（初始直接费用）

承租人在计算最低租赁付款额的现值时，能够取得出租人租赁内含利率的，应当采用租赁内含利率作为折现率；否则，应当采用租赁合同规定的利率作为折现率。承租人无法取得出租人的租赁内含利率且租赁合同没有规定利率的，应当采用同期银行贷款利率作为折现率。

租赁内含利率，是指在租赁开始日，使最低租赁收款额的现值与未担保余值的现值之和等于租赁资产公允价值与出租人的初始直接费用之和的折现率。

2. 未确认融资费用的分摊

未确认融资费用应当在租赁期内各个期间进行分摊。承租人应当采用实际利率法计算确认当期的融资费用。

未确认融资费用的分摊率的确定具体分为下列几种情况：

（1）以出租人的租赁内含利率为折现率将最低租赁付款额折现，且以该现值作为租赁资产入账价值的，应当将租赁内含利率作为未确认融资费用的分摊率。

（2）以合同规定利率为折现率将最低租赁付款额折现，且以该现值作为租赁资产入账价值的，应当将合同规定利率作为未确认融资费用的分摊率。

（3）以银行同期贷款利率为折现率将最低租赁付款额折现，且以该现值作为租赁资产入账价值的，应当将银行同期贷款利率作为未确认融资费用的分摊率。

（4）以租赁资产公允价值为入账价值的，应当重新计算分摊率。该分摊率是使最低租赁付款额的现值等于租赁资产公允价值的折现率。

会计分录为：

借：财务费用（不满足资本化条件）

　　在建工程等（满足资本化条件时）

　　贷：未确认融资费用

提示：每期未确认融资费用摊销 = 期初应付本金余额 × 实际利率 = （期初长期应付款余额 - 期初未确认融资费用余额）× 实际利率

3. 租赁资产折旧的计提

（1）折旧政策

承租人应当采用与自有固定资产相一致的折旧政策计提租赁资产折旧。

应注意的是：在计提固定资产折旧时应扣除承租人担保余值。

（2）折旧期间

如果能够合理确定承租人在租赁期届满时取得租赁资产所有权的，应当在租赁资产使用寿命内计提折旧。无法合理确定承租人在租赁期届满时是否能够取得租赁资产所有权的，应当在租赁期与租赁资产使用寿命两者中较短的期间内计提折旧。

4. 履约成本的会计处理

履约成本在实际发生时，通常计入当期损益。

5. 或有租金的会计处理

或有租金应当在实际发生时计入当期损益（销售费用等）。

6. 租赁期届满时的会计处理

（1）返还租赁资产

如果存在承租人担保余值：

借：长期应付款（担保余值）

　　累计折旧

　　贷：固定资产——融资租入固定资产

如果不存在承租人担保余值：

借：累计折旧

　　贷：固定资产——融资租入固定资产

（2）优惠续租租赁资产

如果承租人行使优惠续租选择权，则应视同该项租赁一直存在而作出相应的会计处理，如继续支付租金等。如果租赁期届满时承租人没有续租，承租人向出租人返还租赁资产时，其会计处理同上述返还租赁资产的会计处理，按租赁协议规定向出租人支付违约金时，借记“营业外支出”科目，贷记“银行存款”等科目。

（3）留购租赁资产

借：长期应付款（购买价款）

　　贷：银行存款

借：固定资产——生产用固定资产等

　　贷：固定资产——融资租入固定资产

【87】业务要求：12 月 28 日，融资出租设备一台，收到承租方租赁款项。

操作方式：

（1）收到承租方汇入设备租赁费银行回单，如图 5－42 所示：

中国建设银行
China Construction Bank

中国建设银行单位客户专用回单　　No. 133008833408

2015 年 12 月 28 日　　流水号：2938400022355

付款人	全　　称	广东机械制造有限公司	收款人	全　　称	威力电机有限公司
	账　　号	7711 3333 9900 9977		账　　号	4405 0166 8899 4433 0061
	开 户 行	中国建设银行广东支行		开 户 行	中国建设银行佛山锦隆花园支行
金　　额		大写：人民币贰万圆整			小写：¥20 000.00
凭证种类		电子转账凭证	凭证号码		
结算方式		转账	用　　途		设备租赁款
汇款交易日期：20151228　支付清算业务类型：E734 汇款合约编号：88779304340221 实际付款人账户：7711 3333 9900 9977 汇入行行名：建行广东分行 汇款备注：8282B			打印柜员：23877232323 打印机构：中国建设银行佛山支行 打印卡号：3934823232 汇款附言：8282B （中国建设银行 电子回单 专用章）		

打印时间：2015－12－28　　12：35　　交易柜员：2832231　　交易机构：2328232

图 5－42　中国建设银行单位客户专用回单

（2）财务部门根据设备融资租赁合同及银行回单，出具设备租赁费发票，填写要求如图 5－43 所示；设备融资租赁合同如图 5－44 所示。

广东省国家税务局通用机打发票

发 票 联

（印章：全国统一发票监制章 广东省国家税务局监制）

发票代码 987223886652
发票号码 1007998702

开票日期：2015 年 12 月 28 日　　行业分类：租赁业　　验 证 码 1208812090

客户名称：广东机械制造有限公司　　税款码：012258112368872323

付款方编码：0122581299877388　　收款方编码：0122581123621258
付款方名称：广东机械制造有限公司　　收款方名称：威力电机有限公司

收款项目	收款金额
设备租赁费	20 000.00

（印章：威力电机有限公司 88770000999123 发票专用章）

金额大写：贰万圆整　　小写：￥20 000.00
备注：设备租赁费　　开票人：刘明远

粤国税征票函［2015］602号 深国瑞印刷服务中心制 代用名印刷中心承印

第二联 记账联（开票单位记账凭证）

发票查询网址：www. fapiao. gor. cn

图 5－43　设备租赁费通用机打发票（记账联）

设备融资租赁合同

编号：2015120020

甲方（出租方）：威力电机有限公司

乙方（承租方）：广东机械制造有限公司

威力电机有限公司（以下简称出租人）与广东机械制造有限公司（以下简称承租人）签订本合同，其条款如下：

1. 出租人同意租出，承租人同意租进附件所列的设备；该附件是本合同不可分割的部分。

2. 租期为5年，从承租人设备验收后下一个月开始支付租赁费；设备租赁约定内含报酬率为12%；出租设备市场公允价值为100万元；预计使用年限为5年；残值为5万元。

3. 总租金为120万元，从承租人接受所租设备之日开始计租。在租赁期内，月租为2万元，应于每月30号前交入中国建设银行的出租人账户。

双方同租赁期间任何一方不得要求加租或减租。如果承租人不准时交租，则应向出租人交付比该行长期贷款利率多5%的利息作为处罚。

签约后1个月内承租人应向出租人提交中国银行出具的保函，担保承租人按合同规定交租。

4. 出租人必须合同签订之日起10天内把所租设备运交承租人。

5. 在租赁期间，出租人必须办理必要的保险；保险应包括第三者责任险，使在事故中，遭受损失和伤亡的其他有关方也可受益。

6. 在租赁期间，出租人应免费提供租后服务，包括所租设备的安装、运转、修理和保养。承担人必须妥善爱护所租设备，保持经久耐用。如果由于承租人员的错误操作造成设备损坏，修理费应由承租人承担。

7. 出租人应按优惠价格向承租人提供原料和部件。

8. 在设备到达厂房 1 个月内，出租人要派出 1 名技术员到 现场 指导所租设备的安装，然后培训承租人的技术员和工人，使他们能达到掌握有关操作、修理和保养所租设备的技术。技术人员发生的相关费用则由出租人承担。

9. 为达到第八条所述的目的，有关安装、调试、检查、修理、操作和保养的技术资料应由出租人免费提供承租人。

10. 出租人的技术人员每季至少要对所租设备检验一次以确保设备正常开动。承租人则要给予他们必要的协助。

11. 如果承租人涉及第三者的专利权纠纷，出租人应对其后果负责。

12. 没有出租人书面同意，承租人不得将设备转租给第三方。

13. 当合同期满时，承租人可以采用 c 种方式处理：

a. 继续再租____年；b. 改签融资租赁合同租用更长的时间；c. 按照双方同意的优惠价格直接购买设备，即5万元。

14. 如果一方受到不可抗力的阻挡而不能履行合同义务，执行合同的时限应作相应的延长。

15. 有关本合同的一切争议应该按照国际商会的调解和仲裁规则由一个或几个按该规则指定的仲裁员最终仲裁解决。

承租人（盖章）：______
法定代表人（签字）：陈胜
2015年11月1日

出租人（盖章）：______
法定代表人（签字）：刘德伟
2015年11月1日

图5－44　设备融资租赁合同

（3）财务部门根据上述资料进行相关账务处理。

【相关知识点】

一、相关概念

1. 担保余值概念：资产余值是指在租赁开始日估计的租赁期届满时租赁资产的公允价值。担保余值，就承租人而言，是指由承租人或与其有关的第三方担保的资产余值；就出租人而言，是指就承租人而言的担保余值加上独立于承租人和出租人的第三方担保的资产余值。

2. 未担保余值概念：是指租赁资产余值中扣除就出租人而言的担保余值以后的资产余值。

3. 最低租赁收款额概念：是指最低租赁付款额加上独立于承租人和出租人的第三方对出租人担保的资产余值。

二、操作实务：出租人账务处理

1. 租赁债权的确认

借：长期应收款——应收融资租赁款（最低租赁收款额）
　　未担保余值
　　营业外支出（租赁资产公允价值小于账面价值）
　　贷：融资租赁资产（租赁资产原账面价值）
　　　　银行存款（初始直接费用）
　　　　营业外收入（租赁资产公允价值大于原账面价值）
　　　　未实现融资收益

上述会计处理的结果是，在租赁期开始日，出租人应当将租赁开始日最低租赁收款额作为长期应收款的入账价值，同时记录未担保余值；将最低租赁收款额及未担保余值之和与融资租赁资产的公允价值和初始直接费用之和的差额确认为未实现融资收益。租赁资产公允价值与账面价值的差额，计入当期损益。按此表述与租赁内含利率的定义相符。

2. 未实现融资收益分配的会计处理

未实现融资收益应当在租赁期内各个期间进行分配。出租人应当采用实际利率法计算确认当期的融资收益和租金收入。

借：银行存款
　　贷：长期应收款——应收融资租赁款

借：未实现融资收益
　　贷：租赁收入

3. 应收融资租赁款坏账准备的计提

对应收融资租赁款减去未实现融资收益的差额部分合理计提坏账准备。

4. 未担保余值发生变动的会计处理

出租人至少应当于每年年度终了，对未担保余值进行复核。

未担保余值增加的，不作调整。

有证据表明未担保余值已经减少的，应当重新计算租赁内含利率，将由此引起的租赁投资净额的减少，计入当期损失。

以后各期根据修正后的租赁投资净额和重新计算的租赁内含利率确认融资收入。

已确认损失的未担保余值得以恢复的，应当在原已确认的损失金额内转回，并重新计算租赁内含利率，以后各期根据修正后的租赁投资净额和重新计算的租赁内含利率确认融资收入。

5. 或有租金的会计处理

或有租金应当在实际发生时确认为当期收入。

6. 租赁期届满时的会计处理

（1）收回租赁资产

①存在担保余值，不存在未担保余值：

借：融资租赁资产

　　贷：长期应收款（担保余值）

如果收回租赁资产的价值低于担保余值，则应向承租人收取价值损失的补偿金：

借：其他应收款

　　贷：营业外收入

②存在担保余值，同时存在未担保余值：

借：融资租赁资产

　　贷：长期应收款（担保余值）

　　　　未担保余值（未担保余值）

如果收回租赁资产的价值扣除未担保余值后的余额低于担保余值，则应向承租人收取价值损失补偿金：

借：其他应收款

　　贷：营业外收入

③存在未担保余值，不存在担保余值：

借：融资租赁资产

　　贷：未担保余值（未担保余值）

④担保余值和未担保余值均不存在：

无需作会计处理，只需作相应的备查登记。

（2）优惠续租租赁资产

如果承租人行使优惠续租选择权，视同该项租赁一直存在而作相应的会计处理。

（3）留购租赁资产

租赁期届满时，承租人行使了优惠购买选择权：

借：银行存款

　　贷：长期应收款（优惠购买价）

如果存在未担保余值：

借：营业外支出

　　贷：未担保余值

【88】业务要求：12 月 28 日，转出报废的固定资产，并支付报废固定资产清理费。

操作方式：

(1) 业务部门需填写固定资产报废处理申请单，填写要求如图5－45所示：

威力电机有限公司
固定资产报废处理审请单

申请部门	总装车间		
资产编号	A000187	资产名称	机械臂
规格型号	GT0009	存放地点	总装车间
资产原值	158 900 元	已提折旧	127 120 元
资产净值	31 780 元	资产残值	8 000 元
购置日期	2011 年 12 月 28 日	规定使用年限	5 年
已使用年限	4 年	账列尚可使用年限	1 年
报废原因	因该设备无法正常使用，若维修，预算经费为28 000元左右。为此，建议予以报废。		
申请人	建议公司予以报废		
	签字：张德志		日期：2015 年 12 月 27 日
主管部门	同意予以报废		
	签字：廖清明		日期：2015 年 12 月 27 日
财务部经理	同意予以报废		
	签字：刘远明		日期：2015 年 12 月 27 日
总经理	同意报废		
	签字：刘德伟		日期：2015 年 12 月 27 日

图5－45 固定资产报废处理申请单

(2) 财务部门根据审批的固定资产报废处理申请单，做固定资产报废账务处理。

(3) 业务部门需填写清理费付款申请单，填写要求如图5－46、图5－47所示：

付 款 申 请 单

申请人：	刘清玉	填制日期：	2015 年 12 月 27 日	附件张数：	2
付款金额（大写）：	贰仟捌佰捌拾圆整　　¥ 2 880.00				
收款人全称：	广东冲床制造有限公司				
开户银行及账号：	中国建设银行广东支行　　6655 7712 4413 5566				
其他要求说明：					
付款方式：	□ 现金	□ 电汇	□ 现金支票	√ 转账支付	□ 其他
付款说明：	支付设备搬运费				
部门批准：	郑乙明	财务核对：	刘明远	总经理审批：	董德清

图5－46 威力电机有限公司付款申请单

广东省国家税务局通用机打发票　　仟元版

发票联

开票日期：2015－12－28　　行业分类：服务业　　发票代码 135021410148　　发票号码 01722335

客户名称：威力电机有限公司

货物及劳务名称	规格型号	单位	数量	单价	金额
设备搬运费		次	1	2 880.00	2 880.00
合　计				2 880.00	2 880.00
价税合计（大写）¥贰仟捌佰捌拾圆整				（小写）	¥2 880.00

销货单位：
名　　称：广东冲床制造有限公司
纳税人识别号：10024580015571515
地 址 、电 话：广东省越秀区＊＊＊＊＊＊＊＊＊＊＊
开户行及账号：中国建设银行广东省分行 6665 5522 7788 9988
备注

收款人：陈东　　复核：林星　　开票人：陈煜　　销货单位：（章）

第二联：发票联　购货方记账凭证

2015年5月第317号批准安妮印100000份

广东冲床制造有限公司 35028877666661 发票专用章 35158871888454772415

图 5－47　设备搬运费通用机打发票（发票联）

（4）财务部门填写转账支票和进账单，并办理银行转账手续。填写要求如5－48、图5－49所示：

中国建设银行
转账支票存根
3353352
44394533

附加信息

支付搬运费

出票日期 2015 年 12 月 28 日

收款人：
广东冲床制造有限公司

金　额：¥2 880.00

用　途：设备搬运费

单位主管　刘明远　会计

上海金达证券印制有限公司・2013 年印制

图 5－48　转账支票存根联

中国建设银行进账单（回单）　1

2015 年 12 月 28 日

出票人	全　称	威力电机有限公司	收款人	全　称	广东冲床制造有限公司
	账　号	4405 0166 8899 4433 0061		账　号	6655 7712 4413 5566
	开户银行	中国建设银行佛山锦隆花园支行		开户银行	建设银行广东支行

金额	人民币（大写）	贰仟捌佰捌拾圆整	亿	千	百	十	万	千	百	十	元	角	分
							¥	2	8	8	0	0	0

票据种类	转账支票	票据张数	1
票据号码	2354899778881		
复核　记账		开户银行签章	

中国建设银行佛山锦隆花园支行 2015.12.28 转讫

此联是开户银行交给持票人的回单

图 5－49　中国建设银行进账单

【提示】固定资产报废是通过“固定资产清理”科目进行核算。对所报废的固定资产账面价值与累计折旧要转出。

【89】业务要求：12 月 28 日，收到出售报废设备残值。

操作方式：

（1）财务部门收到出售报废设备残值的银行回单，如图 5－50 所示：

中国建设银行
China Construction Bank

中国建设银行单位客户专用回单　　№. 39399780

2015 年 12 月 28 日　　流水号：2982839000899

付款人	全　称	云南机床生产制造有限公司	收款人	全　称	威力电机有限公司
	账　号	8883 9987 1133 9900 1161		账　号	4405 0166 8899 4433 0061
	开 户 行	中国建设银行云南曲靖支行		开 户 行	中国建设银行佛山锦隆花园支行
金　额	（大写）人民币壹万肆佰玖拾捌圆零捌分			（小写）¥10 498.08	
凭证种类	电子转账凭证		凭证号码		
结算方式	电汇		用　途	购旧设备一台	

汇款交易日期：20151228　支付清算业务类型：E734
汇款合约编号：24343460088
实际付款人账户：8883 9987 1133 9900 1161
汇入行行名：中国建设银行云南曲靖支行
汇款备注：5543B

打印柜员：399887777889
打印机构：中国建设银行佛山支行
打印卡号：9928323998
汇款附言：5543B

中国建设银行 电子回单专用章

打印时间：2015－12－28　10：20　　交易柜员：33093800009　　交易机构：393834

图 5－50　中国建设银行单位客户专用回单

（2）财务部门根据银行回单开具增值税专用发票，填写要求如图 5－51 所示：

6675566780　　广东增值税专用发票　　№ 3157406289

校验码 66677 11988 10544 88922　　记账联　　开票日期：2015 年 12 月 28 日

（印章：全国统一发票监制章 广东 国家税务局监制）

购货单位	名　　称：云南机床生产制造有限公司 纳税人识别号：382948753434342 地 址 、电 话：云南曲靖＊＊＊＊＊＊＊ 开户行及账号：建行云南曲靖支行 29384 55677 88990 55441	密码区	033＋＊7－＊73＊＞334567777＞2/＞09－7/3/＋/86＜9＞＜＞223445/32123＊7＋＜＞445666＊894＋＋897/8＞＋570＊5－＞＞6＜589/47＊019＞/326＞26＋006＜19

货物或应税劳务名称	规格型号	单位	数量	单价	金额	税率	税额
旧设备		台	1	10 300.00	10 300.00	1.9231%	198.08
合　计					¥10 300.00	1.9231%	¥198.08
价税合计（大写）	⊗壹万肆佰玖拾捌圆零捌分				（小写）¥10 498.08		

（印章：威力电机有限公司 88770000999123 发票专用章）

销货单位	名　　称：威力电机有限公司 纳税人识别号：440100678060233 地 址 、电 话：广东省佛山市南海狮山新城工业区 8877588 开户行及账号：中国建设银行佛山锦隆花园支行 4405 0166 8899 4433 0061	备注	

收款人：陈义　　复核：陈琳　　开票人：刘明远　　销货单位：（章）

税总函［2015］888 号某某某印刷厂有限公司

第一联：记账联　销货方记账凭证

图 5－51　增值税专用发票（记账联）

（3）财务部门根据上述凭证进行相关账务处理。

【90】业务要求： 12 月 30 日，定子车间、转子车间、总装车间将完工产品入库。

操作方式：仓管部门需填写产成品与自制半成品入库单，填写要求如图 5－52～图5－54所示：

威力电机有限公司产成品与自制半成品入库单

交库单位：定子车间　　2015 年 12 月 30 日

编号	种类	产品名称	规格	型号	检验结果		实收数量	金额
					合格	不合格		
A018	自制半成品	定子半成品	YE3－200L－4 型		1 750	11	1 750	
A018	自制半成品	定子半成品	YE3－225M－4 型		1 630	17	1 630	
A018	自制半成品	定子半成品	YE2－132S1－2 型		1 910	8	1 910	
A018	自制半成品	定子半成品	YE2－3551－4－355K 型		120	19	120	
备注：							合计	
生产车间负责人：郑友明			检验人签字：卓明新			仓库管理员：刘清远		

图 5－52　威力电机有限公司产成品与自制半成品入库单（定子车间）

威力电机有限公司产成品与自制半成品入库单

交库单位：转子车间　　　　2015 年 12 月 30 日

编号	种类	产品名称	规格	型号	检验结果		实收数量	金额
					合格	不合格		
A018	自制半成品	转子半成品	YE3 －200L －4 型		1 650	15	1 650	
A018	自制半成品	转子半成品	YE3 －225M －4 型		1 890	7	1 890	
A018	自制半成品	转子半成品	YE2 －132S1 －2 型		1 770	8	1 770	
A018	自制半成品	转子半成品	YE2 －3551 －4 －355K 型		830	9	830	
备注：						合计		
生产车间负责人：罗明康			检验人签字：卓明新		仓库管理员：刘清远			

图 5 －53　威力电机有限公司产成品与自制半成品入库单（转子车间）

威力机电有限公司产成品与自制半成品入库单

交库单位：总装车间　　　　2015 年 12 月 30 日

编号	种类	产品名称	规格	型号	检验结果		实收数量	金额
					合格	不合格		
A018	产成品	电机	YE3 －200L －4 型		50	15	50	
A018	产成品	电机	YE3 －225M －4 型		150	17	150	
A018	产成品	电机	YE2 －132S1 －2 型		70	18	70	
A018	产成品	电机	YE2 －3551 －4 －355K 型		30	9	30	
备注：						合计		
生产车间负责人：鲁明			检验人签字：卓明新		仓库管理员：刘清远			

图 5 －54　威力电机有限公司产成品与自制半成品入库单（总装车间）

【提示】财务部门对入库的产成品与自制半成品平时一般不做账务处理，待月末计算出单位生产成本后一并入账。

【91】业务要求：12 月 30 日，本月管理部门使用油费转入相关费用。

操作方式：财务部门根据加油卡使用记录表将充值的油费转入相关费用。加油卡使用记录表如图 5 －55 所示：

加油卡使用记录表

序号	加油卡	时间	车牌号	公里数	加油数量（升）	单价	消费金额（元）	余额（元）	使用人
1	主卡	12 月 8 日						20 000.00	
2	主卡	12 月 10 日	粤 N6217 * *	34 000	45	7.24	325.80	19 674.20	申达
3	主卡	12 月 11 日	粤 N1123 * *	12 000	48	7.24	347.52	19 326.08	王刚
4	主卡	12 月 12 日	粤 N6217 * *	34 300	50	7.24	362.00	18 964.68	申达
5	主卡	12 月 12 日	粤 N1123 * *	12 340	48	7.24	347.52	18 617.16	王刚
6	主卡	12 月 12 日	粤 N6217 * *	34 600	48	7.24	347.52	18 269.64	申达
7	主卡	12 月 14 日	粤 N1123 * *	12 710	50	7.24	362.00	17 907.64	王刚
8	主卡	12 月 16 日	粤 N6217 * *	34 980	50	7.24	362.00	17 545.64	申达
9	主卡	12 月 18 日	粤 N6217 * *	35 280	50	7.51	375.50	17 170.14	申达
10	主卡	12 月 19 日	粤 N1123 * *	13 100	50	7.24	362.00	16 808.14	王刚
11	主卡	12 月 21 日	粤 N6217 * *	35 580	50	7.51	375.50	16 432.64	申达
12	主卡	12 月 24 日	粤 N6217 * *	35 890	48	7.51	360.48	16 072.16	申达
13	主卡	12 月 19 日	粤 N1123 * *	13 530	50	7.51	375.50	15 696.66	王刚
14	主卡	12 月 26 日	粤 N6217 * *	36 250	48	7.69	369.12	15 327.54	申达
15	主卡	12 月 28 日	粤 N6217 * *	36 570	48	7.69	369.12	14 958.42	申达
16	主卡	12 月 30 日	粤 N6217 * *	36 915	48	7.69	369.12	14 589.30	申达
合计							5 410.70		

图 5－55 加油卡使用记录表

【提示】加油卡充值业务，一般记在“应收账款”或“预付账款”科目，之后根据使用情况转入相关费用。在实际工作时，有的单位对充值业务直接记入相关费用。本书对充值业务采用记在“应收账款”或“预付账款”科目核算。

【92】业务要求：12 月 30 日，向×××基金捐赠，并开出转账支票。

操作方式：

（1）业务部门填写付款申请单，填写要求如图 5－56 所示：

付 款 申 请 单

申请人：	刘清玉	填制日期：	2015 年 12 月 11 日	附件张数：	1
付款金额（大写）：	肆万圆整			¥ 40 000.00	
收款人全称：	×××基金会				
开户银行及账号：	中国建设银行北京支行 9999 6655 3333 0001				
其他要求说明：					
付款方式：	□ 现金	□ 电汇	□ 现金支票	√ 转账支付	□ 其他
付款说明：	支付基金会捐赠款				
部门批准：	郑乙明	财务核对：	刘明远	总经理审批：	董德清

图 5－56 威力电机有限公司付款申请单

（2）财务部门根据付款申请单，填制电汇凭证，并办电汇手续。填写要求如图 5－57 所示：

中国建设银行 China Construction Bank　　**电 汇 凭 证**

币别：　　2015 年 12 月 30 日　　流水号：889989877622

汇款方式	☑ 普通　☐ 加急				
汇款人	全　称	威力电机有限公司	收款人	全　称	×××基金会
	账　号	4405 0166 8899 4433 0061		账　号	9999 6655 3333 0001
	汇出行名称	中国建设银行佛山锦隆花园支行		汇入行名称	建设银行北京支行
金额	（大写）肆万圆整			亿千百十万千百十元角分	¥4000000
中国建设银行佛山锦隆花园支行 2015.12.30 转讫			支付密码		
			附加信息及用途：捐赠款		
			此汇款支付给收款人。 威力电机有限公司 财务专用章　刘德伟印　客户签章		

第二联 付款人记账凭证

会计主管　刘明远　　授权　　复核　陈琳　　录入　王一明

图 5－57　电汇凭证

（3）提请受赠单位出具公益事业捐赠统一票据，并作为记账凭证，如图 5－58 所示：

公益事业捐赠统一票据

UNIFIED INVOICE OF DONATION FOR PUBLIC WELFARE

国　财 00201　　2015 年 12 月 30 日　　№1123900006

捐赠人 Donor：威力电机有限公司　　Y　M　D

捐赠项目 For purpose	实物（外币）种类 Material objects（Currency）	数量 Amount	千	百	十	万	千	百	十	元	角	分
救灾捐赠款					¥	4	0	0	0	0	0	0
金额合计（小写）In Figures					¥	4	0	0	0	0	0	0
金额合计（大写）In Words	零仟零佰零拾肆万零仟零佰零拾零圆零角零分											

（表头“金额 Tolal amount”横跨千至分各栏）

第二联 收据

接受单位（盖章）：Receiver's Seal（×××基金会）　　复核人：郑少明 Verified by　　开票人：林敏 Handling Person

感谢您对公益事业的支持！Thank you for support of public welfare!

图 5－58　公益事业捐赠统一票据（收据联）

【93】业务要求：12 月 30 日，收到债券利息（提示：2015 年 1 月 1 日购买 4 年期中海科技公司债券，票面价为 30 万元，票面利率为 8%；市场利率为 7.72%；购买价格为 302 750.4元）。

操作方式：财务部门收到债券利息到账回单，并根据到账回单进行相关账务处理。如图 5－59 所示：

中国建设银行
China Construction Bank

中国建设银行单位客户专用回单　　№.1331222

2015 年 12 月 30 日　　流水号：293840009887

付款人	全　称	中海科技公司	收款人	全　称	威力电机有限公司
	账　号	8811 5543 8918 1199		账　号	4405 0166 8899 4433 0061
	开户行	建行上海浦东支行		开户行	中国建设银行佛山锦隆花园支行
金　额		（大写）人民币贰万肆仟圆整			（小写）¥24 000.00
凭证种类		电子转账凭证	凭证号码		
结算方式		电汇	用　途		债券利息收入
汇款交易日期：20151230　支付清算业务类型：E114 汇款合约编号：2299938299890 实际付款人账户：8877 5543 8998 0099 汇入行行名：建行上海浦东支行 汇款备注：4281B			打印柜员：23877232323 打印机构：中国建设银行佛山支行 打印卡号：3934823232 汇款附言：4281B （印章：中国建设银行 电子回单专用章）		

打印时间：2015－12－30　15：35　　交易柜员：28322221　　交易机构：2328232

图 5－59　中国建设银行单位客户专用回单

【提示】

债券利息摊销是将债券的名义利息费用调整为实际利息费用的过程。公司发行的债券应于规定的付息期按债券面值和每一计息期的票面利率计算并支付利息，如果付息期与计息期不一致，根据权责发生制原因，每一计息期都应计算应付利息。公司债券支付或应付的利息是筹资的一种费用。公司各期支付或应付的债券利息，构成当期的债券利息费用。但只有在平价发行债券时，以上两者的数额才会相等，而在溢价或折价发行债券的情况下，各期支委会相等，而在溢价或折价发行债券的情况下，各项实际发行的债券利息费用，则应通过溢价或折价的摊销，对当期支付或应付的债券利息进行调整来确定。债券溢价，对发行债券的公司来说，是对债券购买者以后多付利息的事先收回，应逐期加计在少付的利息上。这样，就能正确反映各项实际负担的利息。公司债券以溢价或折价发行的作用，在于平衡发行债券公司的利息支出和投资公司的利息收入，使最终双方均能按市场利率支付利息费用和获得利息收入。公司债券溢价或折价的摊销方式有直线法和实际利息法两种。

实际利息法用债券的每期期初账面价值乘以实际利率来计算债券每期应计利息费用的方法。

本期利息费用 = 期初应付债券账面价值 × 实际利率

本期溢价（或折价）摊销额 =（本期票面利率 − 本期利息费用）（负数的绝对值为折价摊销额）

采用实际利息法，由于债券的账面价值随着债券溢价或折价的分摊而差减少或增加，因此，所计算出的应计利息费用也随之逐期减少或增加，因此，所计算出的应计利息费用也随之逐期减少或增加。每期应计利息费用和按票面利率计算的应计利息费用的差数，即为每期溢价或折价的摊销数。按实际利息法摊销公司债券溢折（或折价）时，在逐期增加（或减少）的债券账面价值上乘以固定的利率（发行时的市场利率），所以，实际利息费用的金额必须逐期增加（或减少），从递增（递减）的利息费用中减去每期支付的固定利息，得出的折价摊销额也逐期递增（递减）。

本案例利息费用与摊销的利息调整计算表如下：

利息费用与摊销的利息调整计算表

单位：元

付息日期	面值	支付利息	利息费用	摊销的利息调整	应付债券摊余成本
2015-1-1	300 000				302 750.40
2015-12-31		24 000	23 372.33	627.67	302 122.73
2016-12-31		24 000	23 323.87	676.13	301 446.61
2017-12-31		24 000	23 271.68	728.32	300 718.28
2018-12-31		24 000	23 215.45	*718.28	300 000.00

注：支付利息 = 面值 × 票面利率；利息费用 = 应付债券摊余成本 × 市场利率；摊销的利息调整 = 支付利息 - 利息费用。带 * 号的摊销利息调整是倒挤后计算出来。

实训六　利润形成、分配与结转核算

【94】**业务要求：**12 月 31 日，摊销本月无形资产，记入本月管理费用。

操作方式：

（1）财务部门每年年终都要对专利权、商标权、著作权、土地使用权、非专利技术、商誉等进行分析，对符合政策规定的无形资产进行摊销额计算，如表 6－1 所示：

表 6－1　　　　无形资产摊销清单（2015 年 12 月 30 日）

名称	购入日期	截止日期	期初应摊销金额	摊销期限（月）	摊销全额/月	本月摊销	至本期已摊销（月）	至本期已摊销金额	剩余未摊（月）	结余未摊金额
热保护器技术	2013－12－1	2023－11－30	128 000.00	120	1 066.67	1 066.67	37	39 466.79	83	88 533.21
合计：			128 000		1 066.67	1 066.67		39 466.79		88 533.21

注：热保护器技术是企业购买的专利技术，购买时支出未在计算应纳税所得额时扣除。

（2）财务部门根据无形资产摊销清单，确认费用承担对象，并记入对应对象。

【政策规定】《中华人民共和国企业所得税法》（以下简称《所得税法》）第十二条规定：

在计算应纳税所得额时，企业按照规定计算的无形资产摊销费用，准予扣除。

下列无形资产不得计算摊销费用扣除：

（一）自行开发的支出已在计算应纳税所得额时扣除的无形资产；

（二）自创商誉；

（三）与经营活动无关的无形资产；

（四）其他不得计算摊销费用扣除的无形资产。

《中华人民共和国企业所得税法实施条例》（以下简称《所得税法实施条例》）做出如下规定：

第六十五条　企业所得税法第十二条所称无形资产，是指企业为生产产品、提供劳务、出租或者经营管理而持有的、没有实物形态的非货币性长期资产，包括专利权、商标权、著作权、土地使用权、非专利技术、商誉等。

第六十七条 无形资产按照直线法计算的摊销费用，准予扣除。

无形资产的摊销年限不得低于 10 年。

作为投资或者受让的无形资产，有关法律规定或者合同约定了使用年限的，可以按照规定或者约定的使用年限分期摊销。

外购商誉的支出，在企业整体转让或者清算时，准予扣除。

新税法实施后符合规定的无形资产应按不低于 10 年的期限进行摊销。无形资产的摊销年限一经确定，便不能随意变更。由于客观经济环境改变，确实需要变更摊销年限的，应将变更作为会计估计变更处理。

【95】业务要求：12 月 31 日，支付本月水费。

操作方式：

（1）业务部门根据银行水费托收回单和发票，核对无误后，签字确认。如图 6－1、图 6－2 所示：

中国建设银行
China Construction Bank

中国建设银行单位客户专用回单 No. 6399233

2015 年 12 月 31 日 流水号：3938411066445

付款人	全　称	威力电机有限公司	收款人	全　称	佛山市供水管理局
	账　号	4405 0166 8899 4433 0061		账　号	8866 2221 0087 0023
	开户行	中国建设银行佛山锦隆花园支行		开户行	建行佛山支行
金　额		（大写）人民币贰拾陆万柒佰捌拾玖圆陆角肆分			（小写）¥260 789.64
凭证种类		托收凭证	凭证号码		
结算方式		托收	用　途		2015 年 12 月份水费
汇款交易日期：20151231 支付清算业务类型：E624 汇款合约编号：232345008123 实际付款人账户：4405 0166 8899 4433 0061 汇入行行名：中国建设银行佛山锦隆花园支行 汇款备注：5241B			打印柜员：23877232123 打印机构：中国建设银行佛山支行 打印卡号：3934823232 汇款附言：5241B		中国建设银行 电子回单 专用章

打印时间：2015－12－31 14：36 交易柜员：28322221 交易机构：2328232

图 6－1 中国建设银行单位客户专用回单

广东省国家税务局通用机打发票

发　票　联

全国统一发票监制章 广东省 国家税务局监制

发票代码　642599007009
发票号码　10997753
验 证 码　55437788

开票日期：2015 年 12 月 31 日　　行业分类：水电业

客户编号：0005622　　计费时段：2015. 12. 1—2015. 12. 30

客户名称：威力电机有限公司　　用水类型：工业企业

用电地址：广东省佛山市南海狮山新城工业区　　通讯地址：广东省佛山市南海狮山新城工业区

用户类型	上月行码	本月行码	容量水费	用水量（吨）	单价（元）	本月金额（元）
工业企业	1079804	1129802		49 998	4. 1	204 991. 80

抄表日期：2015 年 12 月 30 日　　代收污水处理费：53 997. 84 元
代收卫生清洁费：
代收垃圾处理费：1 800. 00

佛山市供水管理局 5419876611128 发票专用章

金额大写：贰拾陆万柒佰捌拾玖圆陆角肆分　　小写：¥260 789. 64

收费日期：2015/12/31　收费单位：　收款员：董明　开票人：董明（注：此票盖章有效，遗失不补）

粤国税征票函［2015］602号　深国瑞印刷服务中心制　代用名印刷中心承印

第一联　发票联（购物单位付款凭证）

发票查询网址：www. fapiao. gor. cn

图 6－2　水费通用机打发票（发票联）

（2）财务部门根据上述凭证进行相应的账务处理。

【96】业务要求：12 月 31 日，分配本月水费。

操作方式：

（1）业务部门根据各部门和生产车间用水量，编制当月水费分配表，编制要求如表 6－2 所示：

表 6－2　　威力电机有限公司水费12月份分配

项目 \ 部门		用水量	分配率（元/吨）	分配金额
企业管理部门		1 206	5. 216	6 290. 50
采购部		3 469	5. 216	18 094. 30
销售部		2 383	5. 216	12 429. 73
生产管理部				
——定子生产车间	YE3－200L－4 型	238	5. 216	1 241. 41
	YE3－225M－4 型	348	5. 216	1 815. 17
	YE2－132S1－2 型	259	5. 216	1 350. 94
	YE2－3551－4－355K 型	191	5. 216	996. 26

续表

项目 \ 部门		用水量	分配率（元/吨）	分配金额
——转子生产车间	YE3 - 200L - 4 型	1 450	5.216	7 563.20
	YE3 - 225M - 4 型	1 310	5.216	6 832.96
	YE2 - 132S1 - 2 型	2 580	5.216	13 457.28
	YE2 - 3551 - 4 - 355K 型	1 190	5.216	6 207.04
——总装车间	YE3 - 200L - 4 型	6 800	5.216	35 468.80
	YE3 - 225M - 4 型	13 004	5.216	67 828.86
	YE2 - 132S1 - 2 型	8 790	5.216	45 848.64
	YE2 - 3551 - 4 - 355K 型	6780	5.216	35 364.55
合计		49 998	5.216	260 789.64

（2）财务部门根据分配表，将水费分配到费用承担对象，并进行相应账务处理。

【97】业务要求：12 月 31 日，支付本月电费。

操作方式：

（1）业务部门根据银行电费托收回单和发票，核对无误后，签字确认。如图 6 - 3、图 6 - 4所示：

中国建设银行
China Construction Bank

中国建设银行单位客户专用回单 №.6399122

2015 年 12 月 31 日 流水号：39384000334212

付款人	全　称	广东电网公司佛山供电局	收款人	全　称	威力电机有限公司
	账　号	8866 9908 2233 7881		账　号	4405 0166 8899 4433 0061
	开户行	建行佛山支行		开户行	中国建设银行佛山锦隆花园支行
金　额		（大写）人民币壹拾叁万陆仟陆佰肆拾壹圆壹角陆分			（小写）¥136 641.16
凭证种类		托收凭证	凭证号码		
结算方式		托收	用　途		2015 年 12 月份电费
汇款交易日期：20151231 支付清算业务类型：E534 汇款合约编号：232345008771 实际付款人账户：8866 9908 2233 1278 汇入行行名：建行佛山支行 汇款备注：5251B			打印柜员：23877232123 打印机构：中国建设银行佛山支行 打印卡号：3934823232 汇款附言：5251B （印章：中国建设银行 电子回单专用章）		

打印时间：2015 - 12 - 31 14：35 交易柜员：28322221 交易机构：2328232

图 6 - 3 中国建设银行单位客户专用回单

广东省国家税务局通用机打发票

发票联

发票代码 142599988009
发票号码 10998801
验 证 码 12776660

开票日期：2015 年 12 月 31 日　　行业分类：水电业

客户编号：0008991　　计费时段：2015. 12. 1—2015. 12. 30
客户名称：威力电机有限公司　　用水类型：工业企业
用电地址：广东省佛山市南海狮山新城工业区　　通讯地址：广东省佛山市南海狮山新城工业区

电表号	上次行码	本次行码	倍率	抄表电量	退补电量	计费电量	电价	金额
099002	1290099	1469890	1	179791		179791	阶梯电价	136641. 16

基本电费用：　　力调电费：　　退补电费：　　违约金：

备注：

客户服务热线：95598

金额大写：壹拾叁万陆仟陆佰肆拾壹圆壹角陆分　　小写：￥136 641. 16

收费日期：2015/12/31　收费单位：　收款员：何明益　开票人：何明益（注：此票盖章有效，遗失不补）

广东电网公司佛山供电局 4419876600078 发票专用章

粤国税征票函［2015］602号　粤国瑞印刷服务中心制
代用名印刷中心承印

第一联 发票联（购物单位付款凭证）

发票查询网址：www. fapiao. gor. cn

图 6－4　电费通用机打发票（发票联）

（2）财务部门根据上述凭证进行相应的账务处理。

【98】业务要求：12 月 31 日，分配本月电费。

操作方式：

（1）业务部门根据各部门和生产车间用电量，编制当月电费分配表，编制要求如表 6－3 所示：

表 6－3　　威力电机有限公司电费12 月份分配

项目＼部门		用电数量	分配率（元/度）	分配金额
企业管理部门		1 700	0. 76	1 292. 00
采购部		4 607	0. 76	3 501. 32
销售部		6 490	0. 76	4 932. 40
生产管理部				
——定子生产车间	YE3－200L－4 型	4 100	0. 76	3116. 00
	YE3－225M－4 型	5 312	0. 76	4037. 12
	YE2－132S1－2 型	2 357	0. 76	1791. 32
	YE2－3551－4－355K 型	9 267	0. 76	7042. 92

续表

项目 \ 部门		用电数量	分配率（元/度）	分配金额
——转子生产车间	YE3－200L－4 型	3 480	0.76	2 644.80
	YE3－225M－4 型	6 290	0.76	4 780.40
	YE2－132S1－2 型	1 380	0.76	1 048.80
	YE2－3551－4－355K 型	5 380	0.76	4 088.80
——总装车间	YE3－200L－4 型	13 008	0.76	9 886.08
	YE3－225M－4 型	23 020	0.76	17 495.20
	YE2－132S1－2 型	35 600	0.76	27 056.00
	YE2－3551－4－355K 型	57 800	0.76	43 928.00
合计		179 791	0.76	136 641.16

（2）财务部门根据上述凭证进行相应的账务处理。

【99】业务要求：12 月 31 日，计提本月固定资产折旧。

操作方式：

（1）业务部门与财务部门根据《企业会计准则》要求，对企业房屋及建筑物、机械设备、运输工具、办公设备以及融资租赁固定资产分别计算其应计提的折旧额，计提要求如表 6－4～表 6－8 所示：

表 6－4　　房屋及建筑物固定资产折旧计算

2015 年 12 月份　　单位：元

编号	名称	使用部门	单位	数量	购进原值	使用年限	残值率%	预计净残值	已用月份	本月折旧	已计提累计折旧
1	办公楼	管理、供应、销售部门	幢	1	12 450 000.00	20	5%	622 500.00	26	49 281.25	1 330 593.75
2	A#生产车间	定子生产车间	幢	1	13 540 075.00	20	5%	677 003.75	26	53 596.13	1 447 095.52
3	B#生产车间	转子生产车间	幢	1	8 300 900.00	20	5%	415 045.00	26	32 857.73	887 158.69
4	C#生产车间	总装生产车间	幢	1	12 340 004.00	20	5%	617 000.20	26	48 845.85	1 318 837.93
5	公司仓库	供应部	幢	1	4 132 877.00	20	5%	206 643.85	26	16 359.30	441 701.23
	房屋、建筑物合计				50 763 866.00					200 940.26	5 425 387.11

注：采用平均年限法。

表 6 – 5　　机械设备固定资产折旧计算

2015 年 12 月份　　单位：元

编号	名称	使用部门	单位	数量	购进原值	使用年限	残值率%	预计净残值	已用月份	本月折旧	已计提累计折旧
1	生产设备	定子生产车间	台	102	5 356 880.00	5	5%	267 844.00	26	84 817.27	2 290 066.20
2	生产设备	转子生产车间	台	75	4 048 808.00	5	5%	202 440.40	26	64 106.13	1 730 865.42
3	生产设备	总装生产车间	台	92	6 853 278.00	5	5%	342 663.90	26	108 510.23	2 929 776.35
	机械设备合计				16 258 966.00					257 433.63	6 950 707.97

注：采用平均年限法。

表 6 – 6　　运输工具固定资产折旧计算

2015 年 12 月份　　单位：元

编号	名称	使用部门	单位	数量	购进原值	使用年限	残值率%	预计净残值	已用月份	本月折旧	已计提累计折旧
1	运输工具	销售部门	台	102	2 672 589.00	5	5%	133 629.45	13	42 315.99	592 423.90
	运输工具合计				2 672 589.00					42 315.99	592 423.90

注：采用平均年限法。

表 6 – 7　　办公设备固定资产折旧计算

2015 年 12 月份　　单位：元

编号	名称	使用部门	单位	数量	购进原值	使用年限	残值率%	预计净残值	已用月份	本月折旧	已计提累计折旧
1	办公设备	管理部门	台	102	942 150.00	3	5%	47 107.50	13	24 862.29	348 072.08
	办公设备合计				942 150.00					24 862.29	348 072.08

注：采用平均年限法。

表 6 – 8　　融资租入固定资产折旧计算

2015 年 12 月份　　单位：元

编号	名称	使用部门	单位	数量	购进原值	使用年限	残值率%	预计净残值	已用月份	本月折旧	已计提累计折旧
1	生产设备	总装车间	台	1	1 843 706.00	5	5%	92 185.30	0	29 192.01	29 192.01
	融资租入设备合计				1 843 706.00					29 192.01	29 192.01

注：采用平均年限法。

（2）业务部门和财务部门对上述计提的固定资产折旧表按照受益对象予以合理分配，分配表编制要求如表 6 – 9 所示：

表 6－9　　固定资产折旧分配

2015 年 12 月份　　单位：元

部门名称	产品名称	房屋与建筑物折旧	机械设备折旧	运输工具折旧	办公设备折旧	融资租入设备折旧	合计
企业管理部门		28 510.00			15 600.00		44 110.00
采购部		25 059.30			3 120.00		28 179.30
销售部		12 071.25		42 315.99	6 142.29		60 529.53
生产管理部							
——定子生产车间	YE3－200L－4 型	12 600.00	21 300.00				33 900.00
	YE3－225M－4 型	15 009.00	24 800.00				39 809.00
	YE2－132S1－2 型	14 500.00	12 490.00				26 990.00
	YE2－3551－4－355K 型	11 487.13	26 227.27				37 714.40
——转子生产车间	YE3－200L－4 型	10 680.00	14 600.00				25 280.00
	YE3－225M－4 型	7 800.00	16 782.00				24 582.00
	YE2－132S1－2 型	8 760.00	19 800.00				28 560.00
	YE2－3551－4－355K 型	5 617.73	12 924.13				18 541.86
——总装车间	YE3－200L－4 型	11 945.85	16 340.24			9 700.00	37 986.09
	YE3－225M－4 型	11 000.00	35 700.00			8 543.00	55 243.00
	YE2－132S1－2 型	12 400.00	21 890.00			5100.00	39 390.00
	YE2－3551－4－355K 型	13 500.00	34 580.00			5 849.01	53 929.01
合计		200 940.26	257 433.63	42 315.99	24 862.29	29 192.01	554 744.18

（3）财务部门根据上述分配表进行相关账务处理。

【相关知识点】

一、政策规定

固定资产的折旧有以下规定：

（1）应当计提折旧的固定资产。包括房屋、建筑物；在用的机器设备、运输车辆、器具、工具；季节性停用和大修理停用的机器设备；以经营租赁方式租出的固定资产；以融资租赁方式租人的固定资产；财政部确定的计提折旧的其他固定资产。

（2）不得提取折旧的固定资产。包括土地、房屋、建筑物以外未使用、不需用。封存的固定资产；以经营租赁方式租入的固定资产；已提足折旧继续使用的固定资产；按照规定提取维检费的固定资产；已在成本中一次性列支而形成的固定资产；破产关停企业的固定资产；财政部规定的其他不得计提折旧的固定资产，提前报废的固定资产不得补提折旧。

（3）提取折旧的方法和依据。纳税人的固定资产，应当从投入使用月份的次月起计提折旧；停止使用的固定资产，应当从停止使用月份的次月起，停止计提折旧。固定资产在计算折旧前，应当估计残值，从固定资产原价中减除，残值比例在原价的 5% 以内，由企业自行确定；由于情况特殊，需调整残值比例的，应报主管税务机关备案。

《企业会计准则——固定资产》中规定，对于已计提减值准备的固定资产在计提折旧时，应当按照该项固定资产的账面价值（即固定资产原价减去累计折旧和已计提的减值准备）以及尚可使用年限重新计算确定折旧率和折旧额；如果已计提减值准备的固定资产的价值又得以恢复，该项固定资产的折旧率和折旧额的确定方法，按照固定资产价值恢复后的账面价值，以及尚可使用年限重新计算确定折旧率和折旧额。就是说，计提固定资产减值准备以后，直接影响到固定资产应计折旧额或称折旧基数，若某个会计期末，一旦固定资产开始计提减值准备以后，不再适用原来按原价（如年限平均法）或账面净值（如双倍余额递减法）为基数计提固定资产折旧。这也意味着计提减值准备的当期期末变更了固定资产的计价政策，由固定资产净值计价改为按账面价值与可收回金额孰低计价，根据会计政策变更的会计处理办法，还应采用追溯调整法调整期初留存收益及相关项目的金额。

二、会计处理——发生减值情况下折旧计提规定

1. 计提固定资产减值准备

借：资产减值损失 ——计提的固定资产减值准备

　　贷：固定资产减值准备

2. 处置固定资产时同时结转减值准备

借：固定资产清理

　　累计折旧

　　固定资产减值准备

　　贷：固定资产——有关固定资产名称

三、案例说明——计提减值准备之后，固定资产折旧如何计提？

例 1：某工业企业生产用一台设备账面原价为 100 万元，预计使用年限 8 年，预计净残值率为 4%，采用年限平均法计提折旧，已使用 3 年，累计折旧额为 36 万元。第 4 年年末对该固定资产账面价值进行检查对比，其可收回金额为 40 万元，并采用追溯调整期初留存收益等相关项目。假设该固定资产第 1 年、第 2 年、第 3 年年末可收回金额分别为 85 万元、65 万元、50 万元。为方便本例说明，固定资产折旧在年末时按年计提，企业法定盈余公积和法定公益金提取比例分别是 10% 和 5%。

1. 计算由于会计政策变更的累积影响数（单位：万元；下同）

每年计提固定资产折旧 = （100 − 100 × 4%）/8 = 12

第 1 年应计提减值准备 = 100 − 12 − 85 = 3

第 2 年应计提减值准备 = 100 − 12 × 2 − 3 − 65 = 8

第 3 年应计提减值准备 = 100 − 12 × 3 − 8 − 50 = 6

按照《企业所得税税前扣除办法》的规定，企业计提的固定资产减值准备不能在应纳税所得额前扣除，所以，提取的减值准备金额只影响利润额，不影响当期应纳税所得额，无需调整所得税。

会计政策变更的累积影响数 = 3 + 8 + 6 = 17

（1）追溯调整的账务处理为：

第一步：

借：利润分配——未分配利润	17	
贷：固定资产减值准备		17

第二步：

借：盈余公积——法定盈余公积　　1.7

　　　　　　——法定公益金　　0.85

　贷：利润分配——未分配利润　　2.55

第三步：

第4年年末，未计提减值准备前固定资产折旧提取数仍为12万元。

（以下计提固定资产折旧和减值准备的会计分录略）

第4年年末可收回金额为40万元。

计提固定资产减值准备：

固定资产账面价值＝100－12×4－17＝35

固定资产可收回金额＝40

计提固定资产减值准备＝35－40＝－5

（2）计提减值准备以后固定资产折旧提取：

计提减值准备后根据固定资产账面价值是否变动，分别处理。

2. 固定资产账面价值未发生变动的情况

例2：沿用上述例1有关资料，第5年年末固定资产账面价值与可收回金额未发生变化，计提固定资产折旧为（单位：万元；下同）：

固定资产账面价值＝40

计提固定资产折旧额＝（40－100×4%）/4＝9

3. 固定资产账面价值再次发生减值的情况

例3：沿用上述例1有关资料，第6年年末固定资产可收回金额为20万元，计提固定资产折旧为：

固定资产账面价值＝40－9＝31

计提固定资产折旧额＝（31－100×4%）/3＝9

计提固定资产减值准备＝（31－9）－20＝2

4. 固定资产账面价值又得以恢复的情况

例4：沿用上述例1有关资料，第7年年末以前据以计提减值的各种因素发生变化，对单位生产产生有利影响，固定资产可收回金额为15万元。

固定资产账面价值＝20

计提固定资产折旧额＝（20－100×4%）/2＝8

计提固定资产减值准备＝（20－8）－15＝－3

5. 固定资产使用期届满年度的折旧提取

第8年固定资产账面价值＝15

计提固定资产折旧额＝15－100×4%＝11

固定资产净残值4万元（100×4%）最后体现在清理损益中。

应该注意以下两点：当某个会计期末，同时计提固定资产折旧和减值准备时，计提折旧在先，计提减值准备在后，顺序不能倒置。每年计提折旧的基数，一般应为上一年年末的可收回金额，因为此基数已充分考虑了折旧和减值准备数额，在此基础上再用固定资产计提折旧的方法确定折旧率和折旧额。

通过上述例子可知，第 4 年年末开始计提固定资产减值准备后，从第 5 年起各年计提折旧数额与原来的方法计提折旧数都不相同。该固定资产在其寿命期的 8 年内累计提取折旧额 85 万元（4×12+9+9+8+11），比应计折旧额 96 万元（100－100×4%）少 11 万元。原因是由于发生减值准备后，按照减去已计提减值准备数额作为计提折旧的基数，比原来计提折旧时的基数要小些，从而影响了各年计提折旧数额。同时，在这 8 年间计提固定资产减值准备合计为 11 万元（17－5+2－3），与计提折旧的累计数相加正好等于应计折旧额 96 万元。这也说明了对固定资产计提折旧和计提减值准备存在交叉，当某个期末可收回金额低于账面价值时，在以后会计期间会把应计折旧的一部分转入减值准备，反之，已计提减值准备的固定资产的价值又得以恢复时，把原已计提的减值准备金额的一部分调整回来，影响到下一期的折旧额，这样固定资产减值准备成为折旧的一项调整内容，共同调整固定资产的价值。计提固定资产减值准备后，虽然使各年计入成本费用的折旧额不一致，对当年的损益有所影响，但从固定资产的整个寿命期间来说，固定资产的价值转移最终不影响损益总额。

【100】业务要求：12 月 31 日，年终盘点库存存货和固定资产，对盘盈或盘亏处理。

操作方式：

（1）业务部门和财务部门对企业的库存存货和固定资产进行全面盘点，对盘盈或盘亏按有关规定进行报批，报批表编制如表 6－10 所示：

表 6－10　　威力电机有限公司固定资产盘盈盘亏报批表

时间：2015 年 12 月 31 日			文本编号：20161205
资产名称	点钞机一部	资产规格型号	金宝 yeyl202A5
计量单位及数量	1 台	所在地点	财务部
原值、评估值	4 800 元	折旧年限	3
已提折旧	0	开始使用日期	0
净值、折旧值	4 800	实际使用年限	0
盘盈（盘亏）原因	开户银行捐赠 使用部门：财务部　　2015 年 12 月 31 日		
主管审查意见	同意按盘盈处理 主管：廖清明　　2015 年 12 月 31 日		
财务部门意见	同意 部门主管理：刘远明　　2015 年 12 月 31 日		
总经理审批意见	同意 总经理：刘德伟　　2015 年 12 月 31 日		

注：本表一式三份，审批后，使用部门一份，行政部门一份，财务部门一份。

（2）财务部门根据固定资产盘盈盘亏报批表进行相应账务处理。

【101】业务要求：12 月 31 日，发放本月工资费用。

操作方式：

（1）企业人力资源管理部门编制工资发放表与汇总表，汇总表编制要求如表 6－11 所示：

（2）财务部门根据工资发放表办理银行代发业务，银行代发回单如图 6－5 所示：

表 6－11

2015 年 12 月份工资发放汇总

部门名称	总人数	基本工资	浮动工资	奖金	津贴	应发工资	养老保险	医疗保险	失业保险	公积金	工会会费	应纳税所得额	代缴个税	实发工资
企业管理部门	24	90 240.98	151 984.80	0	7 599.24	249 825.02	19 986.00	4 996.50	2 498.25	29 979.00	1 249.13	192 365.27	31 593.76	159 522.38
采购部	20	94 990.50	126 654.00	0	6 332.70	227 977.20	18 238.18	4 559.54	2 279.77	27 357.26	1 139.89	175 542.45	29 296.58	145 105.98
销售部	20	47 495.25	79 158.75	15 831.75	7 915.88	150 401.63	12 032.13	3 008.03	1 504.02	18 048.20	752.01	115 809.25	17 660.24	97 397.01
生产管理部	10	23 747.63	63 327.00	0.5	0.5	87 075.63	6 966.05	1 741.51	870.76	10 449.08	435.38	67 048.23	10 611.34	56 001.52
定子生产车间	65													
——YE3－200L－4 型	13	10 980.00	98 606.00			109 586.00	8 766.88	2 191.72	1 095.86	13 150.32	547.93	84 381.22	12 805.00	71 028.29
——YE3－225M－4 型	16	7 960.00	89 230.00			97 190.00	7 775.20	1 943.80	971.90	11 662.80	485.95	74 836.30	8 978.00	67 317.72
——YE2－132S1－2 型	23	6 580.00	128 904.00			135 484.00	10 838.72	2 709.68	1 354.84	16 258.08	677.42	104 322.68	7 985.00	95 660.26
——YE2－3551－4－355K 型	13	19 480.00	275 745.00	0	0	295 225.00	23 618.00	5 904.50	2 952.25	35 427	1 476.13	227 323.25	29 104.75	196 742.38
转子生产车间	56													
——YE3－200L－4 型	13	12 870.00	129 870.00			142 740.00	11 419.20	2 854.80	1 427.40	17 128.80	713.70	109 909.80	6 870.00	102 326.10
——YE3－225M－4 型	12	9 698.00	89 750.00			99 448.00	7 955.84	1 988.96	994.48	11 933.76	497.24	76 574.96	8 760.00	67 317.72
——YE2－132S1－2 型	18	12 808.00	97 498.00			110 306.00	8 824.48	2 206.12	1 103.06	13 236.72	551.53	84 935.62	11 208.00	73 176.09
——YE2－3551－4－355K 型	13	23 604.00	86 799.00	0	0	110 403.00	8 832.24	2 208.06	1 104.03	13 248.36	552.02	85 010.31	9 749.55	74 708.75
总装车间	26													
——YE3－200L－4 型	6	24 890.88	31 900.00		2 380	59 170.88	4 733.6704	1 560	345	7 100.51	295.85	45 431.70	3 790.00	41 345.85
——YE3－225M－4 型	8	21 780.00	23 490.00		1 490	46 760	3 740.8	1 490	279	5 611.20	233.80	35 639.00	5 680.00	29 725.20
——YE2－132S1－2 型	6	14 980.00	21 400		450	36 830	2 946.4	450	450	4 419.60	184.15	28 564.00	7 480	20 899.85
——YE2－3551－4－355K 型	6	9 592.00	37 198.60		1 379.43	48 170.03	3 853.60	318.62	835.31	5 780.40	240.85	37 382.09	7 279.64	29 861.60
合计		431 697.24	1 531 515.15	15 832.25	27 547.75	2 006 592.39	160 527.39	40 131.84	20 065.93	240 791.09	10 032.96	1 545 076.14	208 851.86	1 326 191.32

注：个人缴纳：养老保险按 8% 计提；医疗保险按 2% 计提；失业保险按 1% 计提；公积金按 12% 计提；个人缴纳的工会会费按工资总额的 5‰。

中国建设银行
China Construction Bank

中国建设银行单位客户专用回单　　　No. 133008822477

2015 年 12 月 31 日　　　流水号：2938400333455

付款人	全　称	威力电机有限公司	收款人	全　称	威力电机有限公司
	账　号	4405 0166 8899 4433 0061		账　号	1122 0000 8887 555
	开户行	中国建设银行佛山锦隆花园支行		开户行	中国建设银行佛山锦隆花园支行
金　额		（大写）人民币壹佰叁拾贰万陆仟壹佰玖拾壹圆叁角贰分			¥1 326 191. 32
凭证种类			凭证号码		
结算方式		转账	用　途		工资
			打印柜员：23877232323 打印机构：中国建设银行佛山支行 打印卡号：3934823777		中国建设银行 电子回单 专用章

打印时间：2015 - 12 - 31　　15：35　　　交易柜员：2832231　　　交易机构：2328232

图 6 - 5　中国建设银行单位客户专用回单

（3）财务部门根据上述凭证进行相应财务处理。

【102】业务要求：12 月 31 日，计提单位承担的“五险一金”。

操作方式：

（1）财务部门或人力资源部门按照有关规定计提单位承担的“五险一金”，发放汇总表编制要求如表 6 - 12 所示。

（2）财务部门根据上述表格进行相关账务处理。

【103】业务要求：12 月 31 日，计提本月职工福利费。（提示：目前一般不用计提，具体详见相关知识点）

【相关知识点】

根据《所得税法实施条例》第四十条规定：企业发生的职工福利费支出，不超过工资薪金总额 14% 的部分，准予扣除。因此，企业税前扣除时不是计提数而是实际发生的并且在 14% 范围之内的部分。根据财企［2007］48 号关于实施修订后的《企业财务通则》有关问题的通知，修订后的《企业财务通则》实施后，企业不再按照工资总额 14% 计提职工福利费，2007 年已经计提的职工福利费应当予以冲回。截至 2006 年 12 月 31 日，应付福利费账面余额（不含外商投资企业从税后利润中提取的职工福利及奖励基金余额）区别以下情况处理，上市公司另有规定的，从其规定：

一是余额为赤字的，转入 2007 年年初未分配利润，由此造成年初未分配利润出现负数的，依次以任意公积金和法定公积金弥补，仍不足弥补的，以 2007 年及以后年度实现的净利润弥补。

二是余额为结余的，继续按照原有规定使用，待结余使用完毕后，再按照修订后的《企业财务通则》执行。如果企业实行公司制改建或者产权转让，则应当按照《财政部关于

表 6－12

计提单位“五险一金”发放汇总

2015 年 12 月份

部门名称	应发工资	养老保险（1）	医疗保险（2）	失业保险（3）	公积金（4）	工伤保险（5）	生育保险（6）	合计（1－6）
企业管理部门	249 825.02	49 965.00	19 986.00	4 996.51	29 979.00	2 498.25	2 498.25	109 923.01
采购部	227 977.20	45 595.44	18 238.18	4 559.55	27 357.26	2 279.77	2 279.77	100 309.97
销售部	150 401.63	30 080.33	12 032.13	3 008.02	18 048.20	1 504.02	1 504.02	66 176.72
生产管理部	87 075.63	17 415.13	6 966.05	1 741.51	10 449.08	870.75	870.76	38 313.28
定子生产车间								
——YE3－200L－4 型	109 586.00	21 917.20	8 766.88	2 191.72	13 150.32	1 095.86	1 095.86	48 217.84
——YE3－225M－4 型	97 190.00	19 438.00	7 775.20	1 943.80	11 662.80	971.90	971.90	42 763.60
——YE2－132S1－2 型	135 484.00	27 096.80	10 838.72	2 709.68	16 258.08	1 354.84	1 354.84	59 612.96
——YE2－3551－4－355K 型	295 225.00	59 045.00	23 618.00	5 904.50	35 427.00	2 952.25	2 952.25	129 899.00
转子生产车间								
——YE3－200L－4 型	142 740.00	28 548.00	11 419.20	2 854.80	17 128.80	1 427.40	1 427.40	62 805.60
——YE3－225M－4 型	99 448.00	19 889.60	7 955.84	1 988.96	11 933.76	994.48	994.48	43 757.12
——YE2－132S1－2 型	110 306.00	22 061.20	8 824.48	2 206.12	13 236.72	1 103.06	1 103.06	48 534.64
——YE2－3551－4－355K 型	110 403.00	22 080.60	8 832.24	2 208.06	13 248.36	1 104.03	1 104.03	48 577.32
总装车间								
——YE3－200L－4 型	59 170.88	11 834.17	4 733.67	1 183.42	7 100.51	591.71	591.71	26 035.19
——YE3－225M－4 型	46 760.00	9 352.00	3 740.80	935.20	5 611.20	467.60	467.60	20 574.40
——YE2－132S1－2 型	36 830.00	7 366.00	2 946.40	736.60	4 419.60	368.30	368.30	16 205.20
——YE2－3551－4－355K 型	48 170.03	9 634.01	3 853.60	963.40	5 780.40	481.70	481.70	21 194.81
合计	2 006 592.39	401 318.48	160 527.39	40 131.85	240 791.09	20 065.92	20 065.93	882 900.66

注：单位承担的：养老金保险按 20% 计提；医疗保险按 8% 计提；失业保险按 2% 计提；公积金按 12% 计提；工伤保险按 1% 计提；生育保险按 1% 计提。

〈公司制改建有关国有资本管理与财务处理的暂行规定〉有关问题的补充通知》（财企［2005］12号）转增资本公积。

三是属于职工权益，如果改变用途的，应调整增加应纳税所得额。

【104】业务要求： 12月31日，计提本月职工工会经费、职工教育经费。

操作方式：

（1）企业人力资源部门或财务部门根据有关规定计提工费经费和教育经费，汇总表编制要求如表6－13所示：

表6－13　　计提“工会经费”与“教育经费”汇总

2015年12月　　单位：元

部门名称	应发工资	工费经费（1）	教育经费（2）	合计（1+2）
企业管理部门	249 825.02	4 996.50	3 747.38	8 743.88
采购部	227 977.20	4 559.54	3 419.66	7 979.20
销售部	150 401.63	3 008.03	2 256.02	5 264.05
生产管理部	87 075.63	1 741.51	1 306.13	3 047.64
定子生产车间		0	0	0
——YE3－200L－4型	109 586.00	2 191.72	1 643.79	3 835.51
——YE3－225M－4型	97 190.00	1 943.80	1 457.85	3 401.65
——YE2－132S1－2型	135 484.00	2 709.68	2 032.26	4 741.94
——YE2－3551－4－355K型	29 5225	5 904.50	4 428.38	10 332.88
转子生产车间		0	0	0
——YE3－200L－4型	142 740.00	2 854.80	2 141.10	4 995.90
——YE3－225M－4型	99 448.00	1 988.96	1 491.72	3 480.68
——YE2－132S1－2型	110 306.00	2 206.12	1 654.59	3 860.71
——YE2－3551－4－355K型	110 403.00	2 208.06	1 656.05	3 864.11
总装车间		0	0	0
——YE3－200L－4型	59 170.88	1 186.42	887.56	2 070.98
——YE3－225M－4型	46 760.00	935.20	701.40	1 636.60
——YE2－132S1－2型	36 830.00	736.60	552.45	1 289.05
——YE2－3551－4－355K型	48 170.03	963.40	722.55	1 685.95
合计	2 006 592.39	40 131.84	30 098.89	70 230.73

注：工费经费按2%计提；教育经费按1.5计提。

(2) 财务部门根据上述表格进行相关账务处理。

【相关知识点】

1. 工会经费定义

指工会依法取得并开展正常活动所需的费用。按《中华人民共和国工会法》，工会经费的主要来源是工会会员缴纳的会费和按每月全部职工工资总额的2%向工会拨交的经费这两项，其中2%工会经费是经费的最主要来源。

2. 工会经费来源

企业承担：根据《工会法》的规定，凡建立工会组织的企业、事业单位和机关，应按上月份全部职工工资总额的2%向工会拨交当月份的工会经费，并由工会按有关规定逐级上解。

个人承担：根据全国总工会1978年工发101号通知规定，工会会员每月应向工会组织缴纳本人每月基本收入5‰的会费。

3. 留成比例规定

各级工会经费留成比例为：基层工会的分成比例一般不少于60%，省、自治区、直辖市总工会和市、县总工会的分成比例不超过35%，具体各留多少，由省、自治区、直辖市总工会决定；5%上交全国总工会。

会费按每月会员基本工资的5‰缴纳，这部分不上交上级工会。

4. 开支范围

根据《中华人民共和国工会法》和其他有关文件精神，应当由各级财政和企业、事业、机关等单位行政方面承担的费用，不得由工会经费开支。工会经费主要用于为职工服务和工会活动。基层工会要按照所在省级工会确定的经费分成比例，及时足额上解经费。留成经费支出包括：

(1) 职工活动支出。指工会为会员及其他职工开展教育、文体、宣传等活动发生的支出。基层工会应将会员缴纳的会费全部用于会员活动支出。

职工教育方面。用于工会开展职工教育、业余文化、技术、技能教育所需的教材、教学、消耗用品；职工教育所需资料、教师酬金；优秀学员（包括自学）奖励；工会为职工举办政治、科技、业务、再就业等各种知识培训等。

文体活动方面。用于工会开展职工业余文艺活动、节日联欢、文艺创作、美术、书法、摄影等各类活动；文体活动所需设备、器材、用品购置费与维修；文艺汇演、体育比赛及奖励；各类活动中按规定开支的伙食补助费、夜餐费等；用会费组织会员开展集体活动等。

宣传活动方面。用于工会开展政治、时事、政策、科技讲座、报告会等宣传活动；工会组织技术交流、职工读书活动、网络宣传以及举办展览、板报等所消耗的用品；工会组织的重大节日宣传费；工会举办的图书馆、阅览室所需图书、工会报刊以及资料费等。

其他活动方面。除上述支出以外，用于工会开展的技能竞赛等其他活动的各项支出。

(2) 维权支出。指工会直接用于维护职工权益的支出。包括工会协调劳动关系和调解劳动争议、开展职工劳动保护、向职工群众提供法律咨询、法律服务等、对困难职工帮扶、向职工送温暖等发生的支出及参与立法和本单位民主管理等其他维权支出。

(3) 业务支出。指工会培训工会干部、加强自身建设及开展业务工作发生的各项支出。包括开展工会干部和积极分子的学习和培训所需教材资料和讲课酬金等；评选表彰优秀工会干部和积极分子的奖励；组织劳动竞赛、合理化建议、技术革新和协作活动；召开工会代表大会、委员会、经审会以及工会专业工作会议；开展外事活动、工会组织建设、建家活动、大型专题调研；经审专用经费、基层工会办公、差旅等其他专项业务的支出。

（4）资本性支出。指工会从事建设工程、设备工具购置、大型修缮和信息网络购建而发生的支出。包括房屋建筑物购建、办公设备购置、专用设备购置、交通工具购置、大型修缮、信息网络购建等资本性支出。

《中华人民共和国工会法》规定，各级人民政府和企业、事业单位、机关应当为工会办公和开展活动，提供必要的设施和活动场所等物质条件。在行政方面承担资本性支出的经费不足，并且基层工会有经费结余的情况下，工会经费可以用于必要的资本性支出。

5. 事业支出

它指对工会管理的为职工服务的文化、体育、教育、生活服务等独立核算的附属事业单位的补助和非独立核算的事业单位的各项支出。

6. 其他支出

其他支出指工会以上支出项目以外的各项开支：如用会费对会员的特殊困难补助、由工会组织的职工集体福利等方面的支出。

工会经费必须及时、足额收缴。不得截留、挪用，不得用于非职工服务和工会以外的开支；不得支付社会摊派或变相摊派的费用；不得为单位和个人提供资金拆借、经济担保和抵押。工会经费开支实行工会委员会集体领导下的主席负责制，重大开支集体研究决定。

【105】业务要求：12 月 31 日，按照实际耗用人工小时数，分配三个生产车间本月共担制造费用。

操作方式：

（1）业务部门根据各生产车间工时数对共担制造费用进行分配，编制分配表要求如表 6－14所示：

表 6－14　　三个生产车间共担制造费用分配　　单位：元

车间名称	三个车间公共制造费用	工时数	分配率	分配金额
定子生产车间	176 090. 55	520	149. 74	77 863. 16
转子生产车间		448	149. 74	67 082. 13
总装生产车间		208	149. 74	31 145. 26
合计数		1 176		176 090. 55

（2）财务部门根据上述表格进行相关账务处理。

【106】业务要求：12 月 31 日，按照新增在产品数对本月领用原材料进行分配。

操作方式：

（1）业务部门和财务部门根据本月各生产车间领用的原材料，合理在各在产品之间进行分配，编制分配表要求如表 6－15 所示：

表 6－15　本月领用原材料按新增在产品数分配

车间	在产品名称	合计	直接材料	新增在产品数（件）
定子车间在产品	YE3－200L－4 型定子	629 140.00	160 631.49	2 400
	YE3－225M－4 型定子		153 938.51	2 300
	YE2－132S1－2 型定子		187 403.40	2 800
	YE2－3551－4－355K 型定子		127 166.60	1 900
转子车间在产品	YE3－200L－4 型转子	476 300.00	96 833.55	1 600
	YE3－225M－4 型转子		139 198.22	2 300
	YE2－132S1－2 型转子		107 727.32	1 780
	YE2－3551－4－355K 型转子		132 540.91	2 190
总装车间在产品	YE3－200L－4 型电机	17 500.00	2 331.90	325
	YE3－225M－4 型电机		4 520.30	630
	YE2－132S1－2 型电机		3 723.86	519
	YE2－3551－4－355K 型电机		6 923.94	965

（2）财务部门根据上述表格进行相关账务处理。

【提示】生产车间领用原材料时，一般先计入该车间的制造费用，月末再将领用的原材料转入在产品的“直接材料”科目。

【107】业务要求：12 月 31 日，按照实际耗用人工小时数，分别分配三个生产车间本月制造费用。

操作方式：

（1）业务部门和财务部门按照工时数对三个车间共担的制造费用进行分配，编制分配明细明表要求如表 6－16 所示：

表 6－16　按工时数分配车间制造费用明细　单位：元

车间	在产品名称	合计	制造费用	工时数
定子车间	YE3－200L－4 型定子	134 029.16	26 805.84	104
	YE3－225M－4 型定子		32 991.79	128
	YE2－132S1－2 型定子		47 425.70	184
	YE2－3551－4－355K 型定子		26 805.83	104
转子车间	YE3－200L－4 型转子	81 258.13	18 863.50	104
	YE3－225M－4 型转子		17 412.46	96
	YE2－132S1－2 型转子		26 118.68	144
	YE2－3551－4－355K 型转子		18 863.49	104
总装车间	YE3－200L－4 型电机	34 243.26	7 902.29	48
	YE3－225M－4 型电机		10 536.39	64
	YE2－132S1－2 型电机		7 902.29	48
	YE2－3551－4－355K 型电机		7 902.29	48

表 6－17　　期末各车间生产要素投入、在产品与完工产品汇总数　　单位：元

车间	在产品名称	合计	直接材料	直接动力	直接人工	制造费用	新增投人在产品数	月初在产品数	期末完工产品	期末在产品
定子车间	YE3－200L－4 型定子	1 172 973.09	522 510.49	219 510.00	349 559.35	81 393.25	2 400	4 760	3 500	3 660
	YE3－225M－4 型定子	919 842.84	393 738.51	160 445.12	232 989.25	132 669.96	2 300	2 900	4 480	720
	YE2－132S1－2 型定子	1 251 126.26	517 203.40	247 599.32	347 928.90	138 394.64	2 800	3 850	3 640	3 010
	YE2－3551－4－355K 型定子	809 502.89	192 766.60	59 150.92	478 656.88	78 928.49	1 900	980	1 340	1 540
转子车间	YE3－200L－4 型转子	956 592.55	444 119.55	37 624.80	368 841.50	106 006.70	1 600	6 530	3 100	5 030
	YE3－225M－4 型转子	1 481 547.84	590 587.22	29 680.40	798 985.80	62 294.42	2 300	9 450	4 240	7 510
	YE2－132S1－2 型转子	1 085 863.43	540 407.32	136 168.80	301 351.35	107 935.96	1 780	9 045	3 550	7 275
	YE2－3551－4－355K 型转子	867 381.53	479 511.91	25 388.80	286 700.43	75 780.39	2 190	5 350	2 750	4 790
总装车间	YE3－200L－4 型电机	1 083 718.21	657 617.90	44 866.08	245 577.05	135 657.18	325	1 530	1 700	155
	YE3－225M－4 型电机	1 366 650.75	455 909.30	42 395.20	721 271.00	147 075.25	630	2 590	3 000	220
	YE2－132S1－2 型电机	1 350 495.04	862 403.86	162 176.00	192 974.25	132 940.93	519	2 100	1 780	839
	YE2－3551－4－355K 型电机	1 035 893.58	646 394.94	65 228.00	194 906.79	129 363.85	965	1 600	1 050	1 515

（2）财务部门根据上述表格进行相关账务处理。

【108】业务要求：12 月 31 日，计算本月定子生产车间、转子生产车间和总装车间产品成本。（提示：在产品的完工率按 50% 计算；直接材料为一次性投入；直接动力、直接人工、制造费用按在产品和完工产品的完工率进行分配。）

操作方式：

（1）业务部门与财务部门编制期末生产要素投入、在产品与完工产品数汇总表，为计算分担直接材料、直接动力、直接人工以及制造费用提供数据支撑。编制要求如表 6－17 所示。

（2）业务部门与财务部门根据上述表格编制期末完工成品与在产品分配率，编制要求如表 6－18 所示。

表 6－18　　期末各车间完工产品成本结转分配率　　单位：元

车间	在产品名称	合计	直接材料	直接动力	直接人工	制造费用	期末完工产品	期末在产品
定子车间	YE3－200L－4 型定子	195.01	72.98	41.18	65.58	15.27	3 500	3 660
	YE3－225M－4 型定子	184.42	75.72	33.15	48.14	27.41	4 480	720
	YE2－132S1－2 型定子	220.42	77.77	48.12	67.62	26.90	3 640	3 010
	YE2－3551－4－355K 型定子	359.22	66.93	28.03	226.85	37.41	1 340	1 540
转子车间	YE3－200L－4 型转子	145.90	54.63	6.70	65.69	18.88	3 100	5 030
	YE3－225M－4 型转子	161.70	50.26	3.71	99.94	7.79	4 240	7 510
	YE2－132S1－2 型转子	125.81	49.92	18.95	41.93	15.02	3 550	7 275
	YE2－3551－4－355K 型转子	138.98	63.60	4.93	55.72	14.73	2 750	4 790
总装车间	YE3－200L－4 型电机	594.23	354.51	25.24	138.16	76.32	1 700	155
	YE3－225M－4 型电机	434.43	141.59	13.63	231.92	47.29	3 000	220
	YE2－132S1－2 型电机	551.20	329.29	73.73	87.74	60.44	1780	839
	YE2－3551－4－355K 型电机	467.50	252.01	36.09	107.83	71.57	1 050	1 515

【提示】计算时特别注意：在产品的完工率按 50% 计算；直接材料为一次性投入；直接动力、直接人工、制造费用按在产品和完工产品的完工率进行分配。

（3）业务部门和财务部门根据期末在产品数、完工产品数以及对相分配率计算完工产品与在产品分配额，编制要求如表 6－19。

表 6－19　　期末各车间完工产品成本结转明细表　　单位：元

车间	在产品名称	合计	直接材料	直接动力	直接人工	制造费用	期末完工产品	期末在产品
定子车间	YE3－200L－4 型定子	682 535.00	255 430.00	144 130.00	229 530.00	53 445.00	3 500	3 660
	YE3－225M－4 型定子	826 201.60	339 225.60	148 512.00	215 667.20	122 796.80	4 480	720
	YE2－132S1－2 型定子	802 328.80	283 082.80	175 156.80	246 173.20	97 916.00	3 640	3 010
	YE2－3551－4－355K 型定子	481 354.80	89 686.20	37 560.20	303 979.00	50 129.40	1 340	1 540

续表

车间	在产品名称	合计	直接材料	直接动力	直接人工	制造费用	期末完工产品	期末在产品
转子车间	YE3 -200L -4 型转子	452 290.00	169 353.00	20 770.00	203 639.00	58 528.00	3 100	5 030
	YE3 -225M -4 型转子	685 608.00	213 102.40	15 730.40	423 745.60	33 029.60	4 240	7 510
	YE2 -132S1 -2 型转子	446 625.50	177 216.00	67 237.00	148 851.50	53 321.00	3 550	7 275
	YE2 -3551 -4 -355K 型转子	382 195.00	174 900.00	13 557.50	153 230.00	40 507.50	2 750	4 790
总装车间	YE3 -200L -4 型电机	1 010 191.00	602 667.00	42 908.00	234 872.00	129 744.00	1 700	155
	YE3 -225M -4 型电机	1 303 290.00	424 770.00	40 890.00	695 760.00	141 870.00	3 000	220
	YE2 -132S1 -2 型电机	981 136.00	586 136.20	131 239.40	156 177.20	107 583.20	1 780	839
	YE2 -3551 -4 -355K 型电机	490 875.00	264 610.50	37 894.50	113 221.50	75 148.50	1 050	1 515
合计		8 544 630.70	3 580 179.70	875 585.80	3 124 846.20	964 019.00		

（4）财务部门根据上述表格进行结转相关完工产品成本。

【提示】表 6 -18 和表 6 -19 中的分配率与分配额将为下一步计算加权平均成本和完工产品入库成本提供数据支撑。

【109】业务要求： 12 月 31 日，结转本月已销售产品成本。

操作方式：

（1）财务部门根据上述完工产品分配率与初期产品价格数量，测算本期产成品的加权平均成本，为结转本期销售成本提供数据支撑。测算表编制要求如表 6 -20 所示：

表 6 -20　　本期产成本加权平均成本测算

产品名称	计量单位	期初产成品数量价格			本期入库产成品数量价格			加权平均成本（元）
		数量	单位成本（元）	金额	数量	单位成本（元）	金额	
YE3 -200L -4 型电机	台	1 876	385	722 260.00	1 700	594.23	1 010 191.00	484.47
YE3 -225M -4 型电机	台	2 765	423	1 169 595.00	3 000	434.43	1 303 290.00	429.95
YE2 -132S1 -2 型电机	台	1 354	355	480 670.00	1 780	551.2	981 136.00	466.43
YE2 -3551 -4 -355K 型电机	台	1 123	325	364 975.00	1 050	467.5	490 875.00	393.86
合计				2 737 500.00			3 785 492.00	

（2）财务部门根据上述加权平均成本计算本期销售成本，编制要求如表 6 -21 所示：

表 6－21 **本月销售产品成本结转汇总**

2015 年 12 月

单位：元

产品名称	销售数量	售后退回数量	单位	单位成本	金额	备注
YE3－200L－4 型电机	2 115		台	484.47	1 024 654.05	其中 15 台是委托销售
YE3－255M－4 型电机	3 100	30	台	429.95	1 319 946.5	
YE2－132S1－2 型电机	1 300		台	466.43	606 359.00	
YE2－3551－4－355K 型电机	1 550		台	393.86	610 483.00	
合计	人民币叁佰伍拾陆万壹仟肆佰肆拾贰圆伍角伍分				3 561 442.55	

注：根据本月产成品加权平均成本测算。

（3）财务部门根据上述表格进行相关账务处理。

【110】业务要求：12 月 31 日，根据账龄分析表，计提本月坏账准备。

操作方式：

（1）根据应收账款 2015 年 12 月 31 日账面余额情况，按照账龄分析法，对企业计提 2015 年坏账准备，编制要求如表 6－22 所示：

表 6－22 **计提坏账准备明细**

2015 年

项目	科目	2015 年 12 月 31 日账面余额	明细		计提坏账基数
			科目	余额	
1	应收账款	636 879.00	应收账款——云南机床制造有限公司	321 798.00	636 879.00
			应收账款——贵州冲压机制造有限公司	216 321.00	
			应收账款——大连数控设备有限公司	98 760.00	
2	合计	636 879.00		636 879.00	636 879.00
3	坏账计提比例（一年以内）				5.00%
4	应计提坏账准备（贷方）				31 843.95
5	2015 年计提前坏账准备余额（贷方）				5 600.00
6	2015 年应补计提坏账准备				26 243.95

（2）财务部门根据上述表格进行相关账务处理。

【相关知识点】

一、政策规定

《中华人民共和国企业所得税法》第八条“企业实际发生的与取得收入有关的、合理的支出，包括成本、费用、税金、损失和其他支出，准予在计算应纳税所得额时扣除。”

《中华人民共和国企业所得税法实施条例》第三十二条“企业所得税法第八条所称损失，是指企业在生产经营活动中发生的固定资产和存货的盘亏、毁损、报废损失，转让财产损失，呆账损失，坏账损失，自然灾害等不可抗力因素造成的损失以及其他损失。企业发生的损失，减除责任人赔偿和保险赔款后的余额，依照国务院财政、税务主管部门的规定扣除。企业已经作为损失处理的资产，在以后纳税年度又全部收回或者部分收回时，应当计入当期收入。”

《企业所得税税前扣除办法》第四十五条规定，纳税人发生的坏账损失，原则上应按实际发生额据实扣除。经报税务机关批准，也可提取坏账准备金。提取坏账准备金的纳税人发生的坏账损失，应冲减坏账准备金；实际发生的坏账损失，超过已提取的坏账准备的部分，可在发生当期直接扣除；已核销的坏账收回时，应相应增加当期的应纳税所得。

第四十七条　纳税人符合下列条件之一的应收账款，应作为坏账处理：

（一）债务人被依法宣告破产、撤销，其剩余财产确实不足清偿的应收账款；

（二）债务人死亡或依法被宣告死亡、失踪，其财产或遗产确实不足清偿的应收账款；

（三）债务人遭受重大自然灾害或意外事故，损失巨大，以其财产（包括保险赔款等）确实无法清偿的应收账款；

（四）债务人逾期未履行偿债义务，经法院裁决，确实无法清偿的应收账款；

（五）逾期3年以上仍未收回的应收账款；

（六）经国家税务总局批准核销的应收账款；

《企业财产损失所得税前扣除管理办法》第七条规定，企业因应收、预付账款发生的坏账损失，须经税务机关审批才能在申报企业所得税时扣除。

因此，单位实际发生的符合上述条件的“坏账损失”则可以在税前扣除。

二、实务操作

1. 计提坏账准备

借：资产减值损失

　　贷：坏账准备

应收账款账面价值的计算要减去计提的坏账准备，坏账准备增加，应收账款科目余额并没有发生变化，所以计提坏账准备会减少应收账款的账面价值。

2. 发生坏账损失

借：坏账准备

　　贷：应收账款

由此可见，坏账准备和应收账款同时减少，因此并不影响应收账款的账面价值。

3. 收回已转销的坏账

借：应收账款

　　贷：坏账准备

借：银行存款

　　贷：应收账款

从分录中可以看出，应收账款的账面余额没有发生变化，但是坏账准备增加，因此应收账款的账面价值发生变化。

4. 冲减已计提的坏账准备

借：坏账准备

　　贷：资产减值损失

由此可见，坏账准备减少，会增加应收账款的账面价值。

三、计提方法

常见的坏账准备计提方法：备抵法、账龄分析法，计提坏账准备通常采用下面公式计算：

当期实际提取坏账准备 = 当期应收款项计算的应提坏账准备金额 - 坏账准备贷方金额（或 + 坏账准备借方余额）；若为零则不必计提。

备抵法：当期应计提坏账准备金额 = 本期应收账款余额 × 坏账准备计提比例

【111】业务要求：12 月 31 日，根据原材料市场行情预测，计提原材料存货跌价准备。

操作要求：

（1）业务部门和财务部门根据原材料市场行情预测和提计存货跌价准备规定，编制原材料跌价准备计提表，编制要求如表 6 - 23 所示：

表 6 - 23　　原材料跌价准备计提　　单位：元

类别/品种	计量单位	账面存货			期末可变现价值		本期应提跌价准备	本期已提跌价准备	计提跌价准备的原因
		数量	单价	金额	单价	金额			
电工钢带	吨	97.50	14 410.00	1 404 975.00	14 100.00	1 374 750.00	30 225.00	—	市场价格下跌
						—	—		
原材料准备合计						1 374 750.00	30 225.00	—	

（2）财务部门根据上述表格进行相关账务处理。

【112】业务要求：12 月 31 日，根据新能源公司财务经营状况，计提长期投资减值准备。

操作方式：

（1）业务部门和财务部门根据新能源公司财务经营状况和提计长期股权投资跌价准备规定，编制长期股权投资跌价准备计提表，编制要求如表 6 - 24 所示：

表 6 - 24　　长期股权投资跌价准备计提　　单位：元

类别/品种	计量单位	账面存货			期末可变现价值		本期应提跌价准备	本期已提跌价准备	计提跌价准备的原因
		数量	单价	金额	单价	金额			
新能源公司	股	10 000.00	100.00	1 000 000.00	87.00	870 000.00	130 000.00	—	市场价格下跌
						—	—		
长期股权投资准备合计				1 000 000.00		870 000.00	130 000.00	—	

（2）财务部门根据上述表格进行相关账务处理。

【113】业务要求： 12 月 31 日，根据技术发展情况、设备市场等综合情况，计提固定资产减值准备。

操作方式：业务部门和财务部门根据技术发展情况、设备市场等综合情况和计提固定资产跌价准备规定，编制固定资产跌价准备计提表，编制要求如表 6－25 所示：

表 6－25　　固定资产跌价准备计提　　单位：元

类别/品种	计量单位	账面存货			期末可变现价值		期初跌价准备余额	本期应提跌价准备	本期已提跌价准备	计提跌价准备的原因
		数量	单价	金额	单价	金额				
机械臂	台	1.00	345 789.00	345 789.00	285 490.00	285 490.00		60 299.00	—	市场价格下跌
						—		—		
固定资产减值准备合计				345 789.00		285 490.00	—	60 299.00	—	

【114】业务要求： 12 月 31 日，处理本月盘盈、盘亏原材料、存货以及固定资产。

操作方式：

（1）业务部门和财务部门根据期末盘点情况，编制盘盈盘亏报告表，编制要求如表 6－26 所示：

表 6－26　　威力电机有限公司盘盈盘亏报告

2015 年 12 月 31 日　　单位：元

名品	规格	单位	单价	账面数量	盘点数量	盘盈		盘亏		使用部门	情况说明
						数量	金额	数量	金额		
电瓶车	CFED	部	2 699	无	无	2	5 398			供应部	供应商捐赠
计算机	自行组装	台	3 680	无	无	3	11 040			供应部	自行组装，未入账
打印机	惠普 P1606DN	台	3 160	无	无	1	3 160			财务部	股东捐赠
合计		大写：人民币壹万玖仟伍佰玖拾捌圆整					19 598				
同意 审批意见：刘德伟				同意 财务部意见：刘远明			同意 主管意见：廖清明				同意 仓库意见：张德志

（2）财务部门根据上述表格进行相关账务处理。

【115】业务要求： 12 月 31 日，计算本月应交增值税。

【116】业务要求： 12 月 31 日，计算本月应交城市维护建设税和教育费附加。

【117】业务要求： 12 月 31 日，计算应交所得税。

【相关知识点】 企业所得税税前扣除项目有哪些?

（一）公益性捐赠

企业发生的公益性捐赠支出，在年度利润总额12%以内的部分，准予在计算应纳税所得额时扣除。年度利润总额，是指企业依照国家统一会计制度规定计算的大于零的数额。

公益性捐赠是指企业通过公益性社会团体（同时具备9个条件）、或者县级以上人民政府及其部门，用于《中华人民共和国公益事业捐赠法》规定的公益事业的捐赠。

（二）工资薪金支出

企业发生的合理的工资薪金支出，准予扣除。

工资薪金，是指企业每一纳税年度支付给在本企业任职或者受雇的员工的所有现金形式或者非现金形式的劳动报酬，包括基本工资、奖金、津贴、补贴、年终加薪、加班工资，以及与员工任职或者受雇有关的其他支出。

“合理工资薪金”，是指企业按照股东大会、董事会、薪酬委员会或相关管理机构制订的工资薪金制度规定实际发放给员工的工资薪金。可按以下原则掌握：

（1）企业制订了较为规范的员工工资薪金制度。

（2）企业所制订的工资薪金制度符合行业及地区水平。

（3）企业在一定时期所发放的工资薪金是相对固定的，工资薪金的调整是有序进行的。

（4）企业对实际发放的工资薪金，已依法履行了代扣代缴个人所得税义务。

（5）有关工资薪金的安排，不以减少或逃避税款为目的。

“工资薪金总额”，是指企业按照上述规定实际发放的工资薪金总和，不包括企业承担的职工福利费、职工教育经费、工会经费以及养老保险费、医疗保险费、失业保险费、工伤保险费、生育保险费等社会保险费和住房公积金。属于国有性质的企业，其工资薪金，不得超过政府有关部门给予的限定数额；超过部分，不得计入企业工资薪金总额，也不得在计算企业应纳税所得额时扣除。

（三）社会保险支出

（1）基本保险：企业依照国务院有关主管部门或者省级人民政府规定的范围和标准为职工缴纳的基本养老保险费、基本医疗保险费、失业保险费、工伤保险费、生育保险费等基本社会保险费和住房公积金，准予扣除。

（2）补充医疗、补充养老：企业根据国家有关政策规定，为在本企业任职或者受雇的全体员工支付的补充养老保险费、补充医疗保险费，分别在不超过职工工资总额5%标准内的部分，在计算应纳税所得额时准予扣除；超过的部分，不予扣除。

（3）其他保险：人身安全保险费、财产保险据实扣除。除企业依照国家有关规定为特殊工种职工支付的人身安全保险费和国务院财政、税务主管部门规定可以扣除的其他商业保险费（强制险：如航空意外险）外，企业为投资者或者职工支付的商业保险费，不得扣除。

（四）借款费用

基本规定：企业在生产经营活动中发生的合理的不需要资本化的借款费用，准予扣除。

1. 企业间借款

企业在生产经营活动中发生的下列利息支出，准予扣除：

（1）非金融企业向金融企业借款的利息支出、金融企业的各项存款利息支出和同业拆借利息支出、企业经批准发行债券的利息支出。

（2）非金融企业向非金融企业借款的利息支出，不超过按照金融企业同期同类贷款利率计算的数额的部分。

根据《所得税法实施条例》第三十八条规定，非金融企业向非金融企业借款的利息支出，不超过按照金融企业同期同类贷款利率计算的数额的部分，准予税前扣除。鉴于目前我国对金融企业利率要求的具体情况，企业在按照合同要求首次支付利息并进行税前扣除时，应提供“金融企业的同期同类贷款利率情况说明”，以证明其利息支出的合理性。

“金融企业的同期同类贷款利率情况说明”中，应包括在签订该借款合同当时，本省任何一家金融企业提供同期同类贷款利率情况。该金融企业应为经政府有关部门批准成立的可以从事贷款业务的企业，包括银行、财务公司、信托公司等金融机构。“同期同类贷款利率”是指在贷款期限、贷款金额、贷款担保以及企业信誉等条件基本相同下，金融企业提供贷款的利率。既可以是金融企业公布的同期同类平均利率，也可以是金融企业对某些企业提供的实际贷款利率。

2. 企业向自然人借款

企业向股东或其他与企业有关联关系的自然人借款的利息支出，应根据《所得税法》第四十六条及《财政部、国家税务总局关于企业关联方利息支出税前扣除标准有关税收政策问题的通知》（财税〔2008〕121号）规定的条件，计算企业所得税扣除额。

企业向除上述规定以外的内部职工或其他人员借款的利息支出，其借款情况同时符合以下条件的，其利息支出在不超过按照金融企业同期同类贷款利率计算的数额的部分，根据《所得税法》第八条和《所得税法实施条例》第二十七条规定，准予扣除。

（1）企业与个人之间的借贷是真实、合法、有效的，并且不具有非法集资目的或其他违反法律、法规的行为。

（2）企业与个人之间签订了借款合同。

特殊规定：

（1）企业接受关联方债权性投资利息支出问题。

（i）在计算应纳税所得额时，企业实际支付给关联方的利息支出，不超过以下规定比例和《所得税法》及《所得税法实施条例》有关规定计算的部分，准予扣除，超过的部分不得在发生当期和以后年度扣除。

企业实际支付给关联方的利息支出，除符合财税［2008］121号第二条规定外，其接受关联方债权性投资与其权益性投资比例为：

A. 金融企业，为5：1；

B. 其他企业，为2：1。

（ii）企业如果能够按照税法及其实施条例的有关规定提供相关资料，并证明相关交易活动符合独立交易原则的；或者该企业的实际税负不高于境内关联方的，其实际支付给境内关联方的利息支出，在计算应纳税所得额时准予扣除。

（iii）企业同时从事金融业务和非金融业务，其实际支付给关联方的利息支出，应按照合理方法分开计算；没有按照合理方法分开计算的，一律按本通知其他企业的比例计算准予税前扣除的利息支出。

（2）投资者投资未到位而发生的利息支出。

凡企业投资者在规定期限内未缴足其应缴资本额的，该企业对外借款所发生的利息，相当于投资者实缴资本额与在规定期限内应缴资本额的差额应计付的利息，其不属于企业合理的支出，应由企业投资者负担，不得在计算企业应纳税所得额时扣除。

（五）三项费用

（1）职工福利费：企业发生的职工福利费支出，不超过工资薪金总额14%的部分，准予扣除。

职工福利费，包括以下内容：

（i）尚未实行分离办社会职能的企业，其内设福利部门所发生的设备、设施和人员费用，包括职工食堂、职工浴室、理发室、医务所、托儿所、疗养院等集体福利部门的设备、设施及维修保养费用和福利部门工作人员的工资薪金、社会保险费、住房公积金、劳务费等。

（ii）为职工卫生保健、生活、住房、交通等所发放的各项补贴和非货币性福利，包括企业向职工发放的因公外地就医费用、未实行医疗统筹企业职工医疗费用、职工供养直系亲属医疗补贴、供暖费补贴、职工防暑降温费、职工困难补贴、救济费、职工食堂经费补贴、职工交通补贴等。

（iii）按照其他规定发生的其他职工福利费，包括丧葬补助费、抚恤费、安家费、探亲假路费等。

企业发生的职工福利费，应该单独设置账册，进行准确核算。没有单独设置账册准确核算的，税务机关应责令企业在规定的期限内进行改正。逾期仍未改正的，税务机关可对企业发生的职工福利费进行合理的核定。

关于以前年度职工福利费余额的处理：

企业2008年以前按照规定计提但尚未使用的职工福利费余额，2008年及以后年度发生的职工福利费，应首先冲减上述的职工福利费余额，不足部分按新税法规定扣除；仍有余额的，继续留在以后年度使用。企业2008年以前节余的职工福利费，已在税前扣除，属于职工权益，如果改变用途的，应调整增加企业应纳税所得额。

（2）工会经费：企业拨缴的工会经费，不超过工资薪金总额2%的部分，准予扣除。

自2010年7月1日起，企业拨缴的职工工会经费，不超过工资薪金总额2%的部分，凭工会组织开具的《工会经费收入专用收据》在企业所得税税前扣除。

（3）职工教育经费：除国务院财政、税务主管部门另有规定外，企业发生的职工教育经费支出，不超过工资薪金总额2.5%的部分，准予扣除；超过部分，准予在以后纳税年度结转扣除。

关于以前年度职工教育经费余额的处理：

对于在2008年以前已经计提但尚未使用的职工教育经费余额，2008年及以后新发生的职工教育经费应先从余额中冲减。仍有余额的，留在以后年度继续使用。

（六）业务招待费

企业发生的与生产经营活动有关的业务招待费支出，按照发生额的60%扣除，但最高不得超过当年销售（营业）收入的5‰。

对从事股权投资业务的企业（包括集团公司总部、创业投资企业等），其从被投资企业所分配的股息、红利以及股权转让收入，可以按规定的比例计算业务招待费扣除限额。

（七）广告宣传费

基本规定：企业发生的符合条件的广告费和业务宣传费支出，除国务院财政、税务主管部门另有规定外，不超过当年销售（营业）收入15%的部分，准予扣除；超过部分，准予在以后纳税年度结转扣除。

特殊规定：

（1）对化妆品制造与销售、医药制造和饮料制造（不含酒类制造，下同）企业发生的广告费和业务宣传费支出，不超过当年销售（营业）收入30%的部分，准予扣除；超过部分，准予在以后纳税年度结转扣除。

（2）对签订广告费和业务宣传费分摊协议（以下简称分摊协议）的关联企业，其中一方发生的不超过当年销售（营业）收入税前扣除限额比例内的广告费和业务宣传费支出可以在本企业扣除，也可以将其中的部分或全部按照分摊协议归集至另一方扣除。另一方在计算本企业广告费和业务宣传费支出企业所得税税前扣除限额时，可将按照上述办法归集至本企业的广告费和业务宣传费不计算在内。

（3）烟草企业的烟草广告费和业务宣传费支出，一律不得在计算应纳税所得额时扣除。

（4）上述规定自2011年1月1日起至2015年12月31日止执行。

（5）对从事股权投资业务的企业（包括集团公司总部、创业投资企业等），其从被投资企业所分配的股息、红利以及股权转让收入，可以按规定的比例计算业务招待费扣除限额。

（八）企业提取的专项基金

企业依照法律、行政法规有关规定提取的用于环境保护、生态恢复等方面的专项资金，准予扣除。上述专项资金提取后改变用途的，不得扣除。

对于特殊行业的特定资产，根据国家法律、法规和国际条约，承担环境保护和生态恢复等业务，如核电站设施等弃置和恢复环境业务。有专门和特定用途。

（九）租赁支出

企业根据生产经营活动的需要租入固定资产支付的租赁费，按照以下方法扣除：

（1）以经营租赁方式租入固定资产发生的租赁费支出，按照租赁期限均匀扣除。

（2）以融资租赁方式租入固定资产发生的租赁费支出，按照规定构成融资租入固定资产价值的部分应当提取折旧费用，分期扣除。

（十）劳动保护支出

企业发生的合理的劳动保护支出，准予扣除。

（十一）营业机构内部往来

企业之间支付的管理费、企业内营业机构之间支付的租金和特许权使用费，以及非银行企业内营业机构之间支付的利息，不得扣除。

非居民企业在中国境内设立的机构、场所，就其中国境外总机构发生的与该机构、场所生产经营有关的费用，能够提供总机构出具的费用汇集范围、定额、分配依据和方法等证明文件，并合理分摊的，准予扣除。

（十二）手续费、佣金支出

企业发生与生产经营有关的手续费及佣金支出，不超过以下规定计算限额以内的部分，准予扣除；超过部分，不得扣除。

（1）保险企业：财产保险企业按当年全部保费收入扣除退保金等后余额的15%（含本数，下同）计算限额；人身保险企业按当年全部保费收入扣除退保金等后余额的10%计算限额。

（2）其他企业：按与具有合法经营资格中介服务机构或个人（不含交易双方及其雇员、代理人和代表人等）所签订服务协议或合同确认的收入金额的5%计算限额。

企业应与具有合法经营资格中介服务企业或个人签订代办协议或合同，并按国家有关规定支付手续费及佣金。除委托个人代理外，企业以现金等非转账方式支付的手续费及佣金不得在税前扣除。企业为发行权益性证券支付给有关证券承销机构的手续费及佣金不得在税前扣除。

企业不得将手续费及佣金支出计入回扣、业务提成、返利、进场费等费用。

企业已计入固定资产、无形资产等相关资产的手续费及佣金支出，应当通过折旧、摊销等方式分期扣除，不得在发生当期直接扣除。

（十三）汇兑损失

企业在货币交易中，以及纳税年度终了时将人民币以外的货币性资产、负债按照期末即期人民币汇率中间价折算为人民币时产生的汇兑损失，除已经计入有关资产成本以及与向所有者进行利润分配相关的部分外，准予扣除。

（十四）企业员工服饰费用支出扣除

企业根据其工作性质和特点，由企业统一制作并要求员工工作时统一着装所发生的工作服饰费用，根据《所得税法实施条例》第二十七条的规定，可以作为企业合理的支出给予税前扣除。

（十五）资产损失的扣除

（1）资产是指企业拥有或者控制的、用于经营管理活动相关的资产，包括现金、银行存款、应收及预付款项（包括应收票据、各类垫款、企业之间往来款项）等货币性资产，存货、固定资产、无形资产、在建工程、生产性生物资产等非货币性资产，以及债权性投资和股权（权益）性投资。

准予在企业所得税税前扣除的资产损失，是指企业在实际处置、转让上述资产过程中发生的合理损失（以下简称实际资产损失），以及企业虽未实际处置、转让上述资产，但符合《财政部、国家税务总局关于企业资产损失税前扣除政策的通知》（财税〔2009〕57号）（以下简称《通知》）》和《企业资产损失所得税税前扣除管理办法》规定条件计算确认的损失（以下简称法定资产损失）。

（2）企业清查出的现金短缺减除责任人赔偿后的余额，作为现金损失在计算应纳税所得额时扣除。

（3）企业将货币性资金存入法定具有吸收存款职能的机构，因该机构依法破产、清算，或者政府责令停业、关闭等原因，确实不能收回的部分，作为存款损失在计算应纳税所得额时扣除。

（4）企业除贷款类债权外的应收、预付账款符合下列条件之一的，减除可收回金额后确认的无法收回的应收、预付款项，可以作为坏账损失在计算应纳税所得额时扣除：

（i）债务人依法宣告破产、关闭、解散、被撤销，或者被依法注销、吊销营业执照，其清算财产不足清偿的；

（ii）债务人死亡，或者依法被宣告失踪、死亡，其财产或者遗产不足清偿的；

（iii）债务人逾期3年以上未清偿，且有确凿证据证明已无力清偿债务的；

（iv）与债务人达成债务重组协议或法院批准破产重整计划后，无法追偿的；

（v）因自然灾害、战争等不可抗力导致无法收回的；

（vi）国务院财政、税务主管部门规定的其他条件。

（5）企业经采取所有可能的措施和实施必要的程序之后，符合下列条件之一的贷款类债权，可以作为贷款损失在计算应纳税所得额时扣除：

（i）借款人和担保人依法宣告破产、关闭、解散、被撤销，并终止法人资格，或者已完全停止经营活动，被依法注销、吊销营业执照，对借款人和担保人进行追偿后，未能收回的债权；

（ii）借款人死亡，或者依法被宣告失踪、死亡，依法对其财产或者遗产进行清偿，并对担保人进行追偿后，未能收回的债权；

（iii）借款人遭受重大自然灾害或者意外事故，损失巨大且不能获得保险补偿，或者以保险赔偿后，确实无力偿还部分或者全部债务，对借款人财产进行清偿和对担保人进行追偿后，未能收回的债权；

（iv）借款人触犯刑律，依法受到制裁，其财产不足归还所借债务，又无其他债务承担者，经追偿后确实无法收回的债权；

（v）由于借款人和担保人不能偿还到期债务，企业诉诸法律，经法院对借款人和担保人强制执行，借款人和担保人均无财产可执行，法院裁定执行程序终结或终止（中止）后，仍无法收回的债权；

（vi）由于借款人和担保人不能偿还到期债务，企业诉诸法律后，经法院调解或经债权人会议通过，与借款人和担保人达成和解协议或重整协议，在借款人和担保人履行完还款义务后，无法追偿的剩余债权；

（vii）由于上述（i）～（vi）项原因借款人不能偿还到期债务，企业依法取得抵债资产，抵债金额小于贷款本息的差额，经追偿后仍无法收回的债权；

（viii）开立信用证、办理承兑汇票、开具保函等发生垫款时，凡开证申请人和保证人由于上述（i）～（vii）项原因，无法偿还垫款，金融企业经追偿后仍无法收回的垫款；

（ix）银行卡持卡人和担保人由于上述（i）～（vii）项原因，未能还清透支款项，金融企业经追偿后仍无法收回的透支款项；

（x）助学贷款逾期后，在金融企业确定的有效追索期限内，依法处置助学贷款抵押物（质押物），并向担保人追索连带责任后，仍无法收回的贷款；

（xi）经国务院专案批准核销的贷款类债权；

（xii）国务院财政、税务主管部门规定的其他条件。

（6）企业逾期三年以上的应收款项在会计上已作为损失处理的，可以作为坏账损失，但应说明情况，并出具专项报告。

企业逾期一年以上，单笔数额不超过五万或者不超过企业年度收入总额万分之一的应收款项，会计上已经作为损失处理的，可以作为坏账损失，但应说明情况，并出具专项报告。

（7）企业的股权投资符合下列条件之一的，减除可收回金额后确认的无法收回的股权投资，可以作为股权投资损失在计算应纳税所得额时扣除：

（i）被投资方依法宣告破产、关闭、解散、被撤销，或者被依法注销、吊销营业执照的；

（ii）被投资方财务状况严重恶化，累计发生巨额亏损，已连续停止经营3年以上，且无重新恢复经营改组计划的；

（iii）对被投资方不具有控制权，投资期限届满或者投资期限已超过10年，且被投资单位因连续3年经营亏损导致资不抵债的；

（iv）被投资方财务状况严重恶化，累计发生巨额亏损，已完成清算或清算期超过3年以上的；

（v）国务院财政、税务主管部门规定的其他条件。

（8）下列股权和债权不得作为损失在税前扣除：

（i）债务人或者担保人有经济偿还能力，未按期偿还的企业债权；

（ii）违反法律、法规的规定，以各种形式、借口逃废或悬空的企业债权；

（iii）行政干预逃废或悬空的企业债权；

（iv）企业未向债务人和担保人追偿的债权；

（v）企业发生非经营活动的债权；

（vi）其他不应当核销的企业债权和股权。

（9）对企业盘亏的固定资产或存货，以该固定资产的账面净值或存货的成本减除责任人赔偿后的余额，作为固定资产或存货盘亏损失在计算应纳税所得额时扣除。

（10）对企业毁损、报废的固定资产或存货，以该固定资产的账面净值或存货的成本减除残值、保险赔款和责任人赔偿后的余额，作为固定资产或存货毁损、报废损失在计算应纳税所得额时扣除。

（11）对企业被盗的固定资产或存货，以该固定资产的账面净值或存货的成本减除保险赔款和责任人赔偿后的余额，作为固定资产或存货被盗损失在计算应纳税所得额时扣除。

（12）企业因存货盘亏、毁损、报废、被盗等原因不得从增值税销项税额中抵扣的进项税额，可以与存货损失一起在计算应纳税所得额时扣除。

（13）企业在计算应纳税所得额时已经扣除的资产损失，在以后纳税年度全部或者部分收回时，其收回部分应当作为收入计入收回当期的应纳税所得额。

（14）企业境内、境外营业机构发生的资产损失应分开核算，对境外营业机构由于发生资产损失而产生的亏损，不得在计算境内应纳税所得额时扣除。

（15）企业对其扣除的各项资产损失，应当提供能够证明资产损失确属已实际发生的合法证据，包括具有法律效力的外部证据、具有法定资质的中介机构的经济鉴证证明、具有法定资质的专业机构的技术鉴定证明等。

（16）企业实际资产损失，应当在其实际发生且会计上已作损失处理的年度申报扣除；法定资产损失，应当在企业向主管税务机关提供证据资料证明该项资产已符合法定资产损失确认条件，且会计上已作损失处理的年度申报扣除。

（17）企业发生的资产损失，应按规定的程序和要求向主管税务机关申报后方能在税前扣除。未经申报的损失，不得在税前扣除。

（18）企业以前年度发生的资产损失未能在当年税前扣除的，可以按照本办法的规定，向税务机关说明并进行专项申报扣除。其中，属于实际资产损失，准予追补至该项损失发生年度扣除，其追补确认期限一般不得超过五年，但因计划经济体制转轨过程中遗留的资产损失、企业重组上市过程中因权属不清出现争议而未能及时扣除的资产损失、因承担国家政策性任务而形成的资产损失以及政策定性不明确而形成资产损失等特殊原因形成的资产损失，其追补确认期限经国家税务总局批准后可适当延长。属于法定资产损失，应在申报年度扣除。

企业因以前年度实际资产损失未在税前扣除而多缴的企业所得税税款，可在追补确认年度企业所得税应纳税款中予以抵扣，不足抵扣的，向以后年度递延抵扣。

企业实际资产损失发生年度扣除追补确认的损失后出现亏损的，应先调整资产损失发生年度的亏损额，再按弥补亏损的原则计算以后年度多缴的企业所得税税款，并按前款办法进行税务处理。

(19) 下列资产损失，应以清单申报的方式向税务机关申报扣除：

(i) 企业在正常经营管理活动中，按照公允价格销售、转让、变卖非货币资产的损失；

(ii) 企业各项存货发生的正常损耗；

(iii) 企业固定资产达到或超过使用年限而正常报废清理的损失；

(iv) 企业生产性生物资产达到或超过使用年限而正常死亡发生的资产损失；

(v) 企业按照市场公平交易原则，通过各种交易场所、市场等买卖债券、股票、期货、基金以及金融衍生产品等发生的损失。

(20) 前条以外的资产损失，应以专项申报的方式向税务机关申报扣除。企业无法准确判别是否属于清单申报扣除的资产损失，可以采取专项申报的形式申报扣除。

(21) 企业符合清单申报条件的资产损失，应于企业所得税年度纳税申报时向主管税务机关报送《企业资产损失清单申报表》，并将有关会计核算资料和纳税资料留存备查。

企业符合专项申报条件的资产损失，应于企业所得税年度纳税申报时向主管税务机关报送《企业资产损失专项申报表》，同时附送会计核算资料及其他相关的纳税资料；从网上报送《企业资产损失专项申报表》的，应于5个工作日内向主管税务机关报送会计核算资料及其他相关的纳税资料。

(22) 在中国境内跨地区经营的汇总纳税企业发生的资产损失，应按以下规定申报扣除：

(i) 总机构及其分支机构发生的资产损失，除应按专项申报和清单申报的有关规定，各自向当地主管税务机关申报外，各分支机构同时还应上报总机构；

(ii) 总机构对各分支机构上报的资产损失，除税务机关另有规定外，应以清单申报的形式向当地主管税务机关进行申报；

(iii) 总机构将跨地区分支机构所属资产捆绑打包转让所发生的资产损失，由总机构向当地主管税务机关进行专项申报。

(十六) 开（筹）办费的处理

企业可以在开始经营之日的当年一次性扣除，也可以按照新税法有关长期待摊费用的处理规定处理，但一经选定，不得改变。

企业在新税法实施以前年度的未摊销完的开办费，也可根据上述规定处理。

企业筹办期间不计算为亏损年度

(十七) 差旅费中人身意外保险费支出

企业职工因公出差乘坐交通工具发生的人身意外保险费支出，准予企业在计算应纳税所得额时扣除。

（十八）不得扣除项目

（1）向投资者支付的股息、红利等权益性投资收益款项。

（2）企业所得税税款。

（3）税收滞纳金、罚金、罚款和被没收财物的损失。

（4）公益性捐赠以外的捐赠支出。

（5）赞助支出。是指企业发生的与生产经营活动无关的各种非广告性质支出。

（6）未经核定的准备金支出。是指不符合国务院财政、税务主管部门规定的各项资产减值准备、风险准备等准备金支出。

（7）与取得收入无关的其他支出。

【118】业务要求：12 月 31 日，结转损益类账户。

【119】业务要求：12 月 31 日，结转本年利润。

【120】业务要求：12 月 31 日，计提本年度法定盈余公积和任意盈余公积。

【121】业务要求：12 月 31 日，结转本年利润和利润分配。

实训七　企业报表与申报表编制

【**122**】**业务要求**：12 月 31 日，资产负债表编制。

操作方式：财务部门根据上述业务核算后，按照《企业会计准则》要求，编制 12 月 31 日资产负债表，期初余额为 12 月 1 日账面余额如表 7－1 所示：

表 7－1　　**资产负债表**

编制单位：　　2015 年 12 月 31 日　　单位：元

资产	期初余额	期末余额	负债和所有者权益	期初余额	期末余额
流动资产：			流动负债：		
货币资金			短期借款		
交易性金融资产			交易性金融负债		
应收票据			应付票据		
应收账款			应付账款		
预付款项			预收款项		
应收利息			应付职工薪酬		
应收股利			应交税费		
其他应收款			应付利息		
存货			应付股利		
一年内到期的非流动资产			其他应付款		
其他流动资产			一年内到期的非流动负债		
			其他流动负债		
流动资产合计			流动负债合计		
非流动资产：			非流动负债：		
可供出售金融资产			长期借款		
持有至到期投资			应付债券		
长期应收款			长期应付款		
长期股权投资			专项应付款		

续表

资产	期初余额	期末余额	负债和所有者权益	期初余额	期末余额
投资性房地产			预计负债		
固定资产			递延所得税负债		
减：累计折旧			其他非流动负债		
固定资产净值			非流动负债合计		
减：固定资产减值准备			负债合计		
固定资产净额					
在建工程			所有者权益（或股东权益）：		
工程物资			实收资本（或股本）		
固定资产清理			资本公积		
生产性生物资产			减：库存股		
无形资产			专项储备		
无形资产			盈余公积		
商誉			未分配利润		
长期待摊费用			所有者权益合计		
递延所得税资产					
其他非流动资产					
非流动资产合计					
资产总计			负债和所有者权益合计		

【相关知识点】　　资产负债表编制的基本方法

资产负债表分别按“年（月）初余额”和“期末余额”设专栏，以便考核编制报表日各项资产、负债和所有者权益指标与上年末相比的增减变动情况。

一、年初余额

“年初余额”栏内各项数字，应根据上年末资产负债表的“期末余额”栏内所列数字填列。

二、期末余额

（一）根据总账账户的余额直接填列

例如，资产负债表中的“交易性金融资产”“递延所得税资产”“短期借款”“交易性金融负债”“应付票据”“应付职工薪酬”、“应交税费”“递延所得税负债”“预计负债”“实收资本”“资本公积”“盈余公积”等项目应直接根据总账账户的期末余额填列。

（二）根据若干个总账账户的期末余额计算填列

主要有“货币资金”“存货”“未分配利润”等项目。

“货币资金”项目应根据“库存现金”“银行存款”“其他货币资金”账户期末余额的合计数填列；

“存货”项目应根据“材料采购（在途物资）”“原材料”“库存商品”“生产成本”“周转材料”“委托加工物资”“材料成本差异”“发出商品”等账户的期末余额合计减去“存货跌价准备”等账户期末余额后的金额填列；

“未分配利润”项目，平时本项目应根据“本年利润”和“利润分配”账户的余额计算填列。年度终了，该项目可以只根据“利润分配”账户的期末余额直接填列。

（三）根据明细账户的余额计算填列

“应收账款”项目应根据“应收账款”和“预收账款”账户所属明细账借方余额之和减去相应“坏账准备”账面余额后的金额填列；

“预收款项”项目应根据“应收账款”和“预收账款”账户所属明细账贷方余额之和填列；

“应付账款”项目根据“应付账款”和“预付账款”账户所属明细账贷方余额之和填列；

“预付款项”项目应根据“应付账款”和“预付账款”账户所属明细账借方余额之和填列。

（四）根据总账余额和明细账余额计算填列

“长期借款”项目应根据“长期借款”总账账户余额扣除“长期借款”账户所属明细账户中将于一年内到期且企业不能自主地将清偿义务展期的长期借款后的金额计算填列。其中将于一年内到期且企业不能自主地将清偿义务展期的长期借款记入“一年内到期的非流动负债”项目。

【123】业务要求：12 月 31 日，利润表编制。

操作方式：财务部门根据上述业务核算后，按照《企业会计准则》要求，编制12 月份利润表，如表 7－2 所示：

表 7－2　　**利　润　表**　　会企 02 表

编制单位：　　2015 年 12 月　　单位：元

项　　目	行次	本期金额
一、营业收入	1	
减：营业成本	2	
营业税金及附加	3	
销售费用	4	
管理费用	5	
财务费用	6	
资产减值损失	7	

续表

项　　目	行次	本期金额
加：公允价值变动收益（损失以“－”号填列）	8	
投资收益（损失以“－”号填列）	9	
其中：对联营企业和合营企业的投资收益	10	
二、营业利润（亏损以“－”号填列）	11	
加：营业外收入	12	
减：营业外支出	13	
其中：非流动资产处置损失	14	
三、利润总额（亏损总额以“－”号填列）	15	
减：所得税费用	16	
四、净利润（净亏损以“－”号填列）	17	
五、每股收益	18	
（一）基本每股收益	19	×
（二）稀释每股收益	20	×

【相关知识点】　　　　　　利润表的编制方法

本期金额栏的填制

一、“营业收入”项目：主营业务收入、其他业务收入本期发生额（结转额）

减：“营业成本”项目：主营业务成本、其他业务成本本期发生额（结转额）

“营业税金及附加”项目：营业税、消费税、城市维护建设税、资源税、土地增值税、教育费附加等本期发生额（价内税）

“销售费用”项目：销售过程的包装费、广告费和为销售专设的职工薪酬、业务费等本期发生额

“管理费用”项目：管理费用本期发生额

“财务费用”项目：财务费用本期发生额。若为贷方，表示企业利息收入，填制时用“－”号填列

“资产减值损失”项目：资产减值损失本期发生额

加：“公允价值变动损益”项目：公允价值变动收益本期发生额

“投资收益”项目：投资收益本期发生额

二、“营业利润”项目：日常活动

营业利润＝营业收入－营业成本－营业税金及附加－管理费用－销售费用－财务费用－资产减值损失＋公允价值变动损益＋投资收益

加：“营业外收入”项目：营业外收入本期发生额

减：“营业外支出”项目：营业外收入本期发生额

三、“利润总额”项目：利润总额＝营业利润＋营业外收入－营业外支出

减：“所得税费用”项目：所得税费用本期发生额

四、“净利润”项目：净利润 = 利润总额 − 所得税费用

五、每股收益：

“基本每股收益”：未分配利润/股份

“稀释每股收益”：根据潜在普通股分析填列

【124】业务要求：12 月 31 日，现金流量表编制。

操作方式：财务部门根据上述业务核算后，按照《企业会计准则》要求，编制 12 月份现金流量表，如表 7 − 3 所示：

表 7 − 3　　**现金流量表**　　会企 03 表

编制单位：　　2015 年 12 月　　单位：元

项　　目	行次	本期金额
一、经营活动产生的现金流量：	1	
销售商品、提供劳务收到的现金	2	
收到的税费返还	3	
收到其他与经营活动有关的现金	4	
经营活动现金流入小计	5	
购买商品、接受劳务支付的现金	6	
支付给职工以及为职工支付的现金	7	
支付的各项税费	8	
支付其他与经营活动有关的现金	9	
经营活动现金流出小计	10	
经营活动产生的现金流量净额	11	
二、投资活动产生的现金流量：	12	
收回投资收到的现金	13	
取得投资收益收到的现金	14	
处置固定资产、无形资产和其他长期资产收回的现金净额	15	
处置子公司及其他营业单位收到的现金净额	16	
收到其他与投资活动有关的现金	17	
投资活动现金流入小计	18	
购建固定资产、无形资产和其他长期资产支付的现金	19	
投资支付的现金	20	
取得子公司及其他营业单位支付的现金净额	21	
支付其他与投资活动有关的现金	22	
投资活动现金流出小计	23	
投资活动产生的现金流量净额	24	

续表

项　　目	行次	本期金额
三、筹资活动产生的现金流量：	25	
吸收投资收到的现金	26	
取得借款收到的现金	27	
收到其他与筹资活动有关的现金	28	
筹资活动现金流入小计	29	
偿还债务支付的现金	30	
分配股利、利润或偿付利息支付的现金	31	
支付其他与筹资活动有关的现金	32	
筹资活动现金流出小计	33	
筹资活动产生的现金流量净额	34	
四、汇率变动对现金的影响	35	
五、现金及现金等价物净增加额	36	
期初现金及现金等价物余额	37	
期末现金及现金等价物余额	38	
补　充　资　料	行　次	本期金额
1. 将净利润调节为经营活动现金流量：	39	
净利润	40	
加：资产减值准备	41	
固定资产折旧、油气资产折耗、生产性生物资产折旧	42	
无形资产摊销	43	
长期待摊费用摊销	44	
待摊费用减少（增加以“－”号填列）	45	
预提费用增加（减少以“－”号填列）	46	
处置固定资产、无形资产和其他长期资产的损失（收益以“－”号填列）	47	
固定资产报废损失（收益以“－”号填列）	48	
公允价值变动损失（收益以“－”号填列）	49	
财务费用（收益以“－”号填列）	50	
投资损失（收益以“－”号填列）	51	

续表

补　充　资　料	行　次	本期金额
递延所得税资产减少（增加以“－”号填列）	52	
递延所得税负债增加（减少以“－”号填列）	53	
存货的减少（增加以“－”号填列）	54	
经营性应收项目的减少（增加以“－”号填列）	55	
经营性应付项目的增加（减少以“－”号填列）	56	
其他	57	
经营活动产生的现金流量净额	58	
2. 不涉及现金收支的重大投资和筹资活动：	59	
债务转为资本	60	
一年内到期的可转换公司债券	61	
融资租入固定资产	62	
3. 现金及现金等价物净变动情况：	63	
现金的期末余额	64	
减：现金的期初余额	65	
加：现金等价物的期末余额	66	
减：现金等价物的期初余额	67	
现金及现金等价物净增加额	68	

【相关知识点】

一、现金流量表主表项目

（一）经营活动产生的现金流量

（1）销售商品、提供劳务收到的现金＝主营业务收入＋其他业务收入＋应交税金（应交增值税－销项税额）＋（应收账款期初数－应收账款期末数）＋（应收票据期初数应收票据期末数）＋（预收账款期末数－预收账款期初数）－当期计提的坏账准备 －支付的应收票据贴现利息 －库存商品改变用途应支付的销项额 ±特殊调整事项。特殊调整事项的处理不含三个账户内部转账业务。如果借：应收账款、应收票据、预收账款等，贷方不是“收入及销项税额”则加上；如果贷：应收账款、应收票据、预收账款等，借方不是“现金类”科目，则减去。

特别提醒：与收回坏账无关；客户用商品抵债的进项税不在此反映。

（2）收到的税费返还＝返还的（增值税＋消费税＋营业税＋关税＋所得税＋教育费附加）等。

（3）收到的其他与经营活动有关的现金＝除上述经营活动以外的其他经营活动有关的现金。

（4）购买商品、接受劳务支付的现金＝［主营业务成本（或其他支出）＋存货期末价值－存货期初价值）］＋应交税金（应交增值税－进项税额）＋（应付账款期初数－应付账款期末数）＋（应付票据期初数－应付票据期末数）＋（预付账款期末数－预付账款期初数）＋库存商品改变用途价值（如工程领用）＋库存商品盘亏损失 －当期列入生产成本、制造费用的工资及福利费 －当期列入生产成本、制造费用的折旧费和摊销的大修理费 －库存商品增加额中包含的分配进入的制造费用、生产工人工资±特殊调整事项特殊调整事项的处理。如果借：应付账款、应付票据、预付账款等（存贷类），贷方不是“现金类”科目，则减去；如果贷：应付账款数、应付票据、预付账款等，借方不是“销售成本或进项税”科目，则加上。

（5）支付给职工及为职工支付的现金＝生产成本、制造费用、管理费用的工资，福利费＋（应付工资期初数－期末数）＋（应付福利费期初数－期末数）。当存在“在建工程”人员的工资、福利费时，注意期初、期末及计提数中是否包含“在建工程”的情况，按下式计算考虑计算关系。本期支付给职工及为职工支付的工资＝（期初总额－包含的在建工程期初数）＋（计提总额－包含的在建工程计提数）－（期末总额－包含的在建工程期末数）。当题目只给出本期列入生产成本的工资及福利，期初无在建工程的工资及福利时，公式为：生产成本、制造费用、管理费用的工资、福利费＋（应付工资、应付福利费期初数－期末数）－（应付工资及福利费在建工程期初数－应付工资及福利费在建工程期末数）。

（6）支付的各项税费（不包括耕地占用税及退回的增值税所得税）＝所得税＋主营业务税金及附加＋应交税金（增值税－已交税金）＋消费税＋营业税＋关税＋土地增值税＋房产税＋车船税＋印花税＋教育费附加＋矿产资源补偿费。

（7）支付的其他与经营活动有关的现金＝剔除各项因素后的费用＋罚款支出＋保险费等。

（二）投资活动产生的现金流量

（8）收回投资所收到的现金（不包括长期债权投资收回的利息）＝短期投资收回的本金及收益（出售、到期收回）＋长期股权投资收回的本金及收益（出售、到期收回）＋长期债券投资收到的本金。

（9）取得投资收益收到的现金＝长期股权投资及长期债券投资收到的现金股利及利息。

（10）处置固定资产无形资产和其他长期资产收到的现金＝收到的现金－相关费用的净额（包括灾害造成固定资产及长期资产损失收到的保险赔偿）（如为负数，在支付的其他与投资活动有关的现金项目反映）。

（11）收到的其他与投资活动有关的现金＝收到购买股票和债券时支付的已宣告但尚未领取的股利和已到付息期但尚未领取的债券利息及上述投资活动项目以外的其他与投资活动有关的现金流入。

（12）购建固定资产、无形资产和其他长期资产支付的现金＝按实际办理该项事项支付的现金（不包括固定资产借款利息资本化及融资租赁费，其在筹资活动中反映）。

（13）投资所支付的现金＝本期（短期股票投资＋短期债券投资＋长期股权投资＋长期债券投资）及手续费、佣金。

（14）支付的其他与投资活动有关的现金＝购买时已宣告而尚未领取的现金股利＋购买时已到付息期但尚未领取的债券利息及其他与投资活动有关的现金流出。

（三）筹资活动产生的现金流量

（15）吸收投资所收到的现金＝发行股票债券收到的现金－支付的佣金等发行费用不能减去支付的审计、咨询费用，其在“支付的其他与筹资活动有关的现金”中反映。

（16）借款所收到的现金＝短期借款＋长期借款收到的现金。

（17）收到的其他与筹资活动有关的现金＝除上述各项筹资活动以外的其他与筹资活动相关的现金流（如现金捐赠）。

(18) 偿还债务所支付的现金=偿还借款本金+债券本金。

(19) 分配股利、利润或偿付利息所支付的现金=支付的(现金股利+利润+借款利息+债券利息)。

(20) 支付其他与筹资活动有关现金=除上述筹资活动支付的现金以外的与筹资活动有关的现金流出(如捐赠现金支出、融资租赁费)。

二、实例解析现金流量表补充资料的编制

(1) 计提的资产减值准备假设企业计提存货跌价准备1 000元,此外未发生任何其他经济业务。则企业应做分录如下:

借:管理费用　　1 000

　　贷:存货跌价准备　　1 000

显然,企业的净利润=0-1 000=-1 000(元)。由于上述分录并未涉及任何现金资产,所以企业并未发生任何经营活动现金流量,即企业的经营活动现金流量净额为0元。

由此可见,经营活动现金流量净额、净利润及计提的资产减值准备之间的关系为:经营活动现金流量净额(0)=净利润(-1 000)+计提的资产减值准备(1 000)。企业也可能因资产价值回升而相应地结转已计提的资产减值准备,而结转资产减值准备与计提资产减值准备对净利润的影响相反,所以,对于转销的资产减值准备,应作为减项调整,即:经营活动现金流量净额=净利润-转销的资产减值准备。

(2) 固定资产折旧假设企业行政部门计提固定资产折旧1 000元,此外未发生任何其他经济业务。则企业应做分录如下:

借:管理费用　　1 000

　　贷:累计折旧　　1 000

显然,企业的净利润=-1 000元,而企业的经营活动现金流量净额为0元。由此可见,经营活动现金流量净额、净利润及计提的固定资产折旧之间的关系为:经营活动现金流量净额(0)=净利润(-1 000)+计提的固定资产折旧(1 000)。由于期初的累计折旧不影响当期的净利润,所以在编制现金流量表补充资料时,固定资产折旧项目应按当期实际计提数填列。

(3) 无形资产摊销假设企业摊销无形资产1 000元,此外未发生任何其他经济业务。则企业应做分录如下:

借:管理费用　　1 000

　　贷:无形资产　　1 000

显然,企业的净利润=-1 000元,而企业的经营活动现金流量净额为0元。由此可见,经营活动现金流量净额、净利润及无形资产摊销之间的关系为:经营活动现金流量净额(0)=净利润(-1 000)+无形资产摊销(1 000);同理,经营活动现金流量净额、净利润及长期待摊费用摊销之间的关系为:经营活动现金流量净额=净利润+长期待摊费用摊销。

(4) 待摊费用减少(减:增加)假设企业新增一笔待摊费用5 000元,此外未发生任何其他经济业务。则企业应做分录如下:

借:待摊费用　　5 000

　　贷:银行存款　　5 000

显然,企业的净利润=0,而经营活动现金流量净额=-5 000元。经营活动现金流量净

额、净利润及待摊费用的增加的关系为：经营活动现金流量净额（-5 000）=净利润（0）-待摊费用的增加（5 000），又假设企业仅摊销待摊费用1 000元，此外未发生任何其他经济业务。则企业应做分录如下：

借：管理费用　　1 000
　　贷：待摊费用　　1 000

显然，企业的净利润=-1 000，而经营活动现金流量净额=0元。经营活动现金流量净额、净利润及待摊费用的减少的关系为：经营活动现金流量净额（0）=净利润（-1 000）+待摊费用的减少（1 000）。若上述两种情形同时存在，则经营活动现金流量净额、净利润、待摊费用减少及待摊费用增加间的关系为：经营活动现金流量净额（-5 000）=净利润（-1 000）+待摊费用减少（1 000）-待摊费用增加（5 000）=净利润（-1 000）-待摊费用净增加（4 000）。由此可见，待摊费用减少（减：增加）是指待摊费用净减少（减：净增加），一般情况可以通过该项目在资产负债表中的期末数与期初数相抵减获得。

（5）预提费用增加（减：减少）假设企业预提行政部门固定资产修理费5 000元，此外未发生任何其他经济业务。则企业应做分录如下：

借：管理费用　　5 000
　　贷：预提费用　　5 000

显然，企业的净利润=-5 000元，而企业的经营活动现金流量净额为0元。由此可见，经营活动现金流量净额、净利润及预提费用之间的关系为：经营活动现金流量净额（0）=净利润（-5 000）+预提费用增加（5 000）假设企业行政部门以存款支付预提的固定资产修理费1 000元，此外未发生任何其他经济业务。则企业应做分录如下：

借：预提费用　　1 000
　　贷：银行存款　　1 000

显然，企业的净利润=0元，而企业的经营活动现金流量净额为-1 000元。

由此可见，经营活动现金流量净额、净利润及预提费用之间的关系为：经营活动现金流量净额（-1 000）=净利润（0）-预提费用减少（1 000）。若上述两种情形同时存在，不难得出经营活动现金流量净额、净利润、预提费用增加及预提费用减少之间的关系为：经营活动现金流量净额（-1 000）=净利润（-5 000）+预提费用增加（5 000）-预提费用减少（1 000）=净利润（-5 000）+预提费用净增加（4 000）。由此可见，预提费用增加（减：减少）是指预提费用净增加（减：净减少），一般情况可以通过该项目在资产负债表中的期末数与期初数相抵减获得。

（6）处置固定资产、无形资产及其他长期资产的损失（减：收益）假设企业处置一台设备，原价10 000元，已提折旧4 000元，售价5 000元，无其他经济业务，则企业应做分录如下（此处只写简化分录）：

借：银行存款　　5 000
　　累计折旧　　4 000
　　营业外支出　　1 000
　　贷：固定资产　　10 000

显然，企业的净利润=-1 000元。同时，企业产生的现金流量净额为5 000元，但这5 000元的现金流量属于投资活动现金流量，与经营活动无关。因此，该笔业务下经营活动现金流量净额仍为0。由此可见，经营活动现金流量净额、净利润及处置固定资产、无形资产及其他长期资产的损失之间的关系为：经营活动现金流量净额（0）＝净利润（－1 000）＋处置固定资产、无形资产及其他长期资产的损失（1 000）。若将上述固定资产的售价改为7 000元，则不难得出经营活动现金流量净额、净利润及处置固定资产、无形资产及其他长期资产的收益之间的关系为：经营活动现金流量净额（0）＝净利润（1 000）－处置固定资产、无形资产及其他长期资产的收益（1 000）。若企业在同一期间既实现处置收益、又有处置损失，则应按收益与损失相抵后的净损益金额列示于该项目。

另外，固定资产报废也是固定资产清理的范畴，其核算与固定资产处置的核算是一样的，因而经营活动现金流量净额、净利润及固定资产报废损失之间的关系为：经营活动现金流量净额＝净利润＋固定资产处置损失。

（7）财务费用假设企业以存款支付金融机构手续费1 000元，此外未发生其他经济业务，则企业应做分录如下：

借：财务费用　　1 000

　　贷：银行存款　　1 000

显然，净利润＝－1 000元。由于支付给金融机构的手续费用属于筹资活动的内容，故虽然企业发生现金流出1 000元，但却不属于经营活动现金流出，故企业的经营活动现金流量净额为0元。由此可见，经营活动现金流量净额、净利润财务费用之间的关系为：经营活动现金流量净额（0）＝净利润（－1 000）＋财务费用（1 000）。财务费用可以从损益表中获得，但这里财务费用的内涵是指因筹资活动而产生的财务费用。

（8）投资损失（减：收益）假设企业投资采用成本法核算，收到应确认为投资收益的现金股利1 000元，此外无其他经济业务发生，则企业应做分录如下：

借：银行存款　　1 000

　　贷：投资收益　　1 000

显然，企业的净利润＝1 000元。虽然企业收到1 000元的现金，但这笔现金流入不属于经营活动现金流量，故企业的经营活动现金流量净额为0元。因而经营活动现金流量净额、净利润及投资收益之间的关系为：经营活动现金流量净额（0）＝净利润（1 000）－投资收益(1 000)；若是投资损失，则经营活动现金流量净额＝净利润＋投资损失。所以，该项目的填列金额可从利润表中的投资收益项目直接获得。

（9）递延税款贷项（减：借项）假设企业本期产生应纳税的时间性差异为1 000元，企业的所得税率为30%，企业已于当期将所得税上缴，无其他经济事项发生，则企业应做分录如下：

借：递延税款　　300

　　贷：银行存款　　300

显然，企业的净利润为0元。企业却因交纳所得税而产生现金流出300元，故企业的经营活动现金流量净额为－300元。即经营活动现金流量净额、净利润及递延税款借项之间的关系为：经营活动现金流量净额（－300）＝净利润（0）－递延税款借项（300）。若产生递延税款贷项则正好相反，即经营活动现金流量净额＝净利润＋递延税款贷项。在具体编制该项目时，应将递延税款的借项与贷项相抵后按净额分析填列。

（10）存货的减少（减：增加）假设企业本期销售的产品成本为1 000元，此外无其他经济事项发生，则企业应做分录如下：

借：主营业务成本　　1 000

　　贷：存货　　1 000

若不考虑主营业务收入的影响，企业的净利润应为 -1 000 元。但该分录中并未出现现金资产，故企业的经营活动现金流量净额为 0 元。由此可见，经营活动现金流量净额、净利润及存货减少之间的关系为：经营活动现金流量净额（0）=净利润（-1 000）+存货的减少（1 000）。假设企业本期以存款购入存货 3 000 元，此外企业未发生任何其他经济事项，则企业应编制分录如下：

借：存货　　3 000

　　贷：银行存款　　3 000

显然，企业的净利润为 0 元。但企业因购货而支出现金 3 000 元是经营活动的现金流出，故企业经营活动现金流量净额为 -3 000 元。由此可见，经营活动现金流量净额、净利润及存货增加之间的关系为：经营活动现金流量净额（-3 000）=净利润（0）-存货的增加（3 000）若上述两项业务在同一期间发生，则企业的净利润仍为 0 元，而经营活动现金流量净额为 -3 000元，经营活动现金流量净额、净利润及存货之间的关系为：经营活动现金流量净额(-3 000)=净利润（-1 000）-存货的增加（3 000）+存货的减少(1 000)=净利润(-1 000)-存货的净增加（2 000)。因此，在具体编制该项目时，存货的增加或存货的减少均指存货的净增加或净减少额。

（11）经营性应收项目的减少（减：增加）假设企业收回客户以前期间的欠款 1 000 元，引外企业未发生任何其他经济业务，则企业应做分录如下：

借：银行存款　　1 000

　　贷：应收账款　　1 000

显然，企业的净利润为0。但企业通过收回欠款而获得经营活动现金流入 1 000 元，故企业的经营活动现金流量净额为 1 000 元。由此可见，经营活动现金流量净额、净利润及经营性应收项目的减少之间的关系为：经营活动现金流量净额（1 000）=净利润（0）+经营性应收款项的减少（1 000)。同理可得：经营活动现金流量净额=净利润-经营性应收项目的增加在具体编制该项目时，经营性应收项目的增加或经营性应收项目的减少是指经营性应收项目增减相抵后的净变化额。

（12）经营性应付项目的增加（减：减少）假设企业计提本期所得税共计 1 000 元，但并未上缴税款，此外企业未发生任何其他经济业务，则企业应做分录如下：

借：所得税　　1 000

　　贷：应交税金——应交所得税　　1 000

显然，企业的净利润为 -1 000 元。但由于企业并未支付该所得税，企业未发生任何经营活动现金流量，即企业的经营活动现金流量净额为 0。故经营活动现金流量净额、净利润及经营性应付项目的增加之间的关系为：经营活动现金流量净额（0）=净利润（-1 000）+经营性应付项目的增加（1 000)。同理可得：经营活动现金流量净额=净利润-经营性应收项目的减少可见，在具体编制该项目时，经营性应付项目的增加或经营性应付项目的减少是指经营性应付项目增减相抵后的净变化额。

【125】业务要求：12 月 31 日，增值税申报表编制。

操作方式：财务部门根据上述业务核算后，按照增值税纳税申报要求，编制12月31日增值税纳税申报表，如表7－4所示：

表7－4　　　　**增值税纳税申报表**

（一般纳税人适用）

根据国家税收法律法规及增值税相关规定制定本表。纳税人不论有无销售额，均应按税务机关核定的纳税期限填写本表，并向当地税务机关申报。

税款所属时间：自　年　月　日至　年　月　日　填表日期：　年　月　日　　金额单位：元至角分

纳税人识别号			所属行业：			
纳税人名称	（公章）	法定代表人姓名		注册地址		生产经营地址
开户银行及账号		登记注册类型			电话号码	
项　目		栏次	一般项目		即征即退项目	
			本月数	本年累计	本月数	本年累计
销售额	（一）按适用税率计税销售额	1		—		—
	其中：应税货物销售额	2		—		—
	应税劳务销售额	3		—		—
	纳税检查调整的销售额	4		—		—
	（二）按简易办法计税销售额	5		—		—
	其中：纳税检查调整的销售额	6		—		—
	（三）免、抵、退办法出口销售额	7		—	—	—
	（四）免税销售额	8		—	—	—
	其中：免税货物销售额	9		—	—	—
	免税劳务销售额	10		—	—	—
税款计算	销项税额	11		—		—
	进项税额	12		—		—
	上期留抵税额	13		—		—
	进项税额转出	14		—		—
	免、抵、退应退税额	15		—	—	—
	按适用税率计算的纳税检查应补缴税额	16		—	—	—
	应抵扣税额合计	17＝12＋13－14－15＋16		—		—
	实际抵扣税额	18（如17＜11，则为17，否则为11）		—		—
	应纳税额	19＝11－18		—		—
	期末留抵税额	20＝17－18		—		—
	简易计税办法计算的应纳税额	21		—		—
	按简易计税办法计算的纳税检查应补缴税额	22		—	—	—
	应纳税额减征额	23		—		—
	应纳税额合计	24＝19＋21－23		—		—

续表

项目		栏次	一般项目		即征即退项目	
			本月数	本年累计	本月数	本年累计
税款缴纳	期初未缴税额（多缴为负数）	25		—		—
	实收出口开具专用缴款书退税额	26		—	—	—
	本期已缴税额	27 = 28 + 29 + 30 + 31		—		—
	①分次预缴税额	28		—		—
	②出口开具专用缴款书预缴税额	29		—	—	—
	③本期缴纳上期应纳税额	30		—		—
	④本期缴纳欠缴税额	31		—		—
	期末未缴税额（多缴为负数）	32 = 24 + 25 + 26 − 27		—		—
	其中：欠缴税额（≥0）	33 = 25 + 26 − 27		—		—
	本期应补（退）税额	34 = 24 − 28 − 29		—		—
	即征即退实际退税额	35	—	—		—
	期初未缴查补税额	36		—	—	—
	本期入库查补税额	37		—	—	—
	期末未缴查补税额	38 = 16 + 22 + 36 − 37		—	—	—

授权声明	如果你已委托代理人申报，请填写下列资料： 为代理一切税务事宜，现授权 （地址） 为本纳税人的代理申报人，任何与本申报表有关的往来文件，都可寄予此人。 授权人签字：	申报人声明	本纳税申报表是根据国家税收法律法规及相关规定填报的，我确定它是真实的、可靠的、完整的。 声明人签字：

主管税务机关： 接收人： 接收日期：

【126】业务要求：12 月 31 日，企业所得税申报表编制。

操作方式：财务部门根据上述业务核算后，按照企业所得税申报要求，编制 12 月份企业所得税申报表，如表 7－5 所示：

表 7－5　　中华人民共和国企业所得税 12 月纳税申报表（A 类）

行次	类别	项目	本月金额
1	利润总额计算	一、营业收入	
2		减：营业成本	
3		营业税金及附加	
4		销售费用	
5		管理费用	
6		财务费用	
7		资产减值损失	
8		加：公允价值变动收益	

续表

行次	类别	项　　目	本月金额
9	利润总额计算	投资收益	
10		二、营业利润（1－2－3－4－5－6－7＋8＋9）	
11		加：营业外收入	
12		减：营业外支出	
13		三、利润总额（10＋11－12）	
14	应纳税所得额计算	减：境外所得	
15		加：纳税调整增加额	
16		减：纳税调整减少额	
17		减：免税、减计收入及加计扣除	
18		加：境外应税所得抵减境内亏损	
19		四、纳税调整后所得（13－14＋15－16－17＋18）	
20		减：所得减免	
21		减：抵扣应纳税所得额	
22		减：弥补以前年度亏损	
23		五、应纳税所得额（19－20－21－22）	
24	应纳税额计算	税率（25%）	
25		六、应纳所得税额（23×24）	
26		减：减免所得税额	
27		减：抵免所得税额	
28		七、应纳税额（25－26－27）	
29		加：境外所得应纳所得税额	
30		减：境外所得抵免所得税额	
31		八、实际应纳所得税额（28＋29－30）	
32		减：本年累计实际已预缴的所得税额	
33		九、本年应补（退）所得税额（31－32）	
34		其中：总机构分摊本年应补（退）所得税额	
35		财政集中分配本年应补（退）所得税额	
36		总机构主体生产经营部门分摊本年应补（退）所得税额	
37	附列资料	以前年度多缴的所得税额在本年抵减额	
38		以前年度应缴未缴在本年入库所得税额	

“营改增”相关政策

财政部　国家税务总局
关于全面推开营业税改征增值税试点的通知

财税〔2016〕36号

各省、自治区、直辖市、计划单列市财政厅（局）、国家税务局、地方税务局，新疆生产建设兵团财务局：

经国务院批准，自2016年5月1日起，在全国范围内全面推开营业税改征增值税（以下称营改增）试点，建筑业、房地产业、金融业、生活服务业等全部营业税纳税人，纳入试点范围，由缴纳营业税改为缴纳增值税。现将《营业税改征增值税试点实施办法》、《营业税改征增值税试点有关事项的规定》、《营业税改征增值税试点过渡政策的规定》和《跨境应税行为适用增值税零税率和免税政策的规定》印发你们，请遵照执行。

本通知附件规定的内容，除另有规定执行时间外，自2016年5月1日起执行。《财政部　国家税务总局关于将铁路运输和邮政业纳入营业税改征增值税试点的通知》（财税〔2013〕106号）、《财政部　国家税务总局关于铁路运输和邮政业营业税改征增值税试点有关政策的补充通知》（财税〔2013〕121号）、《财政部　国家税务总局关于将电信业纳入营业税改征增值税试点的通知》（财税〔2014〕43号）、《财政部　国家税务总局关于国际水路运输增值税零税率政策的补充通知》（财税〔2014〕50号）和《财政部　国家税务总局关于影视等出口服务适用增值税零税率政策的通知》（财税〔2015〕118号），除另有规定的条款外，相应废止。

各地要高度重视营改增试点工作，切实加强试点工作的组织领导，周密安排，明确责任，采取各种有效措施，做好试点前的各项准备以及试点过程中的监测分析和宣传解释等工作，确保改革的平稳、有序、顺利进行。遇到问题请及时向财政部和国家税务总局反映。

附件：1. 营业税改征增值税试点实施办法

2. 营业税改征增值税试点有关事项的规定

3. 营业税改征增值税试点过渡政策的规定

4. 跨境应税行为适用增值税零税率和免税政策的规定

财政部　国家税务总局

2016年3月23日

附件1：

营业税改征增值税试点实施办法

第一章 纳税人和扣缴义务人

第一条 在中华人民共和国境内（以下称境内）销售服务、无形资产或者不动产（以下称应税行为）的单位和个人，为增值税纳税人，应当按照本办法缴纳增值税，不缴纳营业税。

单位，是指企业、行政单位、事业单位、军事单位、社会团体及其他单位。

个人，是指个体工商户和其他个人。

第二条 单位以承包、承租、挂靠方式经营的，承包人、承租人、挂靠人（以下统称承包人）以发包人、出租人、被挂靠人（以下统称发包人）名义对外经营并由发包人承担相关法律责任的，以该发包人为纳税人。否则，以承包人为纳税人。

第三条 纳税人分为一般纳税人和小规模纳税人。

应税行为的年应征增值税销售额（以下称应税销售额）超过财政部和国家税务总局规定标准的纳税人为一般纳税人，未超过规定标准的纳税人为小规模纳税人。

年应税销售额超过规定标准的其他个人不属于一般纳税人。年应税销售额超过规定标准但不经常发生应税行为的单位和个体工商户可选择按照小规模纳税人纳税。

第四条 年应税销售额未超过规定标准的纳税人，会计核算健全，能够提供准确税务资料的，可以向主管税务机关办理一般纳税人资格登记，成为一般纳税人。

会计核算健全，是指能够按照国家统一的会计制度规定设置账簿，根据合法、有效凭证核算。

第五条 符合一般纳税人条件的纳税人应当向主管税务机关办理一般纳税人资格登记。具体登记办法由国家税务总局制定。

除国家税务总局另有规定外，一经登记为一般纳税人后，不得转为小规模纳税人。

第六条 中华人民共和国境外（以下称境外）单位或者个人在境内发生应税行为，在境内未设有经营机构的，以购买方为增值税扣缴义务人。财政部和国家税务总局另有规定的除外。

第七条 两个或者两个以上的纳税人，经财政部和国家税务总局批准可以视为一个纳税人合并纳税。具体办法由财政部和国家税务总局另行制定。

第八条 纳税人应当按照国家统一的会计制度进行增值税会计核算。

第二章 征税范围

第九条 应税行为的具体范围，按照本办法所附的《销售服务、无形资产、不动产注释》执行。

第十条 销售服务、无形资产或者不动产，是指有偿提供服务、有偿转让无形资产或者不动产，但属于下列非经营活动的情形除外：

（一）行政单位收取的同时满足以下条件的政府性基金或者行政事业性收费。

1. 由国务院或者财政部批准设立的政府性基金，由国务院或者省级人民政府及其财政、价格主管部门批准设立的行政事业性收费；

2. 收取时开具省级以上（含省级）财政部门监（印）制的财政票据；

3. 所收款项全额上缴财政。

（二）单位或者个体工商户聘用的员工为本单位或者雇主提供取得工资的服务。

（三）单位或者个体工商户为聘用的员工提供服务。

（四）财政部和国家税务总局规定的其他情形。

第十一条 有偿，是指取得货币、货物或者其他经济利益。

第十二条 在境内销售服务、无形资产或者不动产，是指：

（一）服务（租赁不动产除外）或者无形资产（自然资源使用权除外）的销售方或者购买方在境内；

（二）所销售或者租赁的不动产在境内；

（三）所销售自然资源使用权的自然资源在境内；

（四）财政部和国家税务总局规定的其他情形。

第十三条 下列情形不属于在境内销售服务或者无形资产：

（一）境外单位或者个人向境内单位或者个人销售完全在境外发生的服务。

（二）境外单位或者个人向境内单位或者个人销售完全在境外使用的无形资产。

（三）境外单位或者个人向境内单位或者个人出租完全在境外使用的有形动产。

（四）财政部和国家税务总局规定的其他情形。

第十四条 下列情形视同销售服务、无形资产或者不动产：

（一）单位或者个体工商户向其他单位或者个人无偿提供服务，但用于公益事业或者以社会公众为对象的除外。

（二）单位或者个人向其他单位或者个人无偿转让无形资产或者不动产，但用于公益事业或者以社会公众为对象的除外。

（三）财政部和国家税务总局规定的其他情形。

第三章 税率和征收率

第十五条 增值税税率：

（一）纳税人发生应税行为，除本条第（二）项、第（三）项、第（四）项规定外，税率为6%。

（二）提供交通运输、邮政、基础电信、建筑、不动产租赁服务，销售不动产，转让土地使用权，税率为11%。

（三）提供有形动产租赁服务，税率为17%。

（四）境内单位和个人发生的跨境应税行为，税率为零。具体范围由财政部和国家税务总局另行规定。

第十六条 增值税征收率为3%，财政部和国家税务总局另有规定的除外。

第四章　应纳税额的计算

第一节　一般性规定

第十七条　增值税的计税方法，包括一般计税方法和简易计税方法。

第十八条　一般纳税人发生应税行为适用一般计税方法计税。

一般纳税人发生财政部和国家税务总局规定的特定应税行为，可以选择适用简易计税方法计税，但一经选择，36个月内不得变更。

第十九条　小规模纳税人发生应税行为适用简易计税方法计税。

第二十条　境外单位或者个人在境内发生应税行为，在境内未设有经营机构的，扣缴义务人按照下列公式计算应扣缴税额：

应扣缴税额 = 购买方支付的价款 ÷ （1 + 税率） × 税率

第二节　一般计税方法

第二十一条　一般计税方法的应纳税额，是指当期销项税额抵扣当期进项税额后的余额。应纳税额计算公式：

应纳税额 = 当期销项税额 - 当期进项税额

当期销项税额小于当期进项税额不足抵扣时，其不足部分可以结转下期继续抵扣。

第二十二条　销项税额，是指纳税人发生应税行为按照销售额和增值税税率计算并收取的增值税额。销项税额计算公式：

销项税额 = 销售额 × 税率

第二十三条　一般计税方法的销售额不包括销项税额，纳税人采用销售额和销项税额合并定价方法的，按照下列公式计算销售额：

销售额 = 含税销售额 ÷ （1 + 税率）

第二十四条　进项税额，是指纳税人购进货物、加工修理修配劳务、服务、无形资产或者不动产，支付或者负担的增值税额。

第二十五条　下列进项税额准予从销项税额中抵扣：

（一）从销售方取得的增值税专用发票（含税控机动车销售统一发票，下同）上注明的增值税额。

（二）从海关取得的海关进口增值税专用缴款书上注明的增值税额。

（三）购进农产品，除取得增值税专用发票或者海关进口增值税专用缴款书外，按照农产品收购发票或者销售发票上注明的农产品买价和13%的扣除率计算的进项税额。计算公式为：

进项税额 = 买价 × 扣除率

买价，是指纳税人购进农产品在农产品收购发票或者销售发票上注明的价款和按照规定缴纳的烟叶税。

购进农产品，按照《农产品增值税进项税额核定扣除试点实施办法》抵扣进项税额的除外。

（四）从境外单位或者个人购进服务、无形资产或者不动产，自税务机关或者扣缴义务人取得的解缴税款的完税凭证上注明的增值税额。

第二十六条 纳税人取得的增值税扣税凭证不符合法律、行政法规或者国家税务总局有关规定的，其进项税额不得从销项税额中抵扣。

增值税扣税凭证，是指增值税专用发票、海关进口增值税专用缴款书、农产品收购发票、农产品销售发票和完税凭证。

纳税人凭完税凭证抵扣进项税额的，应当具备书面合同、付款证明和境外单位的对账单或者发票。资料不全的，其进项税额不得从销项税额中抵扣。

第二十七条 下列项目的进项税额不得从销项税额中抵扣：

（一）用于简易计税方法计税项目、免征增值税项目、集体福利或者个人消费的购进货物、加工修理修配劳务、服务、无形资产和不动产。其中涉及的固定资产、无形资产、不动产，仅指专用于上述项目的固定资产、无形资产（不包括其他权益性无形资产）、不动产。

纳税人的交际应酬消费属于个人消费。

（二）非正常损失的购进货物，以及相关的加工修理修配劳务和交通运输服务。

（三）非正常损失的在产品、产成品所耗用的购进货物（不包括固定资产）、加工修理修配劳务和交通运输服务。

（四）非正常损失的不动产，以及该不动产所耗用的购进货物、设计服务和建筑服务。

（五）非正常损失的不动产在建工程所耗用的购进货物、设计服务和建筑服务。

纳税人新建、改建、扩建、修缮、装饰不动产，均属于不动产在建工程。

（六）购进的旅客运输服务、贷款服务、餐饮服务、居民日常服务和娱乐服务。

（七）财政部和国家税务总局规定的其他情形。

本条第（四）项、第（五）项所称货物，是指构成不动产实体的材料和设备，包括建筑装饰材料和给排水、采暖、卫生、通风、照明、通讯、煤气、消防、中央空调、电梯、电气、智能化楼宇设备及配套设施。

第二十八条 不动产、无形资产的具体范围，按照本办法所附的《销售服务、无形资产或者不动产注释》执行。

固定资产，是指使用期限超过 12 个月的机器、机械、运输工具以及其他与生产经营有关的设备、工具、器具等有形动产。

非正常损失，是指因管理不善造成货物被盗、丢失、霉烂变质，以及因违反法律法规造成货物或者不动产被依法没收、销毁、拆除的情形。

第二十九条 适用一般计税方法的纳税人，兼营简易计税方法计税项目、免征增值税项目而无法划分不得抵扣的进项税额，按照下列公式计算不得抵扣的进项税额：

不得抵扣的进项税额 = 当期无法划分的全部进项税额 ×（当期简易计税方法计税项目销售额 + 免征增值税项目销售额）÷ 当期全部销售额

主管税务机关可以按照上述公式依据年度数据对不得抵扣的进项税额进行清算。

第三十条 已抵扣进项税额的购进货物（不含固定资产）、劳务、服务，发生本办法第二十七条规定情形（简易计税方法计税项目、免征增值税项目除外）的，应当将该进项税额从当期进项税额中扣减；无法确定该进项税额的，按照当期实际成本计算应扣减的进项税额。

第三十一条 已抵扣进项税额的固定资产、无形资产或者不动产，发生本办法第二十七条规定情形的，按照下列公式计算不得抵扣的进项税额：

不得抵扣的进项税额＝固定资产、无形资产或者不动产净值×适用税率

固定资产、无形资产或者不动产净值，是指纳税人根据财务会计制度计提折旧或摊销后的余额。

第三十二条 纳税人适用一般计税方法计税的，因销售折让、中止或者退回而退还给购买方的增值税额，应当从当期的销项税额中扣减；因销售折让、中止或者退回而收回的增值税额，应当从当期的进项税额中扣减。

第三十三条 有下列情形之一者，应当按照销售额和增值税税率计算应纳税额，不得抵扣进项税额，也不得使用增值税专用发票：

（一）一般纳税人会计核算不健全，或者不能够提供准确税务资料的。

（二）应当办理一般纳税人资格登记而未办理的。

第三节 简易计税方法

第三十四条 简易计税方法的应纳税额，是指按照销售额和增值税征收率计算的增值税额，不得抵扣进项税额。应纳税额计算公式：

应纳税额＝销售额×征收率

第三十五条 简易计税方法的销售额不包括其应纳税额，纳税人采用销售额和应纳税额合并定价方法的，按照下列公式计算销售额：

销售额＝含税销售额÷（1＋征收率）

第三十六条 纳税人适用简易计税方法计税的，因销售折让、中止或者退回而退还给购买方的销售额，应当从当期销售额中扣减。扣减当期销售额后仍有余额造成多缴的税款，可以从以后的应纳税额中扣减。

第四节 销售额的确定

第三十七条 销售额，是指纳税人发生应税行为取得的全部价款和价外费用，财政部和国家税务总局另有规定的除外。

价外费用，是指价外收取的各种性质的收费，但不包括以下项目：

（一）代为收取并符合本办法第十条规定的政府性基金或者行政事业性收费。

（二）以委托方名义开具发票代委托方收取的款项。

第三十八条 销售额以人民币计算。

纳税人按照人民币以外的货币结算销售额的，应当折合成人民币计算，折合率可以选择销售额发生的当天或者当月1日的人民币汇率中间价。纳税人应当在事先确定采用何种折合率，确定后12个月内不得变更。

第三十九条 纳税人兼营销售货物、劳务、服务、无形资产或者不动产，适用不同税率或者征收率的，应当分别核算适用不同税率或者征收率的销售额；未分别核算的，从高适用税率。

第四十条 一项销售行为如果既涉及服务又涉及货物，为混合销售。从事货物的生产、批发或者零售的单位和个体工商户的混合销售行为，按照销售货物缴纳增值税；其他单位和个体工商户的混合销售行为，按照销售服务缴纳增值税。

本条所称从事货物的生产、批发或者零售的单位和个体工商户，包括以从事货物的生产、批发或者零售为主，并兼营销售服务的单位和个体工商户在内。

第四十一条 纳税人兼营免税、减税项目的，应当分别核算免税、减税项目的销售额；未分别核算的，不得免税、减税。

第四十二条 纳税人发生应税行为，开具增值税专用发票后，发生开票有误或者销售折让、中止、退回等情形的，应当按照国家税务总局的规定开具红字增值税专用发票；未按照规定开具红字增值税专用发票的，不得按照本办法第三十二条和第三十六条的规定扣减销项税额或者销售额。

第四十三条 纳税人发生应税行为，将价款和折扣额在同一张发票上分别注明的，以折扣后的价款为销售额；未在同一张发票上分别注明的，以价款为销售额，不得扣减折扣额。

第四十四条 纳税人发生应税行为价格明显偏低或者偏高且不具有合理商业目的的，或者发生本办法第十四条所列行为而无销售额的，主管税务机关有权按照下列顺序确定销售额：

（一）按照纳税人最近时期销售同类服务、无形资产或者不动产的平均价格确定。

（二）按照其他纳税人最近时期销售同类服务、无形资产或者不动产的平均价格确定。

（三）按照组成计税价格确定。组成计税价格的公式为：

组成计税价格 = 成本 ×（1 + 成本利润率）

成本利润率由国家税务总局确定。

不具有合理商业目的，是指以谋取税收利益为主要目的，通过人为安排，减少、免除、推迟缴纳增值税税款，或者增加退还增值税税款。

第五章　纳税义务、扣缴义务发生时间和纳税地点

第四十五条 增值税纳税义务、扣缴义务发生时间为：

（一）纳税人发生应税行为并收讫销售款项或者取得索取销售款项凭据的当天；先开具发票的，为开具发票的当天。

收讫销售款项，是指纳税人销售服务、无形资产、不动产过程中或者完成后收到款项。

取得索取销售款项凭据的当天，是指书面合同确定的付款日期；未签订书面合同或者书面合同未确定付款日期的，为服务、无形资产转让完成的当天或者不动产权属变更的当天。

（二）纳税人提供建筑服务、租赁服务采取预收款方式的，其纳税义务发生时间为收到预收款的当天。

（三）纳税人从事金融商品转让的，为金融商品所有权转移的当天。

（四）纳税人发生本办法第十四条规定情形的，其纳税义务发生时间为服务、无形资产转让完成的当天或者不动产权属变更的当天。

（五）增值税扣缴义务发生时间为纳税人增值税纳税义务发生的当天。

第四十六条 增值税纳税地点为：

（一）固定业户应当向其机构所在地或者居住地主管税务机关申报纳税。总机构和分支机构不在同一县（市）的，应当分别向各自所在地的主管税务机关申报纳税；经财政部和国家税务总局或者其授权的财政和税务机关批准，可以由总机构汇总向总机构所在地的主管税务机关申报纳税。

（二）非固定业户应当向应税行为发生地主管税务机关申报纳税；未申报纳税的，由其机构所在地或者居住地主管税务机关补征税款。

（三）其他个人提供建筑服务，销售或者租赁不动产，转让自然资源使用权，应向建筑服务发生地、不动产所在地、自然资源所在地主管税务机关申报纳税。

（四）扣缴义务人应当向其机构所在地或者居住地主管税务机关申报缴纳扣缴的税款。

第四十七条 增值税的纳税期限分别为1日、3日、5日、10日、15日、1个月或者1个季度。纳税人的具体纳税期限，由主管税务机关根据纳税人应纳税额的大小分别核定。以1个季度为纳税期限的规定适用于小规模纳税人、银行、财务公司、信托投资公司、信用社，以及财政部和国家税务总局规定的其他纳税人。不能按照固定期限纳税的，可以按次纳税。

纳税人以1个月或者1个季度为1个纳税期的，自期满之日起15日内申报纳税；以1日、3日、5日、10日或者15日为1个纳税期的，自期满之日起5日内预缴税款，于次月1日起15日内申报纳税并结清上月应纳税款。

扣缴义务人解缴税款的期限，按照前两款规定执行。

第六章 税收减免的处理

第四十八条 纳税人发生应税行为适用免税、减税规定的，可以放弃免税、减税，依照本办法的规定缴纳增值税。放弃免税、减税后，36个月内不得再申请免税、减税。

纳税人发生应税行为同时适用免税和零税率规定的，纳税人可以选择适用免税或者零税率。

第四十九条 个人发生应税行为的销售额未达到增值税起征点的，免征增值税；达到起征点的，全额计算缴纳增值税。

增值税起征点不适用于登记为一般纳税人的个体工商户。

第五十条 增值税起征点幅度如下：

（一）按期纳税的，为月销售额5 000—20 000元（含本数）。

（二）按次纳税的，为每次（日）销售额300—500元（含本数）。

起征点的调整由财政部和国家税务总局规定。省、自治区、直辖市财政厅（局）和国家税务局应当在规定的幅度内，根据实际情况确定本地区适用的起征点，并报财政部和国家税务总局备案。

对增值税小规模纳税人中月销售额未达到2万元的企业或非企业性单位，免征增值税。2017年12月31日前，对月销售额2万元（含本数）至3万元的增值税小规模纳税人，免征增值税。

第七章 征收管理

第五十一条 营业税改征的增值税，由国家税务局负责征收。纳税人销售取得的不动产和其他个人出租不动产的增值税，国家税务局暂委托地方税务局代为征收。

第五十二条 纳税人发生适用零税率的应税行为，应当按期向主管税务机关申报办理退（免）税，具体办法由财政部和国家税务总局制定。

第五十三条 纳税人发生应税行为，应当向索取增值税专用发票的购买方开具增值税专用发票，并在增值税专用发票上分别注明销售额和销项税额。

属于下列情形之一的，不得开具增值税专用发票：

（一）向消费者个人销售服务、无形资产或者不动产。

（二）适用免征增值税规定的应税行为。

第五十四条 小规模纳税人发生应税行为，购买方索取增值税专用发票的，可以向主管税务机关申请代开。

第五十五条 纳税人增值税的征收管理，按照本办法和《中华人民共和国税收征收管理法》及现行增值税征收管理有关规定执行。

附：销售服务、无形资产、不动产注释

附：

销售服务、无形资产、不动产注释

一、销售服务

销售服务，是指提供交通运输服务、邮政服务、电信服务、建筑服务、金融服务、现代服务、生活服务。

（一）交通运输服务

交通运输服务，是指利用运输工具将货物或者旅客送达目的地，使其空间位置得到转移的业务活动。包括陆路运输服务、水路运输服务、航空运输服务和管道运输服务。

1. 陆路运输服务。

陆路运输服务，是指通过陆路（地上或者地下）运送货物或者旅客的运输业务活动，包括铁路运输服务和其他陆路运输服务。

（1）铁路运输服务，是指通过铁路运送货物或者旅客的运输业务活动。

（2）其他陆路运输服务，是指铁路运输以外的陆路运输业务活动。包括公路运输、缆车运输、索道运输、地铁运输、城市轻轨运输等。

出租车公司向使用本公司自有出租车的出租车司机收取的管理费用，按照陆路运输服务缴纳增值税。

2. 水路运输服务。

水路运输服务，是指通过江、河、湖、川等天然、人工水道或者海洋航道运送货物或者旅客的运输业务活动。

水路运输的程租、期租业务，属于水路运输服务。

程租业务，是指运输企业为租船人完成某一特定航次的运输任务并收取租赁费的业务。

期租业务，是指运输企业将配备有操作人员的船舶承租给他人使用一定期限，承租期内听候承租方调遣，不论是否经营，均按天向承租方收取租赁费，发生的固定费用均由船东负担的业务。

3. 航空运输服务。

航空运输服务，是指通过空中航线运送货物或者旅客的运输业务活动。

航空运输的湿租业务，属于航空运输服务。

湿租业务，是指航空运输企业将配备有机组人员的飞机承租给他人使用一定期限，承租期内听候承租方调遣，不论是否经营，均按一定标准向承租方收取租赁费，发生的固定费用均由承租方承担的业务。

航天运输服务，按照航空运输服务缴纳增值税。

航天运输服务，是指利用火箭等载体将卫星、空间探测器等空间飞行器发射到空间轨道的业务活动。

4. 管道运输服务。

管道运输服务，是指通过管道设施输送气体、液体、固体物质的运输业务活动。

无运输工具承运业务，按照交通运输服务缴纳增值税。

无运输工具承运业务，是指经营者以承运人身份与托运人签订运输服务合同，收取运费并承担承运人责任，然后委托实际承运人完成运输服务的经营活动。

（二）邮政服务

邮政服务，是指中国邮政集团公司及其所属邮政企业提供邮件寄递、邮政汇兑和机要通信等邮政基本服务的业务活动。包括邮政普遍服务、邮政特殊服务和其他邮政服务。

1. 邮政普遍服务。

邮政普遍服务，是指函件、包裹等邮件寄递，以及邮票发行、报刊发行和邮政汇兑等业务活动。

函件，是指信函、印刷品、邮资封片卡、无名址函件和邮政小包等。

包裹，是指按照封装上的名址递送给特定个人或者单位的独立封装的物品，其重量不超过五十千克，任何一边的尺寸不超过一百五十厘米，长、宽、高合计不超过三百厘米。

2. 邮政特殊服务。

邮政特殊服务，是指义务兵平常信函、机要通信、盲人读物和革命烈士遗物的寄递等业务活动。

3. 其他邮政服务。

其他邮政服务，是指邮册等邮品销售、邮政代理等业务活动。

（三）电信服务

电信服务，是指利用有线、无线的电磁系统或者光电系统等各种通信网络资源，提供语音通话服务，传送、发射、接收或者应用图像、短信等电子数据和信息的业务活动。包括基础电信服务和增值电信服务。

1. 基础电信服务。

基础电信服务，是指利用固网、移动网、卫星、互联网，提供语音通话服务的业务活动，以及出租或者出售带宽、波长等网络元素的业务活动。

2. 增值电信服务。

增值电信服务，是指利用固网、移动网、卫星、互联网、有线电视网络，提供短信和彩信服务、电子数据和信息的传输及应用服务、互联网接入服务等业务活动。

卫星电视信号落地转接服务，按照增值电信服务缴纳增值税。

（四）建筑服务

建筑服务，是指各类建筑物、构筑物及其附属设施的建造、修缮、装饰，线路、管道、设备、设施等的安装以及其他工程作业的业务活动。包括工程服务、安装服务、修缮服务、装饰服务和其他建筑服务。

1. 工程服务。

工程服务，是指新建、改建各种建筑物、构筑物的工程作业，包括与建筑物相连的各种设备或者支柱、操作平台的安装或者装设工程作业，以及各种窑炉和金属结构工程作业。

2. 安装服务。

安装服务，是指生产设备、动力设备、起重设备、运输设备、传动设备、医疗实验设备以及其他各种设备、设施的装配、安置工程作业，包括与被安装设备相连的工作台、梯子、栏杆的装设工程作业，以及被安装设备的绝缘、防腐、保温、油漆等工程作业。

固定电话、有线电视、宽带、水、电、燃气、暖气等经营者向用户收取的安装费、初装费、开户费、扩容费以及类似收费，按照安装服务缴纳增值税。

3. 修缮服务。

修缮服务，是指对建筑物、构筑物进行修补、加固、养护、改善，使之恢复原来的使用价值或者延长其使用期限的工程作业。

4. 装饰服务。

装饰服务，是指对建筑物、构筑物进行修饰装修，使之美观或者具有特定用途的工程作业。

5. 其他建筑服务。

其他建筑服务，是指上列工程作业之外的各种工程作业服务，如钻井（打井）、拆除建筑物或者构筑物、平整土地、园林绿化、疏浚（不包括航道疏浚）、建筑物平移、搭脚手架、爆破、矿山穿孔、表面附着物（包括岩层、土层、沙层等）剥离和清理等工程作业。

（五）金融服务

金融服务，是指经营金融保险的业务活动。包括贷款服务、直接收费金融服务、保险服务和金融商品转让。

1. 贷款服务。

贷款，是指将资金贷与他人使用而取得利息收入的业务活动。

各种占用、拆借资金取得的收入，包括金融商品持有期间（含到期）利息（保本收益、报酬、资金占用费、补偿金等）收入、信用卡透支利息收入、买入返售金融商品利息收入、融资融券收取的利息收入，以及融资性售后回租、押汇、罚息、票据贴现、转贷等业务取得的利息及利息性质的收入，按照贷款服务缴纳增值税。

融资性售后回租，是指承租方以融资为目的，将资产出售给从事融资性售后回租业务的企业后，从事融资性售后回租业务的企业将该资产出租给承租方的业务活动。

以货币资金投资收取的固定利润或者保底利润，按照贷款服务缴纳增值税。

2. 直接收费金融服务。

直接收费金融服务，是指为货币资金融通及其他金融业务提供相关服务并且收取费用的业务活动。包括提供货币兑换、账户管理、电子银行、信用卡、信用证、财务担保、资产管理、信托管理、基金管理、金融交易场所（平台）管理、资金结算、资金清算、金融支付等服务。

3. 保险服务。

保险服务，是指投保人根据合同约定，向保险人支付保险费，保险人对于合同约定的可能发生的事故因其发生所造成的财产损失承担赔偿保险金责任，或者当被保险人死亡、伤残、疾病或者达到合同约定的年龄、期限等条件时承担给付保险金责任的商业保险行为。包括人身保险服务和财产保险服务。

人身保险服务，是指以人的寿命和身体为保险标的的保险业务活动。

财产保险服务，是指以财产及其有关利益为保险标的的保险业务活动。

4. 金融商品转让。

金融商品转让，是指转让外汇、有价证券、非货物期货和其他金融商品所有权的业务活动。

其他金融商品转让包括基金、信托、理财产品等各类资产管理产品和各种金融衍生品的转让。

（六）现代服务

现代服务，是指围绕制造业、文化产业、现代物流产业等提供技术性、知识性服务的业务活动。包括研发和技术服务、信息技术服务、文化创意服务、物流辅助服务、租赁服务、鉴证咨询服务、广播影视服务、商务辅助服务和其他现代服务。

1. 研发和技术服务。

研发和技术服务，包括研发服务、合同能源管理服务、工程勘察勘探服务、专业技术服务。

（1）研发服务，也称技术开发服务，是指就新技术、新产品、新工艺或者新材料及其系统进行研究与试验开发的业务活动。

（2）合同能源管理服务，是指节能服务公司与用能单位以契约形式约定节能目标，节能服务公司提供必要的服务，用能单位以节能效果支付节能服务公司投入及其合理报酬的业务活动。

（3）工程勘察勘探服务，是指在采矿、工程施工前后，对地形、地质构造、地下资源蕴藏情况进行实地调查的业务活动。

（4）专业技术服务，是指气象服务、地震服务、海洋服务、测绘服务、城市规划、环境与生态监测服务等专项技术服务。

2. 信息技术服务。

信息技术服务，是指利用计算机、通信网络等技术对信息进行生产、收集、处理、加工、存储、运输、检索和利用，并提供信息服务的业务活动。包括软件服务、电路设计及测试服务、信息系统服务、业务流程管理服务和信息系统增值服务。

（1）软件服务，是指提供软件开发服务、软件维护服务、软件测试服务的业务活动。

（2）电路设计及测试服务，是指提供集成电路和电子电路产品设计、测试及相关技术支持服务的业务活动。

（3）信息系统服务，是指提供信息系统集成、网络管理、网站内容维护、桌面管理与维护、信息系统应用、基础信息技术管理平台整合、信息技术基础设施管理、数据中心、托管中心、信息安全服务、在线杀毒、虚拟主机等业务活动。包括网站对非自有的网络游戏提供的网络运营服务。

（4）业务流程管理服务，是指依托信息技术提供的人力资源管理、财务经济管理、审计管理、税务管理、物流信息管理、经营信息管理和呼叫中心等服务的活动。

（5）信息系统增值服务，是指利用信息系统资源为用户附加提供的信息技术服务。包括数据处理、分析和整合、数据库管理、数据备份、数据存储、容灾服务、电子商务平台等。

3. 文化创意服务。

文化创意服务，包括设计服务、知识产权服务、广告服务和会议展览服务。

（1）设计服务，是指把计划、规划、设想通过文字、语言、图画、声音、视觉等形式传递出来的业务活动。包括工业设计、内部管理设计、业务运作设计、供应链设计、造型设计、服装设计、环境设计、平面设计、包装设计、动漫设计、网游设计、展示设计、网站设计、机械设计、工程设计、广告设计、创意策划、文印晒图等。

（2）知识产权服务，是指处理知识产权事务的业务活动。包括对专利、商标、著作权、软件、集成电路布图设计的登记、鉴定、评估、认证、检索服务。

（3）广告服务，是指利用图书、报纸、杂志、广播、电视、电影、幻灯、路牌、招贴、橱窗、霓虹灯、灯箱、互联网等各种形式为客户的商品、经营服务项目、文体节目或者通告、声明等委托事项进行宣传和提供相关服务的业务活动。包括广告代理和广告的发布、播映、宣传、展示等。

（4）会议展览服务，是指为商品流通、促销、展示、经贸洽谈、民间交流、企业沟通、国际往来等举办或者组织安排的各类展览和会议的业务活动。

4. 物流辅助服务。

物流辅助服务，包括航空服务、港口码头服务、货运客运场站服务、打捞救助服务、装卸搬运服务、仓储服务和收派服务。

（1）航空服务，包括航空地面服务和通用航空服务。

航空地面服务，是指航空公司、飞机场、民航管理局、航站等向在境内航行或者在境内机场停留的境内外飞机或者其他飞行器提供的导航等劳务性地面服务的业务活动。包括旅客安全检查服务、停机坪管理服务、机场候机厅管理服务、飞机清洗消毒服务、空中飞行管理服务、飞机起降服务、飞行通讯服务、地面信号服务、飞机安全服务、飞机跑道管理服务、空中交通管理服务等。

通用航空服务，是指为专业工作提供飞行服务的业务活动，包括航空摄影、航空培训、航空测量、航空勘探、航空护林、航空吊挂播洒、航空降雨、航空气象探测、航空海洋监测、航空科学实验等。

（2）港口码头服务，是指港务船舶调度服务、船舶通讯服务、航道管理服务、航道疏浚服务、灯塔管理服务、航标管理服务、船舶引航服务、理货服务、系解缆服务、停泊和移泊服务、海上船舶溢油清除服务、水上交通管理服务、船只专业清洗消毒检测服务和防止船只漏油服务等为船只提供服务的业务活动。

港口设施经营人收取的港口设施保安费按照港口码头服务缴纳增值税。

（3）货运客运场站服务，是指货运客运场站提供货物配载服务、运输组织服务、中转换乘服务、车辆调度服务、票务服务、货物打包整理、铁路线路使用服务、加挂铁路客车服务、铁路行包专列发送服务、铁路到达和中转服务、铁路车辆编解服务、车辆挂运服务、铁路接触网服务、铁路机车牵引服务等业务活动。

(4) 打捞救助服务，是指提供船舶人员救助、船舶财产救助、水上救助和沉船沉物打捞服务的业务活动。

(5) 装卸搬运服务，是指使用装卸搬运工具或者人力、畜力将货物在运输工具之间、装卸现场之间或者运输工具与装卸现场之间进行装卸和搬运的业务活动。

(6) 仓储服务，是指利用仓库、货场或者其他场所代客贮放、保管货物的业务活动。

(7) 收派服务，是指接受寄件人委托，在承诺的时限内完成函件和包裹的收件、分拣、派送服务的业务活动。

收件服务，是指从寄件人收取函件和包裹，并运送到服务提供方同城的集散中心的业务活动。

分拣服务，是指服务提供方在其集散中心对函件和包裹进行归类、分发的业务活动。

派送服务，是指服务提供方从其集散中心将函件和包裹送达同城的收件人的业务活动。

5. 租赁服务。

租赁服务，包括融资租赁服务和经营租赁服务。

(1) 融资租赁服务，是指具有融资性质和所有权转移特点的租赁活动。即出租人根据承租人所要求的规格、型号、性能等条件购入有形动产或者不动产租赁给承租人，合同期内租赁物所有权属于出租人，承租人只拥有使用权，合同期满付清租金后，承租人有权按照残值购入租赁物，以拥有其所有权。不论出租人是否将租赁物销售给承租人，均属于融资租赁。

按照标的物的不同，融资租赁服务可分为有形动产融资租赁服务和不动产融资租赁服务。

融资性售后回租不按照本税目缴纳增值税。

(2) 经营租赁服务，是指在约定时间内将有形动产或者不动产转让他人使用且租赁物所有权不变更的业务活动。

按照标的物的不同，经营租赁服务可分为有形动产经营租赁服务和不动产经营租赁服务。

将建筑物、构筑物等不动产或者飞机、车辆等有形动产的广告位出租给其他单位或者个人用于发布广告，按照经营租赁服务缴纳增值税。

车辆停放服务、道路通行服务（包括过路费、过桥费、过闸费等）等按照不动产经营租赁服务缴纳增值税。

水路运输的光租业务、航空运输的干租业务，属于经营租赁。

光租业务，是指运输企业将船舶在约定的时间内出租给他人使用，不配备操作人员，不承担运输过程中发生的各项费用，只收取固定租赁费的业务活动。

干租业务，是指航空运输企业将飞机在约定的时间内出租给他人使用，不配备机组人员，不承担运输过程中发生的各项费用，只收取固定租赁费的业务活动。

6. 鉴证咨询服务。

鉴证咨询服务，包括认证服务、鉴证服务和咨询服务。

(1) 认证服务，是指具有专业资质的单位利用检测、检验、计量等技术，证明产品、服务、管理体系符合相关技术规范、相关技术规范的强制性要求或者标准的业务活动。

(2) 鉴证服务，是指具有专业资质的单位受托对相关事项进行鉴证，发表具有证明力的意见的业务活动。包括会计鉴证、税务鉴证、法律鉴证、职业技能鉴定、工程造价鉴证、工程监理、资产评估、环境评估、房地产土地评估、建筑图纸审核、医疗事故鉴定等。

（3）咨询服务，是指提供信息、建议、策划、顾问等服务的活动。包括金融、软件、技术、财务、税收、法律、内部管理、业务运作、流程管理、健康等方面的咨询。

翻译服务和市场调查服务按照咨询服务缴纳增值税。

7. 广播影视服务。

广播影视服务，包括广播影视节目（作品）的制作服务、发行服务和播映（含放映，下同）服务。

（1）广播影视节目（作品）制作服务，是指进行专题（特别节目）、专栏、综艺、体育、动画片、广播剧、电视剧、电影等广播影视节目和作品制作的服务。具体包括与广播影视节目和作品相关的策划、采编、拍摄、录音、音视频文字图片素材制作、场景布置、后期的剪辑、翻译（编译）、字幕制作、片头、片尾、片花制作、特效制作、影片修复、编目和确权等业务活动。

（2）广播影视节目（作品）发行服务，是指以分账、买断、委托等方式，向影院、电台、电视台、网站等单位和个人发行广播影视节目（作品）以及转让体育赛事等活动的报道及播映权的业务活动。

（3）广播影视节目（作品）播映服务，是指在影院、剧院、录像厅及其他场所播映广播影视节目（作品），以及通过电台、电视台、卫星通信、互联网、有线电视等无线或者有线装置播映广播影视节目（作品）的业务活动。

8. 商务辅助服务。

商务辅助服务，包括企业管理服务、经纪代理服务、人力资源服务、安全保护服务。

（1）企业管理服务，是指提供总部管理、投资与资产管理、市场管理、物业管理、日常综合管理等服务的业务活动。

（2）经纪代理服务，是指各类经纪、中介、代理服务。包括金融代理、知识产权代理、货物运输代理、代理报关、法律代理、房地产中介、职业中介、婚姻中介、代理记账、拍卖等。

货物运输代理服务，是指接受货物收货人、发货人、船舶所有人、船舶承租人或者船舶经营人的委托，以委托人的名义，为委托人办理货物运输、装卸、仓储和船舶进出港口、引航、靠泊等相关手续的业务活动。

代理报关服务，是指接受进出口货物的收、发货人委托，代为办理报关手续的业务活动。

（3）人力资源服务，是指提供公共就业、劳务派遣、人才委托招聘、劳动力外包等服务的业务活动。

（4）安全保护服务，是指提供保护人身安全和财产安全，维护社会治安等的业务活动。包括场所住宅保安、特种保安、安全系统监控以及其他安保服务。

9. 其他现代服务。

其他现代服务，是指除研发和技术服务、信息技术服务、文化创意服务、物流辅助服务、租赁服务、鉴证咨询服务、广播影视服务和商务辅助服务以外的现代服务。

（七）生活服务

生活服务，是指为满足城乡居民日常生活需求提供的各类服务活动。包括文化体育服务、教育医疗服务、旅游娱乐服务、餐饮住宿服务、居民日常服务和其他生活服务。

1. 文化体育服务。

文化体育服务，包括文化服务和体育服务。

（1）文化服务，是指为满足社会公众文化生活需求提供的各种服务。包括：文艺创作、文艺表演、文化比赛，图书馆的图书和资料借阅，档案馆的档案管理，文物及非物质遗产保护，组织举办宗教活动、科技活动、文化活动，提供游览场所。

（2）体育服务，是指组织举办体育比赛、体育表演、体育活动，以及提供体育训练、体育指导、体育管理的业务活动。

2. 教育医疗服务。

教育医疗服务，包括教育服务和医疗服务。

（1）教育服务，是指提供学历教育服务、非学历教育服务、教育辅助服务的业务活动。

学历教育服务，是指根据教育行政管理部门确定或者认可的招生和教学计划组织教学，并颁发相应学历证书的业务活动。包括初等教育、初级中等教育、高级中等教育、高等教育等。

非学历教育服务，包括学前教育、各类培训、演讲、讲座、报告会等。

教育辅助服务，包括教育测评、考试、招生等服务。

（2）医疗服务，是指提供医学检查、诊断、治疗、康复、预防、保健、接生、计划生育、防疫服务等方面的服务，以及与这些服务有关的提供药品、医用材料器具、救护车、病房住宿和伙食的业务。

3. 旅游娱乐服务。

旅游娱乐服务，包括旅游服务和娱乐服务。

（1）旅游服务，是指根据旅游者的要求，组织安排交通、游览、住宿、餐饮、购物、文娱、商务等服务的业务活动。

（2）娱乐服务，是指为娱乐活动同时提供场所和服务的业务。

具体包括：歌厅、舞厅、夜总会、酒吧、台球、高尔夫球、保龄球、游艺（包括射击、狩猎、跑马、游戏机、蹦极、卡丁车、热气球、动力伞、射箭、飞镖）。

4. 餐饮住宿服务。

餐饮住宿服务，包括餐饮服务和住宿服务。

（1）餐饮服务，是指通过同时提供饮食和饮食场所的方式为消费者提供饮食消费服务的业务活动。

（2）住宿服务，是指提供住宿场所及配套服务等的活动。包括宾馆、旅馆、旅社、度假村和其他经营性住宿场所提供的住宿服务。

5. 居民日常服务。

居民日常服务，是指主要为满足居民个人及其家庭日常生活需求提供的服务，包括市容市政管理、家政、婚庆、养老、殡葬、照料和护理、救助救济、美容美发、按摩、桑拿、氧吧、足疗、沐浴、洗染、摄影扩印等服务。

6. 其他生活服务。

其他生活服务，是指除文化体育服务、教育医疗服务、旅游娱乐服务、餐饮住宿服务和居民日常服务之外的生活服务。

二、销售无形资产

销售无形资产，是指转让无形资产所有权或者使用权的业务活动。无形资产，是指不具实物形态，但能带来经济利益的资产，包括技术、商标、著作权、商誉、自然资源使用权和其他权益性无形资产。

技术，包括专利技术和非专利技术。

自然资源使用权，包括土地使用权、海域使用权、探矿权、采矿权、取水权和其他自然资源使用权。

其他权益性无形资产，包括基础设施资产经营权、公共事业特许权、配额、经营权（包括特许经营权、连锁经营权、其他经营权）、经销权、分销权、代理权、会员权、席位权、网络游戏虚拟道具、域名、名称权、肖像权、冠名权、转会费等。

三、销售不动产

销售不动产，是指转让不动产所有权的业务活动。不动产，是指不能移动或者移动后会引起性质、形状改变的财产，包括建筑物、构筑物等。

建筑物，包括住宅、商业营业用房、办公楼等可供居住、工作或者进行其他活动的建造物。

构筑物，包括道路、桥梁、隧道、水坝等建造物。

转让建筑物有限产权或者永久使用权的，转让在建的建筑物或者构筑物所有权的，以及在转让建筑物或者构筑物时一并转让其所占土地的使用权的，按照销售不动产缴纳增值税。

附件2：

营业税改征增值税试点有关事项的规定

一、营改增试点期间，试点纳税人［指按照《营业税改征增值税试点实施办法》（以下称《试点实施办法》）缴纳增值税的纳税人］有关政策

（一）兼营。

试点纳税人销售货物、加工修理修配劳务、服务、无形资产或者不动产适用不同税率或者征收率的，应当分别核算适用不同税率或者征收率的销售额，未分别核算销售额的，按照以下方法适用税率或者征收率：

1. 兼有不同税率的销售货物、加工修理修配劳务、服务、无形资产或者不动产，从高适用税率。

2. 兼有不同征收率的销售货物、加工修理修配劳务、服务、无形资产或者不动产，从高适用征收率。

3. 兼有不同税率和征收率的销售货物、加工修理修配劳务、服务、无形资产或者不动产，从高适用税率。

（二）不征收增值税项目。

1. 根据国家指令无偿提供的铁路运输服务、航空运输服务，属于《试点实施办法》第十四条规定的用于公益事业的服务。

2. 存款利息。

3. 被保险人获得的保险赔付。

4. 房地产主管部门或者其指定机构、公积金管理中心、开发企业以及物业管理单位代收的住宅专项维修资金。

5. 在资产重组过程中，通过合并、分立、出售、置换等方式，将全部或者部分实物资产以及与其相关联的债权、负债和劳动力一并转让给其他单位和个人，其中涉及的不动产、土地使用权转让行为。

（三）销售额。

1. 贷款服务，以提供贷款服务取得的全部利息及利息性质的收入为销售额。

2. 直接收费金融服务，以提供直接收费金融服务收取的手续费、佣金、酬金、管理费、服务费、经手费、开户费、过户费、结算费、转托管费等各类费用为销售额。

3. 金融商品转让，按照卖出价扣除买入价后的余额为销售额。

转让金融商品出现的正负差，按盈亏相抵后的余额为销售额。若相抵后出现负差，可结转下一纳税期与下期转让金融商品销售额相抵，但年末时仍出现负差的，不得转入下一个会计年度。

金融商品的买入价，可以选择按照加权平均法或者移动加权平均法进行核算，选择后36个月内不得变更。

金融商品转让，不得开具增值税专用发票。

4. 经纪代理服务，以取得的全部价款和价外费用，扣除向委托方收取并代为支付的政府性基金或者行政事业性收费后的余额为销售额。向委托方收取的政府性基金或者行政事业性收费，不得开具增值税专用发票。

5. 融资租赁和融资性售后回租业务。

（1）经人民银行、银监会或者商务部批准从事融资租赁业务的试点纳税人，提供融资租赁服务，以取得的全部价款和价外费用，扣除支付的借款利息（包括外汇借款和人民币借款利息）、发行债券利息和车辆购置税后的余额为销售额。

（2）经人民银行、银监会或者商务部批准从事融资租赁业务的试点纳税人，提供融资性售后回租服务，以取得的全部价款和价外费用（不含本金），扣除对外支付的借款利息（包括外汇借款和人民币借款利息）、发行债券利息后的余额作为销售额。

（3）试点纳税人根据2016年4月30日前签订的有形动产融资性售后回租合同，在合同到期前提供的有形动产融资性售后回租服务，可继续按照有形动产融资租赁服务缴纳增值税。

继续按照有形动产融资租赁服务缴纳增值税的试点纳税人，经人民银行、银监会或者商务部批准从事融资租赁业务的，根据2016年4月30日前签订的有形动产融资性售后回租合同，在合同到期前提供的有形动产融资性售后回租服务，可以选择以下方法之一计算销售额：

①以向承租方收取的全部价款和价外费用，扣除向承租方收取的价款本金，以及对外支付的借款利息（包括外汇借款和人民币借款利息）、发行债券利息后的余额为销售额。

纳税人提供有形动产融资性售后回租服务，计算当期销售额时可以扣除的价款本金，为书面合同约定的当期应当收取的本金。无书面合同或者书面合同没有约定的，为当期实际收取的本金。

试点纳税人提供有形动产融资性售后回租服务，向承租方收取的有形动产价款本金，不得开具增值税专用发票，可以开具普通发票。

②以向承租方收取的全部价款和价外费用，扣除支付的借款利息（包括外汇借款和人民币借款利息）、发行债券利息后的余额为销售额。

（4）经商务部授权的省级商务主管部门和国家经济技术开发区批准的从事融资租赁业务的试点纳税人，2016 年 5 月 1 日后实收资本达到 1.7 亿元的，从达到标准的当月起按照上述第（1）、（2）、（3）点规定执行；2016 年 5 月 1 日后实收资本未达到 1.7 亿元但注册资本达到 1.7 亿元的，在 2016 年 7 月 31 日前仍可按照上述第（1）、（2）、（3）点规定执行，2016 年 8 月 1 日后开展的融资租赁业务和融资性售后回租业务不得按照上述第（1）、（2）、（3）点规定执行。

6. 航空运输企业的销售额，不包括代收的机场建设费和代售其他航空运输企业客票而代收转付的价款。

7. 试点纳税人中的一般纳税人（以下称一般纳税人）提供客运场站服务，以其取得的全部价款和价外费用，扣除支付给承运方运费后的余额为销售额。

8. 试点纳税人提供旅游服务，可以选择以取得的全部价款和价外费用，扣除向旅游服务购买方收取并支付给其他单位或者个人的住宿费、餐饮费、交通费、签证费、门票费和支付给其他接团旅游企业的旅游费用后的余额为销售额。

选择上述办法计算销售额的试点纳税人，向旅游服务购买方收取并支付的上述费用，不得开具增值税专用发票，可以开具普通发票。

9. 试点纳税人提供建筑服务适用简易计税方法的，以取得的全部价款和价外费用扣除支付的分包款后的余额为销售额。

10. 房地产开发企业中的一般纳税人销售其开发的房地产项目（选择简易计税方法的房地产老项目除外），以取得的全部价款和价外费用，扣除受让土地时向政府部门支付的土地价款后的余额为销售额。

房地产老项目，是指《建筑工程施工许可证》注明的合同开工日期在 2016 年 4 月 30 日前的房地产项目。

11. 试点纳税人按照上述 4—10 款的规定从全部价款和价外费用中扣除的价款，应当取得符合法律、行政法规和国家税务总局规定的有效凭证。否则，不得扣除。

上述凭证是指：

（1）支付给境内单位或者个人的款项，以发票为合法有效凭证。

（2）支付给境外单位或者个人的款项，以该单位或者个人的签收单据为合法有效凭证，税务机关对签收单据有疑议的，可以要求其提供境外公证机构的确认证明。

（3）缴纳的税款，以完税凭证为合法有效凭证。

（4）扣除的政府性基金、行政事业性收费或者向政府支付的土地价款，以省级以上（含省级）财政部门监（印）制的财政票据为合法有效凭证。

（5）国家税务总局规定的其他凭证。

纳税人取得的上述凭证属于增值税扣税凭证的，其进项税额不得从销项税额中抵扣。

（四）进项税额。

1. 适用一般计税方法的试点纳税人，2016 年 5 月 1 日后取得并在会计制度上按固定资产核算的不动产或者 2016 年 5 月 1 日后取得的不动产在建工程，其进项税额应自取得之日起分 2 年从销项税额中抵扣，第一年抵扣比例为 60%，第二年抵扣比例为 40%。

取得不动产，包括以直接购买、接受捐赠、接受投资入股、自建以及抵债等各种形式取得不动产，不包括房地产开发企业自行开发的房地产项目。

融资租入的不动产以及在施工现场修建的临时建筑物、构筑物，其进项税额不适用上述分 2 年抵扣的规定。

2. 按照《试点实施办法》第二十七条第（一）项规定不得抵扣且未抵扣进项税额的固定资产、无形资产、不动产，发生用途改变，用于允许抵扣进项税额的应税项目，可在用途改变的次月按照下列公式计算可以抵扣的进项税额：

可以抵扣的进项税额 = 固定资产、无形资产、不动产净值/（1 + 适用税率）×适用税率

上述可以抵扣的进项税额应取得合法有效的增值税扣税凭证。

3. 纳税人接受贷款服务向贷款方支付的与该笔贷款直接相关的投融资顾问费、手续费、咨询费等费用，其进项税额不得从销项税额中抵扣。

（五）一般纳税人资格登记。

《试点实施办法》第三条规定的年应税销售额标准为 500 万元（含本数）。财政部和国家税务总局可以对年应税销售额标准进行调整。

（六）计税方法。

一般纳税人发生下列应税行为可以选择适用简易计税方法计税：

1. 公共交通运输服务。

公共交通运输服务，包括轮客渡、公交客运、地铁、城市轻轨、出租车、长途客运、班车。

班车，是指按固定路线、固定时间运营并在固定站点停靠的运送旅客的陆路运输服务。

2. 经认定的动漫企业为开发动漫产品提供的动漫脚本编撰、形象设计、背景设计、动画设计、分镜、动画制作、摄制、描线、上色、画面合成、配音、配乐、音效合成、剪辑、字幕制作、压缩转码（面向网络动漫、手机动漫格式适配）服务，以及在境内转让动漫版权（包括动漫品牌、形象或者内容的授权及再授权）。

动漫企业和自主开发、生产动漫产品的认定标准和认定程序，按照《文化部 财政部 国家税务总局关于印发〈动漫企业认定管理办法（试行）〉的通知》（文市发〔2008〕51 号）的规定执行。

3. 电影放映服务、仓储服务、装卸搬运服务、收派服务和文化体育服务。

4. 以纳入营改增试点之日前取得的有形动产为标的物提供的经营租赁服务。

5. 在纳入营改增试点之日前签订的尚未执行完毕的有形动产租赁合同。

（七）建筑服务。

1. 一般纳税人以清包工方式提供的建筑服务，可以选择适用简易计税方法计税。

以清包工方式提供建筑服务，是指施工方不采购建筑工程所需的材料或只采购辅助材料，并收取人工费、管理费或者其他费用的建筑服务。

2. 一般纳税人为甲供工程提供的建筑服务，可以选择适用简易计税方法计税。

甲供工程，是指全部或部分设备、材料、动力由工程发包方自行采购的建筑工程。

3. 一般纳税人为建筑工程老项目提供的建筑服务，可以选择适用简易计税方法计税。

建筑工程老项目，是指：

（1）《建筑工程施工许可证》注明的合同开工日期在 2016 年 4 月 30 日前的建筑工程项目；

（2）未取得《建筑工程施工许可证》的，建筑工程承包合同注明的开工日期在 2016 年 4 月 30 日前的建筑工程项目。

4. 一般纳税人跨县（市）提供建筑服务，适用一般计税方法计税的，应以取得的全部价款和价外费用为销售额计算应纳税额。纳税人应以取得的全部价款和价外费用扣除支付的分包款后的余额，按照 2% 的预征率在建筑服务发生地预缴税款后，向机构所在地主管税务机关进行纳税申报。

5. 一般纳税人跨县（市）提供建筑服务，选择适用简易计税方法计税的，应以取得的全部价款和价外费用扣除支付的分包款后的余额为销售额，按照 3% 的征收率计算应纳税额。纳税人应按照上述计税方法在建筑服务发生地预缴税款后，向机构所在地主管税务机关进行纳税申报。

6. 试点纳税人中的小规模纳税人（以下称小规模纳税人）跨县（市）提供建筑服务，应以取得的全部价款和价外费用扣除支付的分包款后的余额为销售额，按照 3% 的征收率计算应纳税额。纳税人应按照上述计税方法在建筑服务发生地预缴税款后，向机构所在地主管税务机关进行纳税申报。

（八）销售不动产。

1. 一般纳税人销售其 2016 年 4 月 30 日前取得（不含自建）的不动产，可以选择适用简易计税方法，以取得的全部价款和价外费用减去该项不动产购置原价或者取得不动产时的作价后的余额为销售额，按照 5% 的征收率计算应纳税额。纳税人应按照上述计税方法在不动产所在地预缴税款后，向机构所在地主管税务机关进行纳税申报。

2. 一般纳税人销售其 2016 年 4 月 30 日前自建的不动产，可以选择适用简易计税方法，以取得的全部价款和价外费用为销售额，按照 5% 的征收率计算应纳税额。纳税人应按照上述计税方法在不动产所在地预缴税款后，向机构所在地主管税务机关进行纳税申报。

3. 一般纳税人销售其 2016 年 5 月 1 日后取得（不含自建）的不动产，应适用一般计税方法，以取得的全部价款和价外费用为销售额计算应纳税额。纳税人应以取得的全部价款和价外费用减去该项不动产购置原价或者取得不动产时的作价后的余额，按照 5% 的预征率在不动产所在地预缴税款后，向机构所在地主管税务机关进行纳税申报。

4. 一般纳税人销售其 2016 年 5 月 1 日后自建的不动产，应适用一般计税方法，以取得的全部价款和价外费用为销售额计算应纳税额。纳税人应以取得的全部价款和价外费用，按照 5% 的预征率在不动产所在地预缴税款后，向机构所在地主管税务机关进行纳税申报。

5. 小规模纳税人销售其取得（不含自建）的不动产（不含个体工商户销售购买的住房和其他个人销售不动产），应以取得的全部价款和价外费用减去该项不动产购置原价或者取得不动产时的作价后的余额为销售额，按照5%的征收率计算应纳税额。纳税人应按照上述计税方法在不动产所在地预缴税款后，向机构所在地主管税务机关进行纳税申报。

6. 小规模纳税人销售其自建的不动产，应以取得的全部价款和价外费用为销售额，按照5%的征收率计算应纳税额。纳税人应按照上述计税方法在不动产所在地预缴税款后，向机构所在地主管税务机关进行纳税申报。

7. 房地产开发企业中的一般纳税人，销售自行开发的房地产老项目，可以选择适用简易计税方法按照5%的征收率计税。

8. 房地产开发企业中的小规模纳税人，销售自行开发的房地产项目，按照5%的征收率计税。

9. 房地产开发企业采取预收款方式销售所开发的房地产项目，在收到预收款时按照3%的预征率预缴增值税。

10. 个体工商户销售购买的住房，应按照附件3《营业税改征增值税试点过渡政策的规定》第五条的规定征免增值税。纳税人应按照上述计税方法在不动产所在地预缴税款后，向机构所在地主管税务机关进行纳税申报。

11. 其他个人销售其取得（不含自建）的不动产（不含其购买的住房），应以取得的全部价款和价外费用减去该项不动产购置原价或者取得不动产时的作价后的余额为销售额，按照5%的征收率计算应纳税额。

（九）不动产经营租赁服务。

1. 一般纳税人出租其2016年4月30日前取得的不动产，可以选择适用简易计税方法，按照5%的征收率计算应纳税额。纳税人出租其2016年4月30日前取得的与机构所在地不在同一县（市）的不动产，应按照上述计税方法在不动产所在地预缴税款后，向机构所在地主管税务机关进行纳税申报。

2. 公路经营企业中的一般纳税人收取试点前开工的高速公路的车辆通行费，可以选择适用简易计税方法，减按3%的征收率计算应纳税额。

试点前开工的高速公路，是指相关施工许可证明上注明的合同开工日期在2016年4月30日前的高速公路。

3. 一般纳税人出租其2016年5月1日后取得的、与机构所在地不在同一县（市）的不动产，应按照3%的预征率在不动产所在地预缴税款后，向机构所在地主管税务机关进行纳税申报。

4. 小规模纳税人出租其取得的不动产（不含个人出租住房），应按照5%的征收率计算应纳税额。纳税人出租与机构所在地不在同一县（市）的不动产，应按照上述计税方法在不动产所在地预缴税款后，向机构所在地主管税务机关进行纳税申报。

5. 其他个人出租其取得的不动产（不含住房），应按照5%的征收率计算应纳税额。

6. 个人出租住房，应按照5%的征收率减按1.5%计算应纳税额。

（十）一般纳税人销售其2016年4月30日前取得的不动产（不含自建），适用一般计税方法计税的，以取得的全部价款和价外费用为销售额计算应纳税额。上述纳税人应以取得的全部价款和价外费用减去该项不动产购置原价或者取得不动产时的作价后的余额，按照

5%的预征率在不动产所在地预缴税款后，向机构所在地主管税务机关进行纳税申报。

房地产开发企业中的一般纳税人销售房地产老项目，以及一般纳税人出租其2016年4月30日前取得的不动产，适用一般计税方法计税的，应以取得的全部价款和价外费用，按照3%的预征率在不动产所在地预缴税款后，向机构所在地主管税务机关进行纳税申报。

一般纳税人销售其2016年4月30日前自建的不动产，适用一般计税方法计税的，应以取得的全部价款和价外费用为销售额计算应纳税额。纳税人应以取得的全部价款和价外费用，按照5%的预征率在不动产所在地预缴税款后，向机构所在地主管税务机关进行纳税申报。

（十一）一般纳税人跨省（自治区、直辖市或者计划单列市）提供建筑服务或者销售、出租取得的与机构所在地不在同一省（自治区、直辖市或者计划单列市）的不动产，在机构所在地申报纳税时，计算的应纳税额小于已预缴税额，且差额较大的，由国家税务总局通知建筑服务发生地或者不动产所在地省级税务机关，在一定时期内暂停预缴增值税。

（十二）纳税地点。

属于固定业户的试点纳税人，总分支机构不在同一县（市），但在同一省（自治区、直辖市、计划单列市）范围内的，经省（自治区、直辖市、计划单列市）财政厅（局）和国家税务局批准，可以由总机构汇总向总机构所在地的主管税务机关申报缴纳增值税。

（十三）试点前发生的业务。

1. 试点纳税人发生应税行为，按照国家有关营业税政策规定差额征收营业税的，因取得的全部价款和价外费用不足以抵减允许扣除项目金额，截至纳入营改增试点之日前尚未扣除的部分，不得在计算试点纳税人增值税应税销售额时抵减，应当向原主管地税机关申请退还营业税。

2. 试点纳税人发生应税行为，在纳入营改增试点之日前已缴纳营业税，营改增试点后因发生退款减除营业额的，应当向原主管地税机关申请退还已缴纳的营业税。

3. 试点纳税人纳入营改增试点之日前发生的应税行为，因税收检查等原因需要补缴税款的，应按照营业税政策规定补缴营业税。

（十四）销售使用过的固定资产。

一般纳税人销售自己使用过的、纳入营改增试点之日前取得的固定资产，按照现行旧货相关增值税政策执行。

使用过的固定资产，是指纳税人符合《试点实施办法》第二十八条规定并根据财务会计制度已经计提折旧的固定资产。

（十五）扣缴增值税适用税率。

境内的购买方为境外单位和个人扣缴增值税的，按照适用税率扣缴增值税。

（十六）其他规定。

1. 试点纳税人销售电信服务时，附带赠送用户识别卡、电信终端等货物或者电信服务的，应将其取得的全部价款和价外费用进行分别核算，按各自适用的税率计算缴纳增值税。

2. 油气田企业发生应税行为，适用《试点实施办法》规定的增值税税率，不再适用《财政部　国家税务总局关于印发〈油气田企业增值税管理办法〉的通知》（财税〔2009〕8号）规定的增值税税率。

二、原增值税纳税人［指按照《中华人民共和国增值税暂行条例》（国务院令第538号）（以下称《增值税暂行条例》）缴纳增值税的纳税人］有关政策

（一）进项税额。

1. 原增值税一般纳税人购进服务、无形资产或者不动产，取得的增值税专用发票上注明的增值税额为进项税额，准予从销项税额中抵扣。

2016年5月1日后取得并在会计制度上按固定资产核算的不动产或者2016年5月1日后取得的不动产在建工程，其进项税额应自取得之日起分2年从销项税额中抵扣，第一年抵扣比例为60%，第二年抵扣比例为40%。

融资租入的不动产以及在施工现场修建的临时建筑物、构筑物，其进项税额不适用上述分2年抵扣的规定。

2. 原增值税一般纳税人自用的应征消费税的摩托车、汽车、游艇，其进项税额准予从销项税额中抵扣。

3. 原增值税一般纳税人从境外单位或者个人购进服务、无形资产或者不动产，按照规定应当扣缴增值税的，准予从销项税额中抵扣的进项税额为自税务机关或者扣缴义务人取得的解缴税款的完税凭证上注明的增值税额。

纳税人凭完税凭证抵扣进项税额的，应当具备书面合同、付款证明和境外单位的对账单或者发票。资料不全的，其进项税额不得从销项税额中抵扣。

4. 原增值税一般纳税人购进货物或者接受加工修理修配劳务，用于《销售服务、无形资产或者不动产注释》所列项目的，不属于《增值税暂行条例》第十条所称的用于非增值税应税项目，其进项税额准予从销项税额中抵扣。

5. 原增值税一般纳税人购进服务、无形资产或者不动产，下列项目的进项税额不得从销项税额中抵扣：

（1）用于简易计税方法计税项目、免征增值税项目、集体福利或者个人消费。其中涉及的无形资产、不动产，仅指专用于上述项目的无形资产（不包括其他权益性无形资产）、不动产。

纳税人的交际应酬消费属于个人消费。

（2）非正常损失的购进货物，以及相关的加工修理修配劳务和交通运输服务。

（3）非正常损失的在产品、产成品所耗用的购进货物（不包括固定资产）、加工修理修配劳务和交通运输服务。

（4）非正常损失的不动产，以及该不动产所耗用的购进货物、设计服务和建筑服务。

（5）非正常损失的不动产在建工程所耗用的购进货物、设计服务和建筑服务。

纳税人新建、改建、扩建、修缮、装饰不动产，均属于不动产在建工程。

（6）购进的旅客运输服务、贷款服务、餐饮服务、居民日常服务和娱乐服务。

（7）财政部和国家税务总局规定的其他情形。

上述第（4）点、第（5）点所称货物，是指构成不动产实体的材料和设备，包括建筑装饰材料和给排水、采暖、卫生、通风、照明、通讯、煤气、消防、中央空调、电梯、电气、智能化楼宇设备及配套设施。

纳税人接受贷款服务向贷款方支付的与该笔贷款直接相关的投融资顾问费、手续费、咨询费等费用，其进项税额不得从销项税额中抵扣。

6. 已抵扣进项税额的购进服务，发生上述第5点规定情形（简易计税方法计税项目、免征增值税项目除外）的，应当将该进项税额从当期进项税额中扣减；无法确定该进项税额的，按照当期实际成本计算应扣减的进项税额。

7. 已抵扣进项税额的无形资产或者不动产，发生上述第5点规定情形的，按照下列公式计算不得抵扣的进项税额：

不得抵扣的进项税额 = 无形资产或者不动产净值 × 适用税率

8. 按照《增值税暂行条例》第十条和上述第5点不得抵扣且未抵扣进项税额的固定资产、无形资产、不动产，发生用途改变，用于允许抵扣进项税额的应税项目，可在用途改变的次月按照下列公式，依据合法有效的增值税扣税凭证，计算可以抵扣的进项税额：

可以抵扣的进项税额 = 固定资产、无形资产、不动产净值/（1 + 适用税率） × 适用税率

上述可以抵扣的进项税额应取得合法有效的增值税扣税凭证。

（二）增值税期末留抵税额。

原增值税一般纳税人兼有销售服务、无形资产或者不动产的，截止到纳入营改增试点之日前的增值税期末留抵税额，不得从销售服务、无形资产或者不动产的销项税额中抵扣。

（三）混合销售。

一项销售行为如果既涉及货物又涉及服务，为混合销售。从事货物的生产、批发或者零售的单位和个体工商户的混合销售行为，按照销售货物缴纳增值税；其他单位和个体工商户的混合销售行为，按照销售服务缴纳增值税。

上述从事货物的生产、批发或者零售的单位和个体工商户，包括以从事货物的生产、批发或者零售为主，并兼营销售服务的单位和个体工商户在内。

附件3：

营业税改征增值税试点过渡政策的规定

一、下列项目免征增值税。

（一）托儿所、幼儿园提供的保育和教育服务。

托儿所、幼儿园，是指经县级以上教育部门审批成立、取得办园许可证的实施0—6岁学前教育的机构，包括公办和民办的托儿所、幼儿园、学前班、幼儿班、保育院、幼儿院。

公办托儿所、幼儿园免征增值税的收入是指，在省级财政部门和价格主管部门审核报省级人民政府批准的收费标准以内收取的教育费、保育费。

民办托儿所、幼儿园免征增值税的收入是指，在报经当地有关部门备案并公示的收费标准范围内收取的教育费、保育费。

超过规定收费标准的收费，以开办实验班、特色班和兴趣班等为由另外收取的费用以及与幼儿入园挂钩的赞助费、支教费等超过规定范围的收入，不属于免征增值税的收入。

（二）养老机构提供的养老服务。

养老机构，是指依照民政部《养老机构设立许可办法》（民政部令第48号）设立并依

法办理登记的为老年人提供集中居住和照料服务的各类养老机构；养老服务，是指上述养老机构按照民政部《养老机构管理办法》（民政部令第49号）的规定，为收住的老年人提供的生活照料、康复护理、精神慰藉、文化娱乐等服务。

（三）残疾人福利机构提供的育养服务。

（四）婚姻介绍服务。

（五）殡葬服务。

殡葬服务，是指收费标准由各地价格主管部门会同有关部门核定，或者实行政府指导价管理的遗体接运（含抬尸、消毒）、遗体整容、遗体防腐、存放（含冷藏）、火化、骨灰寄存、吊唁设施设备租赁、墓穴租赁及管理等服务。

（六）残疾人员本人为社会提供的服务。

（七）医疗机构提供的医疗服务。

医疗机构，是指依据国务院《医疗机构管理条例》（国务院令第149号）及卫生部《医疗机构管理条例实施细则》（卫生部令第35号）的规定，经登记取得《医疗机构执业许可证》的机构，以及军队、武警部队各级各类医疗机构。具体包括：各级各类医院、门诊部（所）、社区卫生服务中心（站）、急救中心（站）、城乡卫生院、护理院（所）、疗养院、临床检验中心，各级政府及有关部门举办的卫生防疫站（疾病控制中心）、各种专科疾病防治站（所），各级政府举办的妇幼保健所（站）、母婴保健机构、儿童保健机构，各级政府举办的血站（血液中心）等医疗机构。

本项所称的医疗服务，是指医疗机构按照不高于地（市）级以上价格主管部门会同同级卫生主管部门及其他相关部门制定的医疗服务指导价格（包括政府指导价和按照规定由供需双方协商确定的价格等）为就医者提供《全国医疗服务价格项目规范》所列的各项服务，以及医疗机构向社会提供卫生防疫、卫生检疫的服务。

（八）从事学历教育的学校提供的教育服务。

1. 学历教育，是指受教育者经过国家教育考试或者国家规定的其他入学方式，进入国家有关部门批准的学校或者其他教育机构学习，获得国家承认的学历证书的教育形式。具体包括：

（1）初等教育：普通小学、成人小学。

（2）初级中等教育：普通初中、职业初中、成人初中。

（3）高级中等教育：普通高中、成人高中和中等职业学校（包括普通中专、成人中专、职业高中、技工学校）。

（4）高等教育：普通本专科、成人本专科、网络本专科、研究生（博士、硕士）、高等教育自学考试、高等教育学历文凭考试。

2. 从事学历教育的学校，是指：

（1）普通学校。

（2）经地（市）级以上人民政府或者同级政府的教育行政部门批准成立、国家承认其学员学历的各类学校。

（3）经省级及以上人力资源社会保障行政部门批准成立的技工学校、高级技工学校。

（4）经省级人民政府批准成立的技师学院。

上述学校均包括符合规定的从事学历教育的民办学校，但不包括职业培训机构等国家不承认学历的教育机构。

3. 提供教育服务免征增值税的收入，是指对列入规定招生计划的在籍学生提供学历教育服务取得的收入，具体包括：经有关部门审核批准并按规定标准收取的学费、住宿费、课本费、作业本费、考试报名费收入，以及学校食堂提供餐饮服务取得的伙食费收入。除此之外的收入，包括学校以各种名义收取的赞助费、择校费等，不属于免征增值税的范围。

学校食堂是指依照《学校食堂与学生集体用餐卫生管理规定》（教育部令第 14 号）管理的学校食堂。

（九）学生勤工俭学提供的服务。

（十）农业机耕、排灌、病虫害防治、植物保护、农牧保险以及相关技术培训业务，家禽、牲畜、水生动物的配种和疾病防治。

农业机耕，是指在农业、林业、牧业中使用农业机械进行耕作（包括耕耘、种植、收割、脱粒、植物保护等）的业务；排灌，是指对农田进行灌溉或者排涝的业务；病虫害防治，是指从事农业、林业、牧业、渔业的病虫害测报和防治的业务；农牧保险，是指为种植业、养殖业、牧业种植和饲养的动植物提供保险的业务；相关技术培训，是指与农业机耕、排灌、病虫害防治、植物保护业务相关以及为使农民获得农牧保险知识的技术培训业务；家禽、牲畜、水生动物的配种和疾病防治业务的免税范围，包括与该项服务有关的提供药品和医疗用具的业务。

（十一）纪念馆、博物馆、文化馆、文物保护单位管理机构、美术馆、展览馆、书画院、图书馆在自己的场所提供文化体育服务取得的第一道门票收入。

（十二）寺院、宫观、清真寺和教堂举办文化、宗教活动的门票收入。

（十三）行政单位之外的其他单位收取的符合《试点实施办法》第十条规定条件的政府性基金和行政事业性收费。

（十四）个人转让著作权。

（十五）个人销售自建自用住房。

（十六）2018 年 12 月 31 日前，公共租赁住房经营管理单位出租公共租赁住房。

公共租赁住房，是指纳入省、自治区、直辖市、计划单列市人民政府及新疆生产建设兵团批准的公共租赁住房发展规划和年度计划，并按照《关于加快发展公共租赁住房的指导意见》（建保〔2010〕87 号）和市、县人民政府制定的具体管理办法进行管理的公共租赁住房。

（十七）台湾航运公司、航空公司从事海峡两岸海上直航、空中直航业务在大陆取得的运输收入。

台湾航运公司，是指取得交通运输部颁发的“台湾海峡两岸间水路运输许可证”且该许可证上注明的公司登记地址在台湾的航运公司。

台湾航空公司，是指取得中国民用航空局颁发的“经营许可”或者依据《海峡两岸空运协议》和《海峡两岸空运补充协议》规定，批准经营两岸旅客、货物和邮件不定期（包机）运输业务，且公司登记地址在台湾的航空公司。

（十八）纳税人提供的直接或者间接国际货物运输代理服务。

1. 纳税人提供直接或者间接国际货物运输代理服务，向委托方收取的全部国际货物运输代理服务收入，以及向国际运输承运人支付的国际运输费用，必须通过金融机构进行结算。

2. 纳税人为大陆与香港、澳门、台湾地区之间的货物运输提供的货物运输代理服务参照国际货物运输代理服务有关规定执行。

3. 委托方索取发票的，纳税人应当就国际货物运输代理服务收入向委托方全额开具增值税普通发票。

（十九）以下利息收入。

1. 2016 年 12 月 31 日前，金融机构农户小额贷款。

小额贷款，是指单笔且该农户贷款余额总额在 10 万元（含本数）以下的贷款。

所称农户，是指长期（一年以上）居住在乡镇（不包括城关镇）行政管理区域内的住户，还包括长期居住在城关镇所辖行政村范围内的住户和户口不在本地而在本地居住一年以上的住户，国有农场的职工和农村个体工商户。位于乡镇（不包括城关镇）行政管理区域内和在城关镇所辖行政村范围内的国有经济的机关、团体、学校、企事业单位的集体户；有本地户口，但举家外出谋生一年以上的住户，无论是否保留承包耕地均不属于农户。农户以户为统计单位，既可以从事农业生产经营，也可以从事非农业生产经营。农户贷款的判定应以贷款发放时的承贷主体是否属于农户为准。

2. 国家助学贷款。

3. 国债、地方政府债。

4. 人民银行对金融机构的贷款。

5. 住房公积金管理中心用住房公积金在指定的委托银行发放的个人住房贷款。

6. 外汇管理部门在从事国家外汇储备经营过程中，委托金融机构发放的外汇贷款。

7. 统借统还业务中，企业集团或企业集团中的核心企业以及集团所属财务公司按不高于支付给金融机构的借款利率水平或者支付的债券票面利率水平，向企业集团或者集团内下属单位收取的利息。

统借方向资金使用单位收取的利息，高于支付给金融机构借款利率水平或者支付的债券票面利率水平的，应全额缴纳增值税。

统借统还业务，是指：

（1）企业集团或者企业集团中的核心企业向金融机构借款或对外发行债券取得资金后，将所借资金分拨给下属单位（包括独立核算单位和非独立核算单位，下同），并向下属单位收取用于归还金融机构或债券购买方本息的业务。

（2）企业集团向金融机构借款或对外发行债券取得资金后，由集团所属财务公司与企业集团或者集团内下属单位签订统借统还贷款合同并分拨资金，并向企业集团或者集团内下属单位收取本息，再转付企业集团，由企业集团统一归还金融机构或债券购买方的业务。

（二十）被撤销金融机构以货物、不动产、无形资产、有价证券、票据等财产清偿债务。

被撤销金融机构，是指经人民银行、银监会依法决定撤销的金融机构及其分设于各地的分支机构，包括被依法撤销的商业银行、信托投资公司、财务公司、金融租赁公司、城市信用社和农村信用社。除另有规定外，被撤销金融机构所属、附属企业，不享受被撤销金融机构增值税免税政策。

（二十一）保险公司开办的一年期以上人身保险产品取得的保费收入。

一年期以上人身保险，是指保险期间为一年期及以上返还本利的人寿保险、养老年金保险，以及保险期间为一年期及以上的健康保险。

人寿保险，是指以人的寿命为保险标的的人身保险。

养老年金保险，是指以养老保障为目的，以被保险人生存为给付保险金条件，并按约定的时间间隔分期给付生存保险金的人身保险。养老年金保险应当同时符合下列条件：

1. 保险合同约定给付被保险人生存保险金的年龄不得小于国家规定的退休年龄。

2. 相邻两次给付的时间间隔不得超过一年。

健康保险，是指以因健康原因导致损失为给付保险金条件的人身保险。

上述免税政策实行备案管理，具体备案管理办法按照《国家税务总局关于一年期以上返还性人身保险产品免征营业税审批事项取消后有关管理问题的公告》（国家税务总局公告2015 年第 65 号）规定执行。

（二十二）下列金融商品转让收入。

1. 合格境外投资者（QFII）委托境内公司在我国从事证券买卖业务。

2. 香港市场投资者（包括单位和个人）通过沪港通买卖上海证券交易所上市 A 股。

3. 对香港市场投资者（包括单位和个人）通过基金互认买卖内地基金份额。

4. 证券投资基金（封闭式证券投资基金，开放式证券投资基金）管理人运用基金买卖股票、债券。

5. 个人从事金融商品转让业务。

（二十三）金融同业往来利息收入。

1. 金融机构与人民银行所发生的资金往来业务。包括人民银行对一般金融机构贷款，以及人民银行对商业银行的再贴现等。

2. 银行联行往来业务。同一银行系统内部不同行、处之间所发生的资金账务往来业务。

3. 金融机构间的资金往来业务。是指经人民银行批准，进入全国银行间同业拆借市场的金融机构之间通过全国统一的同业拆借网络进行的短期（一年以下含一年）无担保资金融通行为。

4. 金融机构之间开展的转贴现业务。

金融机构是指：

（1）银行：包括人民银行、商业银行、政策性银行。

（2）信用合作社。

（3）证券公司。

（4）金融租赁公司、证券基金管理公司、财务公司、信托投资公司、证券投资基金。

（5）保险公司。

（6）其他经人民银行、银监会、证监会、保监会批准成立且经营金融保险业务的机构等。

（二十四）同时符合下列条件的担保机构从事中小企业信用担保或者再担保业务取得的收入（不含信用评级、咨询、培训等收入）3 年内免征增值税：

1. 已取得监管部门颁发的融资性担保机构经营许可证，依法登记注册为企（事）业法人，实收资本超过 2000 万元。

2. 平均年担保费率不超过银行同期贷款基准利率的50%。平均年担保费率＝本期担保费收入/（期初担保余额＋本期增加担保金额）×100%。

3. 连续合规经营2年以上，资金主要用于担保业务，具备健全的内部管理制度和为中小企业提供担保的能力，经营业绩突出，对受保项目具有完善的事前评估、事中监控、事后追偿与处置机制。

4. 为中小企业提供的累计担保贷款额占其两年累计担保业务总额的80%以上，单笔800万元以下的累计担保贷款额占其累计担保业务总额的50%以上。

5. 对单个受保企业提供的担保余额不超过担保机构实收资本总额的10%，且平均单笔担保责任金额最多不超过3000万元人民币。

6. 担保责任余额不低于其净资产的3倍，且代偿率不超过2%。

担保机构免征增值税政策采取备案管理方式。符合条件的担保机构应到所在地县（市）主管税务机关和同级中小企业管理部门履行规定的备案手续，自完成备案手续之日起，享受3年免征增值税政策。3年免税期满后，符合条件的担保机构可按规定程序办理备案手续后继续享受该项政策。

具体备案管理办法按照《国家税务总局关于中小企业信用担保机构免征营业税审批事项取消后有关管理问题的公告》（国家税务总局公告2015年第69号）规定执行，其中税务机关的备案管理部门统一调整为县（市）级国家税务局。

（二十五）国家商品储备管理单位及其直属企业承担商品储备任务，从中央或者地方财政取得的利息补贴收入和价差补贴收入。

国家商品储备管理单位及其直属企业，是指接受中央、省、市、县四级政府有关部门（或者政府指定管理单位）委托，承担粮（含大豆）、食用油、棉、糖、肉、盐（限于中央储备）等6种商品储备任务，并按有关政策收储、销售上述6种储备商品，取得财政储备经费或者补贴的商品储备企业。利息补贴收入，是指国家商品储备管理单位及其直属企业因承担上述商品储备任务从金融机构贷款，并从中央或者地方财政取得的用于偿还贷款利息的贴息收入。价差补贴收入包括销售价差补贴收入和轮换价差补贴收入。销售价差补贴收入，是指按照中央或者地方政府指令销售上述储备商品时，由于销售收入小于库存成本而从中央或者地方财政获得的全额价差补贴收入。轮换价差补贴收入，是指根据要求定期组织政策性储备商品轮换而从中央或者地方财政取得的商品新陈品质价差补贴收入。

（二十六）纳税人提供技术转让、技术开发和与之相关的技术咨询、技术服务。

1. 技术转让、技术开发，是指《销售服务、无形资产、不动产注释》中"转让技术"、"研发服务"范围内的业务活动。技术咨询，是指就特定技术项目提供可行性论证、技术预测、专题技术调查、分析评价报告等业务活动。

与技术转让、技术开发相关的技术咨询、技术服务，是指转让方（或者受托方）根据技术转让或者开发合同的规定，为帮助受让方（或者委托方）掌握所转让（或者委托开发）的技术，而提供的技术咨询、技术服务业务，且这部分技术咨询、技术服务的价款与技术转让或者技术开发的价款应当在同一张发票上开具。

2. 备案程序。试点纳税人申请免征增值税时，须持技术转让、开发的书面合同，到纳税人所在地省级科技主管部门进行认定，并持有关的书面合同和科技主管部门审核意见证明文件报主管税务机关备查。

（二十七）同时符合下列条件的合同能源管理服务：

1. 节能服务公司实施合同能源管理项目相关技术，应当符合国家质量监督检验检疫总局和国家标准化管理委员会发布的《合同能源管理技术通则》（GB/T24915－2010）规定的技术要求。

2. 节能服务公司与用能企业签订节能效益分享型合同，其合同格式和内容，符合《中华人民共和国合同法》和《合同能源管理技术通则》（GB/T24915－2010）等规定。

（二十八）2017 年 12 月 31 日前，科普单位的门票收入，以及县级及以上党政部门和科协开展科普活动的门票收入。

科普单位，是指科技馆、自然博物馆，对公众开放的天文馆（站、台）、气象台（站）、地震台（站），以及高等院校、科研机构对公众开放的科普基地。

科普活动，是指利用各种传媒以浅显的、让公众易于理解、接受和参与的方式，向普通大众介绍自然科学和社会科学知识，推广科学技术的应用，倡导科学方法，传播科学思想，弘扬科学精神的活动。

（二十九）政府举办的从事学历教育的高等、中等和初等学校（不含下属单位），举办进修班、培训班取得的全部归该学校所有的收入。

全部归该学校所有，是指举办进修班、培训班取得的全部收入进入该学校统一账户，并纳入预算全额上缴财政专户管理，同时由该学校对有关票据进行统一管理和开具。

举办进修班、培训班取得的收入进入该学校下属部门自行开设账户的，不予免征增值税。

（三十）政府举办的职业学校设立的主要为在校学生提供实习场所、并由学校出资自办、由学校负责经营管理、经营收入归学校所有的企业，从事《销售服务、无形资产或者不动产注释》中“现代服务”（不含融资租赁服务、广告服务和其他现代服务）、“生活服务”（不含文化体育服务、其他生活服务和桑拿、氧吧）业务活动取得的收入。

（三十一）家政服务企业由员工制家政服务员提供家政服务取得的收入。

家政服务企业，是指在企业营业执照的规定经营范围中包括家政服务内容的企业。

员工制家政服务员，是指同时符合下列 3 个条件的家政服务员：

1. 依法与家政服务企业签订半年及半年以上的劳动合同或者服务协议，且在该企业实际上岗工作。

2. 家政服务企业为其按月足额缴纳了企业所在地人民政府根据国家政策规定的基本养老保险、基本医疗保险、工伤保险、失业保险等社会保险。对已享受新型农村养老保险和新型农村合作医疗等社会保险或者下岗职工原单位继续为其缴纳社会保险的家政服务员，如果本人书面提出不再缴纳企业所在地人民政府根据国家政策规定的相应的社会保险，并出具其所在乡镇或者原单位开具的已缴纳相关保险的证明，可视同家政服务企业已为其按月足额缴纳了相应的社会保险。

3. 家政服务企业通过金融机构向其实际支付不低于企业所在地适用的经省级人民政府批准的最低工资标准的工资。

（三十二）福利彩票、体育彩票的发行收入。

（三十三）军队空余房产租赁收入。

（三十四）为了配合国家住房制度改革，企业、行政事业单位按房改成本价、标准价出售住房取得的收入。

（三十五）将土地使用权转让给农业生产者用于农业生产。

（三十六）涉及家庭财产分割的个人无偿转让不动产、土地使用权。

家庭财产分割，包括下列情形：离婚财产分割；无偿赠与配偶、父母、子女、祖父母、外祖父母、孙子女、外孙子女、兄弟姐妹；无偿赠与对其承担直接抚养或者赡养义务的抚养人或者赡养人；房屋产权所有人死亡，法定继承人、遗嘱继承人或者受遗赠人依法取得房屋产权。

（三十七）土地所有者出让土地使用权和土地使用者将土地使用权归还给土地所有者。

（三十八）县级以上地方人民政府或自然资源行政主管部门出让、转让或收回自然资源使用权（不含土地使用权）。

（三十九）随军家属就业。

1. 为安置随军家属就业而新开办的企业，自领取税务登记证之日起，其提供的应税服务 3 年内免征增值税。

享受税收优惠政策的企业，随军家属必须占企业总人数的 60%（含）以上，并有军（含）以上政治和后勤机关出具的证明。

2. 从事个体经营的随军家属，自办理税务登记事项之日起，其提供的应税服务 3 年内免征增值税。

随军家属必须有师以上政治机关出具的可以表明其身份的证明。

按照上述规定，每一名随军家属可以享受一次免税政策。

（四十）军队转业干部就业。

1. 从事个体经营的军队转业干部，自领取税务登记证之日起，其提供的应税服务 3 年内免征增值税。

2. 为安置自主择业的军队转业干部就业而新开办的企业，凡安置自主择业的军队转业干部占企业总人数 60%（含）以上的，自领取税务登记证之日起，其提供的应税服务 3 年内免征增值税。

享受上述优惠政策的自主择业的军队转业干部必须持有师以上部队颁发的转业证件。

二、增值税即征即退。

（一）一般纳税人提供管道运输服务，对其增值税实际税负超过 3% 的部分实行增值税即征即退政策。

（二）经人民银行、银监会或者商务部批准从事融资租赁业务的试点纳税人中的一般纳税人，提供有形动产融资租赁服务和有形动产融资性售后回租服务，对其增值税实际税负超过 3% 的部分实行增值税即征即退政策。商务部授权的省级商务主管部门和国家经济技术开发区批准的从事融资租赁业务和融资性售后回租业务的试点纳税人中的一般纳税人，2016 年 5 月 1 日后实收资本达到 1.7 亿元的，从达到标准的当月起按照上述规定执行；2016 年 5 月 1 日后实收资本未达到 1.7 亿元但注册资本达到 1.7 亿元的，在 2016 年 7 月 31 日前仍可按照上述规定执行，2016 年 8 月 1 日后开展的有形动产融资租赁业务和有形动产融资性售后回租业务不得按照上述规定执行。

（三）本规定所称增值税实际税负，是指纳税人当期提供应税服务实际缴纳的增值税额占纳税人当期提供应税服务取得的全部价款和价外费用的比例。

三、扣减增值税规定。

（一）退役士兵创业就业。

1. 对自主就业退役士兵从事个体经营的，在3年内按每户每年8000元为限额依次扣减其当年实际应缴纳的增值税、城市维护建设税、教育费附加、地方教育附加和个人所得税。限额标准最高可上浮20%，各省、自治区、直辖市人民政府可根据本地区实际情况在此幅度内确定具体限额标准，并报财政部和国家税务总局备案。

纳税人年度应缴纳税款小于上述扣减限额的，以其实际缴纳的税款为限；大于上述扣减限额的，应以上述扣减限额为限。纳税人的实际经营期不足一年的，应当以实际月份换算其减免税限额。换算公式为：减免税限额 = 年度减免税限额 ÷ 12 × 实际经营月数。

纳税人在享受税收优惠政策的当月，持《中国人民解放军义务兵退出现役证》或《中国人民解放军士官退出现役证》以及税务机关要求的相关材料向主管税务机关备案。

2. 对商贸企业、服务型企业、劳动就业服务企业中的加工型企业和街道社区具有加工性质的小型企业实体，在新增加的岗位中，当年新招用自主就业退役士兵，与其签订1年以上期限劳动合同并依法缴纳社会保险费的，在3年内按实际招用人数予以定额依次扣减增值税、城市维护建设税、教育费附加、地方教育附加和企业所得税优惠。定额标准为每人每年4 000元，最高可上浮50%，各省、自治区、直辖市人民政府可根据本地区实际情况在此幅度内确定具体定额标准，并报财政部和国家税务总局备案。

本条所称服务型企业是指从事《销售服务、无形资产、不动产注释》中“不动产租赁服务”、“商务辅助服务”（不含货物运输代理和代理报关服务）、“生活服务”（不含文化体育服务）范围内业务活动的企业以及按照《民办非企业单位登记管理暂行条例》（国务院令第251号）登记成立的民办非企业单位。

纳税人按企业招用人数和签订的劳动合同时间核定企业减免税总额，在核定减免税总额内每月依次扣减增值税、城市维护建设税、教育费附加和地方教育附加。纳税人实际应缴纳的增值税、城市维护建设税、教育费附加和地方教育附加小于核定减免税总额的，以实际应缴纳的增值税、城市维护建设税、教育费附加和地方教育附加为限；实际应缴纳的增值税、城市维护建设税、教育费附加和地方教育附加大于核定减免税总额的，以核定减免税总额为限。

纳税年度终了，如果企业实际减免的增值税、城市维护建设税、教育费附加和地方教育附加小于核定的减免税总额，企业在企业所得税汇算清缴时扣减企业所得税。当年扣减不足的，不再结转以后年度扣减。

计算公式为：企业减免税总额 = ∑每名自主就业退役士兵本年度在本企业工作月份 ÷ 12 × 定额标准。

企业自招用自主就业退役士兵的次月起享受税收优惠政策，并于享受税收优惠政策的当月，持下列材料向主管税务机关备案：

（1）新招用自主就业退役士兵的《中国人民解放军义务兵退出现役证》或《中国人民解放军士官退出现役证》。

（2）企业与新招用自主就业退役士兵签订的劳动合同（副本），企业为职工缴纳的社会保险费记录。

（3）自主就业退役士兵本年度在企业工作时间表。

（4）主管税务机关要求的其他相关材料。

3. 上述所称自主就业退役士兵是指依照《退役士兵安置条例》（国务院、中央军委令第608号）的规定退出现役并按自主就业方式安置的退役士兵。

4. 上述税收优惠政策的执行期限为2016年5月1日至2016年12月31日，纳税人在2016年12月31日未享受满3年的，可继续享受至3年期满为止。

按照《财政部　国家税务总局　民政部关于调整完善扶持自主就业退役士兵创业就业有关税收政策的通知》（财税〔2014〕42号）规定享受营业税优惠政策的纳税人，自2016年5月1日起按照上述规定享受增值税优惠政策，在2016年12月31日未享受满3年的，可继续享受至3年期满为止。

《财政部　国家税务总局关于将铁路运输和邮政业纳入营业税改征增值税试点的通知》（财税〔2013〕106号）附件3第一条第（十二）项城镇退役士兵就业免征增值税政策，自2014年7月1日起停止执行。在2014年6月30日未享受满3年的，可继续享受至3年期满为止。

（二）重点群体创业就业。

1. 对持《就业创业证》（注明"自主创业税收政策"或"毕业年度内自主创业税收政策"）或2015年1月27日前取得的《就业失业登记证》（注明"自主创业税收政策"或附着《高校毕业生自主创业证》）的人员从事个体经营的，在3年内按每户每年8000元为限额依次扣减其当年实际应缴纳的增值税、城市维护建设税、教育费附加、地方教育附加和个人所得税。限额标准最高可上浮20%，各省、自治区、直辖市人民政府可根据本地区实际情况在此幅度内确定具体限额标准，并报财政部和国家税务总局备案。

纳税人年度应缴纳税款小于上述扣减限额的，以其实际缴纳的税款为限；大于上述扣减限额的，应以上述扣减限额为限。

上述人员是指：

（1）在人力资源社会保障部门公共就业服务机构登记失业半年以上的人员。

（2）零就业家庭、享受城市居民最低生活保障家庭劳动年龄内的登记失业人员。

（3）毕业年度内高校毕业生。高校毕业生是指实施高等学历教育的普通高等学校、成人高等学校毕业的学生；毕业年度是指毕业所在自然年，即1月1日至12月31日。

2. 对商贸企业、服务型企业、劳动就业服务企业中的加工型企业和街道社区具有加工性质的小型企业实体，在新增加的岗位中，当年新招用在人力资源社会保障部门公共就业服务机构登记失业半年以上且持《就业创业证》或2015年1月27日前取得的《就业失业登记证》（注明"企业吸纳税收政策"）人员，与其签订1年以上期限劳动合同并依法缴纳社会保险费的，在3年内按实际招用人数予以定额依次扣减增值税、城市维护建设税、教育费附加、地方教育附加和企业所得税优惠。定额标准为每人每年4000元，最高可上浮30%，各省、自治区、直辖市人民政府可根据本地区实际情况在此幅度内确定具体定额标准，并报财政部和国家税务总局备案。

按上述标准计算的税收扣减额应在企业当年实际应缴纳的增值税、城市维护建设税、教育费附加、地方教育附加和企业所得税税额中扣减，当年扣减不足的，不得结转下年使用。

本条所称服务型企业是指从事《销售服务、无形资产、不动产注释》中"不动产租赁服务"、"商务辅助服务"（不含货物运输代理和代理报关服务）、"生活服务"（不含文化体育服务）范围内业务活动的企业以及按照《民办非企业单位登记管理暂行条例》（国务院令第 251 号）登记成立的民办非企业单位。

3. 享受上述优惠政策的人员按以下规定申领《就业创业证》：

（1）按照《就业服务与就业管理规定》（劳动和社会保障部令第 28 号）第六十三条的规定，在法定劳动年龄内，有劳动能力，有就业要求，处于无业状态的城镇常住人员，在公共就业服务机构进行失业登记，申领《就业创业证》。其中，农村进城务工人员和其他非本地户籍人员在常住地稳定就业满 6 个月的，失业后可以在常住地登记。

（2）零就业家庭凭社区出具的证明，城镇低保家庭凭低保证明，在公共就业服务机构登记失业，申领《就业创业证》。

（3）毕业年度内高校毕业生在校期间凭学生证向公共就业服务机构按规定申领《就业创业证》，或委托所在高校就业指导中心向公共就业服务机构按规定代为其申领《就业创业证》；毕业年度内高校毕业生离校后直接向公共就业服务机构按规定申领《就业创业证》。

（4）上述人员申领相关凭证后，由就业和创业地人力资源社会保障部门对人员范围、就业失业状态、已享受政策情况进行核实，在《就业创业证》上注明“自主创业税收政策”、“毕业年度内自主创业税收政策”或“企业吸纳税收政策”字样，同时符合自主创业和企业吸纳税收政策条件的，可同时加注；主管税务机关在《就业创业证》上加盖戳记，注明减免税所属时间。

4. 上述税收优惠政策的执行期限为 2016 年 5 月 1 日至 2016 年 12 月 31 日，纳税人在 2016 年 12 月 31 日未享受满 3 年的，可继续享受至 3 年期满为止。

按照《财政部　国家税务总局　人力资源社会保障部关于继续实施支持和促进重点群体创业就业有关税收政策的通知》（财税〔2014〕39 号）规定享受营业税优惠政策的纳税人，自 2016 年 5 月 1 日起按照上述规定享受增值税优惠政策，在 2016 年 12 月 31 日未享受满 3 年的，可继续享受至 3 年期满为止。

《财政部　国家税务总局关于将铁路运输和邮政业纳入营业税改征增值税试点的通知》（财税〔2013〕106 号）附件 3 第一条第（十三）项失业人员就业增值税优惠政策，自 2014 年 1 月 1 日起停止执行。在 2013 年 12 月 31 日未享受满 3 年的，可继续享受至 3 年期满为止。

四、金融企业发放贷款后，自结息日起 90 天内发生的应收未收利息按现行规定缴纳增值税，自结息日起 90 天后发生的应收未收利息暂不缴纳增值税，待实际收到利息时按规定缴纳增值税。

上述所称金融企业，是指银行（包括国有、集体、股份制、合资、外资银行以及其他所有制形式的银行）、城市信用社、农村信用社、信托投资公司、财务公司。

五、个人将购买不足 2 年的住房对外销售的，按照 5% 的征收率全额缴纳增值税；个人将购买 2 年以上（含 2 年）的住房对外销售的，免征增值税。上述政策适用于北京市、上海市、广州市和深圳市之外的地区。

个人将购买不足 2 年的住房对外销售的，按照 5% 的征收率全额缴纳增值税；个人将购买 2 年以上（含 2 年）的非普通住房对外销售的，以销售收入减去购买住房价款后的差额按照 5% 的征收率缴纳增值税；个人将购买 2 年以上（含 2 年）的普通住房对外销售的，免征增值税。上述政策仅适用于北京市、上海市、广州市和深圳市。

办理免税的具体程序、购买房屋的时间、开具发票、非购买形式取得住房行为及其他相关税收管理规定，按照《国务院办公厅转发建设部等部门关于做好稳定住房价格工作意见的通知》（国办发〔2005〕26号）、《国家税务总局 财政部 建设部关于加强房地产税收管理的通知》（国税发〔2005〕89号）和《国家税务总局关于房地产税收政策执行中几个具体问题的通知》（国税发〔2005〕172号）的有关规定执行。

六、上述增值税优惠政策除已规定期限的项目和第五条政策外，其他均在营改增试点期间执行。如果试点纳税人在纳入营改增试点之日前已经按照有关政策规定享受了营业税税收优惠，在剩余税收优惠政策期限内，按照本规定享受有关增值税优惠。

附件4：

跨境应税行为适用增值税零税率和免税政策的规定

一、中华人民共和国境内（以下称境内）的单位和个人销售的下列服务和无形资产，适用增值税零税率：

（一）国际运输服务。

国际运输服务，是指：

1. 在境内载运旅客或者货物出境。

2. 在境外载运旅客或者货物入境。

3. 在境外载运旅客或者货物。

（二）航天运输服务。

（三）向境外单位提供的完全在境外消费的下列服务：

1. 研发服务。

2. 合同能源管理服务。

3. 设计服务。

4. 广播影视节目（作品）的制作和发行服务。

5. 软件服务。

6. 电路设计及测试服务。

7. 信息系统服务。

8. 业务流程管理服务。

9. 离岸服务外包业务。

离岸服务外包业务，包括信息技术外包服务（ITO）、技术性业务流程外包服务（BPO）、技术性知识流程外包服务（KPO），其所涉及的具体业务活动，按照《销售服务、无形资产、不动产注释》相对应的业务活动执行。

10. 转让技术。

（四）财政部和国家税务总局规定的其他服务。

二、境内的单位和个人销售的下列服务和无形资产免征增值税，但财政部和国家税务总局规定适用增值税零税率的除外：

（一）下列服务：

1. 工程项目在境外的建筑服务。
2. 工程项目在境外的工程监理服务。
3. 工程、矿产资源在境外的工程勘察勘探服务。
4. 会议展览地点在境外的会议展览服务。
5. 存储地点在境外的仓储服务。
6. 标的物在境外使用的有形动产租赁服务。
7. 在境外提供的广播影视节目（作品）的播映服务。
8. 在境外提供的文化体育服务、教育医疗服务、旅游服务。

（二）为出口货物提供的邮政服务、收派服务、保险服务。

为出口货物提供的保险服务，包括出口货物保险和出口信用保险。

（三）向境外单位提供的完全在境外消费的下列服务和无形资产：

1. 电信服务。
2. 知识产权服务。
3. 物流辅助服务（仓储服务、收派服务除外）。
4. 鉴证咨询服务。
5. 专业技术服务。
6. 商务辅助服务。
7. 广告投放地在境外的广告服务。
8. 无形资产。

（四）以无运输工具承运方式提供的国际运输服务。

（五）为境外单位之间的货币资金融通及其他金融业务提供的直接收费金融服务，且该服务与境内的货物、无形资产和不动产无关。

（六）财政部和国家税务总局规定的其他服务。

三、按照国家有关规定应取得相关资质的国际运输服务项目，纳税人取得相关资质的，适用增值税零税率政策，未取得的，适用增值税免税政策。

境内的单位或个人提供程租服务，如果租赁的交通工具用于国际运输服务和港澳台运输服务，由出租方按规定申请适用增值税零税率。

境内的单位和个人向境内单位或个人提供期租、湿租服务，如果承租方利用租赁的交通工具向其他单位或个人提供国际运输服务和港澳台运输服务，由承租方适用增值税零税率。境内的单位或个人向境外单位或个人提供期租、湿租服务，由出租方适用增值税零税率。

境内单位和个人以无运输工具承运方式提供的国际运输服务，由境内实际承运人适用增值税零税率；无运输工具承运业务的经营者适用增值税免税政策。

四、境内的单位和个人提供适用增值税零税率的服务或者无形资产，如果属于适用简易计税方法的，实行免征增值税办法。如果属于适用增值税一般计税方法的，生产企业实行免抵退税办法，外贸企业外购服务或者无形资产出口实行免退税办法，外贸企业直接将服务或自行研发的无形资产出口，视同生产企业连同其出口货物统一实行免抵退税办法。

服务和无形资产的退税率为其按照《试点实施办法》第十五条第（一）至（三）项规定适用的增值税税率。实行退（免）税办法的服务和无形资产，如果主管税务机关认定出口价格偏高的，有权按照核定的出口价格计算退（免）税，核定的出口价格低于外贸企业购进价格的，低于部分对应的进项税额不予退税，转入成本。

五、境内的单位和个人销售适用增值税零税率的服务或无形资产的，可以放弃适用增值税零税率，选择免税或按规定缴纳增值税。放弃适用增值税零税率后，36 个月内不得再申请适用增值税零税率。

六、境内的单位和个人销售适用增值税零税率的服务或无形资产，按月向主管退税的税务机关申报办理增值税退（免）税手续。具体管理办法由国家税务总局商财政部另行制定。

七、本规定所称完全在境外消费，是指：

（一）服务的实际接受方在境外，且与境内的货物和不动产无关。

（二）无形资产完全在境外使用，且与境内的货物和不动产无关。

（三）财政部和国家税务总局规定的其他情形。

八、境内单位和个人发生的与香港、澳门、台湾有关的应税行为，除本文另有规定外，参照上述规定执行。

九、2016 年 4 月 30 日前签订的合同，符合《财政部　国家税务总局关于将铁路运输和邮政业纳入营业税改征增值税试点的通知》（财税〔2013〕106 号）附件 4 和《财政部　国家税务总局关于影视等出口服务适用增值税零税率政策的通知》（财税〔2015〕118 号）规定的零税率或者免税政策条件的，在合同到期前可以继续享受零税率或者免税政策。

PZ001：

威力电机有限公司

借　款　单

申请日期：2015 年 12 月 1 日

借款人部门	供应部	借款人	刘清玉
借款金额	（大写）贰仟圆整		（小写）￥2 000 元
借款用途	差旅费		
借款方式	汇款（　）　现金（√）　其他（　）		
借款人开户银行			
借款人开户账号			
备注			
部门负责人：郑乙明	总经理：董德清		财务审核：刘明远

图 1－1　威力电动机有限公司借款单

PZ002：

中国建设银行
现金支票存根
10501110
00369026

北京印钞厂证券分厂 · 2011 年印制

附加信息

出票日期 2015 年 12 月 1 日

收款人：威力电机有限公司	
金　额：￥2 000. 00	
用　途：备用金	

单位主管　刘明远　会计

图 1－2　银行现金支票存根

PZ003－1：

中国工商银行
转账支票存根
10201130
02297951

北京印钞厂证券分厂·2011年印制

附加信息

出票日期2015年12月3日

收款人： 广州市启明办公用品商店
金　额：¥1 228.50
用　途：购买办公用品

单位主管　刘明远　会计

图1－3　购买办公用品存根

PZ003－2：

3300083620　　广东增值税普通发票　　№ 0213654789

全国统一发票监制章　发票联　国家税务局监制

校验码 93484 56892 10548 44080　　开票日期：2015年12月3日

税总函[2015]888号某某印刷厂有限公司

购货单位	名　　称：威力电机有限公司 纳税人识别号：440100678060233 地 址 、电 话： 开户行及账号：			密码区	044＋＊7－＊73＊＞2170605570＞2/＞09－ 7/3/＋/86＜9＞＜＞770498/72132＊7＋＜ ＞931329＊894＋＋897/8＞＋570＊5－＞＞ 6＜769/47＊019＞/206＞26＋006＜19		
货物或应税劳务名称	规格型号	单位	数量	单价	金额	税率	税额
硒鼓	CC388A	套	5	210	1 050.00	17%	178.50
合　计					¥1 050.00	17%	¥178.50
价税合计（大写）	⊗壹仟贰佰贰拾捌圆伍角整				（小写）¥1 228.50		
销货单位	名　　称：广州市启明办公用品商店 纳税人识别号：44024580015571515 地 址 、电 话：广州市番禺石碁镇海涌路889号 开户行及账号：广州市建设银行番禺支行4405 0133 3319 4413 0060				备注		

广州市启明办公用品商店　715459851402053　发票专用章　3515887188545477241 5

第二联：发票联　购货方记账凭证

收款人：郑晓明　　复核：刘丹　　开票人：游明　　销货单位：（章）

图1－4　购买办公用品开具的增值税普通发票

PZ003－3：

威力电机有限公司

入 库 单

入库部门：办公室　　　　2015 年 12 月 3 日

名 称	规格	数 量		单位	单价	成本总额
		送 缴	实 收			
硒鼓	CC388A	5	5	套	210.00	1 050.00
备注：办公耗材（不含进项税）				合 计		1 050.00
负责人：董志明	记账：卓兴胜	验收：田一兵				填单：李明

图 1－5　威力电机有限公司入库单

PZ003－4：

威力电机有限公司领用单

领用单位：办公室　　　　2015 年 12 月 3 日

编 号	种 类	产品名称	规 格	型号	出库数量	单位	单 价	金额
A008	办公耗材	硒鼓			5	支	210	1 050
备注：不含进项税						合 计		¥1 050 元
负责人：罗明		记账：刘明远					领用人：张强	

图 1－6　威力电机有限公司领用单

PZ004－1：

差旅费报销单

报销日期：2015 年 12 月 3 日　　　　附件：3 张

申请人姓名	刘清玉	部门	供应部		同行人			
出差事由	联系电工钢带采购事宜			出差地点	福建福州			
起讫日期	起讫地点	差旅费用项目			补　助			合计
		交通费	住宿费		补助方式	天数	金额	
12 月 1 日 ~2 日	广州—福州	1 560.00	210.00		现金	1	100	100.00
合　　计		1 560.00	210.00					100.00
报销总额（大写）	零万壹仟捌佰柒拾零圆零角零分　　¥1 870.00				减往来 2 000.00 / 实付款 －130.00		领/退款人	刘清玉

主管副总（总经理）：董德清　　财务经理：刘明远　　部门经理：郑乙明　　会计：卓兴胜　　报销人：刘清玉

图 1－7　威力电机有限公司差旅费报销单

PZ004－2：

航空运输电子客票行程单
ITINERARY/RECEIPT OF E-TICKET FOR AIR TRANSPORTATION
国家税务总局监制 PRINTED UNDER THE SUPERVISION OF SAT
印刷序号：NO 7010248116 4 SERIAL NUMBER
旅客姓名 PASSENGER NAME：刘清玉
有效身份证件号码 ID.NO：35032119880302****
签注 ENDORSEMENTS/RESTRICTIONS(CARBON)

	承运人 CARRIER	航班号 FLIGHT	座位等级 CLASS	日期 DATE	时间 TIME	客票级别/客票类别 FARE BASIS	客票生效日期 NOT VALID BEFORE	有效截止日期 NOT VALID AFTER	免费行李 ALLOW
自 FROM 广州	MU	5565	Y	1 DEC 2015		Y			20K
至 TO 福州		VOID							
至 TO									
至 TO									
至 TO									

票价 FARE：CNY 660.00　机场建设费 AIRPORT TAX：CNY CN 50.00　燃油附加费 FUEL SURCHARGE：CNY YQ 70.00　其他税费 OTHER TAXES　合计 TOTAL：CNY 780.00
电子客票号码 E-TICKET NO：785592421690　验证码 CK　连续客票 CONJUNCTION TKT　保险费 INSURANCE
销售单位代号 AGENT CODE：GZ 888　填开单位（盖章）ISSUED BY：厦门航空福州分公司　填开日期 ISSUED DATE：2015-12-1
查询网址：WWW.TRAVELSKY.COM

图 1－8　航空公司电子行程单

PZ004－3：

航空运输电子客票行程单
ITINERARY/RECEIPT OF E-TICKET FOR AIR TRANSPORTATION

国家税务总局监制
PRINTED UNDER THE SUPERVISION OF SAT

印刷序号：NO 1610248124 4
SERIAL NUMBER

旅客姓名 PASSENGER NAME	有效身份证件号码 ID.NO.	签注 ENDORSEMENTS/RESTRICTIONS(CARBON)
刘清玉	35032119880302****	

		承运人 CARRIER	航班号 FLIGHT	座位等级 CLASS	日期 DATE	时间 TIME	客票级别/客票类别 FARE BASIS	客票生效日期 NOT VALID BEFORE	有效截止日期 NOT VALID AFTER	免费行李 ALLOW
自 FROM	福州	MU	5565	Y	2 DEC 2015		Y			20K
至 TO	广州		VOID							
至 TO										
至 TO										
至 TO										

票价 FARE	民航发展基金 AIRPORT TAX	燃油附加费 FUEL SURCHARGE	其他税费 OTHER TAXES	合计 TOTAL
CNY 660.00	CNY CN 50.00	CNY YQ 70.00		CNY 780.00

电子客票号码 E-TICKET NO 88965421690　验证码 CK　连续客票 CONJUNCTION TKT　保险费 INSURANCE

销售单位代号 AGENT CODE GZ 888　填开单位（盖章）ISSUED BY 厦门航空福州分公司　填开日期 ISSUED DATE 2015-12-2

查询网址：WWW.TRAVELSKY.COM

The conditions of the carrier must be read before travelling.

付款凭证 RECEIPT　手写无效 INVALID IN HAND WRITING

图 1－9　航空公司电子行程单

PZ004－4：

5301081611　　福建增值税普通发票　　№ 9213054785

校验码 73464 36812 10647 43085　　发票联（国家税务局监制）　　开票日期：2015 年 12 月 2 日

购货单位	名　　称：威力电机有限公司 纳税人识别号：440100678060233 地 址 、电 话： 开户行及账号：	密码区	555 + ＊7 － ＊73 ＊ ＞137065570 ＞2/ ＞09 － 7/3/ + /86 ＜9 ＞ ＜ ＞770498/72132 ＊7 + ＜ ＞931329 ＊894 + + 897/8 ＞ + 550 ＊5 － ＞ ＞ 6 ＜769/47 ＊015 ＞/106 ＞26 + 0066 ＜18

货物或应税劳务名称	规格型号	单位	数量	单价	金额	税率	税额
住宿服务		间	1	203.8834951	203.8834951	3%	6.116504854
合　　计					¥203.8834951	3%	¥6.116504854
价税合计（大写）	⊗贰佰壹拾圆整				（小写）¥210.00		

销货单位	名　　称：福州大酒店 纳税人识别号：84024570015571518 地 址 、电 话：福州市鼓楼区 889 号 开户行及账号：建设银行福州分行 5405 0133 3819 4413 4561	备注	

（印章：福州大酒店 350114158954513 发票专用章 3515887188845477245）

收款人：郑陈丹　　复核：刘明　　开票人：陈明　　销货单位：（章）

税总函［2015］888 号某某某印刷厂有限公司

第二联：发票联　购货方记账凭证

图 1－10　住宿费发票

PZ005 –1：

付款申请单

申请人：	刘清玉	填制日期：	2015 年 12 月 4 日	附件张数：	1
付款金额（大写）：	贰拾万圆整				¥ 200 000.00
收款人全称：	义乌市电工钢带制造有限公司				
开户银行及账号：	中国建设银行义乌支行 678999551238908				
其他要求说明：					
付款方式：	□ 现金	√ 电汇	□ 现金支票	□ 转账支付	□ 其他
付款说明：	采购钢带预付款				
部门批准：	郑乙明	财务核对：	刘明远	总经理审批：	董德清

图 1 –11　付款申请单

PZ005－2：

购 销 合 同

合同编号： 20151203

甲方（需方）： 威力电机有限公司

乙方（供方）：义乌市电工钢带制造有限公司

供需双方本着平等互利、协商一致原则签订本合同，以资双方信守执行。

一、材料名称、规格、厂家、数量、金额

双方协定甲方向乙方订购以下商品

产品名称	规格型号	生产厂家	计量单位	数量	单价	合价	备注
电工钢带	B50A400冷轧	义乌市电工钢带制造有限公司	吨	40	16 000	640 000	不含增值税

合计人民币金额（大写）： 陆拾肆万圆整

二、质量要求

1. 乙方应严格按照双方约定的质量和技术标准要求供应材料，且需符合现行的国家标准。

2. 乙方应随每批产品提供相应的《产品合格证明》《质量检验报告》《产品质量保证书》、材料发票和其他相关技术质量资料。

三、包装标准及包装方式

按出产标准进行包装。

四、交货时间、地点及交货方式

1. 产品的交（提）货期限： 15天

2. 产品的交货地点： 甲方企业仓库

3. 交货方式：☐ 供方送货 ☐ 需方自提 √ 乙方代运 ☐ 其他______（注明）

五、货款结算方式

合同签订之日起，5日内支付预付款项贰拾万元；乙方将产品生产完毕送到甲方指定仓库后，验收合格后，甲方将余款支付给乙方。

六、合同期限：质保期结束

七、违约责任

乙方不能交货的，应向甲方偿付不能交货部分货款的 10 %的违约金。

乙方所交产品品种、型号、规格、花色、质量不符合合同规定的，如果甲方同意利用，应当按质论价；如果甲方不能利用的，应根据产品的具体情况，由乙方负责包换或包修，并承担调换或退货而支付的实际费用。乙方不能调换的，按不能交货处理。

甲、乙双方应严格履行合同规定的各项条款，如合同一方违约，由违约方承担责任，并参照合同法及双方商定的有关条款赔偿经济损失。

八、争议的解决

本合同发生纠纷，甲乙双方应当及时协商解决，协商不成时，任何一方均可向合同签订地人民法院提起诉讼。

九、补充条款

无

本合同自签订日期起生效，合同执行期内，供需双方均不得随意变更或解除合同。合同未尽事宜，须双方共同协商，作出补充规定，补充规定与合同具同等效力。本合同一式 肆 份，供需双方各执 贰 份。

购货单位（甲方）：威力电机有限公司
法定代表人： 刘德佳
2015年12月3日

供货单位（乙方）：义乌市电工钢带制造有限公司
法定代表人： 郑旺明
2015年12月3日

图1－12 《购销合同》样式

PZ005－3：

中国建设银行 China Construction Bank

电 汇 凭 证 № 1038401

币别：人民币 2015 年 12 月 4 日 流水号：776662223218

汇款方式	☑ 普通		☐ 加急		
汇款人	全称	威力电机有限公司	收款人	全称	义乌市电工钢带制造有限公司
	账号	4405 0166 8899 4433 0061		账号	5789 0788 6655 3312 7329
	汇出行名称	中国建设银行佛山锦隆花园支行		汇入行名称	中国建设银行义乌支行
金额	（大写）⊗贰拾万圆整			亿千百十万千百十元角分	¥20000000
				支付密码	
				附加信息及用途：预付电工钢带采购款	
				此汇款支付给收款人。	客户签章

中国建设银行佛山锦隆花园支行 2015.12.4 转讫

刘德伟印

威力电机有限公司 财务专用章

第一联 银行记账凭证

会计主管 刘明远 授权 复核 卓兴胜 录入 刘鑫鑫

图 1－13 银行电汇作凭证

PZ005－4：

中国建设银行 China Construction Bank

中国建设银行单位客户专用回单

转账日期：2015 年 12 月 4 日 凭证字号：20151204009981

纳税人全称及纳税人识别号：威力电机有限公司
440100678060233

付款人全称：威力电机有限公司 咨询（投诉）电话：12366

付款人账号：4405 0166 8899 4433 0061 征收机关名称（委托方）：广东省佛山市地方税务局

付款人开户银行：中国建设银行佛山锦隆花园支行 收款国库（银行）名称：国家金库佛山市支库

小写（合计）金额：¥835 615.46 缴款书交易流水号：9992008555320161000888

大写（合计）金额：人民币捌拾叁万伍仟陆佰壹拾伍圆肆角陆分

税票号码：420161888880008889 91

税（费）种名称	所属时期	实缴金额
工伤保险基金收入	2015.11.1－2015.11.30	19 836.12
生育保险基金收入	2015.11.1－2015.11.30	19 836.12
养老保险基金收入	2015.11.1－2015.11.30	549 673.55
医疗保险基金收入	2015.11.1－2015.11.30	198 361.23
失业保险基金收入	2015.11.1－2015.11.30	47 908.44

中国建设银行 电子回单专用章

本回单可通过建行对公自助设备或建设网站校验真伪

图 1－14 中国建设银行单位客户专用回单

PZ006－1：

中国建设银行 China Construction Bank

中国建设银行单位客户专用回单

No. 489211

2015 年 12 月 4 日　　流水号：3872887609

付款人	全　称	威力电机有限公司	收款人	全　称	佛山市住房公积金管理中心
	账　号	4405 0166 8899 4433 0061		账　号	4563 3444 4110 6655
	开户行	中国建设银行佛山锦隆花园支行		开户行	中国建设银行佛山支行
金　额		（大写）人民币肆拾柒万陆仟零陆拾陆圆玖角柒分		（小写）￥476 066. 97	
凭证种类		电子转账凭证	凭证号码		
结算方式		转账	用　途		缴纳 11 月份公积金款
汇款交易日期：20151204 支付清算业务类型：E187 汇款合约编号：387296655900 实际付款人账户：4405 0166 8899 4433 0061 汇入行行名：中国建设银行佛山支行 汇款备注：558B			打印柜员：34391823232 打印机构：中国建设银行佛山支行 打印卡号：349438334343 汇款附言：558B		

打印时间：2015－12－04　11：00　　交易柜员：393843434　　交易机构：9827332

（印章：中国建设银行 电子回单 专用章）

图 1－15　中国建设银行单位客户专用回单

PZ006－2：

中国建设银行 China Construction Bank

中国建设银行单位客户专用回单

转账日期：2015 年 12 月 4 日　　凭证字号：20151204009983

纳税人全称及纳税人识别号：威力电机有限公司
440100678060233

付款人全称：威力电机有限公司　　咨询（投诉）电话：12366

付款人账号：4405 0166 8899 4433 0061　　征收机关名称（委托方）：广东省佛山市地方税务局

付款人开户银行：中国建设银行佛山锦隆花园支行　　收款国库（银行）名称：国家金库佛山市支库

小写（合计）金额：￥177 956. 86　　缴款书交易流水号：99920085553201610008891

大写（合计）金额：人民币壹拾柒万柒仟玖佰伍拾陆圆捌角陆分

税票号码：420161888880000888993

税（费）种名称	所属时期	实缴金额
城市维护建设税	2015. 11. 1－2015. 11. 30	124 569. 80
教育费附加	2015. 11. 1－2015. 11. 30	53 387. 06

（印章：中国建设银行 电子回单 专用章）

本回单可通过建行对公自助设备或建设网站校验真伪

图 1－16　中国建设银行单位客户专用回单

PZ006－3：

中国建设银行 China Construction Bank　　中国建设银行单位客户专用回单

转账日期：2015 年 12 月 4 日　　　　凭证字号：20151204009983

纳税人全称及纳税人识别号：威力电机有限公司
440100678060233

付款人全称：威力电机有限公司　　　　咨询（投诉）电话：12366

付款人账号：4405 0166 8899 4433 0061　　　　征收机关名称（委托方）：广东省佛山市地方税务局

付款人开户银行：中国建设银行佛山锦隆花园支行　　　　收款国库（银行）名称：国家金库佛山市支库

小写（合计）金额：￥278 920.80　　　　缴款书交易流水号：9992008555320161000895

大写（合计）金额：人民币贰拾柒万捌仟玖佰贰拾圆捌角整

税（费）种名称	所属时期	实缴金额
增值税	2015.11.1－2015.11.30	278 920.80

188888000888995

中国建设银行 电子回单 专用章

本回单可通过建行对公自助设备或建设网站校验真伪

图 1－17　中国建设银行单位客户专用回单

PZ006－4：

中国建设银行 China Construction Bank　　中国建设银行单位客户专用回单

转账日期：2015 年 12 月 4 日　　　　凭证字号：20151204009985

纳税人全称及纳税人识别号：威力电机有限公司
440100678060233

付款人全称：威力电机有限公司　　　　咨询（投诉）电话：12366

付款人账号：4405 0166 8899 4433 0061　　　　征收机关名称（委托方）：广东省佛山市地方税务局

付款人开户银行：中国建设银行佛山锦隆花园支行　　　　收款国库（银行）名称：国家金库佛山市支库

小写（合计）金额：￥208 851.86　　　　缴款书交易流水号：9992008555320161000896

大写（合计）金额：人民币贰拾万捌仟捌佰伍拾壹圆捌角陆分

税（费）种名称	所属时期	实缴金额
个人所得税	2015.11.1－2015.11.30	208 851.86

税票号码：42016188888000888996

中国建设银行 电子回单 专用章

本回单可通过建行对公自助设备或建设网站校验真伪

图 1－18　中国建设银行单位客户专用回单

PZ007－1：

威力电机有限公司职工困难补助申请单

2015年12月5日

姓名	王志恒	职务或工种	定子车间工人	月收入	¥1 850元	申请金额	¥500元
家庭人口		3人	其他收入	无	家属参加工作人数	无	
原　因	家属病重住院，生活困难，特申请困难补助						
部门意见	情况属实，望予以支持 王志鹏　5月12日	审批意见	同意 董德清　5月12日	申请人签字	王志恒		
备　注							

图1－19　威力机电有限公司职工困难补助申请单

PZ007－2：

收　　据

C137163

入账日期：2015年12月5日

今收到　南京市电机压轴制造有限公司

金额（大写）⊗佰⊗拾⊗万贰仟⊗佰⊗拾⊗圆⊗角⊗分

收款事由　包装物押金

¥　2 000.00

收款单位（财务专用章）

第三联：记账联

威力电机有限公司 财务专用章

核准　　会计 卓兴胜　　记账　　出纳 张晓霞　　经手人 刘清玉

图1－20　威力机电有限公司财务收据

PZ007 －3：

广东省国家税务局通用机打发票

机打号码：36485950382　　　　发票代码：45829283748495

机打编码：7635284903　　　　发票号码：6728394059832

全国统一发票监制章 发票联 广东 国家税务局监制

开票日期：2015 －12 －6　　　　行业分类：服务类

郑州智丰2011年6月印1420000份（1×3）"号码起讫

付款单位名称：威力电机有限公司

货物名称或劳务	单位	单价	数量	金额
空调维护	台	90	5	450

广东康美空调维护有限公司 210634896935399 发票专用章

合计人民币（大写）：肆佰伍拾圆整　　　　合计　¥450 元

收款单位名称（盖章）：广东康美空调维护有限公司

收款单位税号：72383943059230323　　开票人：王一凡　　备注：无

第一联 发票联（购货单位付款凭证）（手开无效）

图 1 －21　空调维修费通用机打发票

PZ007 －4：

广东省国家税务局通用机打发票

机打号码：8763240762　　　　发票代码：7432898766555

机打编码：4352790178　　　　发票号码：6542202098776

全国统一发票监制章 发票联 广东 国家税务局监制

开票日期：2015 －12 －5　　　　行业分类：饮食业

郑州智丰2011年6月印1420000份（1×3）"号码起讫

付款单位名称：威力电机有限公司

货物名称或劳务	单位	单价	数量	金额
餐费				350

广州多味小吃店 210634896935643 发票专用章

合计人民币（大写）：叁佰伍拾圆整　　　　合计　¥350 元

收款单位名称（盖章）：广州多味小吃店

收款单位税号：7238394305334334　　开票人：王晓斌　　备注：无

第一联 发票联（购货单位付款凭证）（手开无效）

图 1 －22　餐费通用机打发票

PZ008－1：

绿化修剪劳务费 发放表 2015 年 12 月 7 日

序号	姓 名	身份证号	应发金额（元）	税率	应纳个人所得税税额（元）	实发金额（元）	领款人签字
1	王智	3503211988 ********	430	0	0	430	王智
2							
3							
4							
7							
8							
9							
10							
合计金额			肆佰叁拾圆整（￥430.00）				

部门领导：董志明 财务审批：郑明远 制表人：郑冬冬

图 1－23 绿化修剪劳务费发放表

PZ008－2：

广东省国家税务局通用机打发票

百元版

发票联

开票日期：2015－12－5 行业分类：邮政业

发票代码 135021410148
发票号码 01722335

2015 年 5 月第 317 号批准安妮印 1000000 份

客户名称：个人					
货物及劳务名称	规格型号	单位	数量	单价	金额
话费				137.00	137.00
合 计				137.00	137.00
价税合计（大写）￥壹佰叁拾柒圆整				（小写）	￥137.00

销货单位	名 称：中国电信股份有限公司 纳税人识别号：10024580015571515 地 址 、电 话：广东省越秀区中山二路 18 号电信广场 34 楼 开户行及账号：中国建设银行广东省分行 88188888687888	备注	

第二联：发票联 购货方记账凭证

中国电信股份有限公司 350204158954517 发票专用章

收款人：陈东明 复核：林明星 开票人：陈星 销货单位：（章）

图 1－24 电话费通用机打发票

PZ008－3：

付款申请单

申请人：	刘清玉	填制日期：	2015 年 12 月 7 日	附件张数：	1
付款金额（大写）：	贰仟伍佰圆整				¥ 2 500.00
收款人全称：	广州星星广告制作有限公司				
开户银行及账号：	中国建设银行广东支行　746596023445				
其他要求说明：					
付款方式：	□ 现金	□ 电汇	□ 现金支票	√ 转账支付	□ 其他
付款说明：	支付广告制作费。				
部门批准	郑乙明	财务核对	刘明远	总经理审批	董德清

图 1－25　威力电机有限公司付款申请单

PZ008－4：

中国建设银行　进账单（回　单）　1

2015 年 12 月 7 日

出票人	全　称	威力电机有限公司	收款人	全　称	广州星星广告制作有限公司
	账　号	4405 0166 8899 4433 0061		账　号	746596023445
	开户银行	中国建设银行佛山锦隆花园支行		开户银行	中国建设银行广东支行
金额	人民币（大写）	贰仟伍佰圆整		亿千百十万千百十元角分	¥ 2 5 0 0 0 0
票据种类	转账支票	票据张数	1		
票据号码	4859603048343443				
复核　记账				开户银行签章	

中国建设银行佛山锦隆花园支行
2015.12.7
转讫

此联是开户银行交给持票人的回单

图 1－26　中国建设银行进账单

PZ009－1：

中国建设银行
转账支票存根
10501130
00621875

北京印钞厂证券分厂·2014年印制

附加信息

支付广告费

出票日期 2015 年 12 月 7 日

收款人：广州星星广告制作有限公司
金　额：￥2 500.00
用　途：广告费

单位主管　刘明远　会计

图 1－27　中国建设银行转账支票存根联

PZ009－2：

广东省国家税务局通用机打发票

（印章：全国统一发票监制章 发票联 广东 国家税务局监制）

机打号码：8754282939　　　发票代码：7253494009282
机打编码：3894040398　　　发票号码：3627192038372
开票日期：2015－12－6　　　行业分类：广告业

郑州智丰2014年6月印142000份（1×3）"号码起讫

付款单位名称：威力电机有限公司

货物名称或劳务	单位	单价	数量	金额
广告制作费				2 500

合计人民币（大写）：贰仟伍佰圆整　　　合计 ￥2 500 元

收款单位名称（盖章）：广州星星广告制作有限公司
收款单位税号：2738349498292222　　开票人：卢智　　备注：广告制作费

（印章：广州星星广告制作有限公司 237339402-34399 发票专用章）

第一联　发票联（购货单位付款凭证）（手开无效）

图 1－28　广告业发票

PZ009 -3：

付 款 申 请 单

申请人：	刘清玉	填制日期：	2015 年 12 月 7 日	附件张数：	1
付款金额（大写）：	叁仟伍佰圆整			¥ 3 500.00	
收款人全称：	广东快捷运输有限公司				
开户银行及账号：	中国建设银行广东支行 9992212123434				
其他要求说明：					
付款方式：	□ 现金	□ 电汇	□ 现金支票	√ 转账支付	□ 其他
付款说明：	支付运输费				
部门批准：	郑乙明	财务核对：	刘明远	总经理审批：	董德清

图 1 -29 威力电机有限公司付款申请单

PZ009 -4：

中国建设银行
转账支票存根
10501131
00621876

北京印钞厂证券分厂 • 2014 年印制

附加信息

支付运输费

出票日期 2015 年 12 月 7 日

收款人： 广东快捷运输有限公司
金 额：¥3 500.00
用 途：运输费

单位主管 刘明远 会计

图 1 -30 中国建设银行转账支票存根

PZ010－1：

中国建设银行 进账单（回 单） 1

2015年12月4日

出票人	全 称	威力电机有限公司	收款人	全 称	广东快捷运输有限公司
	账 号	4405 0166 8899 4433 0061		账 号	9992212123434
	开户银行	中国建设银行佛山锦隆花园支行		开户银行	中国建设银行广东支行
金额	人民币（大写）	叁仟伍佰圆整		亿千百十万千百十元角分	¥350000
票据种类	转账支票	票据张数	1		
票据号码	3434354566				
复核	记账			开户银行签章	

中国建设银行佛山锦隆花园支行 2015.12.7 转讫

此联是开户银行交给持票人的回单

图1－31 中国建设银行进账单

PZ010－2：

广东省地方税务局通用机打发票

发票联

发票代码：23300XX10344

开票日期：2015－12－7　　行业分类：特定交通运输业　　发票号码：23445454454

付款单位名称：威力电机有限公司

货物名称或劳务	单位	单价	数量	金额
运输费				3 500

合计人民币（大写）：叁仟伍佰圆整　　¥3 500

收款单位名称（盖章）：广东快捷运输有限公司

收款单位税号：45464656034343423　　开票人：陈东　　备注：运输费

广东快捷运输有限公司 210634493433643 发票专用章

税务机关批印文号×印制年月×印制数量×联次 ××印刷企业承印

第一联 发票联 付款方记账凭证

（手开无效）

图1－32 运输业发票

PZ010 -3:

广东省国家税务局通用机打发票

机打号码：7283399400
机打编码：3849495005
开票日期：2015 -12 -6

（全国统一发票监制章 发票联 广东 国家税务局监制）

行业分类：物流业

发票代码：8349305434434
发票号码：3647546956565

郑州智丰 2014 年 6 月印 142000 份（1×3）"号码起讫

付款单位名称：威力电机有限公司

货物名称或劳务	单位	单价	数量	金额
快递费				36
合计人民币（大写）：叁拾陆圆整			合计	¥36.00

（广东快捷物流有限公司 210649485453643 发票专用章）

收款单位名称（盖章）：广东快捷物流有限公司
收款单位税号：343859545454545 开票人：刘刚 备注：快递费

第一联 发票联（购货单位付款凭证）（手开无效）

图 1 -33 快递费发票

PZ010 -4:

固定资产报废单

2015 年 12 月 8 日 编号：0000234

编号	名称	单位	数量	预计使用年限	已使用年限	原始价值	已提折旧额	报废原因
10009	冲压机	台	1	4	3	28 000	21 000	无法维修
处理意见	使用部门		技术鉴定小组		固定资产管理部门		主管审批	
	同意报废 王志鹏		建议报废 郑一山		同意报废 陈明灯		同意报废 董德清	

图 1 -34 固定资产报废单

PZ011 －1：

收　　据

入账日期：2015 年 12 月 8 日　　　　**C137163**

今收到	广州旧货收回有限公司
金额（大写）	⊗佰⊗拾⊗万壹仟叁佰肆拾伍圆⊗角⊗分
收款事由	报废设备残值
¥ 1 345.00	收款单位（财务专用章）

第三联：记账联

威力电机有限公司 财务专用章

核准　　会计 卓兴胜　　记账　　出纳 张晓霞　　经手人 刘清玉

图 1 －35　威力电机有限公司收据

PZ011 －2：

3376583620　　**广东增值税专用发票**　　№ 0423175689

发　票　联

全国统一发票监制章 广东 国家税务局监制

校验码 93484 56892 10548 44544　　开票日期：2015 年 12 月 08 日

购货单位	名　　称：南京机床制造有限公司 纳税人识别号：34859204940559696 地 址 、电 话：南京市秦淮区光华路 X60 号 开户行及账号：中国建设银行南京分行 333372823924842				密码区	133 + ＊7 － ＊73 ＊ ＞2170608870 ＞2/ ＞09 － 7/3/ + /86 ＜9 ＞ ＜ ＞990498/72132 ＊7 + ＜ ＞931329 ＊894 + +897/8 ＞ +570 ＊5 － ＞ ＞ 6 ＜589/47 ＊019 ＞/306 ＞26 +116 ＜89		
货物或应税劳务名称	规格型号	单位	数量	单价	金额	税率	税额	
电工钢带	35W250	吨	3.5	17 600	61 600.00	17%	10 472.00	
合　计					¥61 600.00	17%	¥10 472.00	
价税合计（大写）	⊗柒万贰仟零柒拾贰圆整				（小写） ¥72 072.00			
销货单位	名　　称：威力电机有限公司 纳税人识别号：440100678060233 地 址 、电 话：广东省佛山市南海狮山新城工业区 开户行及账号：中国建设银行佛山锦隆花园支行 4405 0166 8899 4433 0061				备注			

威力电机有限公司 23734473-34445 发票专用章

税总函［2015］888 号某某某印刷厂有限公司

第一联：记账联　销货方记账凭证

收款人：张晓霞　　复核：郑乙明　　开票人：卓兴胜　　销货单位：（章）

图 1 －36　威力电机有限公司增值税专用发票

PZ011－3：

中国建设银行
China Construction Bank

中国建设银行单位客户专用回单

No. 133008766

2015 年 12 月 8 日　　流水号：293840000887

付款人	全　称	南京机床制造有限公司	收款人	全　称	威力电机有限公司
	账　号	3333 7282 3924 842		账　号	4405 0166 8899 4433 0061
	开户行	建行南京分行		开户行	中国建设银行佛山锦隆花园支行
金　额		大写：人民币柒万贰仟零柒拾贰圆整			小写：￥72 072.00
凭证种类		电子转账凭证	凭证号码		
结算方式		电汇	用　途		购买电工钢带

汇款交易日期：20151208 支付清算业务类型：E314
汇款合约编号：88779304340001
实际付款人账户：3333 7282 3924 842
汇入行行名：中国建设银行南京分行
汇款备注：6281B

打印柜员：23877232323
打印机构：中国建设银行佛山锦隆花园支行
打印卡号：3934823232
汇款附言：6281B

中国建设银行 电子回单 专用章

打印时间：2015－12－08　15：35　　交易柜员：2832231　　交易机构：2328232

图 1－37　中国建设银行单位客户专用回单

PZ011－4：

威力电机有限公司出库单

领用单位：销售部门　　2015 年 12 月 8 日

编 号	种 类	产品名称	规 格	型号	入库数量	单位	单 价	成本总额
A012	主要原材料	电工钢带		Y7907	3.5	吨	14 410	50 435
备注：不含增值税额						合　计		50 435

负责人：郑乙明　　记账：刘明远　　领用人：刘远清

图 1－38　威力电机有限公司出库单

PZ012－1：

付 款 申 请 单

申请人：	刘清玉	填制日期：	2015 年 12 月 8 日	附件张数：	1
付款金额（大写）：	贰万圆整			¥ 20 000.00	
收款人全称：	中国石化销售有限公司广东分公司				
开户银行及账号：	中国建设银行广东支行 6677 1199 0099 1122 7755				
其他要求说明：					
付款方式：	□ 现金	□ 电汇	□ 现金支票	√ 转账支付	□ 其他
付款说明：	支付汽油费				
部门批准：	郑乙明	财务核对：	刘明远	总经理审批：	董德清

图 1－39 威力电机有限公司付款申请单

PZ012－2：

中国建设银行 进账单（回 单） 1

2015 年 12 月 8 日

出票人	全 称	威力电机有限公司	收款人	全 称	中国石化销售有限公司广东分公司
	账 号	4405 0166 8899 4433 0061		账 号	6677 1199 0099 1122 7755
	开户银行	中国建设银行佛山锦隆花园支行		开户银行	中国建设银行广东支行
金额	人民币（大写）	贰万圆整			
票据种类	转账支票	票据张数	1		
票据号码	3435657899				
复核	记账				开户银行签章

亿	千	百	十	万	千	百	十	元	角	分
			¥	2	0	0	0	0	0	0

中国建设银行佛山锦隆花园支行
2015.12.3
转讫

此联是开户银行交给持票人的回单

图 1－40 建设银行进账单

PZ012－3：

中国建设银行
转账支票存根
10503520
03945330

上海金达证券印制有限公司・2013年印制

附加信息

支付购汽油费

出票日期 2015 年 12 月 8 日

收款人： 中国石化销售有限公司广东分公司
金　额：¥20 000.00
用　途：购汽油

单位主管　刘明远　会计

图 1－41　转账支票存根

PZ012－4：

中国石化销售有限公司广东分公司
通用机打发票
发　票　联

全国统一发票监制章 国家税务局监制

福建国税　[redacted]

发票代码 135011470148
发票号码 02471896
行业分类：成品油商业零售

发票号码：03484959955
开票日期：2015－12－08　07：30：00
机器编号：399484959502
客户名称：威力电机有限公司

品名	单价	数量	金额
93 号汽油（V）	5.54	3 448.28	20 000.00

金额合计：¥20 000.00 元
人民币大写：贰万圆整
收款单位：中国石化销售有限公司广东分公司
电话：　　开票员　林程一
校验码：39939439434349493[illegible]

中国石化销售有限公司广东分公司 21063489693435 发票专用章

2015 年 7 月印 1100000 份（100×1）01600001－02700000
鸿博股份有限公司

图 1－42　中国石化销售通用机打发票

PZ013－1：

排污费限期缴纳通知书

2015－234 号

威力电机有限公司：

经查，你应当于 2015 年 12 月 31 日前缴纳（2015－234 号《排污费缴纳通知单》）2015 年 11 月排污费 12 034 元，至今已缴 0 元，欠缴 12 034 元，违反了《排污费征收使用管理条例》第十四条第二款的规定。根据《排污费征收使用管理条例》第二十一条的规定，责令你于 2015 年 12 月 31 日前到 中国建设 银行缴费专户账号缴纳欠缴排污费 12 034 元。

逾期拒不缴纳的，根据《排污费征收使用管理条例》第二十一条规定，将处应缴纳排污费额 1 倍以上 3 倍以下的罚款，并报经人民政府，责令停产停业整顿。

2015 年 12 月 1 日

广东省佛山市环保局
（公章）

图 1－43 环保局《排污费限期缴纳通知书》

PZ013－2：

付 款 申 请 单

申请人：	刘清玉	填制日期：	2015 年 12 月 9 日	附件张数：	1
付款金额（大写）：	壹万贰仟零叁拾肆圆整 ¥ 12 034.00				
收款人全称：	广东省佛山市财政局				
开户银行及账号：	中国建设银行佛山支行 38439059232023				
其他要求说明：					
付款方式：	□ 现金	□ 电汇	□ 现金支票	√ 转账支付	□ 其他
付款说明：	排污费				
部门批准：	郑乙明	财务核对：	刘明远	总经理审批：	董德清

图 1－44 威力电机有限公司付款申请单

PZ013 - 3:

中国建设银行
转账支票存根
10503525
03945335

上海金达证券印制有限公司·2013年印制

附加信息

支付排污费

出票日期 2015 年 12 月 9 日

收款人： 广东省佛山市财政专户
金　额：¥12 034.00
用　途：排污费

单位主管　刘明远　会计

图 1-45　中国建设银行转账支票存根

PZ013 - 4:

中国建设银行　进账单（回　单）　1

2015 年 12 月 9 日

出票人	全　称	威力电机有限公司	收款人	全　称	广东省佛山市财政专户	
	账　号	4405 0166 8899 4433 0061		账　号	38439059232023	
	开户银行	中国建设银行佛山锦隆花园支行		开户银行	中国建设银行佛山支行	
金额	人民币（大写）	壹万贰仟零叁拾肆圆整			亿千百十万千百十元角分	¥1203400
票据种类	转账支票	票据张数	1			
票据号码	235476899					
复核　记账					开户银行签章	

中国建设银行佛山锦隆花园支行
2015.12.9
转讫

此联是开户银行交给持票人的回单

图 1-46　中国建设银行进账单

PZ014－1：

付款申请单

申请人：	刘清玉	填制日期：	2015年12月9日	附件张数：	1
付款金额（大写）：	壹仟肆佰叁拾玖圆壹角整				¥ 1 439.10
收款人全称：	广州华美汽车维修有限公司				
开户银行及账号：	中国建设银行番禺支行 348384959593434				
其他要求说明：					
付款方式：	□ 现金	□ 电汇	□ 现金支票	√ 转账支付	□ 其他
付款说明：	支付汽车维修费				
部门批准：	郑乙明	财务核对：	刘明远	总经理审批：	董德清

图1－47 威力电机有限公司付款申请单

PZ014－2：

中国建设银行
转账支票存根
10503520
03945330

上海金达证券印制有限公司·2013年印制

附加信息

支付汽车维修费

出票日期 2015年12月9日

收款人：	广州华美汽车维修有限公司
金　额：	¥1 439.10
用　途：	汽车维修费

单位主管 刘明远 会计

图1－48 中国建设银行转账支票存根

PZ014－3：

中国建设银行 进账单（回 单） 1

2015年12月9日

出票人	全 称	威力电机有限公司	收款人	全 称	广州华美汽车维修有限公司
	账 号	4405 0166 8899 4433 0061		账 号	348384959593434
	开户银行	中国建设银行佛山锦隆花园支行		开户银行	中国建设银行番禺支行
金额	人民币（大写）	壹仟肆佰叁拾玖圆壹角整		亿千百十万千百十元角分	￥143910
票据种类	转账支票	票据张数	1		
票据号码	235476899				
复核	记账			开户银行签章	

中国建设银行佛山锦隆花园支行 2015.12.9 转讫

此联是开户银行交给持票人的回单

图1－49 中国建设银行进账单

PZ014－4：

3300083620 **广东增值税专用发票** № 0218653497

全国统一发票监制章 广东 国家税务局监制

发 票 联

校验码 93484 56892 10548 44080 开票日期：2015年12月9日

购货单位	名 称：威力电机有限公司 纳税人识别号：440100678060233 地 址 、电 话： 开户行及账号：			密码区	044＋＊7－＊73＊＞349595999＞2/＞09－ 7/3＋/86＜9＞＜＞837347/72132＊7＋＜＞ 931329＊894＋＋897/8＞＋570＊5－＞＞6 ＜769/47＊019＞/206＞34＋006＜19		
货物或应税劳务名称	规格型号	单位	数 量	单 价	金 额	税率	税 额
汽车维修费					1 230.00	17%	209.10
合 计					￥1 230.00	17%	￥209.10
价税合计（大写）	⊗壹仟肆佰叁拾玖圆壹角整				（小写）￥1 439.10		
销货单位	名 称：广州华美汽车维修有限公司 纳税人识别号：43243454655768687 地 址 、电 话：广州市番禺石碁镇海涌路777号 开户行及账号：中国建设银行广州番禺支行 348384959593434				备注		

广州华美汽车维修有限公司 350204153444517 发票专用章 35158871888454772415

收款人：郑昌明 复核：林丹 开票人：游东 销货单位：（章）

税总函［2015］888号某某印刷厂有限公司

第二联：发票联 购货方记账凭证

图1－50 汽车维修增值税专用发票

PZ012－1：

广州市华美汽车维修有限公司
车 辆 维 修 单

编号：2015120078

报修单位	威力电机有限公司		车型	本田雅格	
车牌号码	粤 A－9984 **	进厂时间	2015－12－7	出厂时间	2015－12－8
修 理 项 目	工价	配 件 项 目			料价
挡风玻璃更换	1 000				
更换机油	280				
工时费	159.1				
小 计：	1 439.1	小 计：			0
修理天数	1 天	总修理费	¥1 439.1 元		

车主：陈亮

车辆维修评价栏

维修质量：	很好□	好√	一般□	差□	很差□
响应速度：	很好□	好√	一般□	差□	很差□
服务态度：	很好□	好√	一般□	差□	很差□
维修及时性：	很好□	好√	一般□	差□	很差□

图 1－51 汽车维修清单

PZ012－2：

中国建设银行
China Construction Bank

中国建设银行单位客户专用回单

No. 6399031

2015 年 12 月 9 日 流水号：3938411123345

付款人	全 称	威力电机有限公司	收款人	全 称	广州华美汽车维修有限公司
	账 号	4405 0166 8899 4433 0061		账 号	348484959593434
	开户行	中国建设银行佛山锦隆花园支行		开户行	中国建设银行广州番禺支行
金 额		（大写）人民币壹仟肆佰叁拾玖圆壹角整			（小写） ¥1 439.10
凭证种类		转账凭证	凭证号码		
结算方式		转账	用 途		汽车维修费
汇款交易日期：20151209 支付清算业务类型：E224 汇款合约编号：2323488766 实际付款人账户：4405 0166 8899 4433 0061 汇入行行名：中国建设银行佛山锦隆花园支行 汇款备注：5211B			打印柜员：23877232123 打印机构：中国建设银行佛山锦隆花园支行 打印卡号：3934823232 汇款附言：5211B		

中国建设银行 电子回单 专用章

打印时间：2015－12－09 14：10 交易柜员：28322221 交易机构：2328232

图 1－52 中国建设银行单位客户专用回单

PZ012－3：

收　　据

入账日期：2015年12月10日　　　　C137184

今收到　王清勇

金额（大写）⊗佰⊗拾⊗万⊗仟贰佰⊗拾⊗圆⊗角⊗分

收款事由　保管员王清勇因失职罚款

¥ 200.00

收款单位（财务专用章）

第三联：记账联

核准　　会计 卓兴胜　　记账　　出纳 张晓霞　　经手人 刘清玉

图1－53　单位收据

PZ012－4：

违章停车单

编号：3467836085594

该车辆于2015年12月01号在广东违反了《道路交通安全法》第56条规定，请持本通知书到广东省惠州市惠城区文明一路25号交通大厦。

地址：广东省惠州市惠城区文明一路25号交通大厦

联系方式：6622135

民警：35243645

备注：机动车持有人登记的住所地址或联系电话发现变化的，请及时向登记地车管所申请变更。

2015年12月01号

扫一扫　　交罚款

图1－54　交警违章停车单

PZ013 - 1:

建设银行欢迎您的使用

交易种类:	交通罚款代收
银行账号:	62227527001 **** 1
决定书号:	3601111910595 ***
证件号码:	36012119730407 ***
车 牌 号:	粤 BT ***
违章代码:	602601000 ****
违章日期:	20151201
违章金额:	RMB200.00
滞 纳 金:	RMB0.00
总 金 额:	RMB200.00
交易时间:	2015 - 12 - 09 08:31
设 备 号:	ST79118101
流 水 号:	511452

图 1 - 55 个人缴纳交通罚款代收单

PZ013 - 2:

中国建设银行
China Construction Bank

中国建设银行单位客户专用回单

No. 182343

2015 年 12 月 10 日　　流水号: 3243843355454656

单位名称	威力电机有限公司	账号	4405 0166 8899 4433 0061
项目名称	工本费/转账汇款手续费/手续费		金　　额
购买支票	36.00		¥36.00
合计金额	(大写) 人民币叁拾陆圆整		¥36.00
付款方式: 转账 业务类型: 凭证出售 摘要: 转账支取 凭证种类: 现金支票　出售张数: 30		打印柜员: 34335545656 打印机构: 中国建设银行广东分行营业部 打印卡号: 34356566566 补打次数: 1	

(印章: 中国建设银行 电子回单 专用章)

打印时间: 2015 - 12 - 10 10:29　　交易柜员: 24434343　交易机构: 334354

图 1 - 56 工本费扣款回单

PZ013－3：

收　　据

C137119

入账日期：2015年12月10日

今收到　义乌市电工钢带制造有限公司

金额（大写）⊗佰⊗拾捌万⊗仟⊗佰⊗拾⊗圆⊗角⊗分

收款事由　捐赠款

¥　80 000.00

收款单位（财务专用章）

第三联：记账联

威力电机有限公司 财务专用章

核准　　会计 卓兴胜　　记账 张晓霞　　出纳　　经手人 刘清玉

图1－57　收据

PZ013－4：

中国建设银行 China Construction Bank

中国建设银行单位客户专用回单

No. 182343

2015年12月10日　　流水号：32438343454656

付款人	全　称	义乌市电工钢带制造有限公司	收款人	全　称	威力电机有限公司
	账　号	8823 2800 3434 3438		账　号	4405 0166 8899 4433 0061
	开户行	中国建设银行义乌支行		开户行	中国建设银行佛山锦隆花园支行
金　额		（大写）人民币捌万圆整			（小写）¥80 000.00
凭证种类		电子转账凭证	凭证号码		
结算方式		转账	用　途		捐赠款

汇款交易日期：20151210 支付清算业务类型：E102
汇款合约编号：38484759039393939
实际付款人账户：3223423424900088
汇入行行名：中国建设银行义乌支行
汇款备注：2187B

打印柜员：3848343482
打印机构：中国建设银行佛山锦隆花园支行
打印卡号：348399999998888
汇款附言：2187B

中国建设银行 电子回单专用章

打印时间：2015－12－10　8：43　　交易柜员：394394　　交易机构：3434343

图1－58　中国建设银行单位客户专用回单

PZ014－1：

付款申请单

申请人：	刘清玉	填制日期：	2015年12月11日	附件张数：	1
付款金额（大写）：	伍仟捌佰伍拾圆整				¥ 5 850.00
收款人全称：	广东机械臂租赁有限公司				
开户银行及账号：	中国建设银行佛山支行 8473 8292 3094 8988				
其他要求说明：					
付款方式：	□ 现金	□ 电汇	□ 现金支票	√ 转账支付	□ 其他
付款说明：	机械臂租赁费				
部门批准：	郑乙明	财务核对：	刘明远	总经理审批：	董德清

图1－59 付款申请单

PZ014－2：

中国建设银行
转账支票存根
10503025
03945334

附加信息

支付租赁费

出票日期2015年12月11日

收款人：	广东机械臂租赁有限公司
金 额：	¥5 850.00
用 途：	设备租赁费

单位主管 刘明远 会计

上海金达证券印制有限公司·2013年印制

图1－60 转账支票存根

PZ014－3：

中国建设银行 进账单（回 单） 1

2015年12月11日

出票人	全称	威力电机有限公司		收款人	全称	广东机械臂租赁有限公司
	账号	4405 0166 8899 4433 0061			账号	8473 8292 3094 8988 0067
	开户银行	中国建设银行佛山锦隆花园支行			开户银行	中国建设银行佛山支行
金额	人民币（大写）	伍仟捌佰伍拾圆整		亿千百十万千百十元角分		¥585000
票据种类	转账支票	票据张数	1			
票据号码	235476100					
复核	记账			开户银行签章		

（印章：中国建设银行佛山锦隆花园支行 2015.12.11 转讫）

此联是开户银行交给持票人的回单

图1－61 银行进账单

PZ014－4：

（印章：全国统一发票监制章 国家税务局监制）

广东省国家税务局通用机打发票

发票联

发票代码 00259774421

发票号码 00084349

开票日期：2015年12月11日 行业分类：租赁业 验证码 00099740

客户名称：威力电机有限公司	税款码：012258112368872323
付款方编码：0122581123621258	收款方编码：
付款方名称：威力电机有限公司	收款方名称：广东机械臂租赁有限公司
收款项目	收款金额
租赁费	5 850.00
	小写：5 850.00
	开票人：陈生
金额大写：伍仟捌佰伍拾圆整	
备注：租赁费	

（印章：广东机械臂租赁有限公司 0886669900891 发票专用章）

粤国税征票函［2015］602号 深国瑞印刷服务中心制 代用名印刷中心承印

第一联 发票联（购物单位付款凭证）

发票查询网址：www. fapiao. gor. cn

图1－62 租赁通用机打发票（发票联）

PZ015－1：

中国建设银行 China Construction Bank

中国建设银行单位客户专用回单　　No. 232923

2015 年 12 月 11 日　　流水号：3283290483232

付款人	全　称	威力电机有限公司	收款人	全　称	广东机械臂租赁有限公司
	账　号	4405 0166 8899 4433 0061		账　号	8473 8292 3094 8988 0067
	开户行	中国建设银行佛山锦隆花园支行		开户行	中国建设银行佛山支行
金　额		（大写）人民币伍仟捌佰伍拾圆整			（小写）¥5 850.00
凭证种类		电子转账凭证	凭证号码		
结算方式		转账	用　途		设备租赁款
汇款交易日期：20151211 支付清算业务类型：E156 汇款合约编号：3438395874433 实际付款人账户：4405 0166 8899 4433 0061 汇入行行名：中国建设银行佛山支行 汇款备注：3439B			打印柜员：93483430232 打印机构：中国建设银行佛山锦隆花园支行 打印卡号：8374232323923 汇款附言：3439B		

打印时间：2015－12－11　11：43　　交易柜员：2323232　　交易机构：4349340

中国建设银行 电子回单专用章

图 1－63　中国建设银行单位客户专用回单

PZ015－2：

广东省国家税务局通用机打发票

发　票　联

全国统一发票监制章 国家税务局监制

发票代码　142594276144
发票号码　00035128
验 证 码　00045128

开票日期：2015 年 12 月 11 日　　行业分类：金融业

客户名称：威力电机有限公司	税款码：01225811236212582
付款方编码：0122581123621258	收款方编码：0122581123621258
付款方名称：威力电机有限公司	收款方名称：中国建设银行佛山支行
收款项目	收款金额
利息	12 500.00
金额大写：壹万贰仟伍佰圆整	小写：12 500.00
备注：利息	开票人：陈东

中国建设银行佛山锦隆花园支行 01234578524128 发票专用章

粤国税征票函〔2015〕602号 深国瑞印刷服务中心制 代用名印刷中心承印

第一联　发票联（购物单位付款凭证）

发票查询网址：www. fapiao. gor. cn

图 1－64　银行利息发票

PZ015－3：

中国建设银行 China Construction Bank

中国建设银行单位客户专用回单

No. 3534545

2015年12月11日　　流水号：349584545334

付款人	全　称	威力电机有限公司	收款人	全　称	中国建设银行佛山支行
	账　号	4405 0166 8899 4433 0061		账　号	3434 34345 3344 3333
	开户行	中国建设银行佛山锦隆花园支行		开户行	中国建设银行佛山锦隆花园支行
金　额		（大写）人民币壹万贰仟伍佰圆整			（小写）￥12 500.00
凭证种类		电子转账凭证	凭证号码		
结算方式		转账	用　途		利息
汇款交易日期：20151211 支付清算业务类型：E343 汇款合约编号：34988888889 实际付款人账户：4405 0166 8899 4433 0061 汇入行行名：中国建设银行佛山锦隆花园支行 汇款备注：444B			打印柜员：35545454545454 打印机构：中国建设银行佛山锦隆花园支行 打印卡号：3434343443433 汇款附言：444B		中国建设银行 电子回单 专用章

打印时间：2015－12－11　12：43　　交易柜员：345555534　　交易机构：3434345

图1－65　中国建设银行单位客户专用回单

PZ015－4：

中国建设银行 China Construction Bank

中国建设银行单位客户专用回单

No. 998747122

2015年12月11日　　流水号：22183003

付款人	全　称	威力电机有限公司	收款人	全　称	中国建设银行广东分行
	账　号	4405 0166 8899 4433 0061		账　号	8899 0088 0077 9966 0001
	开户行	中国建设银行佛山锦隆花园支行		开户行	中国建设银行广东分行
金　额		大写：人民币伍拾万圆整			（小写）￥500 000.00
凭证种类		扣款凭证	凭证号码		
结算方式		直接扣款	用　途		归还贷款
归还贷款			打印柜员：23877232323 打印机构：中国建设银行佛山锦隆花园支行 打印卡号：34335454455 汇款附言：2211B		中国建设银行 电子回单 专用章

打印时间：2015－12－11　11：10　　交易柜员：28329232　　交易机构：2328232

图1－66　中国建设银行单位客户专用回单

PZ016 -1:

付 款 申 请 单

申请人:	刘清玉	填制日期:	2015 年 12 月 11 日	附件张数:	1
付款金额（大写）:	伍万圆整				¥ 50 000.00
收款人全称:	广东××市红十字基金会				
开户银行及账号:	中国建设银行佛山支行　3785 9809 7765 9999				
其他要求说明:					
付款方式:	□ 现金	□ 电汇	□ 现金支票	√ 转账支付	□ 其他
付款说明:	支付红十字会捐赠款				
部门批准:	郑乙明	财务核对:	刘明远	总经理审批:	董德清

图 1-67　威力电机有限公司付款申请单

PZ016 -2:

公益事业捐赠统一票据

UNIFIED INVOICE OF DONATION FOR PUBLIC WELFARE

国　财 00201　　2015 年 12 月 11 日　　№1100139308

捐赠人 Donor: 威力电机有限公司　　Y　M　D

捐赠项目 For purpose	实物（外币）种类 Material objects（Currency）	数量 Amount	金额 Total amount 千	百	十	万	千	百	十	元	角	分
救灾捐赠款					¥	5	0	0	0	0	0	0
金额合计（小写）In Figures					¥	5	0	0	0	0	0	0
金额合计（大写）In Words	零仟零佰伍拾零万零仟零佰零拾零圆零角零分											

第二联　收据

接受单位（盖章）: Receiver's Seal　　复核人: 郑榕 Verified by　　开票人: 单明 Handling Person

感谢您对公益事业的支持! Thank you for support of public welfare!

图 1-68　公益事业捐赠统一票据

PZ016－3：

中国建设银行 China Construction Bank

中国建设银行单位客户专用回单

No. 489920

2015年12月11日 流水号：3872920444

付款人	全　称	威力电机有限公司	收款人	全　称	广东××市红十字基金会
	账　号	4405 0166 8899 4433 0061		账　号	3785 9809 7765 9999
	开户行	中国建设银行佛山锦隆花园支行		开户行	中国建设银行佛山支行
金　额		（大写）人民币伍万圆整			（小写）¥50 000.00
凭证种类		电子转账凭证	凭证号码		
结算方式		转账	用　途		救灾捐赠款
汇款交易日期：20151211 支付清算业务类型：E987 汇款合约编号：38729999900 实际付款人账户：4405 0166 8899 4433 0061 汇入行行名：中国建设银行佛山支行 汇款备注：554B			打印柜员：34391823232 打印机构：中国建设银行佛山锦隆花园支行 打印卡号：349438334343 汇款附言：554B （印章：中国建设银行 电子回单专用章）		

打印时间：2015－12－11 12：00 交易柜员：393843434 交易机构：9827332

图1－69 中国建设银行单位客户专用回单

PZ016－4：

付款申请单

申请人：	刘清玉	填制日期：	2015年12月11日	附件张数：	1
付款金额（大写）：	贰仟肆佰壹拾圆贰角整			¥ 2 410.20	
收款人全称：	广东办公用品有限公司				
开户银行及账号：	中国建设银行佛山支行 3934392222438				
其他要求说明：					
付款方式：	☐ 现金	☐ 电汇	☐ 现金支票	√ 转账支付	☐ 其他
付款说明：	采购办公用品				
部门批准：	郑乙明	财务核对：	刘明远	总经理审批：	董德清

图1－70 威力电机有限公司付款申请单

PZ017 －1：

中国建设银行
转账支票存根
10500025
03945394

上海金达证券印制有限公司・2013年印制

附加信息

支付购买办公用品款

出票日期 2015 年 12 月 11 日

收款人： 广东办公用品有限公司
金　额：￥2 410. 20
用　途：购买办公用品款

单位主管　刘明远　会计

图 1－71　转账支票存根联

PZ017 －2：

中国建设银行　进账单（回　　单）　　1

2015 年 12 月 11 日

出票人	全　称	威力电机有限公司	收款人	全　称	广东办公用品有限公司
	账　号	4405 0166 8899 4433 0061		账　号	393439222243－8
	开户银行	中国建设银行佛山锦隆花园支行		开户银行	中国建设银行佛山支行
金额	人民币（大写）	贰仟肆佰壹拾圆贰角整		亿千百十万千百十元角分	￥ 2 4 1 0 2 0
票据种类	转账支票	票据张数 1			
票据号码	235476590				
复核　记账				开户银行签章	

中国建设银行佛山锦隆花园支行
2015. 12. 11
转讫

此联是开户银行交给持票人的回单

图 1－72　银行进账单

PZ017 – 3：

33988888770　　**广东增值税专用发票**　　№ 4023165789

校验码 99988 77789 77780 55660　　发票联　　开票日期：2015 年 12 月 11 日

税总函 [2015] 888 号某某某印刷厂有限公司

购货单位	名　　称：威力电机有限公司 纳税人识别号：440100678060233 地 址 、电 话：广东省佛山市南海狮山新城工业区 开户行及账号：建行 4405 0166 8899 4433 0061				密码区	033 + * 7 − * 73 * > 983837444 > 2/ > 09 − 7/3 + /86 <9 > < > 876337/72132 * 7 + < > 455566 * 894 + + 897/8 > + 570 * 5 − > > 6 < 123/47 * 019 > /306 > 26 + 874 < 89	

货物或应税劳务名称	规格型号	单位	数量	单价	金额	税率	税额
笔记本		本	60	10.00	600.00	17%	102.00
笔		支	100	5	500.00	17%	85.00
录音笔	DKSL	把	2	450	900.00	17%	153.00
电池	7 号	个	20	3.00	60.00	17%	10.20
合　　计					¥2 060.00	17%	¥350.20
价税合计（大写）	⊗贰仟肆佰壹拾圆贰角整					（小写）	¥2 410.20

销货单位	名　　称：广东办公用品有限公司 纳税人识别号：383943439283232 地 址 、电 话：广东佛山市南海狮路 888 号 开户行及账号：中国建设银行佛山支行 3934392222438	备注	

收款人：陈明霞　　复核：段志　　开票人：孙明　　销货单位：（章）

第二联：发票联　购货方记账凭证

图 1 – 73　增值税专用发票

PZ017 – 4：

威力电机有限公司入库单

单位：办公室　　2015 年 12 月 11 日

编号	种类	产品名称	规格	型号	入库数量	单位	单价	成本总额
A008	办公用品	笔记本			60	本	11.7	702
A008	办公用品	笔			100	支	5.85	585
A008	办公用品	录音笔	DKSL		2	把	526.5	1 053
A008	办公用品	电池	7 号		20	个	3.51	70.20
备注：含增值税						合　计		2 410.20

负责人：郑乙明　　记账：刘明远　　领用人：刘清远

图 1 – 74　威力电机有限公司入库单

PZ018 －1：

威力电机有限公司领用单

领用单位：定子生产车间 2015 年 12 月 11 日

编号	种类	产品名称	规格	型号	入库数量	单位	单价	成本总额
A008	办公用品	笔记本			40	本	11.7	468
A008	办公用品	笔			60	支	5.85	351
A008	办公用品	录音笔	DKSL		2	把	526.5	1 053
A008	办公用品	电池	7 号		12	个	3.51	42.12
备注：含增值税						合计		1 914.12
负责人：郑乙明		记账：刘明远					领用人：刘清远	

图 1－75 威力电机有限公司领用单

PZ018 －2：

威力电机有限公司领用单

领用单位：转子生产车间 2015 年 12 月 11 日

编号	种类	产品名称	规格	型号	入库数量	单位	单价	成本总额
A008	办公用品	笔记本			40	本	11.7	468
A008	办公用品	笔			60	支	5.85	351
A008	办公用品	录音笔	DKSL		2	把	526.5	1 053
A008	办公用品	电池	7 号		12	个	3.51	42.12
备注：含增值税						合计		1 914.12
负责人：郑乙明		记账：刘明远					领用人：陈霞	

图 1－76 威力电机有限公司领用单

PZ018－3：

威力电机有限公司领用单

领用单位：总装车间 2015 年 12 月 11 日

编号	种类	产品名称	规格	型号	入库数量	单位	单价	成本总额
A008	办公用品	笔记本			40	本	11.7	468
A008	办公用品	笔			80	支	5.85	468
A008	办公用品	电池	7 号		16	个	3.51	56.16
备注：含增值税						合计		992.16
负责人：郑乙明		记账：刘明远				领用人：卓明		

图 1－77 威力电机有限公司领用单

PZ018－4：

付款申请单

申请人：	刘清玉	填制日期：	2015 年 12 月 11 日	附件张数：	1
付款金额（大写）：	玖仟壹佰叁拾圆陆角捌分			¥ 9 130.68	
收款人全称：	广州现代办公耗材有限公司				
开户银行及账号：	中国建设银行广东支行 8876 9966 2233 1112				
其他要求说明：					
付款方式：	□ 现金	□ 电汇	□ 现金支票	√ 转账支付	□ 其他
付款说明：	支付办公耗材费				
部门批准：	郑乙明	财务核对：	刘明远	总经理审批：	董德清

图 1－78 威力电机有限公司付款申请单

PZ019－1：

中国建设银行
转账支票存根
10550025
53945394

上海金达证券印制有限公司·2013年印制

附加信息

支付复印机耗材款

出票日期 2015 年 12 月 11 日

收款人： 广东现代办公耗材有限公司
金　额：￥9 130.68
用　途：购复印机耗材款

单位主管　刘明远　会计

图 1－79　转账支票存根联

PZ019－2：

中国建设银行　进账单（回　　单）　　1

2015 年 12 月 11 日

出票人	全　称	威力电机有限公司		收款人	全　称	广东现代办公耗材有限公司
	账　号	4405 0166 8899 4433 0061			账　号	8876 9966 2233 118
	开户银行	中国建设银行佛山锦隆花园支行			开户银行	中国建设银行广东支行
金额	人民币（大写）	玖仟壹佰叁拾圆陆角捌分			亿千百十万千百十元角分	￥9 1 3 0 6 8
票据种类	转账支票	票据张数	1			
票据号码	235487591					
复核　记账				开户银行签章		

中国建设银行佛山
锦隆花园支行
2015.12.11
转
讫

此联是开户银行交给持票人的回单

图 1－80　中国建设银行进账单

PZ019－3：

5599993611　　**广东增值税普通发票**　　№ 6013425789

校验码 43322 31122 33355 11223　　开票日期：2015 年 12 月 11 日

购货单位	名　　称：威力电机有限公司 纳税人识别号：440100678060233 地 址 、电 话：广东省佛山市南海狮山新城工业区 开户行及账号：建行 4405 0166 8899 4433 0061			密码区	033 + * 7 − * 73 * >767994434 >2/ >09 − 7/3/ + /86 <9 > < >678999/72132 * 7 + < >931329 * 894 + +897/8 > +570 * 5 − > > 6 <533/47 * 019 >/346 >26 +116 <69		
货物或应税劳务名称	规格型号	单位	数量	单价	金额	税率	税额
硒鼓		支	5	780.00	3 900.00	17%	663.00
复印纸	A4	袋	80	18.80	1 504.00	17%	255.68
复印纸	A3	袋	50	28.00	1 400.00	17%	238.00
硬纸板	1mm	袋	20	50.00	1 000.00	17%	170.00
合　计					¥7 804.00	17%	¥1 326.68
价税合计（大写）	⊗玖仟壹佰叁拾圆陆角捌分				（小写）¥9 130.68		
销货单位	名　　称：广东现代办公耗材有限公司 纳税人识别号：6677734939340555 地 址 、电 话：广东省佛山 83999 ** 开户行及账号：中国建设银行广东支行 8876 9966 2233 5118				备注		

收款人：董清　　复核：陈明灯　　开票人：张少明　　销货单位：（章）

税总函［2015］888 号某某某印刷厂有限公司

第二联：发票联　购货方记账凭证

图 1－81　增值税普通发票

PZ019－4：

威力电机有限公司入库单

入库单位：办公室　　2015 年 12 月 11 日

编号	种类	产品名称	规格	型号	入库数量	单位	单价	成本总额
A008	办公耗材	硒鼓			5	支	912.60	4 563.00
A008	办公用品	复印纸	A4		80	袋	21.996	1 759.68
A008	办公用品	复印纸	A3		50	袋	32.76	1 638.00
A008	办公用品	硬纸板	1mm		80	袋	58.5	1 170.00
备注：含增值税						合　计		9 130.68
负责人：郑乙明		记账：刘明远					领用人：刘清远	

图 1－82　威力电机有限公司入库单

PZ020－1：

威力电机有限公司领用单

领用单位：办公室　　　　　　　　　　　　　　　　　　　　　　2015 年 12 月 11 日

编号	种类	产品名称	规格	型号	出库数量	单位	单价	成本总额
A008	办公耗材	硒鼓			5	支	912.60	4 563.00
A008	办公用品	复印纸	A4		80	袋	21.996	1 759.68
A008	办公用品	复印纸	A3		50	袋	32.76	1 638.00
A008	办公用品	硬纸板	1mm		80	袋	58.5	1 170.00
备注：含增值税						合　计		9 130.68
负责人：郑乙明		记账：刘明远				领用人：刘单凌		

图 1－83　威力电机有限公司领用单

PZ020－2：

付 款 申 请 单

申请人：	刘清玉	填制日期：	2015 年 12 月 11 日	附件张数：	1
付款金额（大写）：	叁万玖仟柒佰捌拾圆整			¥ 39 780.00	
收款人全称：	广东机器人设备维修有限公司				
开户银行及账号：	建设银行广东支行　8877 1122 3333 8899				
其他要求说明：					
付款方式：	□ 现金	□ 电汇	□ 现金支票	√ 转账支付	□ 其他
付款说明：	支付机械臂维修费				
部门批准：	郑乙明	财务核对：	刘明远	总经理审批：	董德清

图 1－84　威力电机有限公司付款申请单

PZ020－3：

中国建设银行
转账支票存根
12550025
53955394

上海金达证券印制有限公司 • 2013 年印制

附加信息

支付机械臂维修费

出票日期 2015 年 12 月 11 日

收款人： 广东机器人设备维修有限公司
金　额：¥39 780.00
用　途：支付机械臂维修款

单位主管　刘明远　会计

图 1－85　转账支票存根联

PZ020－4：

中国建设银行　进账单（回　　单）　　1

2015 年 12 月 11 日

出票人	全　称	威力电机有限公司	收款人	全　称	广东机器人设备维修有限公司
	账　号	4405 0166 8899 4433 0061		账　号	8877 1122 3333 8899
	开户银行	中国建设银行佛山锦隆花园支行		开户银行	中国建设银行佛山支行

金额	人民币（大写）	叁万玖仟柒佰捌拾圆整	亿	千	百	十	万	千	百	十	元	角	分
						¥	3	9	7	8	0	0	0

票据种类	转账支票	票据张数	1
票据号码	235476151		

复核　　记账

中国建设银行佛山锦隆花园支行
2015.12.11
转讫

开户银行签章

此联是开户银行交给持票人的回单

图 1－86　中国建设银行进账单

PZ021－1：

9988883611　　广东增值税专用发票　　№ 0134257896

发票联

校验码 37789 98768 11877 11000　　开票日期：2015 年 12 月 11 日

购货单位	名　　称：威力电机有限公司 纳税人识别号：440100678060233 地 址 、电 话：广东省佛山市南海狮山新城工业区 开户行及账号：中国建设银行佛山锦隆花园支行 4405 0166 8899 4433 0061			密码区	055＋∗7－∗73∗＞343423232＞2/＞09－7/3/＋/86＜9＞＜＞887777/72132∗7＋＜＞931329∗894＋＋897/8＞＋570∗5－＞＞6＜533/47∗019＞/235＞26＋116＜69		
货物或应税劳务名称	规格型号	单位	数量	单价	金额	税率	税额
机械臂维修费				34 000.00	34 000.00	17%	5 780.00
合　计					¥34 000.00	17%	¥5 780.00
价税合计（大写）	⊗叁万玖仟柒佰捌拾圆整				（小写）¥39 780.00		
销货单位	名　　称：广东机器人设备维修有限公司 纳税人识别号：667773394888444 地 址 、电 话：广东省佛山 87766 ∗∗ 开户行及账号：中国建设银行广东支行 8877 1122 3333 8899			备注			

收款人：李明　　复核：陈柯　　开票人：张志东　　销货单位：（章）

税总函［2015］888 号某某某印刷厂有限公司

第二联：发票联　购货方记账凭证

（印章：全国统一发票监制章 广东 国家税务局监制）

（印章：广东机器人设备维修有限公司 8877666664343 发票专用章 351588718884547724l5）

图 1－87　增值税专用发票

PZ021－3：

机器设备维修验收单

维修类别：固定资产 √　　其他 □

设备名称	机械臂		维修机台号	G99988－1
承包单位	广东机器人设备维修有限公司		负责人	林东明
维修开始日期	2015－12－11		联系电话	陈耿
一、维修所含项目及要求（详细描述）				
1. 电机加工机械臂不能正常运行，可能存在程序或机械故障。 2. 机械臂固定部分有些松动。				
维修完成日期	2015－12－9		经办人	陈耿
二、验收内容				
使用天数	4天	运行状况	运行状况正常	
验收内容	电机加工机械臂运行状况正常，维护效果达到预期目标。 验收通过。			
验收结果	不合格原因	承包单位验收	签收日期	
不合格				
合　格	合格			
三、验收人签字				
意见与建议	验收人	陈进东		
	使用单位确认	蔡建明		
	复　核	李辉		
	核　准	章明榕		

图1－88　机械设备维修验收单

PZ021－4：

付款申请单

申请人：	刘清玉	填制日期：	2015年12月11日	附件张数：	1
付款金额（大写）：	叁万陆仟圆整				¥ 36 000.00
收款人全称：	广东机器人技术培训有限公司				
开户银行及账号：	中国建设银行佛山支行 8877 3366 1133 9992				
其他要求说明：					
付款方式：	□ 现金	□ 电汇	□ 现金支票	√ 转账支付	□ 其他
付款说明：	支付技术培训费				
部门批准：	郑乙明	财务核对：	刘明远	总经理审批：	董德清

图1－89 威力电机有限公司付款申请单

PZ022－1：

中国建设银行
转账支票存根
12550005
53955494

上海金达证券印制有限公司·2013年印制

附加信息

支付技术培训费

出票日期2015年12月11日

收款人：	广东机器人技术培训有限公司
金 额：	¥36 000.00
用 途：	支付技术培训费

单位主管 刘明远 会计

图1－90 转账支票存根联

PZ022－2：

中国建设银行 进账单（回 单） 1

2015 年 12 月 11 日

出票人	全称	威力电机有限公司	收款人	全称	广东机器人技术培训有限公司
	账号	4405 0166 8899 4433 0061		账号	8877 3366 1133 9992
	开户银行	中国建设银行佛山锦隆花园支行		开户银行	中国建设银行广东支行
金额	人民币（大写）	叁万陆仟圆整		亿千百十万千百十元角分	￥3600000
票据种类	转账支票	票据张数	1		
票据号码	235489870				
复核	记账			开户银行签章	

中国建设银行佛山锦隆花园支行 2015.12.11 转讫

此联是开户银行交给持票人的回单

图 1－91 中国建设银行进账单

PZ022－3：

全国统一发票监制章 国家税务局监制

广东省国家税务局通用机打发票

发 票 联

发票代码 142594276144
发票号码 00035128
验 证 码 00045128

开票日期：2015 年 12 月 11 日　　行业分类：培训类

客户名称：威力电机有限公司	税款码：440100678060233
付款方编码：0122581123621258	收款方编码：0122581123621258
付款方名称：威力电机有限公司	收款方名称：广东机器人技术培训有限公司
收款项目	收款金额
技术开发经费、服务费	36 000.00
金额大写：叁万陆仟圆整	小写：36 000.00
备注：	开票人：李健

广东机器人技术培训有限公司 01234578524128 发票专用章

粤国税征票函〔2015〕602号 深国瑞印刷服务中心制 代用名印刷中心承印

第一联 发票联（购物单位付款凭证）

发票查询网址：www.fapiao.gor.cn

图 1－92 培训费发票

PZ002:

中国建设银行 China Construction Bank

中国建设银行单位客户专用回单

No. 393921344

2015 年 12 月 11 日 流水号：2982839011239

付款人	全称	云南机床生产制造有限公司	收款人	全称	威力电机有限公司
	账号	8883 9987 1133 9900 1161		账号	4405 0166 8899 4433 0061
	开户行	中国建设银行云南曲靖支行		开户行	中国建设银行佛山锦隆花园支行
金额		（大写）人民币壹拾贰万肆仟伍佰圆整			（小写）¥124 500.00
凭证种类		电子转账凭证	凭证号码		
结算方式		电汇	用途		货款
汇款交易日期：20151211 支付清算业务类型：E234 汇款合约编号：24343460188 实际付款人账户：8883 9987 1133 9900 1161 汇入行行名：中国建设银行云南曲靖支行 汇款备注：5523B			打印柜员：399887777889 打印机构：中国建设银行佛山支行 打印卡号：9928323998 汇款附言：5523B （印章：中国建设银行 电子回单 专用章）		

打印时间：2015-12-11 10：25 交易柜员：33093800009 交易机构：393834

图 2-1 中国建设银行单位客户专用回单

PZ003:

威力电机有限公司坏账核销审批表

申报单位：销售部

欠款单位		金额	后经办人
惠州市利达机械有限公司		7 800 元	孙慧
损失形成原因	经核实，惠州市利达机械有限公司现已倒闭，原先所欠货款 7 800 元无法收回。根据《企业会计准则》《公司章程》和公司相关会计政策，按照依法合规、规范操作的原则，公司对经营过程中长期挂账追收无结果部分的应收账款进行清理，予以核销。 会计审核：刘明远 2015 年 12 月 9 日		
申报单位	情况属实，特申请予以核销 主管：郑乙明 2015 年 12 月 10 日		
总经理	同意予以核销 签字：董德清 2015 年 12 月 12 日		

图 2-2 威力电机有限公司坏账核销审批表

PZ004－1：

中国建设银行 China Construction Bank

中国建设银行单位客户专用回单

No. 481760

2015 年 12 月 12 日　　流水号：3872928764

付款人	全　称	温州市机床制造有限公司	收款人	全　称	威力电机有限公司
	账　号	8887 2211 6688 9900 0031		账　号	4405 0166 8899 4433 0061
	开户行	中国建设银行温州支行		开户行	中国建设银行佛山锦隆花园支行
金　额		（大写）人民币贰拾肆万捌仟肆佰伍拾圆整			（小写）￥248 450.00
凭证种类		电子转账凭证	凭证号码		
结算方式		银行承兑汇票	用　途		购货款
汇款交易日期：20151212 支付清算业务类型：E117 汇款合约编号：239823823 实际付款人账户：8887 2211 6688 9900 0031 汇入行行名：中国建设银行温州支行 汇款备注：3388B			打印柜员：23877232323 打印机构：中国建设银行佛山支行 打印卡号：3934823232 汇款附言：3388B （印章：中国建设银行 电子回单 专用章）		

打印时间：2015－12－12　12：10　　交易柜员：28329232　　交易机构：2328232

图 2－3　中国建设银行单位客户专用回单

PZ004－2：

中国建设银行 China Construction Bank

中国建设银行单位客户专用回单

No. 134343

2015 年 12 月 12 日　　流水号：46576768787999

单位名称	威力电机有限公司	账号	4405 0166 8899 4433 0061
项目名称	工本费/转账汇款手续费/手续费		金　额
银行承兑手续费	90.00		￥90.00
合计金额	（大写）人民币玖拾圆整		￥90.00
付款方式：转账 业务类型：手续费支出 摘要：转账支取 凭证种类：手续费		打印柜员：5767688787 打印机构：省支行营业部 打印卡号：23323232324 补打次数：1 （印章：中国建设银行 电子回单 专用章）	

打印时间：2015－12－12　11：45　　交易柜员：24434343　交易机构：334354

图 2－4　中国建设银行单位客户专用回单

PZ004 -3:

银行承兑汇票贴现申请书

申请人全称	威力电机有限公司				
性质	工业企业	财务负责人	刘明远	电话	0757— ********
注册资本	肆仟万元	开户银行	中国建设银行佛山锦隆花园支行	账号	4405 0166 8899 4433 0061
经营范围	设计研发、生产、销售、服务于一体的现代化专业电机制造企业。主要生产 YE3 - 200L - 4 型、YE3 - 225M - 4 型、YE2 - 132S1 - 2 型和 YE2 - 3551 - 4 - 355K 型高效、超高效三相异步电动机等。			贷款证号	827326215212
地址	广东省佛山市南海狮山新城工业区			邮编	528200
出票人	全　称	贵州缝纫机制造有限公司			
	开户银行	中国建设银行贵州支行		账号	8887 7722 2299 9888
经办人姓名	刘明远	性别	男	身份证号	456 *************
本次申请贴现票据清单:					
汇票签发日	汇票到期日	汇票号码	承兑银行		汇票金额（元）
2015 - 11 - 12	2016 - 2 - 11	6778999	中国建设银行佛山锦隆花园支行		134 000.00
汇票 壹 张；票面合计金额（大写）：壹拾叁万肆仟圆整					

申请贴现票据为我单位严格依照《票据法》和有关法律法规善意取得，具有真实合法、有效完整的交易背景及相关资料。

申请人单位公章：威力电机有限公司　　　　法定代表人（签章）：刘德伟印

2015 年 12 月 12 日

图 2 -5　银行承兑汇票贴现申请书

PZ004 －4：

建设银行贴现凭证（第一联　代申请书）

填写日期：2015 年 12 月 12 日　　　　第 135 号

申请人	名　称	威力电机有限公司	贴现汇票	种　类	银行承兑汇票	号码	6778999
申请人	账　号	4405 0166 8899 4433 0061	贴现汇票	发票日	2015 年 11 月 12 日		
申请人	开户银行	中国建设银行佛山锦隆花园支行	贴现汇票	到期日	2016 年 2 月 11 日		

汇票承兑人（或银行）	名称	中国建设银行佛山支行	账号	*****	*********	开户银行	****

			千	百	十	万	千	百	十	元	角	分
汇票金额（即贴现金额）	人民币（大写）	壹拾叁万肆仟圆整		¥	1	3	4	0	0	0	0	0

			千	百	十	元	角	分		十	万	千	百	十	元	角	分
贴现率每月	9‰	贴现利率	2	4	9	2	4	0	实付贴现金额	1	3	1	5	0	7	6	0

刘德伟印 兹根据《支付结算办法》有关规定，附送承兑汇票申请贴现，请审核。 此致 贴现银行。 威力电机有限公司 申请人盖章	负责人　信贷员 银行审批 刘清东印　王德志印	

图 2－6　建设银行贴现凭证（第一联　代申请书）

PZ005－1：

威力电机有限公司预收账款核销审批表

申报单位：销售部

<table>
<tr><td colspan="2">欠款单位</td><td>金额</td><td>后经办人</td></tr>
<tr><td colspan="2">山东机床生产制造有限公司</td><td>160 000 元</td><td>孙慧</td></tr>
<tr><td>损失形成原因</td><td colspan="3">经核实，山东机床生产制造有限公司现已倒闭。根据合同约定，2015 年 12 月 12 日前进行提货，否则原先所预付货款 160 000 元（视为定金）予以没收。根据《企业会计准则》《公司章程》和公司相关会计政策，现予以核销。
会计审核：刘明远　　2015 年 12 月 12 日</td></tr>
<tr><td>申报单位</td><td colspan="3">情况属实，特申请予以核销
主管：郑乙明　　2015 年 12 月 13 日</td></tr>
<tr><td>总经理</td><td colspan="3">同意予以核销
签字：董德清　　2015 年 12 月 13 日</td></tr>
</table>

图 2－7　威力电机有限公司预收账款核销审批单

PZ005－2：

付款申请单

<table>
<tr><td>申请人：</td><td>刘清玉</td><td>填制日期：</td><td>2015 年 12 月 13 日</td><td>附件张数：</td><td>4</td></tr>
<tr><td>付款金额（大写）：</td><td colspan="5">叁万肆仟圆整　　¥ 34 000.00</td></tr>
<tr><td>收款人全称：</td><td colspan="5">广东大华服装制衣有限公司</td></tr>
<tr><td>开户银行及账号：</td><td colspan="5">中国建设银行广东支行　2789 9845 0045 3377</td></tr>
<tr><td>其他要求说明：</td><td colspan="5"></td></tr>
<tr><td>付款方式：</td><td>□ 现金</td><td>□ 电汇</td><td>□ 现金支票</td><td>√ 转账支付</td><td>□ 其他</td></tr>
<tr><td>付款说明：</td><td colspan="5">预付员工工作服制作定金</td></tr>
<tr><td>部门批准：</td><td>郑乙明</td><td>财务核对：</td><td>刘明远</td><td>总经理审批：</td><td>董德清</td></tr>
</table>

图 2－8　威力电机有限公司付款申请单

PZ005－3：

服装订购合同

甲方：　威力电机有限公司

乙方：　广东大华服装制衣有限公司

威力电机有限公司（以下简称甲方）与广东大华服装制衣有限公司（以下简称乙方）就工服制作业务签订以下合同，共同遵守。

第一条　产品名称、价格、数量。

产品名称	面料货号	规格	数量	包装	单价（元/件）	金额（元）
工作服	详见样品	详见样品	1 000 套	平装	340	340 000

第二条　款型描述：

乙方交付的产品，其面料、款式设计、型号尺寸、裁剪做工等要求按照样品的标准执行。

第三条　交货地点及时间

1. 地点：威力电机有限公司指定地点。
2. 时间：自本合同签订且乙方收到预付款后　30　日内。

第四条　加工形式

1. 乙方根据甲方要求提供服装款式及面料样品，经双方确认后，再进行批量生产。
2. 采取乙方包工包料并提供全部辅料的方式。
3. 货物到达甲方指定地点后，甲乙双方依据订货清单进行清点验收，并办理交接签字手续。

第五条　甲方责任

1. 甲方通过服装款式及面料后，在合同生效及执行过程中不得擅自更改。
2. 甲方定好量体时间，保证人员齐全。
3. 按此合同付款日期，按时付款。

第六条　乙方责任

1. 乙方须保证产品质量，如有制作问题，乙方须负责修改。
2. 按此合同交货日期，按时交货。如未按时交货，乙方需向甲方支付36 000元作为违约金。

第七条　结算方式

1. 支票结算。此合同签订后　5　日内，甲方须预付　34 000元　的货款给乙方。
2. 终结付款额，依据实际制衣件数，经双方认可后的款额支付。
3. 甲方收到乙方全部货物并验收合格后，须在　7日　内付清乙方全部货款。如有延误，每日须加付　5%　的滞纳金。

第八条　本合同有效期自签订之日起生效，到全部货款结算之日为止。

第九条　此合同经双方签字盖章后生效。如有一方在有效期内欲终止合同，需赔偿对方34 000元的货款作为违约金。本合同一式两份，双方各执一份。

甲方业务代表：　刘德华
甲方盖章：
日期：　2015年12月12日

乙方业务代表：　陈　清
乙方盖章：
日期：　2015年12月12日

图2－9　服装订购合同

PZ005－4：

中国建设银行
转账支票存根
12550005
953955434

上海金达证券印制有限公司·2013年印制

附加信息

预付工作服采购款

出票日期 2015 年 12 月 13 日

收款人： 广东大华服装制衣有限公司	
金 额：	￥34 000.00
用 途：	预付工作服采购款

单位主管 刘明远 会计

图 2－10 转账支票存根联

PZ006－1：

中国建设银行 进账单（回 单） 1

2015 年 12 月 13 日

出票人	全 称	威力电机有限公司	收款人	全 称	广东大华服装制衣有限公司
	账 号	4405 0166 8899 4433 0061		账 号	2789 9845 0045 3377
	开户银行	中国建设银行佛山锦隆花园支行		开户银行	中国建设银行广东支行
金额	人民币（大写）	叁万肆仟圆整		亿千百十万千百十元角分	￥3400000
票据种类	转账支票	票据张数	1		
票据号码	3837492222				
复核 记账				开户银行签章	

中国建设银行佛山锦隆花园支行 2015.12.13 转讫

此联是开户银行交给持票人的回单

图 2－11 中国建设银行进账单

PZ006－2：

中国建设银行 China Construction Bank

中国建设银行单位客户专用回单

No. 473833

2015 年 12 月 13 日　　　　流水号：9238232394

付款人	全　称	威力电机有限公司	收款人	全　称	广东大华服装制衣有限公司
	账　号	4405 0166 8899 4433 0061		账　号	2789 9845 0045 3377
	开户行	中国建设银行佛山锦隆花园支行		开户行	中国建设银行广东支行
金　额		（大写）人民币叁万肆仟圆整			（小写）￥34 000.00
凭证种类		电子转账凭证	凭证号码		
结算方式		银行转账	用　途		预付货款

汇款交易日期：20151213 支付清算业务类型：E227
汇款合约编号：888882323223
实际付款人账户：4405 0166 8899 4433 0061
汇入行行名：中国建设银行佛山锦隆花园支行
汇款备注：3311B

打印柜员：23877232323
打印机构：中国建设银行佛山支行
打印卡号：343434342222

汇款附言：3311B

打印时间：2015－12－13　14：10　　交易柜员：28329232　　交易机构：2328232

图 2－12　中国建设银行单位客户专用回单

PZ006－3：

商业承兑汇票　1　　　　汇票号码

签发日期 2015 年 12 月 13 日　　　　第 13 号

收款人	全　称	威力电机有限公司		付款人	全　称	珠海市东方机电有限公司								
	账　号	4405 0166 8899 4433 0061			账　号	8877 9999 5555 6678								
	开户银行	中国建设银行佛山支行	行号 8899		开户银行	中国建设银行珠海支行	行号 7777							
汇票金额	人民币（大写）	壹拾肆万叁仟伍佰圆整				千	百	十	万	千	百	十	元	角	分
							￥	1	4	3	5	0	0	0	0
汇票到期日		2015 年 12 月 13 日			交易合同号码	2015110001								

本汇票请你单位承兑，并及时将承兑汇票寄交我单位。
此致
承兑人
收款人盖章　　负责　　经办

备注：

此联承兑人（付款人）留存

10×17.5 厘米（白纸黑油墨）

图 2－13　商业承兑汇票

PZ006－4：

中国建设银行
China Construction Bank

中国建设银行单位客户专用回单

No. 47222

2015 年 12 月 13 日　　流水号：22983883

付款人	全　称	珠海市东方机电有限公司	收款人	全　称	威力电机有限公司
	账　号	8877 9999 5555 6678		账　号	4405 0166 8899 4433 0061
	开户行	中国建设银行珠海支行		开户行	中国建设银行佛山锦隆花园支行
金　额		（大写）人民币壹拾肆万叁仟伍佰圆整			（小写）￥143 500.00
凭证种类		电子转账凭证	凭证号码		
结算方式		商业承兑汇票	用　途		购货款
汇款交易日期：20151213 支付清算业务类型：E217 汇款合约编号：837363744444 实际付款人账户：8877 9999 5555 6678 汇入行行名：中国建设银行珠海支行 汇款备注：2211B			打印柜员：23877232323 打印机构：中国建设银行佛山支行 打印卡号：34335454455 汇款附言：2211B （印章：中国建设银行 电子回单专用章）		

打印时间：2015－12－13　14：10　　交易柜员：28329232　　交易机构：2328232

图 2－14　中国建设银行单位客户专用回单

PZ001：

11223888770 江苏增值税专用发票 № 4523160789

发 票 联

校验码 00323 11189 77222 22260 开票日期：2015 年 12 月 14 日

购货单位	名 称：威力电机有限公司 纳税人识别号：440100678060233 地 址 、电 话：广东省佛山市南海狮山新城工业区 开户行及账号：建行 4405 0166 8899 4433 0061			密码区	077 + * 7 - * 73 * > 990000000 > 2/ > 09 - 7/3 + /86 < 9 > < > 995555/72132 * 7 + < > 455566 * 894 + + 897/8 > + 570 * 5 - > > 6 < 123/47 * 055 > /306 > 16 + 874 < 29		
货物或应税劳务名称	规格型号	单位	数量	单价	金额	税率	税额
电机压轴		件	200	68.00	13 600.00	17%	2 312.00
合 计					¥13 600.00	17%	¥2 312.00
价税合计（大写）	⊗壹万伍仟玖佰壹拾贰圆整				（小写）¥15 912.00		
销货单位	名 称：南京市电机压轴制造有限公司 纳税人识别号：8883430999913 地 址 、电 话：南京市 ******* 开户行及账号：中国建设银行南京支行 7238 2394 8489 4999					备注	

收款人：陈坤 复核：陈志 开票人：林明 销货单位：（章）

税总函［2015］888 号某某某印刷厂有限公司

第二联：发票联 购货方记账凭证

南京市电机压轴制造有限公司 210634896977777 发票专用章

全国统一发票监制章 江苏 国家税务局监制

图 3－1 增值税专用发票

PZ002：

威力电机有限公司

入 库 单

入库部门：供应部 2015 年 12 月 14 日

名 称	规格	数量		单位	单价	金 额
		送 缴	实 收			
电机压轴		200	200	件	68.00	13 600.00
备注：定子车间耗材，不含增值税。				合 计		13 600.00

负责人：董志明 记账：卓兴胜 验收：田一兵 填单：李明

图 3－2 威力电机有限公司入库单

PZ003－1：

付款申请单

申请人：	刘清玉	填制日期：	2015年12月14日	附件张数：	1
付款金额（大写）：	伍仟捌佰伍拾圆整				¥ 5 850.00
收款人全称：	无锡市热保护器制造有限公司				
开户银行及账号：	中国建设银行无锡支行 8800 2233 3355 1199				
其他要求说明：					
付款方式：	□ 现金	√ 电汇	□ 现金支票	□ 转账支付	□ 其他
付款说明：	支付热保护器采购款				
部门批准：	郑乙明	财务核对：	刘明远	总经理审批：	董德清

图3－3 威力电机有限公司付款申请单

PZ003－2：

产品销货合同书

供方：无锡市热保护器制造有限公司　　　　合同编号：201512003

需方：威力电机有限公司　　　　签订地点：无锡

第一条：需方订购以下货物　　　　（注：空格如不够用，可以另接）

货物名称	规格型号	计量单位	数量	价格		备注
				单价（元）	总价（元）	
热保护器	A010	件	1 000	5.00	¥5 000.00	不含增值税
合计	金额：（大写）伍仟圆整			（小写）¥5 000.00		

第二条：质量要求：符合国家行业标准

第三条：包装标准、包装物的提供与回收：供方提供，不回收

第四条：货物所有权交付时起转移，但需方未履行支付价款义务的，货物仍属于供方所有。

第五条：提取货物单证的方式：需方提取，费用由供方提供

第六条：运输方式及到达站（港）和费用负担：

1. 运输方式及费用：运输方式由供方指定，费用由供方承担

2. 交货时间：

3. 交货地点：按双方协商

第七条：验收标准、方法、地点及期限：依据国际行业标准进行验收：需方如有异议在收到货物15天内以书面方式提出，否则视为合格；

第八条：结算方式：电汇方式

第九条：本合同解除条件：任何一方不履行本合同义务时，同时追究不履行本合同责任方责任；

第十条：合同争议的解决方式：本合同项目下发生的争议，由双方当事人协商解决，协商不成的，依法向需方所在地法院起诉；

第十一条：本合同一式两份，双方各持一份。经双方签字和盖章之日起生效传真件有效；

第十二条：其他约定事项：

1. 本合同的技术要求是合同的组成部分，与本合同具有同等法律效力；

2. 双方在履行本合同过程中的传真、订单、往来信函均为本合同的补充，与本合同具有同等的法律效力。

供方（章）：	需方（章）：
地址：江苏无锡**********	地址：广东省佛山市南海狮山新城工业区
法定代表人：陈明强	法定代表人：刘德伟
委托代理人：	委托代理人：
签订时间：2015 年 12 月 9 日	签订时间：2015 年 12 月 9 日

图 3－4　产品销货合同书

PZ003－3：

中国建设银行 China Construction Bank

电 汇 凭 证

币别： 2015 年 12 月 14 日 流水号：88998888701

汇款方式	☑ 普通 ☐ 加急				
汇款人	全 称	威力电机有限公司	收款人	全 称	无锡市热保护器制造有限公司
	账 号	4405 0166 8899 4433 0061		账 号	8800 2233 3355 1199
	汇出行名称	中国建设银行佛山锦隆花园支行		汇入行名称	中国建设银行无锡支行
金额	（大写）伍仟捌佰伍拾圆整			亿千百十万千百十元角分	¥585000
		支付密码			
		附加信息及用途：采购热保护器款			
		此汇款支付给收款人。			客户签章

印章：中国建设银行佛山锦隆花园支行 2015.12.14 转讫；威力电机有限公司 财务专用章；刘德伟印

会计主管 刘明远 授权 复核 陈琳 录入 王一明

第二联 付款人记账凭证

图 3－5 电汇凭证

PZ003－4：

9887723212 **江苏增值税专用发票** № 6053124789

发票联

校验码 99881 99776 12223 11555 开票日期：2015 年 12 月 14 日

购货单位	名 称：威力电机有限公司 纳税人识别号：440100678060233 地 址 、电 话：广东省佛山市南海狮山新城工业区 开户行及账号：中国建设银行佛山锦隆花园支行 4405 0166 8899 4433 0061			密码区	055＋＊7－＊73＊＞665552322＞2/＞09－ 7/3＋/86＜9＞＜＞000999/72132＊7＋＜＞ 554444＊894＋＋897/8＞＋570＊5－＞＞6 ＜511/47＊019＞/444＞26＋116＜69		
货物或应税劳务名称	规格型号	单位	数量	单价	金额	税率	税额
热保护器		件	1 000	5.00	5 000.00	17%	850.00
合 计					¥5 000.00	17%	¥850.00
价税合计（大写）	⊗伍仟捌佰伍拾圆整					（小写）¥5 850.00	
销货单位	名 称：无锡市热保护器制造有限公司 纳税人识别号：778232329999001 地 址 、电 话：江苏无锡 *** 路 *** 号 333066 ** 开户行及账号：中国建设银行无锡支行 8800 2233 3355 1199					备注	

印章：无锡市热保护器制造有限公司 887766622999 发票专用章 35158871888454772415

收款人：李东 复核：陈晓明 开票人：张志强 销货单位：（章）

税总函［2015］888 号某某某印刷厂有限公司

第二联：发票联 购货方记账凭证

图 3－6 增值税专用发票

PZ004－1：

威力电机有限公司入库单

单位：供应部　　　　　　　　　　　　　　　　　　　　2015 年 12 月 14 日

编号	种类	产品名称	规格	型号	入库数量	单位	单价	成本总额
A010	生产配件	热保护器	A1118		1 000	件	5	5 000.00
备注：不含增值税						合计		¥5 000.00
负责人：郑乙明		记账：刘明远				领用人：刘清远		

图 3－7　威力电机有限公司入库单

PZ004－2：

付款申请单

申请人：	刘清玉	填制日期：	2015 年 12 月 14 日	附件张数：	2
付款金额（大写）：	叁万壹仟叁佰伍拾陆圆整　　¥ 31 356.00				
收款人全称：	南京电机压轴制造有限公司				
开户银行及账号：	中国建设银行南京支行　7766 9988 4455 6780 9967				
其他要求说明：					
付款方式：	□ 现金	√ 电汇	□ 现金支票	□ 转账支付	□ 其他
付款说明：	支付电机压轴采购款				
部门批准：	郑乙明	财务核对：	刘明远	总经理审批：	董德清

图 3－8　付款申请单

PZ004－3：

产品销货合同书

供方：南京电机压轴制造有限公司　　　　合同编号：201512009

需方：威力电机有限公司　　　　签订地点：南京

第一条：需方订购以下货物　　　　（注：空格如不够用，可以另接）

货物名称	规格型号	计量单位	数量	价格		备注
				单价（元）	总价（元）	
电机压轴	A1113	件	400	67.00	¥26 800.00	不含增值税
合计	金额：（大写）贰万陆仟捌佰圆整			（小写）¥26 800.00		

第二条：质量要求：符合国家行业标准

第三条：包装标准、包装物的提供与回收：供方提供，不回收

第四条：货物所有权交付时起转移，但需方未履行支付价款义务的，货物仍属于供方所有。

第五条：提取货物单证的方式：需方提取，费用由供方提供

第六条：运输方式及到达站（港）和费用负担：

1. 运输方式及费用：运输方式由供方指定，费用由供方承担

2. 交货时间：2016 年 5 月

3. 交货地点：按双方协商

第七条：验收标准、方法、地点及期限：依据国际行业标准进行验收；需方如有异议在收到货物15天内以书面方式提出，否则视为合格；

第八条：结算方式：电汇方式

第九条：本合同解除条件：任何一方不履行本合同义务时，同时追究不履行本合同责任方责任；

第十条：合同争议的解决方式：本合同项目下发生的争议，由双方当事人协商解决，协商不成的，依法向需方所在地法院起诉；

第十一条：本合同一式两份，双方各持一份。经双方签字和盖章之日起生效传真件有效；

第十二条：其他约定事项：

1. 本合同的技术要求是合同的组成部分，与本合同具有同等法律效力；

2. 双方在履行本合同过程中的传真、订单、往来信函均为本合同的补充，与本合同具有同等的法律效力。

供方（章）：
地址：江苏南京 **********
法定代表人：蔡明
委托代理人：
签订时间：2015 年 12 月 10 日

需方（章）：
地址：广东省佛山市南海狮山新城工业区
法定代表人：刘德伟
委托代理人：
签订时间：2015 年 12 月 10 日

图 3－9　产品销货合同书

PZ004－4：

中国建设银行 China Construction Bank

电 汇 凭 证

币别：　　2015年12月14日　　流水号：88998888709

汇款方式	☑普通 □加急			
汇款人	全称	威力电机有限公司	收款人 全称	南京电机压轴制造有限公司
	账号	4405 0166 8899 4433 0061	账号	1113 4565 2334 4567
	汇出行名称	中国建设银行佛山锦隆花园支行	汇入行名称	中国建设银行南京支行
金额	（大写）叁万壹仟叁佰伍拾陆圆整		亿千百十万千百十元角分	¥3135600
			支付密码	
			附加信息及用途：采购电机压轴款	
			此汇款支付给收款人。	客户签章

中国建设银行佛山锦隆花园支行 2015.12.14 转讫

威力电机有限公司 财务专用章　刘德伟印

会计主管 刘明远　授权　复核 陈琳　录入 王一明

第二联 付款人记账凭证

图3－10 电汇凭证

PZ005－1：

9886543667　**江苏增值税专用发票**　№ 6853104729

全国统一发票监制章 江苏 发票联 国家税务局监制

校验码 11233 55677 00998 11234　开票日期：2015年12月14日

税总函［2015］888号某某某印刷厂有限公司

购货单位	名称：威力电机有限公司 纳税人识别号：440100678060233 地址、电话：广东省佛山市南海狮山新城工业区 开户行及账号：建行 4405 0166 8899 4433 0061			密码区	055＋＊7－＊73＊＞887665544＞2/＞09－ 7/3/＋/86＜9＞＜＞022334/72132＊7＋＜ ＞554444＊894＋＋897/8＞＋986＊5－＞＞ 6＜509/47＊019＞/324＞26＋186＜69		
货物或应税劳务名称	规格型号	单位	数量	单价	金额	税率	税额
电机压轴		件	400	67.00	26 800.00	17%	4 556.00
合计					¥26 800.00	17%	¥4 556.00
价税合计（大写）	⊗叁万壹仟叁佰伍拾陆圆整				（小写）¥31 356.00		
销货单位	名称：南京电机压轴制造有限公司 纳税人识别号：773839492323234 地址、电话：江苏南京***路***号2323** 开户行及账号：中国建设银行南京支行 1113 4565 2334 4567				备注		

南京电机压轴制造有限公司 887766552299 发票专用章 35158871888454772415

收款人：林刚　复核：宁明　开票人：张一强　销货单位：（章）

第二联：发票联 购货方记账凭证

图3－11 增值税专用发票

PZ005－2：

威力电机有限公司入库单

单位：供应部　　2015年12月14日

编号	种类	产品名称	规格	型号	入库数量	单位	单价	金额
A010	生产配件	电机压轴	A1113		400	件	67	26 800.00
备注：单价不含增值税					合计			26 800.00
负责人：郑乙明		记账：刘明远					领用人：刘清远	

图3－12　威力电机有限公司入库单

PZ005－3：

威力电机有限公司领用单

领用单位：转子生产车间　　2015年12月15日

编号	种类	产品名称	规格	型号	出库数量	单位	单价	金额
A012	主要原材料	电工钢带		y7907	30	吨	14 410	432 300
备注：不含增值税					合计			432 300
负责人：郑晓丹		记账：刘明远					领用人：陈明霞	

图3－13　威力电机有限公司领用单

PZ005－4:

威力电机有限公司领用单

领用单位：总装车间 2015年12月15日

编号	种类	产品名称	规格	型号	出库数量	单位	单价	金额
A014	包装物	纸箱	15×24×36		150	个	15元	2 250元
备注：不含增值税						合计		¥2 250元
负责人：罗明		记账：刘明远					领用人：张强	

图3－14 威力电机有限公司领用单

PZ006－1:

付款申请单

申请人：	刘清玉	填制日期：	2015年12月15日	附件张数：	3
付款金额（大写）：	柒万零贰佰圆整			¥ 70 200.00	
收款人全称：	无锡市漆包线制造有限公司				
开户银行及账号：	中国建设银行无锡支行 7789 6653 2211 3366 8899				
其他要求说明：					
付款方式：	□ 现金	√ 电汇	□ 现金支票	□ 转账支付	□ 其他
付款说明：	支付采购漆包线款				
部门批准：	郑乙明	财务核对：	刘明远	总经理审批：	董德清

图3－15 付款申请单

PZ006－2：

购销合同

合同编号：20151209

甲方（需方）：威力电机有限公司
乙方（供方）：无锡市漆包线制造有限公司
供需双方本着平等互利、协商一致原则签订本合同，以资双方信守执行。
一、材料名称、规格、厂家、数量、金额
双方协定甲方向乙方订购以下商品

产品名称	规格型号	生产厂家	计量单位	数量	单价	合价	备注
漆包线	X3499	无锡市漆包线制造有限公司	公斤	600	100	60 000	不含增值税

合计人民币金额（大写）：陆万圆整
二、质量要求
1. 乙方应严格按照双方约定的质量和技术标准要求供应材料，且需符合现行的国家标准。
2. 乙方应随每批产品提供相应的《产品合格证明》《质量检验报告》《产品质量保证书》、材料发票和其他相关技术质量资料。
三、包装标准及包装方式
按出产标准进行包装。
四、交货时间、地点及交货方式
1. 产品的交（提）货期限：15天。
2. 产品的交货地点：甲方企业仓库。
3. 交货方式：□ 供方送货 □ 需方自提 √ 乙方代运 □ 其他______（注明）
五、货款结算方式
乙方将产品生产完毕送到甲方指定仓库后，甲方将全部货款支付给乙方。
六、合同期限：质保期结束
七、违约责任
乙方不能交货的，应向甲方偿付不能交货部分货款的 10 %的违约金。
乙方所交产品品种、型号、规格、花色、质量不符合合同规定的，如果甲方同意利用，应当按质论价；如果甲方不能利用的，应根据产品的具体情况，由乙方负责包换或包修，并承担调换或退货而支付的实际费用。乙方不能调换的，按不能交货处理。
甲、乙双方应严格履行合同规定的各项条款，如合同一方违约，由违约方承担责任，并参照合同法及双方商定的有关条款赔偿经济损失。
八、争议的解决
本合同发生纠纷，甲乙双方应当及时协商解决，协商不成时，任何一方均可向合同签订地人民法院提起诉讼。
九、补充条款
无
本合同自签订日期起生效，合同执行期内，供需双方均不得随意变更或解除合同。合同未尽事宜，须双方共同协商，作出补充规定，补充规定与合同具同等效力。本合同一式肆份，供需双方各执贰份。

购货单位（甲方）：威力电机有限公司
法定代表人：刘德机
（印章：威力电机有限公司）
2015年12月13日

供货单位（乙方）：无锡市漆包线制造有限公司
法定代表人：郑芬
（印章：无锡市漆包线制造有限公司）
2015年12月13日

图3－16 购销合同

PZ006－3：

中国建设银行 China Construction Bank

电 汇 凭 证

币别：人民币　　2015年12月15日　　流水号：88998884356

汇款方式	☑普通　□加急				
汇款人	全称	威力电机有限公司	收款人	全称	无锡市漆包线制造有限公司
	账号	4405 0166 8899 4433 0061		账号	7789 6653 2211 3366 8899
	汇出行名称	中国建设银行佛山锦隆花园支行		汇入行名称	中国建设银行南京支行
金额	（大写）柒万零贰佰圆整			亿千百十万千百十元角分	￥7020000
				支付密码	
				附加信息及用途：采购电机压轴款	
				此汇款支付给收款人。	客户签章

第二联 付款人记账凭证

中国建设银行佛山锦隆花园支行 2015.12.15 转讫

威力电机有限公司 财务专用章　　刘德伟印

会计主管 刘明远　　授权　　复核 陈琳　　录入 王一明

图3－17 电汇凭证

PZ006－4：

7771120101　　**江苏增值税专用发票**　　№ 0653184729

全国统一发票监制章 江苏 国家税务局监制 发票联

校验码 16669 54433 99998 11200　　开票日期：2015年12月15日

购货单位	名称：威力电机有限公司 纳税人识别号：440100678060233 地址、电话：广东省佛山市南海狮山新城工业区 开户行及账号：中国建设银行佛山锦隆花园支行 4405 0166 8899 4433 0061			密码区	155＋＊7－＊72＊＞887222224＞2/＞09－7/3/＋/86＜9＞＜＞022111/73332＊7＋＜＞554412＊812＋＋897/8＞＋986＊5－＞＞6＜509/47＊019＞/324＞26＋112＜69		
货物或应税劳务名称	规格型号	单位	数量	单价	金额	税率	税额
漆包线		公斤	600	100.00	60 000.00	17%	10 200.00
合计					￥60 000.00	17%	￥10 200.00
价税合计（大写）	⊗柒万贰佰圆整				（小写）￥70 200.00		
销货单位	名称：无锡市漆包线制造有限公司 纳税人识别号：77668230243934 地址、电话：无锡市观山路＊＊＊号2355＊＊ 开户行及账号：中国建设银行南京支行 7789 6653 2211 3366 8899				备注		

无锡市漆包线制造有限公司 2223940343455554 发票专用章 35158871888454772415

税总函［2015］888号某某某印刷厂有限公司

第二联：发票联 购货方记账凭证

收款人：林强　　复核：卢明　　开票人：章明　　销货单位：（章）

图3－18 增值税专用发票

PZ007 －1：

威力电机有限公司入库单

单位：供应部 2015 年 12 月 15 日

编号	种类	产品名称	规格	型号	入库数量	单位	单价	成本总额
A012	生产耗材	漆包线	2cm		600	公斤	100	60 000.00
备注：不含增值税					合计			60 000.00
负责人：郑乙明		记账：刘明远				领用人：刘清远		

图 3－19 威力电机有限公司入库单

PZ007 －2：

付款申请单

申请人：	刘清玉	填制日期：	2015 年 12 月 16 日	附件张数：	3
付款金额（大写）：	贰万陆仟玖佰壹拾圆整			¥ 26 910.00	
收款人全称：	上海市电线生产有限公司				
开户银行及账号：	中国建设银行上海分行 9987 1123 5000 8800 6655				
其他要求说明：					
付款方式：	□ 现金	√ 电汇	□ 现金支票	□ 转账支付	□ 其他
付款说明：	支付电源线款				
部门批准：	郑乙明	财务核对：	刘明远	总经理审批：	董德清

图 3－20 威力电机有限公司付款申请单

PZ007－3：

产品销货合同书

供方：上海市电线生产有限公司　　　　合同编号：201512020

需方：威力电机有限公司　　　　签订地点：上海

第一条：需方订购以下货物　　　　（注：空格如不够用，可以另接）

货物名称	规格型号	计量单位	数量	价格		备注
				单价（元）	总价（元）	
电源线	A016	公斤	100	230	￥23 000	不含增值税
合计	金额：（大写）贰万叁仟圆整				（小写）￥23 000.00	

第二条：质量要求：符合国家行业标准

第三条：包装标准、包装物的提供与回收：供方提供，不回收

第四条：货物所有权交付时起转移，但需方未履行支付价款义务的，货物仍属于供方所有。

第五条：提取货物单证的方式：需方提取，费用由供方提供

第六条：运输方式及到达站（港）和费用负担：

1. 运输方式及费用：运输方式由供方指定，费用由供方承担

2. 交货时间：

3. 交货地点：按双方协商

第七条：验收标准、方法、地点及期限：依据国际行业标准进行验收；需方如有异议在收到货物15天内以书面方式提出，否则视为合格；

第八条：结算方式：电汇方式

第九条：本合同解除条件：任何一方不履行本合同义务时，同时追究不履行本合同责任方责任；

第十条：合同争议的解决方式：本合同项目下发生的争议，由双方当事人协商解决，协商不成的，依法向需方所在地法院起诉；

第十一条：本合同一式两份，双方各持一份。经双方签字和盖章之日起生效传真件有效；

第十二条：其他约定事项：

1. 本合同的技术要求是合同的组成部分，与本合同具有同等法律效力；

2. 双方在履行本合同过程中的传真、订单、往来信函均为本合同的补充，与本合同具有同等的法律效力。

供方（章）：　　　　需方（章）：

地址：上海市南京路××号　　　　地址：广东省佛山市南海狮山新城工业区

法定代表人：陈丽英　　　　法定代表人：刘德伟

委托代理人：　　　　委托代理人：

签订时间：2015年12月14日　　　　签订时间：2015年12月14日

图3－21　产品销货合同书

PZ007 - 4：

中国建设银行 China Construction Bank

电 汇 凭 证

币别：人民币　　2015 年 12 月 16 日　　流水号：889980067356

汇款方式		☑ 普通　　☐ 加急				
汇款人	全称	威力电机有限公司	收款人	全称	上海市电线生产有限公司	
	账号	4405 0166 8899 4433 0061		账号	0022 9993 8887 1126 8833	
	汇出行名称	中国建设银行佛山锦隆花园支行		汇入行名称	中国建设银行上海分行	
金额	（大写）⊗贰万陆仟玖佰壹拾圆整				亿 千 百 十 万 千 百 十 元 角 分 　　　　　　¥ 2 6 9 1 0 0 0	第二联 付款人记账凭证
中国建设银行佛山锦隆花园支行 2015.12.16 转讫			支付密码			
			附加信息及用途：采购电源线款			
			此汇款支付给收款人。 威力电机有限公司 财务专用章 刘德伟印 客户签章			

会计主管 刘明远　　授权　　复核 陈琳　　录入 王一明

图 3－22　电汇凭证

PZ008 - 1：

988762320　　**上海增值税专用发票**　　№ 4683105729

发票联（全国统一发票监制章 上海 国家税务局监制）

校验码 14441 00998 11234 19988　　开票日期：2015 年 12 月 15 日

税总函[2015]888 号某某某印刷厂有限公司

购货单位	名称：威力电机有限公司 纳税人识别号：440100678060233 地址、电话：广东省佛山市南海狮山新城工业区 开户行及账号：中国建设银行佛山锦隆花园支行 4405 0166 8899 4433 0061			密码区	122 + * 7 - * 72 * > 887333322 > 2/ > 09 - 7/3/ + /86 < 9 > < > 34556/73332 * 7 + < > 554412 * 812 + + 112/8 > + 986 * 5 - > > 6 < 509/47 * 019 > /778 > 26 + 112 < 69		
货物或应税劳务名称	规格型号	单位	数量	单价	金额	税率	税额
电源线		公斤	100	230.00	23 000.00	17%	3 910.00
合计					¥23 000.00	17%	¥3 910.00
价税合计（大写）	⊗贰万陆仟玖佰壹拾圆整				（小写）¥26 910.00		
销货单位	名称：上海市电线生产有限公司 纳税人识别号：887234034001 地址、电话：上海市南京路 ** 号 2345 ** 开户行及账号：中国建设银行上海分行 0022 9993 8881 1126 8833				备注		

第二联：发票联　购货方记账凭证

（上海市电线生产有限公司 7782320490001 发票专用章 35158871888454772415）

收款人：董刚　　复核：刘明　　开票人：章义　　销货单位：（章）

图 3－23　增值税专用发票

PZ008－2：

威力电机有限公司入库单

单位：供应部　　　　2015年12月15日

编号	种类	产品名称	规格	型号	入库数量	单位	单价	成本总额
A012	生产耗材	电源线	2mm		100	公斤	230	23 000.00
备注：不含增值税						合计		23 000.00
负责人：郑乙明		记账：刘明远				领用人：刘清远		

图3－24　威力电机有限公司入库单

PZ008－3：

付款申请单

申请人：	刘清玉	填制日期：	2015年12月17日	附件张数：	3
付款金额（大写）：	捌拾肆万贰仟肆佰圆整			¥ 842 400.00	
收款人全称：	无锡市铝锭生产制造有限公司				
开户银行及账号：	中国建设银行无锡支行　8123 4466 1166 9913				
其他要求说明：					
付款方式：	□现金	√电汇	□现金支票	□转账支付	□其他
付款说明：	支付采购铝锭款				
部门批准：	郑乙明	财务核对：	刘明远	总经理审批：	董德清

图3－25　威力电机有限公司付款申请单

PZ008－4：

产品销货合同书

供方：无锡市铝锭生产制造有限公司　　　　合同编号：201512024
需方：威力电机有限公司　　　　签订地点：无锡
第一条：需方订购以下货物　　　　（注：空格如不够用，可以另接）

货物名称	规格型号	计量单位	数量	价格		备注
				单价（元）	总价（元）	
铝锭	A010	吨	50	14 400	¥720 000	不含增值税
合计	金额：（大写）柒拾贰万圆整				（小写）¥720 000.00	

第二条：质量要求：符合国家行业标准

第三条：包装标准、包装物的提供与回收：供方提供，不回收

第四条：货物所有权交付时起转移，但需方未履行支付价款义务的，货物仍属于供方所有。

第五条：提取货物单证的方式：需方提取，费用由供方提供

第六条：运输方式及到达站（港）和费用负担：

1. 运输方式及费用：运输方式由供方指定，费用由供方承担
2. 交货时间：2016 年 5 月
3. 交货地点：按双方协商

第七条：验收标准、方法、地点及期限：依据国际行业标准进行验收；需方如有异议在收到货物15 天内以书面方式提出，否则视为合格；

第八条：结算方式：电汇方式

第九条：本合同解除条件：任何一方不履行本合同义务时，同时追究不履行本合同责任方责任；

第十条：合同争议的解决方式：本合同项目下发生的争议，由双方当事人协商解决，协商不成的，依法向需方所在地法院起诉；

第十一条：本合同一式两份，双方各持一份。经双方签字和盖章之日起生效传真件有效；

第十二条：其他约定事项：

1. 本合同的技术要求是合同的组成部分，与本合同具有同等法律效力；
2. 双方在履行本合同过程中的传真、订单、往来信函均为本合同的补充，与本合同具有同等的法律效力。

供方（章）：	需方（章）：
地址：无锡市铝锭生产制造有限公司	地址：江苏无锡*********
法定代表人：康华	法定代表人：刘德伟
委托代理人：	委托代理人：
签订时间：2015 年 12 月 14 日	签订时间：2015 年 12 月 14 日

图 3－26　产品购销合同书

PZ009－1：

中国建设银行 China Construction Bank

电 汇 凭 证

币别：人民币　　2015 年 12 月 17 日　　流水号：889989877622

汇款方式	☑ 普通　　☐ 加急			
汇款人 全称	威力电机有限公司	收款人	全称	无锡市铝锭生产制造有限公司
汇款人 账号	4405 0166 8899 4433 0061		账号	8123 4466 1166 9913
汇出行名称	中国建设银行佛山锦隆花园支行		汇入行名称	中国建设银行无锡支行
金额	（大写）⊗捌拾肆万贰仟肆佰圆整		亿千百十万千百十元角分	¥84240000
		支付密码		
		附加信息及用途：采购铝锭款		
		此汇款支付给收款人。 客户签章		

第二联 付款人记账凭证

会计主管 刘明远　　授权　　复核 陈琳　　录入 王明

（印章：中国建设银行佛山锦隆花园支行 2015.12.17 转讫；威力电机有限公司 财务专用章；刘德伟印）

图 3－27　电汇凭证

PZ009－2：

33567889770　　**江苏增值税专用发票**　　№ 4923165780

发票联

校验码 12233 10029 76652 22221　　开票日期：2015 年 12 月 16 日

税总函［2015］888 号某某印刷厂有限公司

购货单位	名称：威力电机有限公司 纳税人识别号：440100678060233 地址、电话：广东省佛山市南海狮山新城工业区 开户行及账号：中国建设银行佛山锦隆花园支行 4405 0166 8899 4433 0061	密码区	077 + ＊7 － ＊73 ＊ ＞997652380 ＞2/ ＞09 － 7/3/ + /86 ＜9 ＞ ＜ ＞990009/33982 ＊7 + ＜ ＞990088 ＊894 + +897/8 ＞ +570 ＊5 － ＞ ＞ 6 ＜123/47 ＊055 ＞/112 ＞16 +874 ＜12				
货物或应税劳务名称	规格型号	单位	数量	单价	金额	税率	税额
铝锭		吨	50	14 400.00	720 000.00	17%	122 400.00
合计					¥720 000.00	17%	¥122 400.00
价税合计（大写）	⊗捌拾肆万贰仟肆佰圆整				（小写）¥842 400.00		
销货单位	名称：无锡市铝锭生产制造有限公司 纳税人识别号：009823234908 地址、电话：无锡市 ******* 开户行及账号：中国建设银行无锡支行 0099 1393 1489 4888	备注					

第二联：发票联 购货方记账凭证

收款人：陈严　　复核：陈玲　　开票人：林虹　　销货单位：（章）

（印章：无锡市铝锭生产制造有限公司 294835049544666 发票专用章）

图 3－28　增值税专用发票

PZ009－3：

威力电机有限公司入库单

单位：供应部 2015 年 12 月 17 日

编 号	种 类	产 品 名 称	规 格	型号	入 库 数 量	单 位	单 价	成本总额
A010	生产配件	铝锭	XB099		50	吨	14 400	720 000.00
备注：不含增值税额						合 计		720 000.00
负责人：郑乙明		记账：刘明远				仓管员：刘清远		

图 3－29 威力电机有限公司入库单

PZ009－4：

威力电机有限公司领用单

领用单位：定子车间 2015 年 12 月 17 日

编 号	种 类	产品名称	规 格	型号	领用 数量	单位	单 价	成本总额
A010	生产配件	铝锭	XB099		40	吨	14 400	576 000.00
备注：不含增值税额						合 计		¥576 000.00
负责人：郑乙明		记账：刘明远				领用人：刘远清		

图 3－30 威力电机有限公司领用单

PZ010－1：

付款申请单

申请人：	刘清玉	填制日期：	2015 年 12 月 17 日	附件张数：	
付款金额（大写）：	壹万伍仟玖佰壹拾贰圆整				¥ 15 912.00
收款人全称：	南京市电机压轴制造有限公司				
开户银行及账号：	中国建设银行南京支行 7238 2394 8489 4999				
其他要求说明：					
付款方式：	☐ 现金	√ 电汇	☐ 现金支票	☐ 转账支付	☐ 其他
付款说明：	支付采购电机压轴款。				
部门批准：	郑乙明	财务核对：	刘明远	总经理审批：	董德清

图 3－31 威力电机有限公司付款申请单

PZ010－2：

中国建设银行 China Construction Bank

电 汇 凭 证

币别：人民币 2015 年 12 月 17 日 流水号：88998882101

汇款方式	☑ 普通 ☐ 加急				
汇款人	全 称	威力电机有限公司	收款人	全 称	南京市电机压轴制造有限公司
	账 号	4405 0166 8899 4433 0061		账 号	7238239484894999
	汇出行名称	中国建设银行佛山锦隆花园支行		汇入行名称	中国建设银行南京支行
金额	（大写）⊗壹万伍仟玖佰壹拾贰圆整				亿千百十万千百十元角分 ¥ 1 5 9 1 2 0 0
			支付密码		
			附加信息及用途：采购电机压轴款		
			此汇款支付给收款人。		客户签章

中国建设银行佛山锦隆花园支行 2015.12.17 转讫

威力电机有限公司 财务专用章

刘德伟印

第二联 付款人记账凭证

会计主管 刘明远 授权 复核 陈琳 录入 王一明

图 3－32 电汇凭证

PZ010 –3：

威力电机有限公司领用单

领用单位：总装车间　　　　2015 年 12 月 18 日

编号	种类	产品名称	规格	型号	领用数量	单位	单价	成本总额
A010	生产配件	热保护器			1 500	件	3	4 500.00
备注：不含增值税额						合计		4 500.00

负责人：郑乙明　　记账：刘明远　　领用人：张强

图 3 –33　威力电机有限公司领用单

PZ010 –4：

威力电机有限公司入库单

交库单位：总装车间　　　　2015 年 12 月 18 日

编号	种类	产品名称	规格	型号	入库数量	单位	单价	成本总额
A012	生产耗材	电源线	2mm		30	公斤	205	6 150.00
A012	生产耗材	电源线	2mm		20	公斤	230	4 600.00
备注：不含增值税						合计		10 750.00

负责人：郑乙明　　记账：刘明远　　领用人：刘清远

图 3 –34　威力电机有限公司入库单

PZ011－1：

威力电机有限公司领用单

领用单位：总装车间　　　　2015 年 12 月 18 日

编号	种类	产品名称	规格	型号	领用数量	单位	单价	成本总额
A018	自制半成品	定子半成品	YE3－200L－4 型		800	件	385	308 000
A018	自制半成品	定子半成品	YE2－132S1－2 型		1 200	件	355	426 000
A018	自制半成品	定子半成品	YE2－3551－4－355K 型		900	件	325	292 500
备注：不含增值税额					合　计			1 026 500.00
负责人：郑乙明　记账：刘明远							领用人：张强	

图 3－35　威力电机有限公司领用单

PZ011－2：

威力电机有限公司产成品与自制半成品入库单

交库单位：转子车间　　　　2015 年 12 月 19 日

编号	种类	产品名称	规格	型号	检验结果		实收数量	金额
					合格	不合格		
A018	自制半成品	转子半成品	YE3－200L－4 型		1 450	5	1 450	
A018	自制半成品	转子半成品	YE3－225M－4 型		2 350	17	2 350	
A018	自制半成品	转子半成品	YE2－132S1－2 型		1 780	8	1 780	
A018	自制半成品	转子半成品	YE2－3551－4－355K 型		1 920	19	1 920	
备注：						合　计		
生产车间负责人：罗明康　检验人签字：桌明新							仓库管理员：刘清远	

图 3－36　威力电机有限公司产成品与自制半成品入库单

PZ011 -3：

威力电机有限公司产成品与自制半成品入库单

交库单位：总装车间　　2015 年 12 月 20 日

编 号	种 类	产 品 名 称	规 格	型号	检验结果		实收数量	金额
					合格	不合格		
A018	产成品	电机	YE3 -200L -4 型		1 650	15	1 650	
A018	产成品	电机	YE3 -225M -4 型		2 850	17	2 850	
A018	产成品	电机	YE2 -132S1 -2 型		1 710	18	1 710	
A018	产成品	电机	YE2 -3551 -4 -355K 型		1 020	9	1 020	
备注：						合　计		
生产车间负责人：鲁明		检验人签字：桌明新					仓库管理员：刘清远	

图 3 -37　威力电机有限公司产成品与自制半成品入库单

PZ011 -4：

威力电机有限公司产成品与自制半成品入库单

交库单位：定子车间　　2015 年 12 月 20 日

编 号	种 类	产 品 名 称	规 格	型号	检验结果		实收数量	金额
					合格	不合格		
A018	自制半成品	定子半成品	YE3 -200L -4 型		1 750	15	1 750	
A018	自制半成品	定子半成品	YE3 -225M -4 型		2 850	7	2 850	
A018	自制半成品	定子半成品	YE2 -132S1 -2 型		1 730	8	1 730	
A018	自制半成品	定子半成品	YE2 -3551 -4 -355K 型		1 220	9	1 220	
备注：						合　计		
生产车间负责人：郑友明		检验人签字：桌明新					仓库管理员：刘清远	

图 3 -38　威力电机有限公司产成品与自制半成品入库单

PZ012－1：

威力电机有限公司领用单

领用单位：定子车间　　2015年12月20日

编号	种类	产品名称	规格	型号	领用数量	单位	单价	成本总额
A012	生产耗材	漆包线	2cm		600	公斤	88	52 800
A014	生产耗材	绝缘漆及其他绝缘材料			5	桶	68	340
备注：不含增值税额						合计		53 140

负责人：郑乙明　　记账：刘明远　　领用人：刘远清

图3－39　威力电机有限公司领用单

PZ012－2：

威力电机有限公司领用单

领用单位：转子生产车间　　2015年12月20日

编号	种类	产品名称	规格	型号	领用数量	单位	单价	成本总额
A014	生产耗材	绝缘漆及其他绝缘材料			5	桶	68	340
A010	生产配件	电机压轴	A1113		740	件	59	43 660
备注：不含增值税						合计		44 000

负责人：郑乙明　　记账：刘明远　　领用人：陈霞

图3－40　威力电机有限公司领用单

PZ012 -3：

威力电机有限公司领用单

领用单位：总装车间　　　　2015 年 12 月 20 日

编号	种类	产品名称	规格	型号	领用数量	单位	单价	成本总额
A010	生产配件	热保护器			750	件	3	2 250.00
备注：不含增值税额						合计		2 250.00
负责人：郑乙明		记账：刘明远					领用人：张强	

图 3-41　威力电机有限公司领用单

PZ001：

产品销货合同书

供方：威力电机有限公司　　　　合同编号：201512033

需方：云南机床生产制造有限公司　　　　签订地点：云南

第一条：需方订购以下货物　　　　（注：空格如不够用，可以另接）

货物名称	规格型号	计量单位	数量	价格		备注
				单价（元）	总价（元）	
电机	YE2－132S1－2 型	台	1 300	780.00	¥1 014 000.00	不含增值税
合计	金额：（大写）壹佰零壹万肆仟圆整			（小写）¥1 014 000.00		

第二条：质量要求：符合国家行业标准

第三条：包装标准、包装物的提供与回收：供方提供，不回收

第四条：货物所有权交付时起转移，但需方未履行支付价款义务的，货物仍属于供方所有。

第五条：提取货物单证的方式：需方提取，费用由供方提供

第六条：运输方式及到达站（港）和费用负担：

1. 运输方式及费用：运输方式由供方指定，费用由供方承担
2. 交货时间：2016 年 5 月
3. 交货地点：按双方协商

第七条：验收标准、方法、地点及期限：依据国际行业标准进行验收：需方如有异议在收到货物15 天内以书面方式提出，否则视为合格；

第八条：结算方式：电汇方式

第九条：本合同解除条件：任何一方不履行本合同义务时，同时追究不履行本合同责任方责任；

第十条：合同争议的解决方式：本合同项目下发生的争议，由双方当事人协商解决，协商不成的，依法向需方所在地法院起诉；

第十一条：本合同一式两份，双方各持一份。经双方签字和盖章之日起生效传真件有效；

第十二条：其他约定事项：

1. 本合同的技术要求是合同的组成部分，与本合同具有同等法律效力；
2. 双方在履行本合同过程中的传真、订单、往来信函均为本合同的补充，与本合同具有同等的法律效力。

供方（章）：威力机电有限公司
地址：广东省佛山市南海狮山新城工业区
法定代表人：刘德伟
委托代理人：
签订时间：2015 年 12 月 19 日

需方（章）：
地址：云南曲靖*********
法定代表人：　智
委托代理人：
签订时间：2015 年 12 月 19 日

图 4－1　产品销货合同书

PZ002：

中国建设银行
China Construction Bank

中国建设银行单位客户专用回单

No. 433450

2015 年 12 月 21 日

流水号：56788900002

付款人	全　　称	云南机床生产制造有限公司	收款人	全　　称	威力电机有限公司
	账　　号	29384 55677 88990 22341		账　　号	4405 0166 8899 4433 0061
	开 户 行	中国建设银行云南曲靖支行		开 户 行	中国建设银行佛山锦隆花园支行
金　　额		（大写）人民币壹佰壹拾捌万陆仟叁佰捌拾圆整			（小写）￥1 186 380.00
凭证种类		电子转账凭证	凭证号码		
结算方式		电汇	用　　途		购 YE2－132S1－2 型电机款
汇款交易日期：20151221　支付清算业务类型：E344 汇款合约编号：22329882434345 实际付款人账户：29384 55677 88990 22341 汇入行行名：中国建设银行云南曲靖支行 汇款备注：3381B			打印柜员：23877232323 打印机构：中国建设银行佛山支行 打印卡号：3934823232 汇款附言：3381B （印章：中国建设银行 电子回单专用章）		

打印时间：2015－12－21　12：30　　交易柜员：28322221　　交易机构：2328232

图 4－2　中国建设银行单位客户专用回单

PZ003－1：

威力电机有限公司出库单

领用单位：销售部　　　　2015 年 12 月 22 日

编号	种类	产品名称	规格	数量	单位成本	金额
A018	产成品	电机	YE2－132S1－2 型	1 300		
备注：				合计		

部门负责人：郑清友　　领用人签字：刘玉清　　仓库管理员：刘清远

图 4－3　威力电机有限公司出库单

PZ003 –2：

6675579002

校验码 88777 00988

10522 44022

广东增值税专用发票

发 票 联

国家税务局监制

№ 2153406789

开票日期：2015 年 12 月 21 日

购货单位	名　　称：云南机床生产制造有限公司 纳税人识别号：382948753434342 地 址 、电 话：云南曲靖＊＊＊＊＊＊＊ 开户行及账号：中国建设银行云南曲靖支行 29384 55677 88990 55441			密码区	033 + ＊7 – ＊73 ＊ >334567777 >2/ >09 – 7/3/ + /86 <9 > < >223445/32123 ＊7 + < >445666 ＊894 + +897/8 > +570 ＊5 – > >6 <589/47 ＊019 >/326 >26 +006 <19		
货物或应税劳务名称	规格型号	单位	数量	单价	金额	税率	税额
电机	YE2 –132S1 –2 型	台	1 300	780	1 014 000	17%	172 380.00
合计					¥1 014 000.00	17%	¥172 380.00
价税合计（大写）	⊗壹佰壹拾捌万陆仟叁佰捌拾圆整				（小写） ¥1 186 380.00		
销货单位	名　　称：威力电机有限公司 纳税人识别号：440100678060233 地 址 、电 话：广东省佛山市南海狮山新城工业区 8877588 开户行及账号：中国建设银行佛山锦隆花园支行 4405 0166 8899 4433 0061				备注		

税总函［2015］888号某某某印刷厂有限公司

第一联：记账联 销货方记账凭证

威力电机有限公司 88770000999123 发票专用章

收款人：陈义　　复核：陈琳　　开票人：刘明远　　销货单位：（章）

图 4 –4 增值税专用发票（记账联）

PZ003 -3:

电机委托销售协议

甲方（供货方）：威力电机有限公司

地址：广东省佛山市南海狮山新城工业区

电话：* * * * * * * * * * *

乙方（销售方）：南京机电销售公司

地址：* * * * * * * * * * * * * * * *

电话：* * * * * * * * * * * *

甲、乙双方经友好协商，以自愿、平等互利为原则，就乙方经销甲方电机产品，根据《中华人民共和国合同法》，双方达成如下协议：

一、合作内容

1. 销售范围：乙方的电机产品。

2. 产品的型号由产品销售单确定，最终以收货单为准。

二、甲、乙双方的权利和义务

1. 甲方应向乙方提供外型完好无损坏的产品，在代销过程中甲方有权对乙方就商品保管等方面提出合理要求；乙方有责任为甲方的商品在代销过程中进行妥善保管，由于乙方保管不慎而导致的质量问题或在销售过程中由于乙方原因造成的损坏均由乙方负责，乙方应承担相应损失或修补费用。

2. 乙方作为甲方产品的销售者，应尽销售商的责任，最大努力将甲方产品销售，甲方也应保证供应足够的货源。

3. 货物验收：乙方在接收产品时应及时验收，发现产品有缺陷，导致影响销售，应立即于验收单上注明，如乙方没有注明的，甲方视乙方签收之产品为完好无缺陷。

4. 乙方代为销售商品的所有权属甲方所有。

三、销售价格及结算方式、期限

1. 产品最低售价为750元/台。乙方不得擅自变动价格，在未经甲方同意的情况下乙方不得将甲方产品低于双方约定价格进行销售。

乙方支付所代销商品标准零售价的20%作为押金交给甲方，代销协议结束后，甲方检验商品无破损再退还给乙方。

2. 手续费收取与结算按下列办法：按销货款总额（不含增值税）的15%收取手续费；

3. 代销商品款项　每月　结算一次，双方各自对自己的销售税务负责，不再承担对方经营中发生的税务问题。

四、争议解决方式

本协议发生争议，双方以友好协商的方式解决，协商不成时，可申请仲裁或由甲方所在地人民法院进行诉讼。

五、附则

1. 本协议有效期为：2015年12月22日至2016年12月22日。

2. 其他未尽事宜双方可友好协商。

3. 本协议一式两份，双方各执一份，签名盖章后即生效。

甲方：威力电机有限公司　　　　乙方：南京机电销售公司

签约日期：2015年12月22日　　　　签约日期：2015年12月22日

图4-5　电机委托销售协议

PZ003 -4:

领用单位：销售部　　**威力电机有限公司出库单**　　2015 年 12 月 22 日

编号	种类	产品名称	规格	数量	单位成本	金额
A018	产成品	电机	YE3 -200L -4 型	300		
A018	产成品	电机	YE3 -225M -4 型	250		
A018	产成品	电机	YE2 -132S1 -2 型	350		
A018	产成品	电机	YE2 -3551 -4 -355K 型	400		
备注：委托销售，委托单位为南京机电销售公司				合计		
部门负责人：郑清友		领用人签字：刘玉清		仓库管理员：刘清远		

图 4 -6　威力电机有限公司出库单

PZ004－1：

产品销货合同书

供方：威力电机有限公司　　　　合同编号：20151201

需方：温州市机床制造有限公司　　　　签订地点：温州

第一条：需方订购以下货物　　　　（注：空格如不够用，可以另接）

货物名称	规格型号	计量单位	数量	价格		备注
				单价（元）	总价（元）	
电机	YE3－225M－4 型	台	1 450	705	¥1 022 250.00	不含增值税
合计	金额：（大写）壹佰零贰万贰仟贰佰伍拾圆整				（小写）¥1 022 250.00	

第二条：质量要求：符合国家行业标准

第三条：包装标准、包装物的提供与回收：供方提供，不回收

第四条：货物所有权交付时起转移，但需方未履行支付价款义务的，货物仍属于供方所有。

第五条：提取货物单证的方式：需方提取，费用由供方提供

第六条：运输方式及到达站（港）和费用负担：

1. 运输方式及费用：运输方式由供方指定，费用由供方承担

2. 交货时间：2016 年 5 月

3. 交货地点：按双方协商

第七条：验收标准、方法、地点及期限：依据国际行业标准进行验收；需方如有异议在收到货物15 天内以书面方式提出，否则视为合格；

第八条：结算方式：电汇方式

第九条：本合同解除条件：任何一方不履行本合同义务时，同时追究不履行本合同责任方责任；

第十条：合同争议的解决方式：本合同项目下发生的争议，由双方当事人协商解决，协商不成的，依法向需方所在地法院起诉；

第十一条：本合同一式两份，双方各持一份。经双方签字和盖章之日起生效传真件有效；

第十二条：其他约定事项：

1. 本合同的技术要求是合同的组成部分，与本合同具有同等法律效力；

2. 双方在履行本合同过程中的传真、订单、往来信函均为本合同的补充，与本合同具有同等的法律效力。

供方（章）：　　　　需方（章）：

地址：广东省佛山市南海狮山新城工业区　　　　地址：温州市瓯海区＊＊＊＊＊

法定代表人：刘德伟　　　　法定代表人：卢达

委托代理人：　　　　委托代理人：

签订时间：2015 年 12 月 19 日　　　　签订时间：2015 年 12 月 19 日

图 4－7　产品销货合同书

PZ004－2：

中国建设银行
China Construction Bank

中国建设银行单位客户专用回单　　　　No. 433423

2015 年 12 月 21 日　　　　流水号：99988880004

付款人	全　称	温州市机床制造有限公司	收款人	全　称	威力电机有限公司
	账　号	7788 9977 0090 5001		账　号	4405 0166 8899 4433 0061
	开户行	中国建设银行温州支行		开户行	中国建设银行佛山锦隆花园支行
金　额		（大写）人民币壹佰壹拾玖万陆仟零叁拾贰圆伍角整			（小写）￥1 196 032.50
凭证种类		电子转账凭证	凭证号码		
结算方式		电汇	用　途		购 YE3－225M－4 型电机款
汇款交易日期：20151221　支付清算业务类型：E324 汇款合约编号：22999382430001 实际付款人账户：7788 9977 0090 5001 汇入行行名：中国建设银行温州支行 汇款备注：3181B			打印柜员：23877232323 打印机构：中国建设银行佛山支行 打印卡号：3934823232 汇款附言：3181B		中国建设银行 电子回单 专用章

打印时间：2015－12－21　14：31　　　交易柜员：28322221　　　交易机构：2328232

图 4－8　中国建设银行单位客户专用回单

PZ004－3：

威力电机有限公司出库单

领用单位：销售部　　　　2015 年 12 月 21 日

编号	种类	产品名称	规格	数量	单位成本	金额
A018	产成品	电机	YE3－225M－4 型	1 450		
备注：				合计		
部门负责人：郑清友		领用人签字：刘玉清		仓库管理员：刘清远		

图 4－9　威力电机有限公司出库单

PZ004－4：

6675579112

广东增值税专用发票

发 票 联

No 2153468709

校验码 80099 11988 10512 44011

开票日期：2015年12月21日

购货单位	名 称：温州市机床制造有限公司 纳税人识别号：92320400009999 地 址 、电 话：温州市瓯海区＊＊＊＊ 开户行及账号：中国建设银行温州支行 7788 9977 0090 5001				密码区	033＋＊7－＊73＊＞309999233＞2/＞09－ 7/3/＋/86＜9＞＜＞887662/32123＊7＋＜ ＞445666＊894＋＋110/8＞＋570＊5－＞ ＞6＜589/47＊011＞/326＞26＋116＜19	
货物或应税劳务名称	规格型号	单位	数量	单价	金 额	税率	税 额
电机	YE3－225M－4型	台	1 450	705	1 022 250.00	17%	173 782.50
合 计					¥1 022 250.00	17%	¥173 782.50
价税合计（大写）	⊗壹佰壹拾玖万陆仟零叁拾贰圆伍角整				（小写）¥1 196 032.50		
销货单位	名 称：威力电机有限公司 纳税人识别号：440100678060233 地 址 、电 话：广东省佛山市南海狮山新城工业区 8877588 开户行及账号：中国建设银行佛山锦隆花园支行 4405 0166 8899 4433 0061				备注		

收款人：陈义　　复核：陈琳　　开票人：刘明远　　销货单位：（章）

税总函［2015］888号某某某印刷厂有限公司

第一联：记账联 销货方记账凭证

全国统一发票监制章 广东 国家税务局监制

威力电机有限公司 887700000999123 发票专用章

图4－10 增值税专用发票（记账联）

PZ005 －1：

产品销货合同书

供方：威力电机有限公司　　　　　　　　　　　　　　　合同编号：20151223

需方：珠海市东方机电有限公司　　　　　　　　　　　　签订地点：珠海

第一条：需方订购以下货物　　　　　　　　　　　　（注：空格如不够用，可以另接）

货物名称	规格型号	计量单位	数量	价格		备注
				单价（元）	总价（元）	
电机	YE2－3551－4－355K 型	台	1 550	880	¥1 364 000.00	不含增值税
合计	金额：（大写）壹佰叁拾陆万肆仟圆整　　（小写）¥1 364 000.00					

第二条：质量要求：符合国家行业标准

第三条：包装标准、包装物的提供与回收：供方提供，不回收

第四条：货物所有权交付时起转移，但需方未履行支付价款义务的，货物仍属于供方所有。

第五条：提取货物单证的方式：需方提取，费用由供方提供

第六条：运输方式及到达站（港）和费用负担：

1. 运输方式及费用：运输方式由供方指定，费用由供方承担

2. 交货时间：2016 年 5 月

3. 交货地点：按双方协商

第七条：验收标准、方法、地点及期限：依据国际行业标准进行验收：需方如有异议在收到货物15天内以书面方式提出，否则视为合格；

第八条：结算方式：电汇方式

第九条：本合同解除条件：任何一方不履行本合同义务时，同时追究不履行本合同责任方责任；

第十条：合同争议的解决方式：本合同项目下发生的争议，由双方当事人协商解决，协商不成的，依法向需方所在地法院起诉；

第十一条：本合同一式两份，双方各持一份。经双方签字和盖章之日起生效传真件有效；

第十二条：其他约定事项：

1. 本合同的技术要求是合同的组成部分，与本合同具有同等法律效力；

2. 双方在履行本合同过程中的传真、订单、往来信函均为本合同的补充，与本合同具有同等的法律效力。

供　方　　　　　　　　　　　　　　　　　　需　方

供方（章）：　　　　　　　　　　　　　　　需方（章）：

地址：广东省佛山市南海狮山新城工业区　　　地址：珠海市香洲区东风路*******

法定代表人：刘德伟　　　　　　　　　　　　法定代表人：李清

委托代理人：　　　　　　　　　　　　　　　委托代理人：

签订时间：2015 年 12 月 20 日　　　　　　　签订时间：2015 年 12 月 20 日

图 4－11　产品销货合同书

PZ005－2：

中国建设银行 China Construction Bank

中国建设银行单位客户专用回单

No. 4331234

2015 年 12 月 22 日　　流水号：293840002323

付款人	全　称	珠海市东方机电有限公司	收款人	全　称	威力电机有限公司
	账　号	8877 5543 8998 0099		账　号	4405 0166 8899 4433 0061
	开户行	中国建设银行珠海支行		开户行	中国建设银行佛山锦隆花园支行
金　额		（大写）人民币壹佰伍拾玖万伍仟捌佰捌拾圆整　（小写）￥1 595 880.00			
凭证种类		电子转账凭证	凭证号码		
结算方式		电汇	用　途		购 YE2－3551－4－355K 型电机款

汇款交易日期：20151222　支付清算业务类型：E224
汇款合约编号：2299938222009
实际付款人账户：8877 5543 8998 0099
汇入行行名：中国建设银行珠海支行
汇款备注：3281B

打印柜员：23877232323
打印机构：中国建设银行佛山支行
打印卡号：3934823232
汇款附言：3281B

（印章：中国建设银行 电子回单专用章）

打印时间：2015－12－22　15：35　　交易柜员：28322221　　交易机构：2328232

图 4－12　中国建设银行单位客户专用回单

PZ005－3：

威力电机有限公司出库单

领用单位：销售部　　2015 年 12 月 22 日

编号	种类	产品名称	规格	数量	单位成本	金额
A018	产成品	电机	YE2－3551－4－355K 型	1 550		
备注：				合计		

部门负责人：郑清友　　领用人签字：刘玉清　　仓库管理员：刘清远

图 4－13　威力电机有限公司出库单

PZ005 －4：

6675579123

广东增值税专用发票 №2150346789

校验码 00099 01223 33345 55567　　　　　　开票日期：2015 年 12 月 22 日

购货单位	名　　称：珠海市东方机电有限公司 纳税人识别号：399888823221 地址、电话：珠海市香洲区东风路＊＊＊＊＊＊＊ 开户行及账号：中国建设银行珠海支行 8877 5543 8998 0099				密码区	033＋＊7－＊73＊＞887623333＞2/＞09－7/3/＋/86＜9＞＜＞223445/32123＊7＋＜＞000998＊894｜｜897/8＞＋570＊5－＞＞6＜589/41＊019＞/326＞22＋006＜19		
货物或应税劳务名称	规格型号	单位	数量	单价	金额	税率	税额	
电机	YE2－3551－4－355K 型	台	1 550	880	1 364 000.00	17%	231 880.00	
合　计					¥1 364 000.00	17%	¥231 880.00	
价税合计（大写）	⊗壹佰伍拾玖万伍仟捌佰捌拾圆整				（小写）¥1 595 880.00			
销货单位	名　　称：威力电机有限公司 纳税人识别号：440100678060233 地址、电话：广东省佛山市南海狮山新城工业区　8877588 开户行及账号：中国建设银行佛山锦隆花园支行 4405 0166 8899 4433 0061				备注			

收款人：陈义　　复核：陈琳　　开票人：刘明远　　销货单位：（章）

税总函［2015］888号某某某印刷厂有限公司

第一联：记账联　销货方记账凭证

（印章：全国统一发票监制章 广东 国家税务局监制；威力电机有限公司 8877000099123 发票专用章）

图 4－14　增值税专用发票（记账联）

PZ006 －1：

付款申请单

申请人：	刘清玉	填制日期：	2015 年 12 月 22 日	附件张数：	1
付款金额（大写）：	柒万肆仟陆佰圆整　　¥ 74 600.00				
收款人全称：	广州快速运输有限责任公司				
开户银行及账号：	中国建设银行番禺支行　9988 7766 9990 1235				
其他要求说明：					
付款方式：	☐ 现金	☐ 电汇	☐ 现金支票	☑ 转账支付	☐ 其他
付款说明：	支付运输费				
部门批准	郑乙明	财务核对	刘明远	总经理审批	董德清

图 4－15　付款申请单

PZ006－2：

货物运输合同

甲方（托运人）：威力电机有限公司

乙方（承运人）：广东快速运输有限责任公司

甲、乙双方经过协商，根据合同法有关规定，订立货物运输合同，条款如下：

一、合同期为一年，从2015年8月1日起到2016年8月1日为止。

二、上述合同期内，甲方委托乙方运输货物，运输方式为汽车公路运输，具体货物的名称、规格、型号、数量、价值、运费、到货地点、收货人、运输期限等事项，由甲、乙双方另签运单确定，所签运单作为本合同的附件与本合同具有同等的法律效力。

三、甲方的义务：1. 按照国家规定的标准对货物进行包装，没有统一规定包装标准的，应根据保证货物运输的原则进行包装，甲方货物包装不符合上述要求，乙方应向甲方提出，甲方不予更正的，乙方可拒绝起运。2. 按照双方约定的标准和时间向乙方支付运费。

四、乙方的义务：1. 按照运单的要求，在规定的期限内，将货物运到甲方指定的地点，交给甲方指定的收货人。2. 承运的货物要负责安全，保证货物无短缺、无损坏，如出现此类问题，应承担赔偿义务。

五、运输费用及结算方式：1. 运费按乙方实际承运货物的里程及重量计算，具体标准按照运单约定执行。2. 乙方在将货物交给收货人时，应向其索要收货凭证，作为完成运输义务的证明，持收货凭证与甲方结算。3. 甲方对乙方所提交的收货凭证进行审核，在确认该凭证真实有效且货物按期运达无缺失损坏问题后10日内付清当次运费。

六、甲方交付乙方承运的货物均系供应客户的重大生产资料，乙方对此应予以高度重视，确保货物按期运达。非因自然灾害等不可抗力造成货物逾期运达的，如客户追究甲方责任，乙方应全额赔偿甲方的经济损失。因发生自然灾害等不可抗力造成货物无法按期运达目的地时，乙方应将情况及时通知甲方并取得相关证明，以便甲方与客户协调。

七、运输过程中如发生货物灭失、短少、损坏、变质、污染等问题，乙方应按照以下标准赔偿甲方的经济损失。1. 货物灭失或无法正常使用的，按运单记载货物价格全额赔偿，如运单来记毅价格的，按甲方同类产品出厂价格赔偿。2. 货物修理后可以正常使用且客户无异议的，赔偿修理费（包括换件费用、人工费及修理人员的往返差旅费等）。

八、出现合同第七条情况导致货物逾期运达的，乙方除按该条规定承担责任外，还应当同时执行本合同第六条的规定。

九、本合同未尽事宜，由双方协商解决，协商不成，按照合同法规定办理，发生争议提交北京仲裁委员会按其仲裁规则进行仲裁。

十、本合同一式两份，双方各持一份，双方签字盖章后生效。

甲方（签章）刘德伟　　　　乙方（签章）陈志东

2015年8月1日　　　　2015年8月1日

图4－16　货物运输合同

PZ007－3：

广东快速运输有限责任公司

货物运输（费用）结算确认单

日期：2015年12月22日

运输公司	送货日期	货运地址	货物名称	里程（KM）	单价（元/吨）	货运数量（件）	货运数量（吨）	金额（元）	备注
李勇	2015.12.21	云南曲靖	电机	2 670	870	1 300	38	33 060	
陈明	2015.12.22	南京、温州	电机	2 189	640	800	40	25 600	
孙志勇	2015.12.22	珠海	电机	578	398.5	2 600	40	15 940	
合计：	柒万肆仟陆佰圆整							74 600.00	

红联：财务

（印章：广东快速运输有限责任公司）

部门负责人：刘伟　　物流部负责人：卢斌　　承运人：李勇　　车牌号：＊＊＊＊＊

图4－17　货物运输（费用）结算确认单

PZ007－4：

中国建设银行
转账支票存根
20500025
93945334

上海金达证券印制有限公司·2013年印制

附加信息

支付运输费

出票日期2015年12月20日

收款人： 广东快速运输有限责任公司
金　额：¥74 600.00
用　途：运输费

单位主管　刘明远　会计

图4－18　转账支票存根联

PZ008－1：

中国建设银行进账单（回单） 1

2015 年 12 月 22 日

出票人	全　称	威力电机有限公司	收款人	全　称	广东快速运输有限责任公司
	账　号	4405 0166 8899 4433 0061		账　号	9988 7766 9990 1235
	开户银行	中国建设银行佛山锦隆花园支行		开户银行	建设银行番禺支行
金额	人民币（大写）	柒万肆仟陆佰圆整		亿千百十万千百十元角分	¥74600 00
票据种类	转账支票	票据张数	1		
票据号码	235487766				
	复核	记账			开户银行签章

亿	千	百	十	万	千	百	十	元	角	分
			¥	7	4	6	0	0	0	0

中国建设银行佛山锦隆花园支行
2015.12.22
转讫

此联是开户银行交给持票人的回单

图 4－19　中国建设银行进账单

PZ008－2：

全国统一发票监制章
国家税务局监制

广东省国家税务局通用机打发票

发票联

发票代码　142597782390
发票号码　00087230
验 证 码　00099230

开票日期：2015 年 12 月 20 日　　行业分类：运输业

客户名称：威力电机有限公司　　税款码：012258112368872323

付款方编码：0122581123621258　　收款方编码：01225239099823
付款方名称：威力电机有限公司　　收款方名称：广东快速运输有限责任公司

收款项目　　收款金额
运输费　　74 600.00

广东快速运输有限责任公司
01888892323230
发票专用章

金额大写：柒万肆仟陆佰圆整　　小写：74 600.00
备注：运输费　　开票人：林琳

粤国税征票函［2015］602号　深国瑞印刷服务中心制
代用名印制中心承印

第一联　发票联（购物单位付款凭证）

发票查询网址：www.fapiao.gor.cn

图 4－20　运输通用机打发票（发票联）

PZ009－3：

全国统一发票监制章 国家税务局监制

广东省国家税务局通用机打发票

发 票 联

发票代码 142597788876

发票号码 10087346

开票日期：2015 年 12 月 20 日　　行业分类：运输业　　验 证 码 12099340

粤国税征票函［2015］602号 深国瑞印刷服务中心制 代用名印刷中心承印

客户名称：威力电机有限公司	税款码：012258112368872323
付款方编码：0122581123621258	收款方编码：
付款方名称：威力电机有限公司	收款方名称：个人
收款项目	收款金额
搬运费	14 600.00
金额大写：壹万肆仟陆佰圆整	小写：14 600.00
备注：搬运费	开票人：林栋生

广东地方税务局 0189877666630 发票专用章

第一联 发票联（购物单位付款凭证）

发票查询网址：www. fapiao. gor. cn

图 4－21　税务机关代开通用机打发票（发票联）

PZ009－4：

付 款 申 请 单

申请人：	刘清玉	填制日期：	2015 年 12 月 22 日	附件张数：	1
付款金额（大写）：	捌仟伍佰圆整　　¥ 8 500.00				
收款人全称：	广东佛山广告制作有限公司				
开户银行及账号：	建设银行广东支行　　9992 8899 0001 7776				
其他要求说明：					
付款方式：	□ 现金	□ 电汇	□ 现金支票	√ 转账支付	□ 其他
付款说明：	支付广告制作费				
部门批准：	郑乙明	财务核对：	刘明远	总经理审批：	董德清

图 4－22　威力电机有限公司付款申请单

PZ010－1：

广告制作合同

甲方：威力电机有限公司

乙方：广东佛山广告制作有限公司（××网）

甲方申请使用××网，并已了解××网的操作和使用，就广告事宜，达成如下条款：

第一条：甲方为了推广其形象、产品或服务，根据本合同所规定的广告标准，决定委托乙方（下称发布方）在××网上发布问答式广告，同时用图片、视频广告（rm 文件）、Flash 等形式展示甲方的产品、服务、品牌。

第二条：广告文件

1. 甲方必须在广告开始发布前5日提供广告样稿，广告以 Gif 文件格式（分两种：banner 广告大小为50K，尺寸为468×60像素；logo 广告大小为20K以内，尺寸为150×60像素）提供给乙方，视频广告（大小为500K以内，影片原始尺寸为200×150像素）以 rm 格式提供给乙方、FLASH（广告大小为250K以内，播放时间为8秒，8秒后自动消失，宽度和高度分别为778、467像素）以 swf 格式提供给乙方。广告样稿和广告问答应该严格符合本合同及相关的法律法规的要求；

2. 甲方可以委托发布方为其设计广告样稿，如采用视频广告，甲方需提供 VCD 原稿给乙方，在甲方决定采纳发布方所设计的广告样稿，并交付设计费用后，该广告样稿的著作权归甲方所有。

3. banner 广告和 logo 广告可作超链接，链接到甲方的网站。

4. 只有××网的美名扬正式收费会员，才具有发布全部广告内容的权限。

第三条：广告发布

1. 甲方提供的广告样稿，未经甲方同意，发布方不得改动。但发布方为了整个版面的协调性、发布媒介的适应性等因素而作出的不改变广告样稿实质内容的改动可未经甲方同意。

2. 发布网络问答式广告，问答题由甲方提供（或委托发布方提出意见和设定），并可由甲方自助增删，但处于可见的（激活状态）不得少于1条。

3. 发布方有权审查广告内容和表现形式，对不符合法律、法规的广告内容和表现形式，发布方可要求甲方作出修改，甲方作出修改前，发布方有权拒绝发布。

4. 在广告发布期间，每次问答题的更换由甲方自助处理，如甲方需要更新 Gif 文件、Flash、电影文件，必须严格遵守相关法律、法规要求。如发现甲方有违反本合同本款及第五条第二款的行为，乙方不须通知甲方即删除其账号，并拒退广告余款。

5. 甲方应有专人负责管理甲方在××网上的广告事宜；保管好自己的用户名和密码并自助增减广告内容。

第四条：付款

甲方应于广告开始发布前2个工作日以银行转账方式将广告费用支付给乙方指定的银行账户（开户行：中国建设银行广东支行；银行账号：9992 8899 0001 7776；开户名：广东佛山广告制作有限公司）。

第五条：保证与责任

1. 甲乙双方依照中华人民共和国相关法律法规签订本合同；

2. 甲方向发布方保证：甲方的广告不违反国家相关的法律法规、公共道德准则，以及第三方的权益，甲方对广告的真实性、合法性负责；

3. 因甲方未履行前项的保证，致使发布方蒙受各类损失，甲方承担赔偿损失等法律责任；

4. 甲方必须管理好自己的用户名和密码，对用户名密码管理不当或遗失造成的损失由甲方负责。

5. 发布方必须在广告发布结束后向甲方提供广告投放统计报告，其中包括收阅广告人的年龄段、地域（省、市）比例、性别、行业、职业、教育程度、月收入情况等相关统计资料；

6. 为了网站的正常运行，发布方需要定期或不定期地对网站进行停机维护，因此类情况而造成的正常服务中断，甲方应该予以理解，发布方不承担任何责任，发布方则有义务尽力避免服务中断或将中断时间限制在最短时间内；

第六条：不可抗力：对于因不可抗力引起的失约或延误，各方不承担赔偿责任。

第七条：合同生效、中止与终止：

1. 甲方广告费到乙方指定账号后即日合同生效。

2. 当甲方广告费耗尽时，甲方的广告将只能部分显现。甲方如果需要继续使用××网，续交广告费即可。在中止期间，乙方不提供统计报告。

3. 因不可抗力，使合同无法履行，则合同终止。

第八条：法律适用与争议的解决

本合同的订立、执行和解释及争议的解决均适用中国法律。

凡因本合同引起的或与本合同有关的任何争议，甲乙双方应尽量协商解决。协商不成，双方同意提交中国国际经济贸易仲裁委员会上海分会，按照申请仲裁时该会现行有效的仲裁规则进行仲裁。

第九条：其他

如果本合同中的任何条款无论因何种原因完全或部分无效或不具有执行力，或违反任何适用的法律，则该条款被视为删除。但本合同的其余条款仍应有效并且有约束力。

第十条：广告费及广告设计制作费：

预付广告费：￥ 1 元；其他形式广告费：￥ 1 元；

图片、视频广告及 Flash 设计制作费：￥ 1 元；

总额：人[illegible]请用大写）；￥8 500.00 元（请用数字）；

第十一条：本合同一式肆份，甲乙双方各执两份，具有同等法律效力。（传真有效）。

甲方：

代表：刘德清

签约代表签字：

日期：2015 年 12 月 20 日

乙方：

代表：陈文清

签约代表签字：

日期：2015 年 12 月 20 日

图 4－23 广告制作合同

PZ010－2：

中国建设银行
转账支票存根
10533523
93945333

上海金达证券印制有限公司 • 2013年印制

附加信息

支付广告制作费

出票日期 2015 年 12 月 22 日

收款人： 广东佛山广告制作有限公司	
金　额：¥8 500.00	
用　途：广告制作费	

单位主管　刘明远　会计

图 4－24　转账支票存根联

PZ010－3：

中国建设银行进账单（回单）　1

2015 年 12 月 22 日

出票人	全　称	威力电机有限公司	收款人	全　称	广东佛山广告制作有限公司
	账　号	4405 0166 8899 4433 0061		账　号	9992 8899 0001 7776
	开户银行	中国建设银行佛山锦隆花园支行		开户银行	建行银行广东支行

金额	人民币（大写）	捌仟伍佰圆整	亿	千	百	十	万	千	百	十	元	角	分
							¥	8	5	0	0	0	0

票据种类	转账支票	票据张数	1
票据号码	4859603048666555		
复核　　记账		开户银行签章	

中国建设银行佛山锦隆花园支行
2015.12.22
转讫

此联是开户银行交给持票人的回单

图 4－25　中国建设银行进账单

PZ010 –4：

全国统一发票监制章
国家税务局监制

广东省国家税务局通用机打发票

发 票 联

发票代码 142588998323
发票号码 00093232

开票日期：2015 年 12 月 22 日　　行业分类：广告业　　验 证 码 000667729

客户名称：威力电机有限公司　　税款码：440100678060233

付款方编码：0122581123621258　　收款方编码：0122581126723232
付款方名称：威力电机有限公司　　收款方名称：广东佛山广告制作有限公司

收款项目	收款金额
广告费	8 500.00

广东佛山广告制作有限公司
01234578577666
发票专用章

金额大写：捌仟伍佰圆整　　小写：¥8 500.00
备注：　　开票人：李康

粤国税征票函［2015］602号 深国瑞印刷服务中心制
代用名印刷中心承印

第一联 发票联（购物单位付款凭证）

发票查询网址：www. fapiao. gor. cn

图 4 –26 广告费通用机打发票（发票联）

PZ011－1：

广东省国家税务局通用机打发票

发票联

发票代码 142588944788

发票号码 00211233

开票日期：2015 年 12 月 22 日　　行业分类：快递业　　验 证 码 009888222

客户名称：威力电机有限公司　　税款码：440100678060233

付款方编码：0122581123621258　　收款方编码：088773849000022

付款方名称：威力电机有限公司　　收款方名称：广东佛山恒顺快递有限公司

收款项目　　收款金额

快递费　　110

金额大写：壹佰壹拾圆整　　小写：￥110.00

备注：快递资料到珠海　　开票人：李康

粤国税征票函［2015］602号　深国瑞印刷服务中心制
代用名印制中心承印

第一联　发票联（购物单位付款凭证）

全国统一发票监制章　国家税务局监制

广东佛山恒顺快递有限公司　01234570008888　发票专用章

发票查询网址：www. fapiao. gor. cn

图 4－27　快递通用机打发票（发票联）

PZ011－2：

威力电机有限公司退货入库单

领用单位：销售部　　2015 年 12 月 22 日

编号	种类	产品名称	规格	数量	单位成本	金额
A018	产成品	电机	YE3－225M－4 型	30		
备注：存在质量问题销款退回				合计		

部门负责人：郑清友　　领用人签字：刘玉清　　仓库管理员：刘清远

图 4－28　威力电机有限公司退货入库单

PZ011－3：

付款申请单

申请人：	刘清玉	填制日期：	2015 年 12 月 23 日	附件张数：	1
付款金额（大写）：	贰万肆仟柒佰肆拾伍圆伍角整　　¥ 24745.50				
收款人全称：	温州市机床制造有限公司				
开户银行及账号：	中国建设银行温州支行　　7788 9977 0090 5001				
其他要求说明：					
付款方式：	□ 现金	√ 电汇	□ 现金支票	□ 转账支付	□ 其他
付款说明：	支付退回 YE3－225M－4 型电机 30 台款项				
部门批准：	郑乙明	财务核对：	刘明远	总经理审批：	董德清

图 4－29　付款申请单

PZ011－4：

中国建设银行 China Construction Bank

电　汇　凭　证

2015 年 12 月 23 日　　　　流水号：889989811870

币别：

汇款方式	☑ 普通　　□ 加急				
汇款人	全　称	威力电机有限公司	收款人	全　称	温州市机床制造有限公司
	账　号	4405 0166 8899 4433 0061		账　号	7788 9977 0090 5001
	汇出行名称	中国建设银行佛山锦隆花园支行		汇入行名称	建设银行温州支行
金额	（大写）贰万肆仟柒佰肆拾伍圆整				亿 千 百 十 万 千 百 十 元 角 分：¥ 2 4 7 4 5 5 0
				支付密码	
				附加信息及用途：支付退货款	
				此汇款支付给收款人。	客户签章

中国建设银行佛山锦隆花园支行 2015.12.23 转讫

威力电机有限公司 财务专用章

刘德伟印

第二联　付款人记账凭证

会计主管 刘明远　　授权　　复核　陈琳　　录入 王一明

图 4－30　电汇凭证

PZ012－1：

开具红字增值税专用发票通知单

填开日期：2015 年 12 月 23 日　　　　№ 6301020811000011

<table>
<tr><td rowspan="2">销售方</td><td>名称</td><td>威力电机有限公司</td><td rowspan="2">购买方</td><td colspan="2">名称</td><td colspan="2">温州市机床制造有限公司</td></tr>
<tr><td>税务登记代码</td><td>440100678060233</td><td colspan="2">税务登记代码</td><td colspan="2">630102226683304</td></tr>
<tr><td rowspan="3">开具红字专用发票内容</td><td>货物（劳务）名称</td><td colspan="2">数量</td><td>单价</td><td>金额</td><td>税率</td><td>税额</td></tr>
<tr><td>YE3－225M－4 型电机</td><td colspan="2">30.00</td><td>705.00</td><td>21 150.00</td><td>17%</td><td>3 595.50</td></tr>
<tr><td>合计</td><td colspan="2">—</td><td>—</td><td>21 150.00</td><td>—</td><td>3 595.50</td></tr>
<tr><td>说明</td><td colspan="7">一、购买方申请 □
对应篮字专用发票抵扣增值税销项税额情况：
1. 需要作进项税额转出 □
2. 不需要作进项税额转出 □
（1）无法认证 □
（2）纳税人识别号认证不符 □
（3）增值税专用发票代码、号码认证不符 □
（4）所购货物不属于增值税扣税项目范围 □
对应篮字专用发票密码区内打印的代码：________
号码：________
二、销售方申请 √
（1）因开票有误购买方拒收的 □
（2）因开票有误等原因尚未交付的 √
对应篮字专用发票密码区内打印的代码：***************
号码：*************
开具红字专用发票理由：因发生退货
（印章：广东佛山国家税务局）</td></tr>
</table>

经办人：张桐　　负责人：李宁　　主管税务机关名称（印章）：广东佛山国家税务局

图 4－31　开具红字增值税专用发票通知单

PZ012 －2：

667755622　　广东增值税专用发票　　№ 2150438769

发　票　联

校验码 81199 11911 10112 0091　　开票日期：2015 年 12 月 23 日

购货单位	名　　称：温州市机床制造有限公司 纳税人识别号：92320400009999 地 址 、电 话：温州市瓯海区＊＊＊＊ 开户行及账号：建行温州支行 7788 9977 0090 5001			密码区	033＋＊7－＊73＊＞309999233＞2/＞09－ 7/3/＋/86＜9＞＜＞887662/32123＊7＋＜ ＞445666＊894＋＋110/8＞＋570＊5－＞＞ 6＜589/47＊011＞/326＞26＋116＜19		
货物或应税劳务名称	规格型号	单位	数量	单价	金额	税率	税额
电机	YE3－225M－4 型	台	－30	705	－21 150.00	17%	－3 595.50
合　　计					¥－21 150.00	17%	¥－3 595.50
价税合计（大写）	⊗贰万肆仟柒佰肆拾伍圆伍角整				（小写）¥－24 745.50		
销货单位	名　　称：威力电机有限公司 纳税人识别号：440100678060233 地 址 、电 话：广东省佛山市南海狮山新城工业区 8877588 开户行及账号：中国建设银行佛山锦隆花园支行 4405 0166 8899 4433 0061				备注		

收款人：陈义　　复核：陈琳　　开票人：刘明远　　销货单位：（章）

税总函［2015］888 号某某某印刷厂有限公司

第一联：记账联　销货方记账凭证

全国统一发票监制章　广东　国家税务局监制

威力电机有限公司　8877000999123　发票专用章

图 4－32　增值税红字发票

PZ012 －3：

南京机电销售公司代销清单

委托单位：威力电机有限公司　　2015 年 12 月 24 日

编号	种类	产品名称	规格	数量	销售价格	金额
A018	产成品	电机	YE3－200L－4 型	15	810	12 150.00
备注：不含增值税额				合计		12 150.00

南京机电销售公司

图 4－33　南京机电销售公司代销清单

PZ012－4：

中国建设银行 China Construction Bank

中国建设银行单位客户专用回单 No. 13300888009

2015 年 12 月 24 日 流水号：2938400033987

付款人	全 称	南京机电销售公司	收款人	全 称	威力电机有限公司
	账 号	0099 3355 9980 9977		账 号	4405 0166 8899 4433 0061
	开户行	建设银行南京支行		开户行	中国建设银行佛山锦隆花园支行
金 额		大写：人民币壹万叁仟圆伍角整			¥13 000.50
凭证种类		电子转账凭证	凭证号码		
结算方式		电汇	用 途		代销货款
汇款交易日期：20151224 支付清算业务类型：E714 汇款合约编号：88779304340001 实际付款人账户：3333 7282 3924 842 汇入行行名：中国建设银行南京分行 汇款备注：7282B			打印柜员：23877232323 打印机构：中国建设银行佛山支行 打印卡号：3934823232 汇款附言：7282B		（印章：中国建设银行 电子回单专用章）

打印时间：2015－12－24 10：35 交易柜员：2832231 交易机构：2328232

图 4－34 中国建设银行单位客户专用回单

PZ013－1：

6699883002 广东增值税专用发票 No 2143056798

（印章：全国统一发票监制章 广东 国家税务局监制） 发 票 联

校验码 44009001121999799980 开票日期：2015 年 12 月 24 日

税总函［2015］888 号某某某印刷厂有限公司

购货单位	名 称：南京机电销售公司 纳税人识别号：10008899823999 地 址 、电 话：南京市＊＊＊＊＊＊＊ 开户行及账号：建行南京支行 0099 3355 9980 9977		密码区	033＋＊7－＊73＊＞334567555＞2/＞09－ 7/3/＋/86＜9＞＜＞223111/32123＊7＋＜ ＞445611＊894＋＋897/8＞＋570＊5－＞＞ 6＜589/47＊019＞/326＞26＋012＜11			
货物或应税劳务名称	规格型号	单位	数量	单价	金额	税率	税额
电机	YE3－200L－4 型	台	15	810	12 150.00	17%	2 065.50
合 计					¥12 150.00	17%	¥2 065.50
价税合计（大写）	⊗壹万肆仟贰佰壹拾伍圆伍角整				（小写）¥14 215.50		
销货单位	名 称：威力电机有限公司 纳税人识别号：440100678060233 地 址 、电 话：广东省佛山市南海狮山新城工业区 8877588 开户行及账号：中国建设银行佛山锦隆花园支行 4405 0166 8899 4433 0061				备注		

（印章：威力电机有限公司 887700009991423 发票专用章）

第一联：记账联 销货方记账凭证

收款人：陈义 复核：陈琳 开票人：刘明远 销货单位：（章）

图 4－35 增值税专用发票

PZ013－2：

江苏省国家税务局通用机打发票

发 票 联

发票代码 542597782334
发票号码 50045678

开票日期：2015 年 12 月 24 日　　行业分类：商品流通业　　验 证 码 22098889

客户名称：威力电机有限公司　　税款码：01225819998887770

付款方编码：0122581123621258　　收款方编码：01225239099823

付款方名称：威力电机有限公司　　收款方名称：南京机电销售公司

收款项目　　收款金额

代销手续费　　1 215.00

南京机电销售公司 0188882320404 发票专用章

金额大写：壹仟贰佰壹拾伍圆整　　小写：1 215.00

备注：代销手续费

开票人：王琳

粤国税征票函［2015］602号 深国瑞印刷服务中心制
代用名印刷中心承印

第一联 发票联（购物单位付款凭证）

发票查询网址：www. fapiao. gor. cn

图 4－36 代销手续费通用机打发票（发票联）

PZ013 -3：

全国统一发票监制章 国家税务局监制

广东省国家税务局通用机打发票

发 票 联

发票代码 14258877290
发票号码 000800998
验 证 码 000998772

开票日期：2015 年 12 月 24 日　　行业分类：餐饮业

粤国税征票函［2015］602号 深圳瑞印刷服务中心制 代用名印刷中心承印

客户名称：威力电机有限公司	税款码：012258112368872323
付款方编码：0122581123621258	收款方编码：01225239099823
付款方名称：威力电机有限公司	收款方名称：多惠餐饮特色酒店
收款项目	收款金额
餐饮费	2 306.00
金额大写：贰仟叁佰零陆圆整	小写：￥2 306.00
备注：餐饮费	开票人：林志坚

多惠餐饮特色酒店 018888665222-1 发票专用章

第一联 发票联（购物单位付款凭证）

发票查询网址：www. fapiao. gor. cn

图 4 -37　餐饮费通用机打发票（发票联）

PZ013 -4：

全国统一发票监制章 国家税务局监制

广东省高速公路车辆
通行费票据

注册号码：粤财（2015）票字第 03 号

出　口：横 沙　　入口：三水西

车型/重量：1　　金额￥：435

超限比例：　　工号：6075063

时　间：2015 -12 -24 21:49:04

打 印 号：8239040323

妥善保管　随车查验

广东省高速公路通行费章 发票专用章

№：30824353

图 4 -38　通行费票据

PZ013－1：

威力电机有限公司领用单

领用单位：销售部门　　　　2015年12月25日

编号	种类	产品名称	规格	型号	领用数量	单位	单价	成本总额
A014	包装物	包装纸箱	15×24×36		350	个	15元	5 250元
备注：不含增值税					合计		¥5 250.00元	
部门负责人：郑清友			领用人签字：刘玉清		仓库管理员：刘清远			

图4－39　威力电机有限公司领用单

PZ013－2：

中国建设银行 China Construction Bank

中国建设银行单位客户专用回单　　No. 4399094

2015年12月26日　　流水号：293840002323

付款人	全　称	珠海市东方机电有限公司	收款人	全　称	威力电机有限公司
	账　号	8877 9999 5555 6678		账　号	4405 0166 8899 4433 0061
	开户行	建设银行珠海支行		开户行	中国建设银行佛山锦隆花园支行
金　额	（大写）人民币壹万壹仟圆整				（小写）¥11 000.00
凭证种类	电子转账凭证		凭证号码		
结算方式	电汇		用　途		预付定金
汇款交易日期：20151226　支付清算业务类型：E124 汇款合约编号：232345666663 实际付款人账户：8877 9999 5555 6678 汇入行行名：中国建设银行珠海支行 汇款备注：3251B			打印柜员：23877232323 打印机构：中国建设银行佛山支行 打印卡号：3934823232 汇款附言：3251B （印章：中国建设银行 电子回单专用章）		

打印时间：2015－12－26　14：35　　交易柜员：28322221　　交易机构：2328232

图4－40　中国建设银行单位客户专用回单

PZ013－3：

收　据

入账日期：2015 年 12 月 26 日　　　　№：20151218

今收到 珠海市东方机电有限公司

金额（大写）⊗佰⊗拾壹万壹仟⊗佰⊗拾⊗圆⊗角⊗分

收款事由 预收款项

¥ 11 000.00　　　　收款单位（财务专用章）

第三联：记账联

核准　　会计 卓兴胜　　记账　　出纳 张晓霞　　经手人 刘清玉

图 4－41　收据

PZ013－4：

中国建设银行
China Construction Bank

中国建设银行单位客户专用回单　　　　№.12349095

2015 年 12 月 26 日　　　　流水号：2938400768099

付款人	全　称	深圳进出口贸易有限公司	收款人	全　称	威力电机有限公司
	账　号	3348 1177 9980 5221		账　号	4405 0166 8899 4433 0061
	开户行	中国建设银行深圳支行		开户行	中国建设银行佛山锦隆花园支行
金　额		（大写）人民币贰佰玖拾柒万零壹佰陆拾贰圆整			（小写）¥2 970 162.00
凭证种类		电子转账凭证	凭证号码		
结算方式		电汇	用　途		购买电机款
汇款交易日期：20151226　支付清算业务类型：E144 汇款合约编号：2323456661255 实际付款人账户：3348 1177 9980 5221 汇入行行名：中国建设银行深圳支行 汇款备注：3231B			打印柜员：23877232323 打印机构：中国建设银行佛山支行 打印卡号：3934823232 汇款附言：3231B		

打印时间：2015－12－26　16：35　　　交易柜员：28322221　　　交易机构：2328232

图 4－42　中国建设银行单位客户专用回单

PZ013－1：

6675579115 广东增值税专用发票 № 9153468207

发票联

国家税务局监制

校验码 80099 11988 10512 44011 开票日期：2015 年 12 月 26 日

购货单位	名称：深圳进出口贸易有限公司 纳税人识别号：88722300998882 地址、电话：深圳市＊＊＊＊ 开户行及账号：建行深圳支行 3348 1177 9980 5221			密码区	033＋＊7－＊73＊＞309999233＞2/＞09－ 7/3/＋/86＜9＞＜＞878702/32123＊7＋＜ ＞445666＊894＋＋110/8＞＋570＊5－＞＞ 6＜589/47＊011＞/326＞26＋316＜19		
货物或应税劳务名称	规格型号	单位	数量	单价	金额	税率	税额
电机	YE3－225M－4 型	台	2 100	695	1 459 500	17%	248 115.00
电机	YE3－200L－4 型	台	1 650	654	1 079 100	17%	183 447.00
合计					¥2 538 600.00	17%	¥431 562.00
价税合计（大写）	⊗贰佰玖拾柒万零壹佰陆拾贰圆整				（小写）¥2 970 162.00		
销货单位	名称：威力电机有限公司 纳税人识别号：440100678060233 地址、电话：广东省佛山市南海狮山新城工业区 8877588 开户行及账号：中国建设银行佛山锦隆花园支行 4405 0166 8899 4433 0061				备注		

威力电机有限公司 88770000999123 发票专用章

第一联：记账联 销货方记账凭证

税总函［2015］888 号某某某印刷厂有限公司

收款人：陈义 复核：陈琳 开票人：刘明远 销货单位：（章）

图 4－43 销售增值税发票（记账联）

PZ013－2：

产品销货合同书

供方：威力电机有限公司　　　　合同编号：20151226

需方：深圳进出口贸易有限公司　　　　签订地点：深圳

第一条：需方订购以下货物　　　　（注：空格如不够用，可以另接）

货物名称	规格型号	计量单位	数量	价格		备注
				单价（元）	总价（元）	
电机	YE2－225M－4 型	台	2 100	695	¥1 459 500.00	不含增值税
电机	YE2－200L－4 型	台	1 650	654	¥1 079 100.00	不含增值税
合计	金额：（大写）贰佰伍拾叁万捌仟陆佰圆整				（小写）¥2 538 600.00	

第二条：质量要求：符合国家行业标准

第三条：包装标准、包装物的提供与回收：供方提供，不回收

第四条：货物所有权交付时起转移，但需方未履行支付价款义务的，货物仍属于供方所有。

第五条：提取货物单证的方式：需方提取，费用由供方提供

第六条：运输方式及到达站（港）和费用负担：

1. 运输方式及费用：运输方式由供方指定，费用由供方承担

2. 交货时间：2016 年 5 月

3. 交货地点：按双方协商

第七条：验收标准、方法、地点及期限：依据国际行业标准进行验收：需方如有异议在收到货物15 天内以书面方式提出，否则视为合格；

第八条：结算方式：电汇方式

第九条：本合同解除条件：任何一方不履行本合同义务时，同时追究不履行本合同责任方责任；

第十条：合同争议的解决方式：本合同项目下发生的争议，由双方当事人协商解决，协商不成的，依法向需方所在地法院起诉；

第十一条：本合同一式两份，双方各持一份。经双方签字和盖章之日起生效传真件有效；

第十二条：其他约定事项：

1. 本合同的技术要求是合同的组成部分，与本合同具有同等法律效力；

2. 双方在履行本合同过程中的传真、订单、往来信函均为本合同的补充，与本合同具有同等的法律效力。

供方（章）：威力机电有限公司

地址：广东省佛山市南海狮山新城工业区

法定代表人：刘德伟

委托代理人：

签订时间：2015 年 12 月 20 日

需方（章）：

地址：深圳市*****

法定代表人：李朋

委托代理人：

签订时间：2015 年 12 月 25 日

图 4－44　产品销货合同书

PZ013－3：

威力电机有限公司出库单

领用单位：销售部 2015年12月26日

编号	种类	产品名称	规格	数量	单位成本	金额
A018	产成品	电机	YE3－200L－4型	2 100		
A018	产成品	电机	YE3－225M－4型	1 650		
备注：				合计		
部门负责人：郑清友		领用人签字：刘玉清		仓库管理员：刘清远		

图4－45 威力电机有限公司出库单

PZ001：

付款申请单

申请人：	刘清玉	填制日期：	2015年12月27日	附件张数：	3
付款金额（大写）：	壹拾叁万陆仟伍佰伍拾贰圆壹角肆分　　¥ 136 552.14				
收款人全称：	长春汇腾汽车销售服务有限公司广州分公司				
开户银行及账号：	中国建设银行佛山支行　　0088 9900 2222 6666 8809				
其他要求说明：					
付款方式：	□ 现金	□ 电汇	□ 现金支票	√ 转账支付	□ 其他
付款说明：	支付汽车购置款				
部门批准：	郑乙明	财务核对：	刘明远	总经理审批：	董德清

图 5－1　威力电机有限公司付款申请单

PZ002：

品牌（车辆）名称	规格型号	颜色	车架号	数量	实际售车价	提车时间\方式
速腾	FV7166	黑色	LFV＊＊＊＊	壹	125 800.00 元	12 月 27 日
金　额（人民币大写）：			壹拾贰万伍仟捌佰圆整		金额小写	125 800.00

选择付款方式		付款方式	POS 机刷卡金额	现金（人民币）	银行转账	实收金额	备注	款项归属
	全款	一次性付清			√	125 800.00		
	贷款	首付车价 40% 及其他费用						
实收小计金额（人民币大写）：				拾贰万伍仟捌佰圆整		备注		

第一条：甲乙双方约定由＿乙＿方负责本合同甲方所售车辆上户费用。

项目名称	车辆购置税	上户费	保险（险种）费用	装饰项目	应收金额（合计）	实收金额（合计）	款项归属
费用	10 752.14				10 752.14	10 752.14	
实收小计金额（人民币大写）：			壹万零柒佰伍拾贰圆壹角肆分				
车款及其他费用合计实收（人民币大写）：			人民币：壹拾叁万陆仟伍佰伍拾贰圆壹角肆分（￥136 552.14 元）				

第二条：销售约定：

1. 甲方向乙方销售的车辆，其质量必须达到生产厂家执行的企业标准和国家标准。随车的必备品、配件、工具数量，按所购车型生产厂家相关标准随车携带。

2. 乙方提车时，有义务对所购车辆进行认真验收，对其功能，外观，随车工具等各方面进行认真检查、确认，有异议须当场提出，直到认为符合质量要求方可提车。乙方验车完毕提走车辆后，视为对所购车辆验收合格，不得再提出异议。

3. 乙方所购车辆的售后服务，按照所购车辆生产厂家售后标准，由所购车辆生产厂家各服务站负责解决，乙方不得以此为由拒付车款。售后服务站联系电话＿＊＊＊＊＊＊＊＊＊＿。

4. 乙方保证，在购车前已获相关部门批准，并符合相关法规所要求的资格。乙方必须在购车后按照交管部门规定时间内办理上牌手续。否则，因此造成的任何损失均由乙方承担。

5. 乙方保证按照"用户使用手册"和"车辆保养手册"的规定进行使用和保养。否则，产生一切后果自负。

6. 若在本合同履行期间，生产厂家无此款车型的生产计划而影响了交货时间或无法交货，甲、乙双方任何一方都可以解除合同，若遇自然灾害和不可抗力原因，甲、乙双方协商解决，甲方免除违约责任。

7. 选装汽车装饰和导航的车型，装饰品一个月之内有质量问题免费更换（非人为因素）导航质保三个月，一年内成本价维修，导航升级费用由乙方自行负责。

8. 贷款车辆：乙方必须在 7 个工作日之内，提供银行贷款所规定的一切贷款所需资料，若乙方未能按时、按规定提供，所产生的一切后果由乙方自行负责。贷款逾期两期未还款，甲方有权无条件收回所售车辆。

9. 在乙方未付清车款情况下，甲方有权扣留所售车辆一切手续。

10. 若甲方无过错，乙方所交定金不予退还。

第三条：争议的解决：

双方在执行本合同时发生争议时，应本着平等、友好、诚信的原则协商解决，协商不成，双方约定于甲方所在地人民法院解决。

第四条：其他：

1. 本合同未尽事宜，双方可订立补充合同，补充合同与本合同有同等的法律效力。

2. 本合同壹式二份，双方各执壹份，自双方签字（盖章）后生效。

甲方：
甲方法定代表人：[illegible]志强
签订时间：2015 年 12 月 25 日

乙方：
乙方法定代表人：刘德伟
签订时间：2015 年 12 月 25 日

图 5-2 汽车销售合同

PZ003 -1:

中国建设银行
转账支票存根
1350353
93945353

上海金达证券印制有限公司·2013年印制

附加信息

支付购置汽车款

出票日期 2015 年 12 月 27 日

收款人: 长春汇腾汽车销售服务有限公司 广州分公司
金　额: ¥136 552.14
用　途: 汽车购置款

单位主管　刘明远　会计

图 5-3　转账支票存根联

PZ003 -2:

中国建设银行进账单(回单)　1

2015 年 12 月 27 日

<table>
<tr><td rowspan="3">出票人</td><td>全　称</td><td>威力电机有限公司</td><td rowspan="3">收款人</td><td>全　称</td><td colspan="11">长春汇腾汽车销售服务有限公司广州分公司</td></tr>
<tr><td>账　号</td><td>4405 0166 8899 4433 0061</td><td>账　号</td><td colspan="11">0088 9900 2222 6666 8809</td></tr>
<tr><td>开户银行</td><td>中国建设银行佛山锦隆花园支行</td><td>开户银行</td><td colspan="11">建设银行佛山支行</td></tr>
<tr><td rowspan="2">金额</td><td rowspan="2">人民币
(大写)</td><td colspan="3" rowspan="2">壹拾叁万陆仟伍佰伍拾贰圆壹角肆分</td><td>亿</td><td>千</td><td>百</td><td>十</td><td>万</td><td>千</td><td>百</td><td>十</td><td>元</td><td>角</td><td>分</td></tr>
<tr><td></td><td></td><td>¥</td><td>1</td><td>3</td><td>6</td><td>5</td><td>5</td><td>2</td><td>1</td><td>4</td></tr>
<tr><td>票据种类</td><td>转账支票</td><td>票据张数</td><td>1</td><td colspan="12" rowspan="3">中国建设银行佛山锦隆花园支行
2015.12.27
转讫

开户银行签章</td></tr>
<tr><td>票据号码</td><td colspan="3">2354897001</td></tr>
<tr><td colspan="4">复核　　记账</td></tr>
</table>

此联是开户银行交给持票人的回单

图 5-4　中国建设银行进账单

PZ003－3：

开票日期：2015－12－27　　**机动车销售统一发票**　　发票代码 122010821706
发票联　　发票号码 00161815

（国家税务局监制 吉林省 全国统一发票监制章）

机打代码 机打号码 机器编号	122010821706 00161815	税控码	033＋＊7－＊73＊＞983837444＞2/＞09－7/3/＋/86＜9＞＜＞876337/72132＊7＋＜＞455566＊894＋＋897/8＞＋570＊5－＞＞6＜123/47＊019＞/306＞26＋874＜89		
购货单位（人）	威力电机有限公司	身份证号码/组织机构代码	87230043943－001		
车辆类型	轿车	厂牌型号	速腾 FV7166	产地	长春
合格证号	WAB050904051543	进口证明书号		商检单号	
发动机号码	218202	车辆识别代号/车架号码	LFV2A11K783051543		
费税合计	⊗壹拾贰万伍仟捌佰圆整		小写　¥125 800.00		
供货单位名称	长春汇腾汽车销售服务有限公司广州分公司	电话	0431－87988588		
纳税人识别号	220106785900972	账号	4200222509000113015		
地址	汽车产[illegible]大路3688号	开户银行	工行连春路支行		
增值税税率或征收率	178		¥18 278.63	主管税务机关及代码	长春市汽车产业开发区国家税务局 122019500
不含税价	小写　¥107 521.37	吨位		限来人数	5

（印章：长春汇腾汽车销售服务有限公司广州分公司 2201036785900972 发票专用章）

销货单位盖章　　　　开票人：董彬彬

第一联　发票联（购货单位付款凭证）（手开无效）

图 5－5　机动车销售统一发票（发票联）

PZ003－4：

国

中华人民共和国
税收缴款书（税务收现专用）

国家税务局监制

（142） 粤国税 01802103

登记注册类型： 填发日期：2015 年 12 月 27 日 税务机关 广东佛山国税局

纳税人识别号	440100678060233			纳税人名称	威力电机有限公司		
地　　址	广东省佛山市南海狮山新城工业区						
税种	品目名称	课税数量	计税金额或销售收入	税率或单位税额	税款所属时期	已　缴和扣除	实缴金额
车辆购置税	车辆购置税		107 521.37	10%	2015－12－27		¥10 752.14
金额合计	（大写）壹万零柒佰伍拾贰圆壹角肆分						
税务机关（盖章）	代征单位（盖章）		填票人 王露	备注 粤A＊＊＊＊＊ LFV2A11K783051543			

广东省佛山市国家税务局 01—125 车辆购置税专用章

第一联（收据）交纳税人作完税凭证

妥善保管

图 5－6　车辆购置税缴款书

PZ004－1：

威力电机有限公司固定资产入库单

2015 年 12 月 27 日　　库单号：20151208

资产编号	资产名称	规格型号	资产类别	供应商	单位	数量	单价（元）	金额（元）	备注
A20151205	轿车	速腾 FV7166	交通工具		部	1	136 552.14	136 552.14	
合计							136 552.14	136 552.14	
验收意见：合格				验收人员（签字）：李一鸣					
资产管理员（签字）：池清				采购员（签字）：王驰					

第一联　财务部门

图 5－7　固定资产入库单

PZ004 -2：

威力电机有限公司

工程进度款申请表

编号：2015120009

工程名称	3#钢结构厂房工程	合同编号	20150005
施工单位	广东佛山建筑工程有限公司		
工程进度内容	1. 形象进度达到85%。 2. 施工队本次申报工程进度款871 000元，监理核定后为650 000元。 3. 已支付工程款2 540 000元，本次支付650 000元，累计支付工程款为97.75%。		
专业监理工程师意见	同意本次工程进度款支付款650 000元 佛山工程监理有限公司 项目专用章 监理签字：李博 2015年12月27日		
总监（项目经理）意见	已审核，同意支付 王乔 2015年12月27日		
部门经理意见	同意支付 卓青 2015年12月27日		
主管领导意见	同意支付 刘德伟 2015年12月27日		
申报进度必备条件	1. 所申报进度与现场实际完成情况必须相符。 2. 所申报进度工程质量必须经监理验收合格。 3. 监理或政府部门发出整改通知单要求整改的项目已整改完毕并及时回复。 4. 各阶段的工程资料必须完整、有效。 5. 安全文明施工必须达标，如承包人违反合同的有关约定导致停工的（以政府有关部门的停工令为依据），每发生停工一次，承包人须向发包人支付10万元违约金。		

图5-8 工程进度款申请表

PZ004 - 3：

建筑业统一发票

发票联

广东省

国家税务局监制

发票代码 321401425541

发票号码 05149208

开票日期：2015 - 12 - 27

查询码 税控码 机器编号	000255448892 25488412 25858E25861125	密码区	9 > 6/98 < 256 > 1 + > < 86 < 9255 < > 9 > 928 - 9 - / + 4 + 557312 + 2 > 58 + 1256 > 1 + > < 51 > < 2152 - 2451 + 25 < > 5887312 + 58 > 232 < > - + 24688 < > 145 < < 118 + 1256 > 1	加密版本：01 123458994 123458994	
付款方名称	威力电机有限公司	身份证号/组织机构代码/纳税人识别号	BG25158E25861125	是否为总包人	是
收款方名称	广东佛山建筑工程有限公司	身份证号/组织机构代码/纳税人识别号	B251258D125	是否为分包人	否
工程项目名称	工程项目编号	结算项目	金额（元）	完税凭证号码（代扣代缴税款）	
3#钢结构厂房工程	工程进度款	650 000.00			
合计金额（元）（大写）陆拾伍万圆整					
税额	税率 5.3699%：税额 34 904.35	完税凭证号码	3015541	主管税务机关及代码	广东省广州市白云区分局 02515558815581
备注：依据正常完税证开票					

广东佛山建筑工程有限公司
244440662-33339
发票专用章

广东盛隆票据 2010 年 4 月印 0245581114 份 2255111313 号码起讫

第一联 发票联（付款方付款凭证）

开票人：曾勇　　开票单位签章：　　收款方签章：　　（手写无效）

识别发票真伪请依次输入信息码，发票号码和密码，登陆广东地税局网站：（www. partal. gd - n - tax. gov. cn）或语言（010）16881688 及广东地税服务热线（010）12366。

图 5 - 9　工程进度款发票（发票联）

PZ004－4：

中国建设银行
转账支票存根
2050352
53945335

上海金达证券印制有限公司 • 2013 年印制

附加信息

支付工程进度款

出票日期 2015 年 12 月 27 日

收款人： 广东佛山建筑工程有限公司
金　额：¥650 000.00
用　途：工程进度款

单位主管　刘明远　会计

图 5－10　转账支票存根联

PZ005－1：

中国建设银行进账单（回单）　1

2015 年 12 月 27 日

出票人	全　称	威力电机有限公司	收款人	全　称	广东佛山建筑工程有限公司
	账　号	4405 0166 8899 4433 0061		账　号	8866 2233 0009 6661 8877
	开户银行	中国建设银行佛山锦隆花园支行		开户银行	建设银行佛山支行

金额	人民币（大写）	陆拾伍万圆整	亿	千	百	十	万	千	百	十	元	角	分
					¥	6	5	0	0	0	0	0	0

票据种类	转账支票	票据张数	1
票据号码	235489777601		
复核　记账			开户银行签章

中国建设银行佛山锦隆花园支行
2015.12.27
转讫

此联是开户银行交给持票人的回单

图 5－11　中国建设银行进账单

PZ005－2：

佛山宏泰建筑工程有限公司

零星工程验收单

工程名称	房屋零星维修费		
工程地点	行政办公楼	设计单位	
开工日期	2015－12－21	竣工日期	2015－12－27
零星工程委托书号	2015120009	施工单位	佛山宏泰建筑工程有限公司
竣工工程内容	1. 行政办公楼屋顶补漏 2. 更换部门下水管道		
工程质量验收评定意见	符合相关要求，验收通过		
参加验收人员	马超　丁强　王刚　林强		
工程部负责人	余明	施工单位负责人	董刚
工程施工人员	王义	施工单位施工员	丁露

图 5－12　零星工程验收单

PZ005－3：

付款申请单

申请人：	刘清玉	填制日期：	2015 年 12 月 27 日	附件张数：	3
付款金额（大写）：	叁万肆仟伍佰陆拾圆整　　¥ 34 560.00				
收款人全称：	佛山宏泰建筑工程有限公司				
开户银行及账号：	建设银行佛山支行　6633 7766 1243 7709 0099				
其他要求说明：					
付款方式：	□ 现金	□ 电汇	□ 现金支票	√ 转账支付	□ 其他
付款说明：	支付零星修缮款				
部门批准：	郑乙明	财务核对：	刘明远	总经理审批：	董德清

图 5－13　付款申请单

PZ005－4：

合　　同

甲方：威力电机有限公司

乙方：佛山宏泰建筑工程有限公司

经协商，甲乙双方就零星工程维修承揽施工事宜达成如下协议：

一、工程概况

1. 承包范围：甲方指定的各项零星工程。

2. 承包方式：包工包料

3. 使用材料：由乙方自行选定，但必须保证质量。

二、双方义务

（一）甲方

1. 做好施工前准备工作，确保乙方能按时进场施工。

2. 保证乙方施工用水、用电等条件。

3. 协助乙方维持现场秩序，及时处理各种问题。

4. 在施工过程中，施工若有变更，应提前合理时间通知乙方做好相应的准备，并负责随时检查督促工作进度和质量。

（二）乙方

1. 开工前应通知甲方，以便甲方派人进行监督。

2. 施工产生的垃圾乙方必须及时进行清扫处理，保证施工现场的卫生整洁、干净。

3. 乙方负责人要保证好施工人员的防火、防盗、防意外事故等安全保障工作，发生相关损害的，由乙方自主承担责任。

三、工程验收

施工完毕后，由甲方进行质量验收，乙方应予配合。

四、工程价格及结算方法

1. 总工程量：按实际签证工程量计算。

2. 工程定价：以签证协商价为准。

3. 总金额：34 560 元。

五、保修

发生质量问题时，乙方应当及时、有效、充分地履行维修义务。甲方不承担材料、工钱、交通、食宿等任何费用，但非乙方人为原因或不可抗力造成破坏的情形作外。

六、本合同未尽事宜由甲乙双方协商解决。

七、本合同一式两份，甲、乙双方各执一份，经甲、乙双方签字盖章后生效。

威力电机有限公司　　　　佛山宏泰建筑工程有限公司

甲方：刘德伟　　　　乙方

委托人：　　　　委托人：陈强

2015 年 12 月 27 日　　　　2015 年 12 月 27 日

图 5－14　零星维修工程合同

PZ006 - 1：

建筑业统一发票（代开）　　发票代码 321401488769

发票联　　发票号码 051478007

全国统一发票监制章 广东省 国家税务局监制

开票日期：2015 - 12 - 27

查询码 税控码 机器编号	00087623009 652122001 25858E8765222	密码区	9 > 6/98 < 256 > 1 + > < 86 < 12090 < > 9 > 928 - 9 - / + 4 + 0098812 + 2 > 58 + 1256 > 1 + > < 51 > < 2152 - 2454 + 25 < > 99871112 + 58 > 232 < > - + 009988 < > 145 < < 118 + 1256 > 1

加密版本：01　1234511114　123423330

付款方名称	威力电机有限公司	身份证号/组织机构代码/纳税人识别号	440100678060233	是否为总包人	是
收款方名称	佛山宏泰建筑工程有限公司	身份证号/组织机构代码/纳税人识别号	B25128D998	是否为分包人	否

工程项目名称	工程项目编号	结算项目	金额（元）	完税凭证号码（代扣代缴税款）
零星维修工程		结算款	34 560.00	

合计金额（元）（大写）叁万肆仟伍佰陆拾圆整

税额	税率 5.3699%：税额 1 855.84	完税凭证号码	3015571	主管税务机关及代码	广[illegible]省[illegible]市[illegible]云区分局 02[illegible]815581

广州市地税白云分局
代开发票专用章
01558554758

备注：依据正常完税证开票

开票人：曾勇　　开票单位签章：　　收款方签章：　　（手写无效）

识别发票真伪请依次输入信息码，发票号码和密码，登陆广东地税局网站：（www. partal. gd - n - tax. gov. cn）或语言（010）16881688 及广东地税服务热线（010）12366。

广东盛隆票据 2010 年 4 月印 0245581114 份 2255111313 号码起讫

第一联 发票联（付款方付款凭证）

图 5 - 15　建筑业统一发票

PZ006－2：

中国建设银行
转账支票存根
2052352
53945395

上海金达证券印制有限公司·2013年印制

附加信息

支付零星工程维修款

出票日期 2015 年 12 月 27 日

收款人：
佛山宏泰建筑工程有限公司

金　额：¥34 560.00

用　途：零星工程维修款

单位主管　刘明远　会计

图 5－16　转账支票存根联

PZ006－3：

中国建设银行进账单（回单）　1

2015 年 12 月 27 日

出票人	全　称	威力电机有限公司	收款人	全　称	佛山宏泰建筑工程有限公司
	账　号	4405 0166 8899 4433 0061		账　号	0077 3334 8886 5559 2222
	开户银行	中国建设银行佛山锦隆花园支行		开户银行	建设银行佛山支行

金额	人民币（大写）	亿	千	百	十	万	千	百	十	元	角	分
	参万肆仟伍佰陆拾圆整				¥	3	4	5	6	0	0	0

票据种类	转账支票	票据张数	1
票据号码	235489722601		

复核　　记账

中国建设银行佛山锦隆花园支行
2015.12.27
转讫

开户银行签章

此联是开户银行交给持票人的回单

图 5－17　中国建设银行进账单

PZ006 －4：

设备检修验收单

单位	威力电机有限公司	验收日期	2015－12－27
检修设备名称	定子生产设备	型号	xy2020－203
开工日期	2015. 12. 24	完工日期	2015. 12. 27
检修单位	佛山机械设备维修有限公司		
检修内容及更换零部件： 检修内容： 1. 更换2#料位计总控制器。 2. 将1#，2#传感器上移。 3. 更换1#料位计电机。 4. 设备管与线路加固焊接。 更换零部件：1. 料位计总控制器一套；2. 料位计电机一台			
验收意见： 检修后设备运行正常，验收通过			
验收单位	威力电机有限公司	验收人	王一航 王明 廖志强

图 5－18 设备检修验收单

PZ007 －1：

5599922278 **广东增值税专用发票** № 6213405789

发票联（国家税务局监制）

校验码 41233 44566 11134 33456 开票日期：2015 年 12 月 27 日

购货单位	名　　称：威力电机有限公司 纳税人识别号：440100678060233 地 址 、电 话：广东省佛山市南海狮山新城工业区 开户行及账号：4405 0166 8899 4433 0061			密码区	033＋＊7－＊73＊＞889655444＞2/＞09－7/3/＋/86＜9＞＜＞009887/72132＊7＋＜＞931329＊894＋＋112/8＞＋570＊5－＞＞6＜533/47＊019＞/346＞26＋116＜69		
货物或应税劳务名称	规格型号	单位	数 量	单 价	金 额	税率	税 额
设备维修费				54 530.00	54 530.00	17%	9 270.10
合　计					￥54 530.00	17%	￥9 270.10
价税合计（大写）	⊗陆万叁仟捌佰圆壹角整				（小写）￥63 800.10		
销货单位	名　　称：佛山机械设备维修有限公司 纳税人识别号：667773498877923 地 址 、电 话：广东省佛山 67899＊＊ 开户行及账号：建设银行佛山支行 0089 9987 1131 2222				备注		

税总函［2015］888 号某某某印刷厂有限公司

第二联：发票联 购货方记账凭证

佛山机械设备维修有限公司 883473400098 发票专用章 3515887188845477245

收款人：王清 复核：陈志强 开票人：张少东 销货单位：（章）

图 5－19 增值税专用发票（发票联）

PZ007 -2:

付款申请单

申请人:	刘清玉	填制日期:	2015年12月27日	附件张数:	2
付款金额(大写):	陆万叁仟捌佰圆壹角整 ¥ 63 800.10				
收款人全称:	佛山机械设备维修有限公司				
开户银行及账号:	中国建设银行广东支行 0089 9987 1131 2222				
其他要求说明:					
付款方式:	□ 现金	□ 电汇	□ 现金支票	√ 转账支付	□ 其他
付款说明:	支付设备修缮款				
部门批准:	郑乙明	财务核对:	刘明远	总经理审批:	董德清

图 5-20 威力电机有限公司付款申请单

PZ007 -3:

中国建设银行
转账支票存根
5053352
53394533

上海金达证券印制有限公司·2013年印制

附加信息

支付设备检修款

出票日期 2015年12月27日

收款人: 佛山机械设备维修有限公司	
金　额:	¥63 800.10
用　途:	设备检修款

单位主管 刘明远 会计

图 5-21 转账支票存根联

PZ007 －4：

中国建设银行进账单（回单）　　1

2015 年 12 月 27 日

<table>
<tr><td rowspan="3">出票人</td><td>全　称</td><td colspan="4">威力电机有限公司</td><td rowspan="3">收款人</td><td>全　称</td><td colspan="11">佛山机械设备维修有限公司</td></tr>
<tr><td>账　号</td><td colspan="4">4405 0166 8899 4433 0061</td><td>账　号</td><td colspan="11">0089 9987 1131 2222</td></tr>
<tr><td>开户银行</td><td colspan="4">中国建设银行佛山锦隆花园支行</td><td>开户银行</td><td colspan="11">建设银行佛山支行</td></tr>
<tr><td rowspan="2">金额</td><td rowspan="2">人民币（大写）</td><td colspan="6" rowspan="2">陆万叁仟捌佰圆壹角整</td><td>亿</td><td>千</td><td>百</td><td>十</td><td>万</td><td>千</td><td>百</td><td>十</td><td>元</td><td>角</td><td>分</td></tr>
<tr><td></td><td></td><td></td><td>¥</td><td>6</td><td>3</td><td>8</td><td>0</td><td>0</td><td>1</td><td>0</td></tr>
<tr><td colspan="2">票据种类</td><td>转账支票</td><td>票据张数</td><td>1</td><td colspan="15" rowspan="3">中国建设银行佛山锦隆花园支行
2015.12.27
转讫

开户银行签章</td></tr>
<tr><td colspan="2">票据号码</td><td colspan="3">23548975551</td></tr>
<tr><td colspan="5">
复核　　　　记账</td></tr>
</table>

此联是开户银行交给持票人的回单

图 5－22　中国建设银行进账单

PZ008 －1：

设备检修验收单

单位	威力电机有限公司	验收日期	2015－12－27
检修设备名称	转子生产设备	型号	xyee－213
开工日期	2015.12.24	完工日期	2015.12.27
检修单位	佛山市机电维修有限公司		
设备维修内容： 1. 转子生产设备整体搬迁到新地址。 2. 管线重新布置。 3. 日常保修。 4. 更换滚动轴一条。			
验收意见： 搬迁后设备运行正常，验收通过			
验收单位	威力电机有限公司	验收人	董德明　林明　廖伟

图 5－23　设备检修验收单

PZ008 –2：

5599920009 **广东增值税专用发票** № 6213704589

发票联

校验码 00981 99788 11222 33515 开票日期：2015 年 12 月 27 日

购货单位	名　　称：威力电机有限公司 纳税人识别号：440100678060233 地 址 、电 话：广东省佛山市南海狮山新城工业区 开户行及账号：4405 0166 8899 4433 0061			密码区	033 + * 7 − * 73 * > 800988877 > 2/ > 09 − 7/3/ + /86 < 9 > < > 001137/72132 * 7 + < > 931329 * 894 + + 112/8 > + 570 * 5 − > > 6 < 533/47 * 019 > /312 > 26 + 116 < 69		
货物或应税劳务名称	规格型号	单位	数量	单价	金额	税率	税额
设备维修费				12 540.00	12 540.00	17%	2 131.80
合　计					¥12 540.00	17%	¥2 131.80
价税合计（大写）	⊗壹万肆仟陆佰柒拾壹圆捌角整				（小写）¥14 671.80		
销货单位	名　　称：佛山市机电维修有限公司 纳税人识别号：888773090001 地 址 、电 话：广东省佛山 67812 * * 开户行及账号：建设银行佛山支行 1189 9911 2231 2277			备注	设备迁移费		

佛山市机电维修有限公司 883473499877 发票专用章 35158871888454772415

收款人：王德志　　复核：陈志坚　　开票人：林栋　　销货单位：（章）

税总函［2015］888 号某某某印刷厂有限公司

第二联：发票联　购货方记账凭证

图 5 –24　增值税专用发票

PZ008 –3：

付款申请单

申请人：	刘清玉	填制日期：	2015 年 12 月 27 日	附件张数：	2
付款金额（大写）：	壹万肆仟陆佰柒拾壹圆捌角整　　¥ 14 671.80				
收款人全称：	佛山市机电维修有限公司				
开户银行及账号：	中国建设银行佛山支行　　1189 9911 2231 2277				
其他要求说明：					
付款方式：	□ 现金	□ 电汇	□ 现金支票	√ 转账支付	□ 其他
付款说明：	支付设备迁移费				
部门批准：	郑乙明	财务核对：	刘明远	总经理审批：	董德清

图 5 –25　付款申请单

PZ008－4：

中国建设银行
转账支票存根
2052352
33394533

上海金达证券印制有限公司·2013年印制

附加信息

支付设备迁移款

出票日期 2015 年 12 月 27 日

收款人：
佛山市机电维修有限公司

金　额：¥14 671.80

用　途：设备迁移款

单位主管　刘明远　会计

图 5－26　转账支票存根联

PZ009－1：

中国建设银行进账单（回单）　1

2015 年 12 月 27 日

出票人	全　称	威力电机有限公司	收款人	全　称	佛山市机电设备维修有限公司										
	账　号	4405 0166 8899 4433 0061		账　号	1189 9911 2231 2277										
	开户银行	中国建设银行佛山锦隆花园支行		开户银行	建设银行佛山支行										
金额	人民币（大写）	壹万肆仟陆佰柒拾壹圆捌角整			亿	千	百	十	万	千	百	十	元	角	分
								¥	1	4	6	7	1	8	0
票据种类	转账支票	票据张数	1												
票据号码	23548976661														
复核	记账			开户银行签章											

中国建设银行佛山锦隆花园支行
2015.12.27
转讫

此联是开户银行交给持票人的回单

图 5－27　中国建设银行进账单

PZ009－2：

付款申请单

申请人：	刘清玉	填制日期：	2015 年 12 月 27 日	附件张数：	2
付款金额（大写）：	陆万陆仟伍佰捌拾圆整 ¥ 66 580.00				
收款人全称：	广东建筑工程设计有限公司				
开户银行及账号：	建设银行广东支行 0088 0099 2378 9900				
其他要求说明：					
付款方式：	□ 现金	□ 电汇	□ 现金支票	√ 转账支付	□ 其他
付款说明：	支付工程设计费				
部门批准：	郑乙明	财务核对：	刘明远	总经理审批：	董德清

图 5－28 威力电机有限公司付款申请单

PZ009－3：

付款申请单

申请人：	刘清玉	填制日期：	2015 年 12 月 27 日	附件张数：	2
付款金额（大写）：	陆万陆仟伍佰捌拾圆整 ¥ 66 580.00				
收款人全称：	广东建筑工程设计有限公司				
开户银行及账号：	建设银行广东支行 0088 0099 2378 9900				
其他要求说明：					
付款方式：	□ 现金	□ 电汇	□ 现金支票	√ 转账支付	□ 其他
付款说明：	支付工程设计费				
部门批准：	郑乙明	财务核对：	刘明远	总经理审批：	董德清

图 5－28 威力电机有限公司付款申请单

PZ009－4：

建筑工程设计合同

建设单位：威力电机有限公司，以下简称甲方：

设计单位：广东建筑工程设计有限公司，以下简称乙方。

根据建设工程勘察设计管理条例的规定，鉴于乙方具有符合国家规定的资质等级来承揽建设工程设计业务，经友好协商，特签订本合同，以便共同遵守。

一、工程名称

甲方委托乙方承担3#钢结构厂房工程的设计项目，建筑安装面积为1 900平方米，建设地点在厂区内。

二、甲方义务

1. 在工程开工前，甲方应组织施工单位，与乙方进行设计技术交底：工程竣工后，甲方应通知乙方参加竣工验收。

2. 在设计人员进入施工现场进行工作时，甲方应提供必要的工作条件。

3. 甲方必须维护乙方的设计文件，不得擅自修改；未经乙方同意，甲方不得复制，重复使用或擅自扩大建设范围。甲方有义务保护乙方的设计版权，不得转让给第三方重复使用。

三、乙方义务

1. 乙方必须按照国家工程建设强制性标准和国家规定的建设工程设计深度要求进行设计，并在2015年12月27日以前，向甲方交付设计文件；其中，设计文件一式肆份，技术设计文件一式肆份，施工图设计文件一式肆份。

2. 乙方编制的设计文件，应当满足编制施工招标文件、主要设备材料订货和编制施工图设计文件的需要：同时编制施工图设计文件，应当满足设备材料采购、非标准设备制作和施工的需要，并注明建设工程合理使用年限。

3. 乙方对所承担设计任务的建设项目应配合施工单位进行施工前技术交底，解决施工中的有关设计问题，负责设计变更，参加隐蔽工程验收和工程竣工验收。

四、设计费

甲方将乙方提供的设计文件交由3—5家工程公司报价，若上述公司作出的报价均在甲方要求的基础造价范围内，甲方一次性付给乙方设计费人民66 580元。

五、违约责任

1. 甲方不按照合同规定向乙方支付设计费，应根据银行关于延期付款的规定，向乙方偿付违约金。

2. 由于乙方的原因，延误设计文件的交付时间，每延误 1 天，乙方应向甲方偿付相当于设计费的 1 %的违约金（甲方可在设计费中扣除）。

3. 因乙方设计质量低劣引起返工，应由乙方继续完善设计任务，并视造成的损失浪费大小退还设计费。对于因乙方设计错误造成工程质量事故者，乙方应承担赔偿金。

六、其他

本合同自2015年12月1日双方签章后生效。本合同如有未尽事宜，需经双方共同协商，作出补充协定，补充协定与本合同具有同等效力。

本合同未尽事项，按我国的法律，法规和规章的规定处理。

本合同正本一式二份，甲方双方各执一份。

建设单位（甲方）（盖章）：______
代表人（签字）：刘德伟
2015年12月1日

设计单位（乙方）（盖章）：______
代表人（签字）：垄[illegible]刚
2015年12月1日

图5－29　建筑工程设计合同

PZ010－2：

广东省国家税务局通用机打发票

发　票　联

发票代码　1425977881235
发票号码　10099873
验 证 码　12099876

开票日期：2015 年 12 月 27 日　　行业分类：建筑类勘察设计行业

客户名称：威力电机有限公司	税款码：012258112368872323
付款方编码：0122581123621258	收款方编码：99888239009
付款方名称：威力电机有限公司	收款方名称：广东建筑工程设计有限公司
收款项目 工程设计费	收款金额 66 580.00
金额大写：陆万陆仟伍佰捌拾圆整	小写：66 580.00
备注：3#钢结构厂房工程设计费	开票人：郑友

（印章：广东建筑工程设计有限公司 0998876600098 发票专用章）

粤国税征票函［2015］602号　深国瑞印刷服务中心制
代用名印刷中心承印

第一联　发票联（购物单位付款凭证）

发票查询网址：www. fapiao. gor. cn

图 5－30　工程设计费通用机打发票（发票联）

PZ011－3：

中国建设银行
转账支票存根
5055352
33394533

附加信息

支付工程设计费

出票日期 2015 年 12 月 27 日

收款人： 广东建筑工程设计有限公司	
金　额：¥66 580.00	
用　途：工程设计费	

单位主管　刘明远　会计

上海金达证券印制有限公司 · 2013 年印制

图 5－31　转账支票存根联

PZ011－4：

中国建设银行进账单（回单） 1

2015 年 12 月 27 日

出票人	全　称	威力电机有限公司	收款人	全　称	广东建筑工程设计有限公司
	账　号	4405 0166 8899 4433 0061		账　号	0088 0099 2378 9900
	开户银行	中国建设银行佛山锦隆花园支行		开户银行	中国建设银行佛山支行
金额	人民币（大写）	陆万陆仟伍佰捌拾圆整		亿千百十万千百十元角分	¥ 6 6 5 8 0 0 0
票据种类	转账支票	票据张数 1			
票据号码	235489884661				
	复核	记账			开户银行签章

中国建设银行佛山锦隆花园支行 2015.12.27 转讫

此联是开户银行交给持票人的回单

图 5－32 中国建设银行进账单

PZ012－1：

工程交付使用确认单

威力电机有限公司：

由贵方承建施工的3#钢结构厂房工程装饰工程，贵方已按我方要求将本工程于2015 年12 月28 日交付使用，具体交接事项如附件《工程移交记录》。请贵方按照相关规定与要求，办理各种工程相关手续。

广东佛山建筑工程有限公司

确认单位：广东佛山建筑工程有限公司

代表人：罗明

日期：2015 年 12 月 28 日

附：《工程移交记录》

图 5－33 工程交付使用确认单

PZ012 －2：

工程移交记录

项目名称：3#钢结构厂房工程　　项目合同编号：20151078

发 包 人：威力电机有限公司　　监理单位：佛山工程监理有限公司

接收单位：公司室　　承包人：罗明

项目经理：李博

一、完工工程移交范围内容

序号	部位或者名称	数量	备注	接收代表	日期
1	工程招标文件	1		李鹤	12.27
2	施工合同	1		李鹤	12.27
3	工程施工签证	36 份	隐蔽性工程签证 23 份	李鹤	12.27
4	工程验收单	1 份		李鹤	12.27
5	工程量核对清单	2 份		李鹤	12.27
6	……				

二、工程接管建议

1. 做好交付范围内的保护和保洁，不得用水、湿拖布清理地面。
2. 搬用家具等物品时，防止对木品、墙面、地面的污染、擦伤和损坏。
3. 交付范围应按规范配置和检查消防设施功能正常。
4. 使用期间检查有管道漏水，及时维修。对非上人天花，不得上人踩踏。
5. 请遵守《工程保修和使用说明书》的相关内容。

承包人（印章）：罗明　　发包人（印章）：刘德伟　　接受单位（印章）：李鹏

日期：2015 年 12 月 27 日　　日期：2015 年 12 月 27 日　　日期：2015 年 12 月 27 日

图 5－34　工程移交记录

PZ012 －3：

付款申请单

申请人：	刘清玉	填制日期：	2015 年 12 月 27 日	附件张数：	2
付款金额（大写）：	肆万圆整　　¥ 40 000.00				
收款人全称：	广东设备租赁有限公司				
开户银行及账号：	建设银行广东支行　　9877 9900 6677 8811				
其他要求说明：					
付款方式：	□ 现金	□ 电汇	□ 现金支票	√ 转账支付	□ 其他
付款说明：	支付设备融资租赁费				
部门批准：	郑乙明	财务核对：	刘明远	总经理审批：	董德清

图 5－35　威力电机有限公司付款申请单

PZ012－4：

设备融资租赁合同

编号：2015120019

甲方（承租方）：威力电机有限公司

乙方（出租方）：广东设备租赁有限公司

广东设备租赁公司（以下简称出租人）与威力电机有限公司（以下简称承租人）签订本合同，其条款如下：

1. 出租人同意租出，承租人同意租进附件所列的设备；该附件是本合同不可分割的部分。

2. 租期为5年，从承租人验收设备后下一个月开始支付租赁费；设备租赁约定年内含报酬率为12%；出租设备市场公允价值为220万元；预计使用年限为5年；残值为5万元。安装费17 982元，由甲方支付。

3. 总租金为240万元，从承租人接受所租设备之日开始计租。在租赁期内，月租为4万元，应于每月30号前交入中国建设银行的出租人账户。

双方同租赁期间任何一方不得要求加租或减租。如果承租人不准时交租，则应向出租人交付比该行长期贷款利率多5%的利息作为处罚。

签约后1个月内承租人应向出租人提交中国银行出具的保函，担保承租人按合同规定交租。

4. 出租人必须合同签订之日起10天内把所租设备运交承租人。

5. 在租赁期间，出租人必须办理必要的保险；保险应包括第三者责任险，使在事故中，遭受损失和伤亡的其他有关方也可受益。

6. 在租赁期间，出租人应免费提供租后服务，包括所租设备的安装、运转、修理和保养。承担人必须妥善爱护所租设备，保持经久耐用。如果由于承租人员的错误操作造成设备损坏，修理费应由承租人承担。

7. 出租人应按优惠价格向承租人提供原料和部件。

8. 在设备到达厂房__1__个月内，出租人要派出__1__名技术员到__现场__指导所租设备的安装，然后培训承租人的技术员和工人，使他们能达到掌握有关操作、修理和保养所租设备的技术。技术人员发生的相关费用则由出租人承担。

9. 为达到第八条所述的目的，有关安装、调试、检查、修理、操作和保养的技术资料应由出租人免费提供承租人。

10. 出租人的技术人员每季至少要对所租设备检验一次以确保设备正常开动。承租人则要给予他们必要的协助。

11. 如果承租人涉及第三者的专利权纠纷，出租人应对其后果负责。

12. 没有出租人书面同意，承租人不得将设备转租给第三方。

13. 当合同期满时，承租人可以采用__c__种方式处理：

a. 继续再租____年；b. 改签融资租赁合同租用更长的时间；c. 按照双方同意的优惠价格直接购买设备。

14. 如果一方受到不可抗力的阻挡而不能履行合同义务，执行合同的时限应作相应的延长。

15. 有关本合同的一切争议应该按照国际商会的调解和仲裁规则由一个或几个按该规则指定的仲裁员最终仲裁解决。

出租人（盖章）：____ 承租人（盖章）：____

法定代表人（签字）：林清 法定代表人（签字）：刘德伟

2015年11月1日 2015年11月1日

（印章：威力电机有限公司）（印章：广东佛山建筑工程有限公司）

图5－36 设备融资租赁合同

PZ013－1：

全国统一发票监制章
国家税务局监制

广东省国家税务局通用机打发票

发 票 联

发票代码 987223222201

发票号码 1007765444

开票日期：2015 年 12 月 28 日 行业分类：租赁业 验 证 码 1208888901

粤国税征票函［2015］602号 深国瑞印刷服务中心制
代用名印刷中心承印

客户名称：威力电机有限公司 税款码：012258112368872323

付款方编码：0122581123621258 收款方编码：9990091213232

付款方名称：威力电机有限公司 收款方名称：广东设备租赁有限公司

收款项目 收款金额

设备租赁费 40 000.00

广东设备租赁有限公司
0189817727730
发票专用章

金额大写：肆万圆整 小写：￥40 000.00

备注：设备租赁费 开票人：林启

第一联 发票联（购物单位付款凭证）

发票查询网址：www. fapiao. gor. cn

图 5－37 设备租赁费发票（发票联）

PZ013－2：

威力电机有限公司固定资产入库单

2015 年 11 月 28 日 库单号：20151109

资产编号	资产名称	规格型号	资产类别	供应商	单位	数量	单价（元）	金额（元）	备注
A20151206	机械臂	XY－SR130 码垛机器人	设备		部	1	1 843 706	1 843 706	融资租赁
合计							1 843 706	1 843 706	

验收意见：合格	验收人员（签字）：李一鸣
资产管理员（签字）：池清	采购员（签字）：王驰

第一联 财务部门

图 5－38 威力电机有限公司固定资产入库单（财务联）

PZ013－3：

融资租赁设备安装调试后正式验收单

验收依据		1. 合同编号：2015120019			2. 供货确认函编号：			
序号	货物名称	品牌/商标	规格	型号	生产厂家	单位	总计数量	备注
1	机械臂	欧姆龙	进口 PLC		德国	台	1	
验收内容	1. 安装运行时间：2015 年 11 月 28 日							
	2. 噪音：符合合同及规范√ 不符合描述：							
	3. 不存在实际使用缺陷或潜在不足√ 存在描述：							
	4. 安装质量：符合合同及规范√ 不符合描述：							
	5. 其他： 无							
使用单位		陈鼎一 王明 游俊东 卓明新 日期：2015 年 12 月 28 日						
供货单位		张志强 吴一波 陈亮 日期：2015 年 12 月 28 日						

图 5－39 融资租赁设备安装调试后正式验收单

PZ013－4：

中国建设银行
转账支票存根
5255352
34394533

上海金达证券印制有限公司·2013年印制

附加信息

支付设备融资租赁费

出票日期 2015 年 12 月 27 日

收款人： 广东设备租赁有限公司
金 额：¥40 000.00
用 途：设备融资租赁费

单位主管 刘明远 会计

图 5－40 转账支票存根联

PZ014－1：

中国建设银行进账单（回单） 1

2015 年 12 月 27 日

出票人	全称	威力电机有限公司	收款人	全称	广东设备租赁有限公司
	账号	4405 0166 8899 4433 0061		账号	9877 9900 6677 8811
	开户银行	中国建设银行佛山锦隆花园支行		开户银行	中国建设银行广东支行

金额	人民币（大写）	肆万圆整	亿	千	百	十	万	千	百	十	元	角	分
						¥	4	0	0	0	0	0	0

票据种类	转账支票	票据张数	1
票据号码	235489994641		
复核 记账		开户银行签章	

中国建设银行佛山锦隆花园支行 2015.12.27 转讫

此联是开户银行交给持票人的回单

图 5－41　中国建设银行进账单

PZ014－2：

中国建设银行
China Construction Bank

中国建设银行单位客户专用回单　　№. 133008833408

2015 年 12 月 28 日　　流水号：2938400022355

付款人	全称	广东机械制造有限公司	收款人	全称	威力电机有限公司
	账号	7711 3333 9900 9977		账号	4405 0166 8899 4433 0061
	开户行	中国建设银行广东支行		开户行	中国建设银行佛山锦隆花园支行
金额	大写：人民币贰万圆整			小写：¥20 000.00	
凭证种类	电子转账凭证		凭证号码		
结算方式	转账		用途	设备租赁款	

汇款交易日期：20151228　支付清算业务类型：E734
汇款合约编号：88779304340221
实际付款人账户：7711 3333 9900 9977
汇入行行名：建行广东分行
汇款备注：8282B

打印柜员：23877232323
打印机构：中国建设银行佛山支行
打印卡号：3934823232
汇款附言：8282B

中国建设银行 电子回单专用章

打印时间：2015－12－28　12：35　　交易柜员：2832231　　交易机构：2328232

图 5－42　中国建设银行单位客户专用回单

PZ014－3：

全国统一发票监制章
国家税务局监制

广东省国家税务局通用机打发票

发 票 联

发票代码 987223886652
发票号码 1007998702

开票日期：2015 年 12 月 28 日 行业分类：租赁业 验 证 码 1208812090

客户名称：广东机械制造有限公司 税款码：012258112368872323

付款方编码：0122581299877388 收款方编码：0122581123621258
付款方名称：广东机械制造有限公司 收款方名称：威力电机有限公司

收款项目 收款金额
设备租赁费 20 000.00

威力电机有限公司
88770000999123
发票专用章

金额大写：贰万圆整 小写：￥20 000.00
备注：设备租赁费
开票人：刘明远

粤国税征票函［2015］602号 深圳瑞印刷服务中心制
代用名印刷中心承印

第二联 记账联（开票单位记账凭证）

发票查询网址：www.fapiao.gor.cn

图 5－43 设备租赁费通用机打发票（记账联）

PZ014－4：

设备融资租赁合同

编号：2015120020

甲方（出租方）：威力电机有限公司

乙方（承租方）：广东机械制造有限公司

威力电机有限公司（以下简称出租人）与广东机械制造有限公司（以下简称承租人）签订本合同，其条款如下：

1. 出租人同意租出，承租人同意租进附件所列的设备；该附件是本合同不可分割的部分。

2. 租期为5年，从承租人设备验收后下一个月开始支付租赁费；设备租赁约定内含报酬率为12%；出租设备市场公允价值为100万元；预计使用年限为5年；残值为5万元。

3. 总租金为120万元，从承租人接受所租设备之日开始计租。在租赁期内，月租为2万元，应于每月30号前交入中国建设银行的出租人账户。

双方同租赁期间任何一方不得要求加租或减租。如果承租人不准时交租，则应向出租人交付比该行长期贷款利率多5%的利息作为处罚。

签约后1个月内承租人应向出租人提交中国银行出具的保函，担保承租人按合同规定交租。

4. 出租人必须合同签订之日起10天内把所租设备运交承租人。

5. 在租赁期间，出租人必须办理必要的保险；保险应包括第三者责任险，使在事故中，遭受损失和伤亡的其他有关方也可受益。

6. 在租赁期间，出租人应免费提供租后服务，包括所租设备的安装、运转、修理和保养。承担人必须妥善爱护所租设备，保持经久耐用。如果由于承租人员的错误操作造成设备损坏，修理费应由承租人承担。

7. 出租人应按优惠价格向承租人提供原料和部件。

8. 在设备到达厂房__1__个月内，出租人要派出__1__名技术员到__现场__指导所租设备的安装，然后培训承租人的技术员和工人，使他们能达到掌握有关操作、修理和保养所租设备的技术。技术人员发生的相关费用则由出租人承担。

9. 为达到第八条所述的目的，有关安装、调试、检查、修理、操作和保养的技术资料应由出租人免费提供承租人。

10. 出租人的技术人员每季至少要对所租设备检验一次以确保设备正常开动。承租人则要给予他们必要的协助。

11. 如果承租人涉及第三者的专利权纠纷，出租人应对其后果负责。

12. 没有出租人书面同意，承租人不得将设备转租给第三方。

13. 当合同期满时，承租人可以采用__c__种方式处理：

a. 继续再租____年；b. 改签融资租赁合同租用更长的时间；c. 按照双方同意的优惠价格直接购买设备，即5万元。

14. 如果一方受到不可抗力的阻挡而不能履行合同义务，执行合同的时限应作相应的延长。

15. 有关本合同的一切争议应该按照国际商会的调解和仲裁规则由一个或几个按该规则指定的仲裁员最终仲裁解决。

承租人（盖章）：____ 出租人（盖章）：____

法定代表人（签字）：陈胜 法定代表人（签字）：刘德伟

2015年11月1日 2015年11月1日

威力电机有限公司 广东机械制造有限公司

图5－44 设备融资租赁合同

PZ015－1：

威力电机有限公司

固定资产报废处理审请单

申请部门	总装车间		
资产编号	A000187	资产名称	机械臂
规格型号	GT0009	存放地点	总装车间
资产原值	158 900 元	已提折旧	127 120 元
资产净值	31 780 元	资产残值	8 000 元
购置日期	2011 年 12 月 28 日	规定使用年限	5 年
已使用年限	4 年	账列尚可使用年限	1 年
报废原因	因该设备无法正常使用，若维修，预算经费为 28 000 元左右。为此，建议予以报废。		
申请人	建议公司予以报废		
	签字：张德志		日期：2015 年 12 月 27 日
主管部门	同意予以报废		
	签字：廖清明		日期：2015 年 12 月 27 日
财务部经理	同意予以报废		
	签字：刘远明		日期：2015 年 12 月 27 日
总经理	同意报废		
	签字：刘德伟		日期：2015 年 12 月 27 日

图 5－45　固定资产报废处理申请单

PZ015－2：

付款申请单

申请人：	刘清玉	填制日期：	2015 年 12 月 27 日	附件张数：	2
付款金额（大写）：	贰仟捌佰捌拾圆整　　¥ 2 880.00				
收款人全称：	广东冲床制造有限公司				
开户银行及账号：	中国建设银行广东支行　6655 7712 4413 5566				
其他要求说明：					
付款方式：	□ 现金	□ 电汇	□ 现金支票	√ 转账支付	□ 其他
付款说明：	支付设备搬运费				
部门批准：	郑乙明	财务核对：	刘明远	总经理审批：	董德清

图 5－46　威力电机有限公司付款申请单

PZ015－3：

广东省国家税务局通用机打发票

仟元版

发票联

发票代码 135021410148

发票号码 01722335

开票日期：2015－12－28　　行业分类：服务业

2015年5月第317号批准安妮印100000份

客户名称：威力电机有限公司					
货物及劳务名称	规格型号	单位	数量	单价	金额
设备搬运费		次	1	2 880.00	2 880.00
合　计				2 880.00	2 880.00
价税合计（大写）¥贰仟捌佰捌拾圆整				（小写）¥2 880.00	

销货单位		备注
销货单位	名　　称：广东冲床制造有限公司 纳税人识别号：10024580015571515 地 址 、电 话：广东省越秀区＊＊＊＊＊＊＊＊＊＊＊ 开户行及账号：中国建设银行广东省分行 6665 5522 7788 9988	

第二联：发票联　购货方记账凭证

收款人：陈东　　复核：林星　　开票人：陈煜　　销货单位：（章）

（印章：广东冲床制造有限公司 35028877666661 发票专用章 35158871888454772415）

图 5－47　设备搬运费通用机打发票（发票联）

PZ015－4：

中国建设银行
转账支票存根
3353352
44394533

上海金达证券印制有限公司・2013年印制

附加信息

支付搬运费

出票日期 2015 年 12 月 28 日

收款人： 广东冲床制造有限公司
金　额：¥2 880.00
用　途：设备搬运费

单位主管　刘明远　会计

图 5－48　转账支票存根联

PZ016－1：

中国建设银行进账单（回单） 1

2015 年 12 月 28 日

出票人	全　称	威力电机有限公司	收款人	全　称	广东冲床制造有限公司
	账　号	4405 0166 8899 4433 0061		账　号	6655 7712 4413 5566
	开户银行	中国建设银行佛山锦隆花园支行		开户银行	建设银行广东支行
金额	人民币（大写）	贰仟捌佰捌拾圆整		亿 千 百 十 万 千 百 十 元 角 分	¥ 2 8 8 0 0 0
票据种类	转账支票	票据张数	1		
票据号码	2354899778881				
复核　记账				开户银行签章	

中国建设银行佛山锦隆花园支行 2015.12.28 转讫

此联是开户银行交给持票人的回单

图 5－49　中国建设银行进账单

PZ016－2：

中国建设银行 China Construction Bank

中国建设银行单位客户专用回单　No. 39399780

2015 年 12 月 28 日　流水号：2982839000899

付款人	全　称	云南机床生产制造有限公司	收款人	全　称	威力电机有限公司
	账　号	8883 9987 1133 9900 1161		账　号	4405 0166 8899 4433 0061
	开户行	中国建设银行云南曲靖支行		开户行	中国建设银行佛山锦隆花园支行
金　额	（大写）人民币壹万肆佰玖拾捌圆零捌分				（小写）¥10 498.08
凭证种类	电子转账凭证		凭证号码		
结算方式	电汇		用　途	购旧设备一台	

汇款交易日期：20151228　支付清算业务类型：E734
汇款合约编号：24343460088
实际付款人账户：8883 9987 1133 9900 1161
汇入行行名：中国建设银行云南曲靖支行
汇款备注：5543B

打印柜员：399887777889
打印机构：中国建设银行佛山支行
打印卡号：9928323998
汇款附言：5543B

中国建设银行 电子回单 专用章

打印时间：2015－12－28　10：20　交易柜员：33093800009　交易机构：393834

图 5－50　中国建设银行单位客户专用回单

PZ016 -3：

6675566780 **广东增值税专用发票** № 3157406289

发 票 联

校验码 66677 11988 10544 88922 开票日期：2015 年 12 月 28 日

购货单位	名　　称：云南机床生产制造有限公司 纳税人识别号：382948753434342 地 址 、电 话：云南曲靖 * * * * * * * 开户行及账号：建行云南曲靖支行 29384 55677 88990 55441	密码区	033 + * 7 - * 73 * > 334567777 > 2/ > 09 - 7/3/ + /86 < 9 > < > 223445/32123 * 7 + < > 445666 * 894 + + 897/8 > + 570 * 5 - > > 6 < 589/47 * 019 > /326 > 26 + 006 < 19

货物或应税劳务名称	规格型号	单位	数 量	单 价	金 额	税率	税 额
旧设备		台	1	10 300.00	10 300.00	1.9231%	198.08
合 计					¥10 300.00	1.9231%	¥198.08
价税合计（大写）	⊗壹万肆佰玖拾捌圆零捌分				（小写） ¥10 498.08		

销货单位	名　　称：威力电机有限公司 纳税人识别号：440100678060233 地 址 、电 话：广东省佛山市南海狮山新城工业区 8877588 开户行及账号：中国建设银行佛山锦隆花园支行 4405 0166 8899 4433 0061	备注	

威力电机有限公司 88770000999123 发票专用章

收款人：陈义　　复核：陈琳　　开票人：刘明远　　销货单位：（章）

税总函［2015］888 号某某某印刷厂有限公司

第一联：记账联 销货方记账凭证

图 5 -51 增值税专用发票（记账联）

PZ016 -4：

威力电机有限公司产成品与自制半成品入库单

交库单位：定子车间　　2015 年 12 月 30 日

编号	种类	产品名称	规格	型号	检验结果		实收数量	金额
					合格	不合格		
A018	自制半成品	定子半成品	YE3 -200L -4 型		1 750	11	1 750	
A018	自制半成品	定子半成品	YE3 -225M -4 型		1 630	17	1 630	
A018	自制半成品	定子半成品	YE2 -132S1 -2 型		1 910	8	1 910	
A018	自制半成品	定子半成品	YE2 -3551 -4 -355K 型		120	19	120	
备注：						合计		

生产车间负责人：郑友明　　检验人签字：卓明新　　仓库管理员：刘清远

图 5 -52 威力电机有限公司产成品与自制半成品入库单（定子车间）

PZ017 －1：

威力电机有限公司产成品与自制半成品入库单

交库单位：转子车间　　　　　　　　　　　　2015 年 12 月 30 日

编号	种类	产品名称	规格	型号	检验结果		实收数量	金额
					合格	不合格		
A018	自制半成品	转了半成品	YE3 －200L －4 型		1 650	15	1 650	
A018	自制半成品	转子半成品	YE3 －225M －4 型		1 890	7	1 890	
A018	自制半成品	转子半成品	YE2 －132S1 －2 型		1 770	8	1 770	
A018	自制半成品	转子半成品	YE2 －3551 －4 －355K 型		830	9	830	
备注：						合计		
生产车间负责人：罗明康			检验人签字：卓明新		仓库管理员：刘清远			

图 5 －53　威力电机有限公司产成品与自制半成品入库单（转子车间）

PZ017 －2：

威力机电有限公司产成品与自制半成品入库单

交库单位：总装车间　　　　　　　　　　　　2015 年 12 月 30 日

编号	种类	产品名称	规格	型号	检验结果		实收数量	金额
					合格	不合格		
A018	产成品	电机	YE3 －200L －4 型		50	15	50	
A018	产成品	电机	YE3 －225M －4 型		150	17	150	
A018	产成品	电机	YE2 －132S1 －2 型		70	18	70	
A018	产成品	电机	YE2 －3551 －4 －355K 型		30	9	30	
备注：						合计		
生产车间负责人：鲁明			检验人签字：卓明新		仓库管理员：刘清远			

图 5 －54　威力电机有限公司产成品与自制半成品入库单（总装车间）

PZ017－3：

加油卡使用记录表

序号	加油卡	时间	车牌号	公里数	加油数量（升）	单价	消费金额（元）	余额（元）	使用人
1	主卡	12 月 8 日						20 000.00	
2	主卡	12 月 10 日	粤 N6217＊＊	34 000	45	7.24	325.80	19 674.20	申达
3	主卡	12 月 11 日	粤 N1123＊＊	12 000	48	7.24	347.52	19 326.08	王刚
4	主卡	12 月 12 日	粤 N6217＊＊	34 300	50	7.24	362.00	18 964.68	申达
5	主卡	12 月 12 日	粤 N1123＊＊	12 340	48	7.24	347.52	18 617.16	王刚
6	主卡	12 月 12 日	粤 N6217＊＊	34 600	48	7.24	347.52	18 269.64	申达
7	主卡	12 月 14 日	粤 N1123＊＊	12 710	50	7.24	362.00	17 907.64	王刚
8	主卡	12 月 16 日	粤 N6217＊＊	34 980	50	7.24	362.00	17 545.64	申达
9	主卡	12 月 18 日	粤 N6217＊＊	35 280	50	7.51	375.50	17 170.14	申达
10	主卡	12 月 19 日	粤 N1123＊＊	13 100	50	7.24	362.00	16 808.14	王刚
11	主卡	12 月 21 日	粤 N6217＊＊	35 580	50	7.51	375.50	16 432.64	申达
12	主卡	12 月 24 日	粤 N6217＊＊	35 890	48	7.51	360.48	16 072.16	申达
13	主卡	12 月 19 日	粤 N1123＊＊	13 530	50	7.51	375.50	15 696.66	王刚
14	主卡	12 月 26 日	粤 N6217＊＊	36 250	48	7.69	369.12	15 327.54	申达
15	主卡	12 月 28 日	粤 N6217＊＊	36 570	48	7.69	369.12	14 958.42	申达
16	主卡	12 月 30 日	粤 N6217＊＊	36 915	48	7.69	369.12	14 589.30	申达
合计							5 410.70		

图 5－55 加油卡使用记录表

PZ017－4：

付款申请单

申请人：	刘清玉	填制日期：	2015 年 12 月 11 日	附件张数：	1
付款金额（大写）：	肆万圆整　　¥ 40 000.00				
收款人全称：	×××基金会				
开户银行及账号：	中国建设银行北京支行　9999 6655 3333 0001				
其他要求说明：					
付款方式：	□ 现金	□ 电汇	□ 现金支票	√ 转账支付	□ 其他
付款说明：	支付基金会捐赠款				
部门批准：	郑乙明	财务核对：	刘明远	总经理审批：	董德清

图 5－56 威力电机有限公司付款申请单

PZ018－1：

中国建设银行 China Construction Bank

电 汇 凭 证

2015年12月30日　　流水号：889989877622

币别：

汇款方式		☑普通　□加急			
汇款人	全称	威力电机有限公司	收款人	全称	×××基金会
	账号	4405 0166 8899 4433 0061		账号	9999 6655 3333 0001
	汇出行名称	中国建设银行佛山锦隆花园支行		汇入行名称	建设银行北京支行
金额	（大写）肆万圆整				亿 千 百 十 万 千 百 十 元 角 分：¥ 4 0 0 0 0 0 0
		中国建设银行佛山锦隆花园支行 2015.12.30 转讫		支付密码	
				附加信息及用途：捐赠款	
				此汇款支付给收款人。（威力电机有限公司 财务专用章）（刘德伟印） 客户签章	

第二联 付款人记账凭证

会计主管　刘明远　　授权　　复核　陈琳　　录入　王一明

图5－57　电汇凭证

PZ018－2：

公益事业捐赠统一票据

UNIFIED INVOICE OF DONATION FOR PUBLIC WELFARE

（财政部票据监制章）

国　财 00201　　2015年12月30日　　№1123900006

Y　M　D

捐赠人 Donor：威力电机有限公司

捐赠项目 For purpose	实物（外币）种类 Material objects（Currency）	数量 Amount	金额 Tolal amount 千	百	十	万	千	百	十	元	角	分
救灾捐赠款					¥	4	0	0	0	0	0	0
金额合计（小写）In Figures					¥	4	0	0	0	0	0	0
金额合计（大写）In Words	零仟零佰零拾肆万零仟零佰零拾零圆零角零分											

第二联 收据

（×××基金会印章）

接受单位（盖章）：Receiver's Seal　　复核人：郑少明 Verified by　　开票人：林敏 Handling Person

感谢您对公益事业的支持！Thank you for support of public welfare！

图5－58　公益事业捐赠统一票据（收据联）

PZ018－3：

中国建设银行
China Construction Bank

中国建设银行单位客户专用回单 №. 1331222

2015 年 12 月 30 日 流水号：293840009887

付款人	全　称	中海科技公司	收款人	全　称	威力电机有限公司
	账　号	8811 5543 8918 1199		账　号	4405 0166 8899 4433 0061
	开户行	建行上海浦东支行		开户行	中国建设银行佛山锦隆花园支行
金　额		（大写）人民币贰万肆仟圆整			（小写）￥24 000.00
凭证种类		电子转账凭证	凭证号码		
结算方式		电汇	用　途		债券利息收入
汇款交易日期：20151230　支付清算业务类型：E114 汇款合约编号：2299938299890 实际付款人账户：8877 5543 8998 0099 汇入行行名：建行上海浦东支行 汇款备注：4281B			打印柜员：23877232323 打印机构：中国建设银行佛山支行 打印卡号：3934823232 汇款附言：4281B （中国建设银行 电子回单 专用章）		

打印时间：2015－12－30　15：35　　交易柜员：28322221　　交易机构：2328232

图 5－59　中国建设银行单位客户专用回单

PZ001：

中国建设银行
China Construction Bank

中国建设银行单位客户专用回单 №. 6399233

2015 年 12 月 31 日 流水号：3938411066445

付款人	全　称	威力电机有限公司	收款人	全　称	佛山市供水管理局
	账　号	4405 0166 8899 4433 0061		账　号	8866 2221 0087 0023
	开户行	中国建设银行佛山锦隆花园支行		开户行	建行佛山支行
金　额		（大写）人民币贰拾陆万柒佰捌拾玖圆陆角肆分			（小写）￥260 789.64
凭证种类		托收凭证	凭证号码		
结算方式		托收	用　途		2015 年 12 月份水费
汇款交易日期：20151231　支付清算业务类型：E624 汇款合约编号：232345008123 实际付款人账户：4405 0166 8899 4433 0061 汇入行行名：中国建设银行佛山锦隆花园支行 汇款备注：5241B			打印柜员：23877232123 打印机构：中国建设银行佛山支行 打印卡号：3934823232 汇款附言：5241B		中国建设银行 电子回单 专用章

打印时间：2015－12－31　14：36　交易柜员：28322221　交易机构：2328232

图 6－1　中国建设银行单位客户专用回单

PZ002：

广东省国家税务局通用机打发票

（全国统一发票监制 广东省 发票联 国家税务局监制）

发票代码 642599007009
发票号码 10997753
验 证 码 55437788

开票日期：2015 年 12 月 31 日　行业分类：水电业

客户编号：0005622				计费时段：2015.12.1—2015.12.30		
客户名称：威力电机有限公司				用水类型：工业企业		
用电地址：广东省佛山市南海狮山新城工业区				通讯地址：广东省佛山市南海狮山新城工业区		
用户类型	上月行码	本月行码	容量水费	用水量（吨）	单价（元）	本月金额（元）
工业企业	1079804	1129802		49 998	4.1	204 991.80
抄表日期：2015 年 12 月 30 日			代收污水处理费：53 997.84 元 代收卫生清洁费： 代收垃圾处理费：1 800.00		佛山市供水管理局 5419876611128 发票专用章	
金额大写：贰拾陆万柒佰捌拾玖圆陆角肆分				小写：￥260 789.64		
收费日期：2015/12/31　收费单位：　收款员：董明　开票人：董明（注：此票盖章有效，遗失不补）						

粤国税征票函［2015］602号 浓国瑞印刷服务中心制 代用名印刷中心承印

第一联 发票联（购物单位付款凭证）

发票查询网址：www.fapiao.gor.cn

图 6－2　水费通用机打发票（发票联）

PZ003－1：

中国建设银行
China Construction Bank

中国建设银行单位客户专用回单

No.6399122

2015年12月31日　　流水号：39384000334212

付款人	全　称	广东电网公司佛山供电局	收款人	全　称	威力电机有限公司
	账　号	8866 9908 2233 7881		账　号	4405 0166 8899 4433 0061
	开户行	建行佛山支行		开户行	中国建设银行佛山锦隆花园支行
金　额		（大写）人民币壹拾叁万陆仟陆佰肆拾壹圆壹角陆分			（小写）￥136 641.16
凭证种类		托收凭证	凭证号码		
结算方式		托收	用　途		2015年12月份电费
汇款交易日期：20151231　支付清算业务类型：E534 汇款合约编号：232345008771 实际付款人账户：8866 9908 2233 1278 汇入行行名：建行佛山支行 汇款备注：5251B			打印柜员：23877232123 打印机构：中国建设银行佛山支行 打印卡号：3934823232 汇款附言：5251B		

（印章：中国建设银行 电子回单专用章）

打印时间：2015－12－31　14：35　　交易柜员：28322221　　交易机构：2328232

图6－3　中国建设银行单位客户专用回单

PZ003－2：

广东省国家税务局通用机打发票

（印章：全国统一发票监制章 广东省 国家税务局监制）

发票联

发票代码　142599988009
发票号码　10998801
验 证 码　12776660

开票日期：2015年12月31日　　行业分类：水电业

粤国税征票函［2015］602号　深国瑞印刷服务中心制　代用名印刷中心承印

客户编号：0008991　　计费时段：2015.12.1—2015.12.30

客户名称：威力电机有限公司　　用水类型：工业企业

用电地址：广东省佛山市南海狮山新城工业区　　通讯地址：广东省佛山市南海狮山新城工业区

电表号	上次行码	本次行码	倍率	抄表电量	退补电量	计费电量	电价	金额
099002	1290099	1469890	1	179791		179791	阶梯电价	136641.16

基本电费用：　　力调电费：　　退补电费：　　违约金：

备注：

客户服务热线：95598

金额大写：壹拾叁万陆仟陆佰肆拾壹圆壹角陆分　　小写：￥136 641.16

（印章：广东电网公司佛山供电局 4419876600078 发票专用章）

收费日期：2015/12/31　收费单位：　收款员：何明益　开票人：何明益（注：此票盖章有效，遗失不补）

第一联　发票联（购物单位付款凭证）

发票查询网址：www.fapiao.gor.cn

图6－4　电费通用机打发票（发票联）

PZ003－3：

中国建设银行
China Construction Bank

中国建设银行单位客户专用回单　　No. 133008822477

2015 年 12 月 31 日　　流水号：2938400333455

付款人	全　称	威力电机有限公司	收款人	全　称	威力电机有限公司
	账　号	4405 0166 8899 4433 0061		账　号	1122 0000 8887 555
	开户行	中国建设银行佛山锦隆花园支行		开户行	中国建设银行佛山锦隆花园支行
金　额		（大写）人民币壹佰叁拾贰万陆仟壹佰玖拾壹圆叁角贰分			￥1 326 191. 32
凭证种类			凭证号码		
结算方式		转账	用　途		工资
			打印柜员：23877232323 打印机构：中国建设银行佛山支行 打印卡号：3934823777 （中国建设银行 电子回单专用章）		

打印时间：2015－12－31　15：35　　交易柜员：2832231　　交易机构：2328232

图 6－5　中国建设银行单位客户专用回单